U0883477

中国共产党历次代表大会史丛书

第一辑

中共八大史

石仲泉　沈正乐
杨先材　韩　钢　主编

中共党史出版社

图书在版编目（CIP）数据

中共八大史 / 石仲泉等主编 . -- 北京：中共党史出版社，2024.1
（中国共产党历次代表大会史丛书 . 第一辑）
ISBN 978-7-5098-6413-5

Ⅰ . ①中… Ⅱ . ①石… Ⅲ . ①中共八大（1956）－史料 Ⅳ . ①D220

中国国家版本馆 CIP 数据核字（2023）第 204337 号

书　　名：中共八大史
作　　者：石仲泉　沈正乐　杨先材　韩钢

出版发行：中共党史出版社
责任编辑：申宁　陈海平
责任印制：段文超
社　　址：北京市海淀区芙蓉里南街 6 号院 1 号楼　邮编：100080
网　　址：www.dscbs.com
经　　销：新华书店
印　　刷：北京中科印刷有限公司
开　　本：680mm × 960mm　1/16
字　　数：366 千字
印　　张：25.5
版　　次：2024 年 1 月第 1 版
印　　次：2024 年 1 月第 1 次印刷
书　　号：ISBN 978-7-5098-6413-5
定　　价：62.00 元

此书如有印装质量问题，请联系中共党史出版社读者服务部　电话：010-83072535
版权所有 · 侵权必究

中共八大会场

再版说明

《中共八大史》为中国共产党历次代表大会史丛书（第一辑）之一，主要介绍了中共八大召开的历史背景，筹备、召开及形成的会议成果，八大之后对中国特色社会主义道路的继续探索等。1998 年由人民出版社出版。这次再版以党的第三个历史决议、《中国共产党的一百年》等最新口径，对党史重大事件和重要人物的表述作了修改。第五部分“八大研究述评”因是基于早期研究综述，对这部分内容作了删除。本套丛书的出版，对于推动党史学习教育常态化长效化，具有重要的现实意义。

目录 CONTENTS

1 导论：党的八大与党领导的20世纪中国的两次伟大革命

2 一、召开八大的1956年在世界和中国发展的历史坐标上

5 二、八大与中国共产党领导的第一次伟大革命

13 三、八大与中国共产党领导的第二次伟大革命

22 四、八大的不足与两次伟大革命没能实现交汇的历史原因

29 第一部分　从七大到八大

29 一、中国革命的胜利和新中国的建立

41 二、国民经济的恢复和工业化建设的初步展开

53 三、以土改为中心的社会改革和生产资料私有制社会主义改造的基本完成与社会主义基本制度的确立

64 四、从战争走向和平的国际格局与新科技革命

75 五、苏共二十大引起国际共运的震荡和中国共产党对社会主义建设道路探索的起步

89 第二部分　党的八大

89 一、八大的筹备

94 二、党的七届七中全会和八大预备会议
108 三、八大的开幕和毛泽东的开幕词
118 四、刘少奇的政治报告和关于政治报告的决议
148 五、党章的修改和邓小平关于修改党章的报告
167 六、关于“二五”计划的建议和周恩来关于“二五”计划建议的报告
181 七、陈云的发言
190 八、大会发言
223 九、中央领导人同外国党代表团的谈话
259 十、各民主党派和无党派民主人士的致词及他们对大会的反应
268 十一、外国党代表团的致词和国际上对大会的反应
280 十二、新的中央委员会的选举和大会的闭幕

288 第三部分　八大以后
288 一、八大以后的继续探索
304 二、八大路线的中断
318 三、指导思想的实际上部分地恢复八大路线的国民经济调整方针和“左”倾错误的再度发展
329 四、八大路线未能坚持下去的原因

333 第四部分　八大路线与十一届三中全会路线
333 一、十一届三中全会路线是对八大路线的恢复和继承

340 二、十一届三中全会路线对八大路线的新发展
350 三、发展了八大路线的十一届三中全会路线开辟了中国历史发展的新时期
354 四、坚持发展了八大路线的党在社会主义初级阶段的基本路线一百年不动摇

362 附录 八大的筹备和大会日志

398 后记

导论：党的八大与党领导的20世纪中国的两次伟大革命

毛泽东在党的七大指出：要准备革命转变，夺取像北平、天津这样大的中心城市。“我们一定要在那里开八大，有人说这是机会主义；恰恰相反，八大如果还在延安开，那就近乎机会主义了。”① 历史的发展正如毛泽东所预言的那样，11年后，中国共产党果真在北京召开了第八次全国代表大会。

在八大召开的36年之后，江泽民在党的十四大指出：在我们党的历史上先后进行过两次伟大的革命。第一次是以毛泽东为核心的第一代中央领导集体进行的新民主主义革命，并在革命胜利后建立起社会主义基本制度，把一百多年来受尽外国侵略欺凌的半殖民地半封建的旧中国变成了独立的人民当家作主的社会主义新中国。第二次是以邓小平为核心的第二代中央领导集体在十一届三中全会以来，以过去革命取得的成功和社会主义建设取得的成就为基础，进行改革开放，进一步解放和发展生产力，“把中国由不发达的社会主义国家变成富强民主文明的社会主义现代化国家”。②

党的八大本应可以成为中国共产党在20世纪进行的这两次伟大革命的交汇点的，但是后来历史的发展拐了个弯，使这个可能性没能变成现实。这里，试就这个问题作些探讨。

① 《毛泽东在七大的报告和讲话集》，中央文献出版社1995年版，第137页。

② 《十四大以来重要文献选编》上册，人民出版社1996年版，第3页。

中国共产党第八次全国代表大会会场——全国政协礼堂外景。

一、召开八大的1956年在世界和中国发展的历史坐标上

对于20世纪50年代中国共产党的历史，一个时期人们比较感兴趣于1956年以后。1956年后的几年在党的历史上是很沉重的，应当反思作为戒鉴。但是，1956年在党和国家的历史发展上也有重要地位，同样应当加强

研究。从研究八大来说，它更具有不可替代性。

从世界范围看，在1956年至少有这样三件大事对于八大和党的其他决策产生有不可忽视的影响。

一是国际形势趋于缓和。第二次世界大战后不久，出现冷战态势。冷战没维持多久，出现了朝鲜战争那样的局部“热战”，一打就是三年，最后还是不得不转向“冷战”。民族解放运动的兴起进一步推动着世界格局向有利于和平的方面转变。1954年日内瓦会议和1955年万隆会议的成功召开，说明反对战争、和平共处越来越成为许多国家人民的强烈愿望。国际形势日趋缓和的走向渐渐显露出来，为中国开展大规模经济建设提供了有利的国际环境，是八大召开的重要外部条件。

二是世界性的新科技革命潮流。战争是科技发展的催生婆。在第二次世界大战中，用于军事目的的科学技术有了重大突破；第二次世界大战后，用于和平目的的科学技术取得了瞩目的成果。作为这个时期新科技发展重要标志的原子能的和平利用，带动了一大批新兴产业的涌现。各种新材料、新技术、新工艺、新流程和新设备的争相面世，为生产力的飞跃开辟了从未有过的宽广前途。科学技术正在经历着革命性变革，并使世界的面貌发生了巨大变化。战争使资本主义经济遭到严重破坏，新科技革命使资本主义世界的经济逐渐得到调整和恢复，并进入一个新的发展时期。社会主义国家也在利用科技革命的成果医治战争创伤，努力恢复和发展经济。这种环境为我国经济和社会的发展带来了机遇。中共中央密切注视着新科技革命的潮流，1956年1月召开全国知识分子问题会议，发出“向现代科学进军”的号召，随后制定了12年科学发展规划。这势必对于八大尊重科学、尊重人才，确立正确的政治路线产生一定影响。

三是苏共二十大的召开。斯大林领导苏联的党和国家达近30年之久，在工作中有很大功劳，但也犯有严重错误。1956年2月召开的苏共第二十次全国代表大会，在面对战后的新形势提出一系列新的国际国内政策的同时，赫鲁晓夫作的《关于个人崇拜及其后果》的秘密报告，把斯大林一棍子打死，在世界上产生了巨大影响。中共中央政治局研究了苏共二十大的文件和赫鲁晓夫的秘密报告，于同年4月以《人民日报》编辑部的名义发表了《关于无产阶级专政的历史经验》长文，一方面对苏共二十大的那些具有积极意义的决策给予肯定评价；另一方面对全盘否定斯大林的错误倾向表明了中国共产党的原则立场。文章对斯大林的个人崇拜及其发生的原因进行了辩证的分析，认为这是国际共产主义运动的历史现象，主要应着眼于吸取教训。苏共二十大召开产生的正面效应，对于中共八大的召开有着积极影响。

从国内情况看，至少也有三个因素对八大的召开产生了重要影响。

首先，社会主义改造的基本完成。1953年提出过渡时期总路线后，社会主义工业化和社会主义改造同时并举。但自1955年下半年反对右倾保守、掀起农业合作化高潮之后，对生产资料私有制的社会主义改造以从未有过的规模和声势迅猛展开。到1956年6月全国加入农业合作化的农户占总农户的91.7%；个体手工业者加入各种合作化的占其从业人员的90%；私营工业已有占产值99%和占职工总数98%的企业实现了公私合营，私营商业也有68%的户数和74%的从业人员实现了改造。这意味着三大改造的任务已超前许多年基本完成。它产生了两个方面的影响，一是改造工作中由于急促加速的缺点和偏差遗留下许多问题；二是它表明我国的无产阶级和资产阶级之间的矛盾已基本解决。这为党在八大作出国内主要矛盾已发生变化，要实现党的工作重心转移的决策提供了基本依据。

其次，既反保守又反冒进的建设方针的制定。在1955年下半年反“右倾保守”的高潮之中，中共中央根据毛泽东的意见曾决定：把反对右倾保守思想作为党的第八次全国代表大会的中心问题，要求全党在一切工作部门展开这个斗争。但是，随着反对“右倾保守”的政治空气的凝重，在农业生产和整个经济建设中出现了急躁冒进的倾向。到1956年4月，各条战线、各个行业盲目发展，造成基本建设规模过大、职工总数增长过快、生产秩序混乱、资金供应紧缺、货币发行量剧增，从而使整个国民经济出现全面紧张的局面，第一个五年计划的实施和第二个五年计划的制定受到严重影响。为扭转这个局面，党中央和国务院负责经济工作的周恩来、陈云等领导同志，从1956年初就开始进行反对急躁冒进的斗争。6月10日，刘少奇主持中央政治局会议，确认了5月中央会议讨论的我国经济发展要实行既反保守、又反冒进，在综合平衡中稳步前进的方针。6月20日，《人民日报》发表了宣传政治局会议精神的《要反对保守主义，也要反对急躁情绪》的社论。这样，经过几个月的努力，盲目冒进的势头得到了遏止。既反右倾保守，又反急躁冒进，实际上成为召开八大的一个重要指导思想。

第三，执政党建设的良好态势。随着中国革命的胜利，它的领导者中国共产党成为在全国范围内执政的党。到1956年八大召开前，全国有党员1073万，比七大时增加8倍；比1949年全国胜利时增加2倍。这就是说，90%以上党员是七大以后入党的，60%以上是新中国成立后入党的新党员。这既壮大了党的力量，同时又提出了加强党的建设的任务。对于执政党的建设，毛泽东早在七届二中全会上就提出“两个务必”① 的思想和警惕“糖衣炮弹”的告诫。新中国成立后，为吸取李自成农民起义军失败和国民党垮台的历史教训，克服已经产生的腐败现象，中国共产党先后开展的整风整党和“三反”运动，取得了较好的效果。对刘青山、张子善事件的处理和对高岗、饶漱石事件的揭露，对加强党的建设，增进党的团结和统一起了警钟长鸣的作用。这为八大的召开提供了较好的党内氛围。

1956年在世界和中国发展的历史坐标上处于什么位置？有哪些特点？这无疑可以从这样那样的视角进行分析。但上述几点，对于中国共产党召开八大来说，起了难得的好作用。这是八大能够制定正确的路线，做出好的和比较好的决策，开成求实、民主、团结、奋进的大会的重要的客观基础。

二、八大与中国共产党领导的第一次伟大革命

刘少奇在八大的政治报告中开宗明义指出：“从我们党的第七次代表

① “两个务必”，即“务必使同志们继续地保持谦虚、谨慎、不骄、不躁的作风，务必使同志们继续地保持艰苦奋斗的作风”。见《毛泽东选集》第四卷，人民出版社1991年版，第1438—1439页。

大会以来，十一年已经过去了。我们的祖国在这十一年内经历了两次有世界意义的伟大历史事变。在一九四九年，我们党领导人民推翻了帝国主义、封建主义、官僚资本主义的反动统治，建立了中华人民共和国。在去年下半年和今年上半年，我们党又领导人民取得了农业、手工业、资本主义工商业的社会主义改造的全面的决定性的胜利。由于这两次胜利，我们国家的内外关系发生了一系列的根本变化。”① 这里讲的两次有世界意义的伟大历史事变，就是后来十四大概括第一次伟大革命的基本内容。这就是说，八大的召开意味着中国共产党领导的第一次伟大革命已胜利完成，八大实际上担负着总结第一次伟大革命的任务。

八大与第一次伟大革命的关系，可以从以下三个方面作具体分析：

（一）八大是第一次伟大革命20年连续辉煌的鼎盛时期

第一次伟大革命从建党到八大历时35年。其间，1935年1月的遵义会议事实上确立了毛泽东同志在党中央和红军的领导地位，开始确立以毛泽东同志为主要代表的马克思主义正确路线在党中央的领导地位，开始形成以毛泽东同志为核心的第一代中央领导集体。遵义会议是这次革命的一个生死攸关的转折点。在遵义会议前14年，虽然有过大革命时期的辉煌，但却连续遭受两次严重失败。特别是王明“左”倾教条主义错误在中央长达4年之久的统治，使中国革命濒临绝境，不仅丢掉了经过艰苦卓绝斗争开辟的一个又一个革命根据地去进行长征，而且在长征中还屡遭挫折，红军力量损失惨重。遵义会议后，在毛泽东的正确领导和指挥下进行的长征，局面大为改观：不仅迅即摆脱了前堵后追的被动，打了一个又一个振奋军心的胜仗，而且克服了像过雪山草地那样的巨大困难，实现了三大主力的会师，胜利到达陕北，使中国革命有了新的立足点和出发点。自此以后，第一次伟大革命由挫转顺，由危转安，由小转大，由弱转强，取得了连续20年的辉煌胜利。

首创抗日战争的辉煌。在遵义会议后形成的以毛泽东同志为核心的第

---

① 《刘少奇选集》下卷，人民出版社1985年版，第202页。

一代中央领导集体，抓住全民族要求抗日的历史机遇，果断地实行战略转变，建立以国共合作为基础的抗日民族统一战线，团结全国人民进行伟大的抗日战争。经过8年全民族抗战，中华民族取得了自1840年以来抗击外国侵略者的第一次全面胜利。中国共产党是这次抗日战争的中流砥柱，并且通过抗日战争得到了空前的发展与壮大。这次辉煌使中国共产党成为决定中国命运的强大政治力量，为领导人民取得新民主主义革命的全面胜利奠定了坚实基础。

再创解放战争的辉煌。抗战胜利后，中国共产党一方面顺应广大人民的愿望，力争同蒋介石国民党继续合作，努力实现和平建国的局面；另一方面也做好了蒋介石翻脸不认人的准备。毛泽东在七大结束时讲了17个方面的困难，就有这个意思。蒋介石发动内战之初，党所领导的解放区和军队确实非常困难。放弃延安，转战陕北是迫不得已而为之。但是到第二年由战略上的防御转入进攻后，局面很快被扭转过来。以毛泽东为首的党中央，牢牢地掌握了战争主动权。第三年战略决战，三大战役加渡江战役，打得那样漂亮，在中国乃至世界的战争史上都是罕见的。原来国内外朋友都担心我们打不赢。我们党对胜利充满信心，并准备打5年的战争，结果仅有3年就结束了，这是一个奇迹。

三创建国初期的辉煌。从建国到八大的7年间，国民经济的恢复，经济建设的成就，社会面貌的变化，同第二次世界大战后的发展中国家乃至发达国家相比较，都属于前列。新中国的进步举世瞩目。中国人民从未有像这几年雄赳赳、喜洋洋、高昂地抬起了头。社会主义改造工作尽管有这样那样的缺点和偏差，但是多少年梦寐以求的社会主义基本制度毕竟建立起来了。在一个几亿人口的大国实现这样异常复杂、困难和深刻的变革而没有出现大的社会动乱和生产力的破坏，这本身就称得上是历史的惊人之笔。

召开八大，就是对发生在第一次伟大革命的两次有世界意义的伟大历史事变的连续辉煌胜利（当然，主要是七大以来）进行总结。八大的总结本身也是辉煌的。邓小平指出："一九五六年召开的党的第八次全国代表大会，分析了生产资料私有制的社会主义改造基本完成以后的形势，提出了全面开展社会主义建设的任务。八大的路线是正确的。”[①] 八大是第一次伟大革命连续20年辉煌的顶点。

（二）八大前后，第一次伟大革命经历了一次新的思想解放运动

周扬在纪念五四运动60周年时曾讲过三次思想解放运动的观点，即五四运动、延安整风运动和关于真理标准问题的讨论。就社会影响力来说，这三次可能是“最大当量”的（请允许我借用化学的爆炸力概念来形容）。若要讲“次大当量”的，还有一些。比如，在周扬所说的二、三次之间，还可以再加上八大前后由于苏共二十大反对个人崇拜引发的一次。

为什么说八大前后反对斯大林的个人崇拜，引发了中国共产党的思想解放运动呢？延安整风那次思想解放运动，批判王明路线，破除对共产国际的迷信，强调把马列主义路线与中国具体实际相结合，解决了中国怎样革命的思想路线问题。建国以后，对于怎样搞经济建设没有实践经验。当时是两大阵营格局，在外交上倒向苏联一边，搞经济建设没有经验就只好照抄照搬苏联的，这样就在不少实际工作部门中产生了建设中的教条主义。但是苏联的情况，无论其历史、文化和经济的基础都与中国的情况很不一样，即使成功的经验搬到中国来也不一定成功，何况苏联经验中还有不少明显不合适的。对此，毛泽东很不满意。这种情况，在斯大林去世后虽然有所改变，但只是在苏共二十大批判斯大林的个人崇拜，揭露苏联社会主义建设中的错误后，才对有关社会主义的许多问题重新思考。对于赫鲁晓夫的秘密报告，毛泽东除认为捅了篓子，在内容和方法上都有严重错误外，还认为它揭了盖子，表示苏联、苏共、斯大林并不是一切都正确，这就破除了迷信，有利于反对教条主义。他在1956年3月主持起草《关于无产阶级专政的历史经验》文章的中央政治局会议上指出：“不要再硬搬苏联的一切了，应该用自己的头脑思索了。应该把马列主义的基本原理同中国革命

① 《邓小平文选》第三卷，人民出版社1993年版，第2页。

和建设的具体实际结合起来，探索在我们国家里建设社会主义的道路了。”[①] 半年之后，在八大期间，毛泽东的这个思想更加明确。他接见南斯拉夫代表团说：对斯大林的批评是好的，它打破了神化主义，揭开了盖子，这是一种解放，一场解放战争。大家都敢讲话了，使人能够想问题了，可以自由思考，独立思考了。周恩来对外国朋友也说：过去斯大林的观点是压倒一切的，现在打倒了偶像，也就是中国人说的破除迷信以后，各国共产党的思想都动起来了，不沉闷了。打倒了个人崇拜，大家的思想都解放了。这对于各国共产党人来说是一个很大的进步，这是共产党的思想解放。

毛泽东、周恩来所讲的苏共二十大批判斯大林的个人崇拜之后引发的思想解放的巨大作用，在当时的报刊上虽没有做大张旗鼓的宣传，但是对于党的指导思想所起的这个作用却是实际的。它不是抽象地存在于理论分析中，而是具体体现在对社会主义的认识和探索的各个方面。这里仅举数例。

比如，我们熟悉的《论十大关系》，不就是破除迷信、解放思想直接引发的巨大成果吗？这篇讲话充满了解放思想的气息，体现了独立思考，从各方面考虑如何按照中国情况来办事的精神。它批评了那种“以为社会主义就了不起，一点缺点也没有”[②] 的陈旧观念，对国内最重要的政治经济关系提出了一系列方针政策，使探索适合中国情况的社会主义建设道路有了一个良好开端。

再如，在八大之后的1956年12月，毛泽东会见民主党派负责人讨论如何搞活经济的问题。他提出只要社会需要，可以允许雇工，让资本家开设私营大厂，让华侨来投资，订个条约，20年、100年不没收。开投资公司，可以国营，也可以私营。可以消灭资本主义，又搞资本主义。这段议论就是从批判斯大林结束新经济政策太早讲起的，这就是思想解放之果。尽管随后并没有将这些想法付诸实践，但这些话至今听起来还是振聋发聩。刘少奇的想法比毛泽东还明确。他在1956年底的全国人大常委会上说：如

① 吴冷西：《忆毛主席》，新华出版社1995年版，第6—7页。

② 《毛泽东著作选读》下册，人民出版社1986年版，第740页。

果资本家要盖工厂，可以批准。“我们国家有百分之九十几的社会主义，有百分之几的资本主义，我看也不怕”。“有这么一点资本主义，一条是它可以作为社会主义经济的补充，另一条是它可以同社会主义经济比较。”①1957年3月，刘少奇在湖南视察时还说：我们现在有一种迷信思想“‘我是社会主义，就比私人资本主义先进’。这种迷信思想要不得，一定要去掉，实际上现在在某些方面社会主义比私人资本主义落后。只要我们去掉这种迷信思想，我们有人有钱，社会主义的名声又好，靠这样多的优越条件，再加上学习私人资本主义的先进经验，社会主义就一定会竞争赢资本主义。否则，就是资本主义优越于社会主义。”②这些议论，尽管是针对实际工作中的一些具体问题发挥的，但是所触及的却是一个重大的理论问题。在40年前，这样认识社会主义与资本主义的关系，能说不是思想上的很大解放吗?

因此，不应当低估这次思想解放的作用。可不可以说，没有这一次的思想解放运动，就不可能有我们所知道的八大前后对社会主义建设道路的那些探索。我以为是可以这样说的。当然，这次思想解放运动在规模性、持续性和深刻性上，与那三次不完全在同一个层面上。但是在党的历史上，这毕竟是一次重要的思想解放运动。

（三）八大前后，第一次伟大革命的理论成果——毛泽东思想得到新的发展

中国共产党在20世纪领导的两次伟大革命，有两大理论成果。第一次伟大革命的理论成果就是毛泽东思想。它在七大被确定为全党的指导思想，新中国成立以后还在继续发展。

当然，八大没有使用“毛泽东思想”的提法。但是八大不提“毛泽东思想”，党内是个没有什么争论的问题。事实上，自1948年11月以后，毛泽东就将送他审阅的文件中有“毛泽东思想”的字样删去，或改为别的

①② 《刘少奇论新中国经济建设》，中央文献出版社1993年版，第327、332页。

说法。对此，在一些干部中难免发生疑问。1954年12月，中央宣传部根据中央书记处指示起草了一个通知（经毛泽东修改，刘少奇、周恩来、朱德、陈云、邓小平传阅后发出），对如何解释毛泽东思想问题指出："毛泽东同志曾指示今后不要再用'毛泽东思想'这个提法，以免引起误解，我们认为今后党内同志写文章做报告时，应照毛泽东同志的指示办理。""在写文章做讲演遇到需要提到毛泽东同志的时候，可用'毛泽东的著作'等字样。"后一句话是毛泽东本人加写的。正是根据这样的精神，10个月后，即1955年10月在由胡乔木执笔写成的八大新党章的修改稿初稿中，已经没有"毛泽东思想"的提法了①。对于毛泽东为什么一再不用"毛泽东思想"的提法，包括八大不提"毛泽东思想"，胡乔木在生前有一个解释。他说：通过延安整风，毛泽东思想在全党的指导地位确定了。那时为什么要提毛泽东思想？有这个需要。从一定意义上说，提毛泽东思想是对着苏共的。共产国际尽管解散了，但是共产国际的影子、它对中国共产党的影响始终没有断。"为什么八大没有提毛泽东思想？也是因为苏联的关系。苏联始终拒绝承认毛泽东思想，在苏联报刊上绝口不提毛泽东思想。凡是中共文件中提了的，他们刊用的时候都给删掉。这成了一个禁区。"②既然苏共是如此态度，而中国的革命和建设又离不开苏联的帮助，即使斯大林去世后也是这样。从大局出发，必须搞好与苏联的团结。这在当时是首先要考虑的。因此，有10多年的时间没有提"毛泽东思想"。直到20世纪60年代初，中苏两党、两国关系恶化了，中共中央才恢复使用"毛泽东思想"的提法。

八大不提"毛泽东思想"，并不等于毛泽东思想在八大时期没有发展。事实上，在八大前后，包括八大本身，对毛泽东思想有很大发展。毛泽东思想关于社会主义革命和社会主义建设理论的主要内容，比如社会主义时期的人民民主专政的理论、社会主义改造的理论、社会主义建设道路探索的思想理论、加强执政党建设的思想理论，社会主义基本矛盾的理论和正

---

① 参见齐德平：《中共八大未提"毛泽东思想"的若干情况》，《中共党史研究》1996年第5期。

② 《胡乔木回忆毛泽东》，人民出版社1994年版，第10—11页。

确处理人民内部矛盾的理论等，就是在这个时期或提出、或得到丰富与发展、或加以总结与升华的。毛泽东的《论十大关系》和《关于正确处理人民内部矛盾的问题》，刘少奇在八大的政治报告，周恩来在八大关于发展国民经济的第二个五年计划的建议的报告，邓小平在八大关于修改党章的报告，陈云、董必武、彭德怀、李富春、薄一波等在八大的发言，以及八大关于政治报告的决议和八大党章，是这个时期体现毛泽东思想新发展的有较大影响的文献。当然，不是说就只有这些，也不是说这些文献就没有缺陷，但从总体而言以这些为代表的文献是达到了那个时期所能达到的高度的，应肯定它们对发展毛泽东思想的贡献。

纵观毛泽东思想在第一次伟大革命中的发展历程，同任何事物的发展一样，也呈曲线状，而不是直线上升式。对于这种曲线状，学界有不同的表述方式。一是波浪式的向前发展，这是毛泽东本人的语言。它是有别于列宁讲否定之否定规律时使用的“螺旋式上升”说法。它的优点是“中国化”，更为通俗、更加形象，更能为中国人所理解。二是将水平曲线的高位部分称为“高潮”，如发展经历了几个高潮云云。这是波浪式的另一种说法，为了突出“浪尖”状，将其改为“高潮”，更具恢宏气势。三是将水平曲线的高位部分称为“高峰”。这是将曲线由“水”状改为“山”状的一种形象的表述法。所要说明的那个实质没变，只是将“潮”形换成了“峰”形。前两个月，在研讨毛泽东哲学思想的发展时，我试着提出一种“高原”说，即想将“高峰”形改为“高原”形。所谓“高原”，顾名思义，既不是单个高山，而是高山群体；也不只是一个尖尖的山峰，而是大面积的突出“峰”状。或者说，它不仅有高度，还有广度、长度，其三维空间优于“高峰”说。如果将空间坐标置换成时间坐标，那么经历“高原”需比经历“高峰”的时间长，更能说明持续过程。

我以为，就毛泽东思想发展的曲线而言，它的突出部形成的是两个“高原”状。毛泽东思想发展的第一“高原”，就是延安时期。其代表作，仅举毛泽东个人，就有哲学、军事、政治、文艺等诸多方面的一大批名著。在这个时期形成了较为完整的第一代中央领导集体的核心。这个核心的其他成员，对作为党的集体智慧结晶的毛泽东思想的多方面展开也作出了不可替代的贡献。这是毛泽东思想得到系统总结而成熟的时期。这个时期历经10年左右，形容为“高原”也许比“高峰”更恰当一些。当然，取“高原”说，并不排斥其他表述。上述几种形容法，可以兼容。取哪种说法，与研究者的语言习惯很有关系，这不是重要问题。如果把延安时期或者说抗日战争时期、解放战争时期，视为毛泽东思想发展的第一“高原”，那么，从建国到八大前后，则是毛泽东思想发展的第二“高原”。作为理论体系，毛泽东思想的大架构，在七大已经明确了。它的主要内容是关于中国怎样进行革命并夺取胜利的理论政策、战略策略。建国以后，随着实践发展，毛泽东思想的理论内容也在发展。到八大前后，就形成了上述关于社会主义革命和社会主义建设的诸多思想理论。这就把毛泽东思想发展到一个新的“高原”状。这就是毛泽东思想发展的第二“高原”。这是第一次伟大革命在八大时期的巨大理论收获，与革命实践的辉煌相同步，也展现出了理论的辉煌。

三、八大与中国共产党领导的第二次伟大革命

第二次伟大革命的起点，现在看来是1978年底的十一届三中全会。但是从历史的走向而言，这个起点很有可能是1956年的八大。有谁能料到，后来的历史发生了大曲折，这个理论的起点没能变成历史的现实。那么，应当怎样认识党的八大与第二次伟大革命的关系呢？我以为，主要表现为下述四个方面：

（一）社会主义初级阶段的历史起点

社会主义初级阶段理论的提出，是从《关于建国以来党的若干历史问题的决议》到十三大党的理论建设的一个重大成果。它明确了我国经过这些年的建设之后所处的历史方位，为制定和执行党的路线和政策提供了带根本性的依据。提出这个理论，蕴涵了对几十年历史经验的深刻反思，也有许多思想的孕育和积累。根据这个理论来看我国社会主义发展的历史进

程，社会主义初级阶段始于何时呢？也就是说，它的历史起点在哪里呢？不在别处，正在八大。因为它是我国社会主义改造基本完成，进入社会主义全面建设阶段的历史界碑。社会主义改造的超前完成，虽然表现了一定的急性病，如邓小平所说，搞革命的人最容易犯急性病，“用心是好的，想早一点进入共产主义”①，但是毛泽东在当时毕竟将进入社会主义与建成社会主义作了严格区分，这又表现了理论上的清醒。

毛泽东在 1956 年 1 月的全国知识分子问题会议上说：“现在已经进入社会主义，对不对呢？比如北京市，我说进入是进入了，你说还没进入？比如北京这么一个城，火车从天津开进了城没有呢？进了城了，完成了没有呢？还没有。这个社会主义社会已经进入，尚未完成。是不是这样？全国都是这样。”② 按照传统标准，消灭了生产资料私有制，消灭了剥削制度，就意味着是社会主义了。当时已经基本完成了社会主义改造，全国都在敲锣打鼓，隆重庆祝进入社会主义。毛泽东当时不可能超越这个传统标准。尽管他对召开大会宣布、举行隆重庆祝这样的具体做法不一定赞同，但他不能不对这个曾为之长期奋斗的新的社会制度的到来感到异常兴奋。庆幸的是，他在兴奋状态中发表的上述讲话，对后来继续为建设社会主义而奋斗留下了很大余地。至于 1958 年搞“大跃进”、人民公社化运动、要准备进入共产主义等等，那是陷入了超越阶段的狂举，另当别论。毛泽东在 1956 年初对社会主义的进入与建成作的可贵区分，也为后来提出社会主义初级阶段问题留下了理论余地。十三大报告指出：“我国从五十年代生产资料私有制的社会主义改造基本完成，到社会主义现代化的基本实现，至少需要上百年时间，都属于社会主义初级阶段。”③ 毛泽东当时讲的进入社会主义，准确地说，就是进入了社会主义初级阶段。八大作为党和国家历史发展的一个界碑，自然成了我国进入社会主义初级阶段的历史起点，尽管它没有能够成为第二次伟大革命的历史起点。

---

① 《邓小平文选》第三卷，第 139—140 页。

② 毛泽东在中共中央召开的关于知识分子问题会议上的讲话（1956 年 1 月 20 日）。

③ 《十三大以来重要文献选编》上册，人民出版社 1991 年版，第 12 页。

（二）十一届三中全会路线的历史参照

十一届三中全会的路线是什么？实际上就是党在社会主义初级阶段的基本路线。其主要内容，概括地说就是“一个中心，两个基本点”。换句话说，“十一届三中全会路线”是“党在社会主义初级阶段的基本路线”的简称，“党在社会主义初级阶段的基本路线”则是“十一届三中全会路线”的雅称。这条路线的内容无疑有一个丰富、完善的过程，到十三大作了规范性的表述。但是，它的基本思想在十一届三中全会期间就已事实上存在了。江泽民在十四大报告中指出：“我们党在十一届三中全会上毅然抛弃‘以阶级斗争为纲’这个不适用于社会主义社会的‘左’的指导方针，把党和国家的工作中心转移到经济建设上来。这是政治路线的拨乱反正。在确定工作中心转移的同时，作出了实行改革开放的伟大决策，并针对拨乱反正过程中出现的错误思潮，旗帜鲜明地强调必须坚持社会主义道路、坚持人民民主专政、坚持中国共产党的领导、坚持马克思列宁主义毛泽东思想。‘一个中心，两个基本点’的思想开始形成，奠定了新时期党的基本路线的基础。”①这也说明了十一届三中全会路线的形成情况。

那么，十一届三中全会路线的提出有无历史的参照呢？有。其中最重要的，就是党的八大及其前后的正确决策。十一届三中全会明确指出：“会议认为，毛泽东同志一九五六年总结我国经济建设经验的《论十大关系》报告中提出的基本方针，既是经济规律的客观反映，也是社会政治安定的重要保证，仍然保持着重要的指导意义。”②就邓小平来说，他在十一届三中全会时期讲的“一个中心”“两个基本点”的内容，就是从恢复八大时期的路线和政策来提出问题的。在被视为十一届三中全会的主题报告《解放思想，实事求是，团结一致向前看》中，他呼吁的解放思想、开动脑筋、实事求是、一切从中国的实际出发，不也体现了对1956年八大前后思想解放运动的历史回应吗？他要求努力实现党的工作重心的转移，高级干部带头

① 《十四大以来重要文献选编》上册，第4—5页。
② 《三中全会以来重要文献选编》上册，人民出版社1982年版，第5页。

钻研现代化经济建设，不也使我们感到回到了八大的那个历史氛围吗？他提出的注意研究和解决管理方法、管理制度和经济政策方面的问题，实际上包括了重申《论十大关系》和八大制定的一些政策。随后，他在《坚持四项基本原则》中讲的“四个坚持”和提出的我国社会的基本矛盾、主要矛盾、中心任务等，既包含了八大政治报告和修改党章报告中的思想，也恢复了《关于正确处理人民内部矛盾的问题》中的科学思想。从理论认识上说，“一个中心”“两个基本点”的基本内容，就是从恢复包括八大时期、而且主要是八大时期的正确思想起步的。从实践上看也是如此。拨乱反正、改革开放的实际进程，从恢复和继承建国以来特别是八大的路线和政策开始向前推进，而随着实践的发展不断地加以超越。第二个历史决议指出：“‘八大’的路线是正确的，它为新时期社会主义事业的发展和党的建设指明了方向。”[①] 这既是为八大路线恢复名誉，也在一定意义上反映了八大路线与十一届三中全会路线的历史关系。胡乔木在关于叶剑英在建国30周年讲话起草情况的说明中指出：“在经济方面我们现在所执行的政策基本上没有超出《论十大关系》的范围。政治上也都是按照毛主席在八大提出的去做的。”[②] 这也说明了两者之间的关系。

（三）邓小平理论的历史因子

八大前后，在破除对苏联经验的迷信之后，对于在中国怎样建设社会主义进行了实际上是全方位的探索。那个时期的实践，有如上述，是十一届三中全会以后探索有中国特色社会主义建设道路的先声；在理论上则为后来邓小平理论的形成孕育了思想胚胎。

这里不妨就八大时期以毛泽东为核心的第一代中央领导集体对于怎样建设社会主义所获得的思想认识，同十一届三中全会后逐步形成的邓小平理论进行一些方面的极其概略的比较。这种比较丝毫无意要论证邓小平理论在八大那时早已有之，只是为了说明当时的好的和比较好的思路、思想

① 《三中全会以来重要文献选编》下册，人民出版社1982年版，第802页。
② 《胡乔木文集》第二卷，人民出版社1993年版，第125页。

观点和实践经验，与邓小平理论的内容之间有某种渊源关系，即怎样被继承而又怎样得到发展的关系。

关于建设社会主义思想路线。把马克思主义与中国实际相结合，在延安整风之后经过七大就被确立为党的指导思想。建设社会主义，也要解放思想，实事求是，走中国自己的路，这个指导思想在批判斯大林的个人崇拜之后，从《论十大关系》开始的探索就是明确的。在八大政治报告中也对这条思想路线进行了分析。后来成为邓小平理论的思想路线的基本内涵，同八大时期的思想路线是一脉相承的。

关于社会主义社会发展阶段。社会主义初级阶段的思想在八大时期没有，但是当时对于中国建设社会主义的基本国情还是有一定认识的。毛泽东从哲学角度谈论过共产主义（包括社会主义）要分阶段的意见。到50年代末，他进一步认为，社会主义可能分为不发达的和比较发达的两个阶段。当然，这些思想都没有成为制定政策的依据，与十一届三中全会后的情况不能同日而语。

关于社会主义的根本任务。八大对于社会主义的主要矛盾和主要任务还是有一定认识的。八大关于政治报告的决议和《关于正确处理人民内部矛盾的问题》已有了我们国家的“根本任务”是要“在新的生产关系下保护和发展生产力”的思想。毛泽东甚至说过，我们上半个世纪搞革命，下半个世纪搞建设。可惜，这些好思想并没有坚持下去。

关于社会主义社会的发展战略。在八大之前，周恩来就提出过初始形态的四个现代化思想①，这个思想被写进了八大的党章。在八大以后的《关于正确处理人民内部矛盾的问题》中，毛泽东提出工业、农业和科学文化的三个现代化，随后加上国防现代化，从而形成了比较完整的现代化思想。这个时期也有了“两步走”的战略步骤的安排，即第一步用3个五年计划打下现代化的基础，第二步是用10个至20个五年计划来建成伟大的社会主义国家。到60年代前期，这个“两步走”的设想在邓小平的思想

① 周恩来在1954年的政府工作报告中提的四个现代化是：现代化的工业、现代化的农业、现代化的交通运输业和现代化的国防。

里进一步明确起来。邓小平理论的发展战略就是以这些设想为基础发展起来的。

关于社会主义经济建设方针。从《论十大关系》到《关于正确处理人民内部矛盾的问题》，已明确地提出了“中国工业化的道路”。八大的经济建设方针符合当时中国的实际。关于工业和农业的关系、既反右倾保守又反急躁冒进以及综合平衡等思想，对于邓小平理论的社会主义经济建设方针的形成起了积极作用。

关于社会主义经济体制改革。《论十大关系》的一个重要内容，就是讲经济体制改革。八大时期在这方面进行的许多探索，成为了十一届三中全会以后改革的前奏曲。刘少奇在 1957 年春天提出的关于社会主义经济既要有计划性又要有多样性、灵活性的思想，已模糊地涉及计划与市场的关系。陈云关于所有制、生产和流通方面的“三个主体、三个补充”的改革构想，对十一届三中全会以后的改革起了有力的准备作用。

关于社会主义民主政治建设。扩大民主，建设民主政治，是八大讨论的重要议题之一。毛泽东强调大会发言对工作要有批评和自我批评，净讲一套歌功颂德，没有生气。八大充分体现了党内民主。对于党和国家的领导制度，八大也有一些改革设想。毛泽东已明确提出不当国家主席，在适当时候不当党的主席，只当名誉主席；取消领导职务的终身制已在中央的考虑之中。和民主党派的长期共存、互相监督问题也是在这个时期提出的，共产党领导的多党合作制和政治协商制度已有了相当基础。邓小平的政治体制改革理论吸取了当时的许多好的思想。

关于社会主义精神文明建设。这个概念及其内涵的规定，在八大时期没有。但是，有关精神文明建设的若干重要思想和要求在那时已经有了。从文化教育层面说，1956 年 1 月召开的知识分子问题会议，体现了尊重知识、尊重人才的精神。关于我国知识分子的绝大多数已成为工人阶级的一部分，号召向现代科学进军，就是在这次会上提出的。随后还提出了“百花齐放，百家争鸣”的方针。从思想道德层面看，马克思主义的指导地位，加强思想政治工作，对广大人民特别是青年进行思想、道德、文化、纪律等方面的教育，这些内容在那时已摆到了比较重要的位置。

关于社会主义建设的政治保证。这是我们党一贯强调的。八大政治报告有专门一节就是分析政治保证问题的。《关于正确处理人民内部矛盾的问题》发表稿关于鉴别香花毒草的“六条标准”，被视为四项基本原则的雏形。当然，它的内涵是随着后来实践的发展而更加丰富和深刻的。

关于社会主义的对外开放和外交政策。我们国家从50年代末到70年代末的20年间，由于种种原因形成某种封闭的局面。但是在八大时期的思想是相当开放的。八大之前，毛泽东的《论十大关系》和《同音乐工作者的谈话》，表明了思想文化的开放政策。八大就是一个相当开放的大会。在实际工作中，无论从经贸还是从文化的交流看，也是一种开放态势。至于外交，自建国以来一直奉行独立自主的和平外交政策，到1954年已提出和平共处五项原则。八大政治报告及其决议，都强调要争取更长的和平时间，为经济建设创造有利的国际环境。

关于社会主义的依靠力量和领导核心。这也是我们党的一贯思想。在八大的三个报告和许多发言中，在毛泽东那时的讲话和著作中，对这个问题讲得还是比较充分的。当然，那时的思想内涵没有后来丰富和深刻。十一届三中全会以来新的实践经验对这个方面也有了很大发展。

关于祖国统一的构想。提出“一个国家，两种制度”，这是邓小平的又一个重大理论创造和统一祖国的政治战略。但是，这个构想的基本内容在八大前后已经有了。在1955年，提出了用和平方式解放台湾的问题。从1956年开始，大陆和台湾的关系有所松动。八大召开前，周恩来提出可以进行第三次国共合作。八大开过后，毛泽东明确表示，如果台湾和平统一，“一切可以照旧”，台湾可以继续搞“三民主义”，后来又提出了一些具体设想。邓小平的“一国两制”构想，就是对这些思想胚胎的继承和发展。

上述比较无疑是欠全面的。一是进行比较的内容不可能在较短的篇幅里作更为周到、缜密的分析；二是有相当重要的内容没作比较，如社会主义市场经济理论等，因为当时没有；三是为了说明历史渊源，比较时着重讲两者的连续性、继承性一面，而对后来的发展和飞跃一面讲的较少，但这里绝没有要贬低和否定这一面的意思。前面的定位交代已很清楚，这种比较是要说明“历史因子”，而不是“因袭历史”。

（四）第二次伟大革命的干部的历史准备

从七大到八大，党的地位、任务和成分都发生了很大变化。为了适应这个变化，需要选举新的中央委员会。八大中央比七大中央扩大了一倍多。它的绝大多数都是各个方面的优秀领导干部，经受了后来历史发展的严峻考验。从组织路线方面说，八大为十一届三中全会后第二次伟大革命的开展做了重要的干部准备。从十一届三中全会起的一项重要工作，就是与恢复正确的思想路线和政治路线相适应，在组织路线上也拨乱反正，平反冤假错案，解放干部，并让他们重新走上领导岗位。其中许多都是八大时期的重要领导干部。

八大为第二次伟大革命所做的干部准备，主要表现在两个方面：

第一，为第二代中央领导集体准备了核心成员。尽管经历了“文化大革命”时期惊心动魄的斗争，但仍然是比较成功地实现了由第一代中央领导集体向第二代中央领导集体的转变。

第一代中央领导集体到党的八大得到了充实。在酝酿中央领导机构成员时，毛泽东在八大预备会议期间召开的七届七中全会上，就设中共中央副主席和总书记的问题发表了谈话，其中一个重要内容是推荐邓小平和陈云。毛泽东说，总书记准备推举邓小平，他本人说不行，“我可以宣传宣传”。毛泽东宣传邓小平的优点，连着讲了七个“比较”，即比较公道、比较有才干、比较能办事、比较周到、比较顾全大局、比较厚道、处理问题比较公正。“他说他不行，我看行。”毛泽东还把邓小平同他本人相比较说：邓小平不是没有缺点，也不是样样事都办得好，但是“他犯了错误对自己很严格”[①]。对于陈云，毛泽东的评价也很高：“我看他这个人是个好人，他

---

① 毛泽东在中共七届七中全会第三次会议上的讲话（1956年9月13日）；参见《党的文献》1991年第3期。

比较公道、能干，比较稳当，他看问题有眼光。我过去还有些不了解他，进北京以后这几年，我跟他共事，我更加了解他了。不要看他和平得很，但他看问题尖锐，能抓住要点。所以，我看陈云同志行。”毛泽东还特地指出，他是工人阶级出身。“不是说我们中央委员会里工人阶级少吗？我看不少，我们主席、副主席五个人里头就有一个。”①

毛泽东为什么向全党推荐邓小平和陈云进入新的中央领导核心呢？除了有上面的那些优点，还因为“他们是少壮派”，“对于我们这样的大党，这样的大国，为了国家的安全、党的安全，恐怕还是多几个人好”。在他看来，多几道“防风林”，“提前见马克思，那末总还有人顶着，我们这个国家也不会受影响”。②历史的发展正像毛泽东所预料的，第一代领导核心的其他成员“见马克思”之后，以邓小平为核心、陈云鼎力相助的第二代中央领导集体在十一届三中全会后迅即组成。从这个意义上说，八大为党的两代中央领导集体的交接奠定了难得的基础。

第二，为第二次伟大革命准备了大批高层领导干部。在酝酿八大中央委员会的组成人员时曾规定了一个提名原则，即主要是提“三八”式以从前的干部，“三八”式干部一般不选。毛泽东在七届七中全会开幕的会上对选举中委讲到，这次选举中委，“三八”式一般不选。“三八”式确有大批优秀干部，但牵连太多，我们现在的方针是说服他们，让他们等几年，这样他们更成熟，更孚众望。现在还是让“三八”式以前的什么式的掌一下中央委员会的权。在八大预备会议上，毛泽东还用“名落孙山”的典故开导一些同志说：我们这个名单大概只管到20世纪。“也许是孙山以内的人将来起很大作用”，也许“今天没有列上名单的同志，即名落孙山的同志，很可能是将来在中国起很大作用的同志”。③根据已确定的原则选举的中委，绝大多数是“老资格”。经历“文化大革命”的劫难，

---

①② 毛泽东在中共七届七中全会第三次会议上的讲话（1956年9月13日）；参见《党的文献》1991年第3期。

③ 毛泽东在八大预备会议第二次全体会议上的讲话（1956年9月10日）；参见《党的文献》1991年第3期。

许多人故去，个别人上了林彪、“四人帮”的贼船，有的身体不行了。但是，在十一届三中全会后重新走上领导岗位的八大中央委员，据不完全统计，占八大中央委员总数的三分之一以上；属于候补中央委员的，占其总数的五分之二。他们在第二次伟大革命的历史洪流中进入了高层领导，或在中央、或在地方，都发挥了重要领导作用。就是那些没有选进八大中央委员会的“名落孙山”的“三八”式的优秀干部，在第二次伟大革命中也都纷纷走上重要领导岗位，同那些“老资格”一起，成为推进第二次伟大革命的中流砥柱。他们发挥了承上启下、继往开来的巨大历史作用。

四、八大的不足与两次伟大革命没能实现交汇的历史原因

充分肯定八大的历史地位，并不等于八大没有缺陷。邓小平指出：“由于当时党对于全面建设社会主义的思想准备不足，八大提出的路线和许多正确意见没有能够在实践中坚持下去”。[①] 这就说明，要历史地辩证地认识八大、研究八大。

从建国到八大仅仅 7 年，我们党对于什么是社会主义和怎样建设社会主义的认识，较多地来自于马列本本的概念和苏联模式的经验。虽然有一些实践经验，在破除迷信、解放思想之后也有过一些新的观念、新的设想，提出了一些新的方针、新的政策，但是其中有的或不完整，或不稳定。因而不可避免有一定的历史局限。

比如，八大决议关于主要矛盾的表述。在正确地提出国内主要矛盾是人民对于经济文化迅速发展的需要同当前经济文化不能满足人民需要的状况之间的矛盾后，又将这“矛盾的实质”归结为“先进的社会主义制度同落后的社会生产力之间的矛盾”，这种表述容易引起歧义。因为从历史唯物主义原理讲，生产力是最活跃的因素，生产关系和社会制度都有些滞后性。只有生产关系去适应生产力发展的要求，不能提出要生产力去适应

---

① 《邓小平文选》第三卷，第 2 页。

生产关系变化这样的问题。这就是说，生产关系和社会制度不可能跑到生产力前面去。讲先进的制度与落后的生产力发生矛盾，不符合历史唯物主义基本原理的规范表述。从毛泽东个人的思路看，他历来认为生产关系需要不断调整，甚至进行变革，不存在一种生产关系已很先进了，只需等待生产力赶上去适应生产关系的要求这种情况。在他看来，已经建立起来的社会主义的生产关系同生产力的发展是既相适应，又存在矛盾的。这种矛盾主要是由于生产关系在某些方面的不完善造成的。因此，作为社会主义的主要任务，既要发展社会生产力，又要改革生产关系和上层建筑，使之不断完善，适应生产力发展的需要，八大决议的这个理论表述的疏漏，当即被毛泽东敏锐地抓住，提出了批评。在这一点上，毛泽东的批评是有道理的。应当指出，毛泽东在当时只是批评这句话有毛病，并没有反对八大关于主要矛盾的基本精神。关于知识分子问题，八大虽然肯定了知识界的进步，认为它"已经改变了原来的面貌，组成了一支为社会主义服务的队伍"①，但是它不仅没有重申半年多前关于知识分子的绝大多数已成为"工人阶级的一部分"的观点，而且仍把知识分子列为"资产阶级和小资产阶级"范畴。这个认识的变化又成为半年多后发生反右派斗争严重扩大化的认识根源之一。在民主与法制问题上，八大虽然提出了扩大民主和健全法制的任务，发出了十一届三中全会以前在这方面的最强音，但是对于这个问题的极端重要性缺乏认识，未能把发展和完善社会主义民主当作战略目标，因而民主的制度化、法制化问题在长时期内一直是我们国家政治生活的薄弱环节。

八大对于全面建设社会主义思想准备不足，更为重要的，是表现在对于建设社会主义前进道路上将会遇到的困难、曲折和艰险，远没有像在七大时那样对于完成民主革命任务的困难程度有充分的认识，也缺乏实际的经验。这突出地表现在以下两个问题上：

一是关于阶级斗争问题。八大认为，我国的无产阶级同资产阶级之间

① 《刘少奇选集》下卷，第203页。

的矛盾基本解决后，“革命的暴风雨时期已经过去了”。[①]继续存在的阶级斗争主要表现为：解放台湾；彻底完成社会主义改造，最后消灭剥削制度；继续肃清反革命残余势力。这就表明，八大对于新形势下的阶级斗争的范围、性质、特点及规律缺乏明确的认识。阶级斗争的实际状况远比八大的这种认识复杂得多。随后发生的国外的匈牙利事件，特别是国内的大鸣大放后引起的政治波澜，完全出乎党的领导人的意料。尽管这个时期已经提出了严格区分两类矛盾的理论，也在着手加强民主政治建设，但是直面敌我矛盾和人民内部矛盾的交错，阶级斗争因素与非阶级斗争因素的混杂，党对于国内政治形势作了错误的估计，对于突发事件作了过度反应，不仅认为国外和国内的突发事件都是阶级斗争，而且认为国内的阶级斗争是与国外的阶级斗争相呼应的。在这种思想的支配下，对于国内的突发事件既夸大了大鸣大放运动中的阶级斗争成分，又夸大了阶级斗争成分中的敌我矛盾比重。这样，党的领导人的指导思想就发生了逆转，在八大时以为基本结束了的阶级斗争，这时看来远没有结束，而且还需要发动大规模的急风暴雨式的群众性的阶级斗争来解决大鸣大放问题。到 1957 年 10 月的八届三中全会，完全地否定了八大决议关于主要矛盾的论断，重新肯定两个阶级、两条道路的斗争是我国社会的主要矛盾。1959 年庐山会议上彭德怀的“意见书”，又是一个突发事件，也作了错误反应，进一步强化了两个阶级的斗争是主要矛盾的观点，并把它引入党内。经过 1962 年的八届十中全会，这个观点更加系统化和理论化。这样，1956 年的八大对主要矛盾所作的论断实际上就被否定了。

二是关于经济建设问题。八届三中全会虽然否定了八大关于主要矛盾的论断，但并没有同时否定经济建设是党的主要任务，而且认为在取得了政治战线和思想战线上的社会主义革命的基本胜利之后，党的工作的着重点要转移到技术革命和文化革命方面。就毛泽东来说，他从来没有像在 1958 年那样全力以赴地抓经济建设。但是他对于经济建设的速度和方法却

① 《刘少奇选集》下卷，第 253 页。

坚持自己的一套。八大前确定的反冒进方针，他是不满意的，但服从了政治局大多数同志的意见。经过反右派扩大化后，他以所谓反冒进为右派进攻提供口实为由，重新提出发展速度问题，并在1958年初的南宁会议、成都会议上大批反冒进。毛泽东认为，不仅建设要加快，大干快上，超英赶美，而且可以大搞群众运动。他批评反冒进说：打仗可以发动群众，社会主义建设，群众可以发动得更充分。“搞工业、农业，比打仗还厉害些，我就不相信。”抽象地讲，毛泽东的看法，不能说没有一点道理。问题在于经济建设的规模和速度都要从客观实际出发来确定，而不能仅凭主观的良好愿望来规划。无论搞工业还是农业都要依靠群众，这也是无疑义的，但是首先要尊重客观经济规律，正确处理政治与技术、群众与专家的关系，不能只强调这一面，否定那一面。毛泽东大批反冒进，恰恰是这种历史效应。特别是它造成的那种政治氛围，产生的那种政治压力，实际上是把他本人长期倡导的实事求是的思想路线和作风批掉了。八大确定的关于经济建设的一系列正确方针政策，因而也被否定了。在三年“大跃进”运动以后，面对国民经济的巨大困难，尽管提出了实行调整的“八字方针”，但始终没有再肯定八大、要求回到八大的路线上来。

阶级斗争和经济建设这两个问题，在1957年反右派扩大化以后长期困扰着我们党。不能正确处理这两个问题及其关系，是我们党没有弄清什么是社会主义和怎样建设社会主义的主要表现。但是应当说，在50年代末到60年代初的错误认识，主要是受以往经验的困扰而得出的。自中苏大论战、国际共运大论战展开后，情况就发生了变化。当时论战的一个基本问题，就是如何理解过渡时期？社会主义是否是过渡时期？在这个时期究竟有无阶级斗争？等等。这就不能仅凭经验，而要去找理论根据。各方都到马列著作中去找理论根据。为了压倒对方，证明自己的“正确”，就难免对马列著作缺乏客观的、实事求是的理解。我们党也有既把马列著作（特别是列宁的著作）中的某些论点教条化，又作了某些曲解的问题。在经典著作中“找到”的理论根据，反过来强化了原来的错误理论观点。最初，接受斯大林的观点，我们党持“小过渡”论，即进入社会主义以前是过渡时期。这以后逐渐地转变为“大过渡”论，即直到进入共产主义社会高级阶段以前，都属于无产阶级专政的过渡时期。按照“大过渡”论，在整个社会主义历史时期，两个阶级、两条道路的斗争始终都是主要矛盾。这样，原来的凭政治经验而否定八大关于主要矛盾论断的观点，到这时就有了“充足的”理论根据。“文化大革命”爆发后，它具备了似乎更为完整的理论形态，这就是无产阶级专政下继续革命的理论。根据这个理论，八大路线不仅被彻底否定，而且被作为修正主义路线在九大、在十大大加挞伐。这种情况只是在十一届三中全会拨乱反正之后，才得到根本改变。在新的历史时期，八大路线被恢复，并得到了巨大发展。一场新的伟大革命的洪流正在中国大地上汹涌澎湃地展开。

怎样认识这段历史的曲折呢？一般地讲，谁都希望历史直线发展。就毛泽东而言，他懂得历史的发展是“之”字形。建国后，他多次告诫全党，努力把马克思主义基本理论与中国具体实际相结合，希望搞社会主义比搞革命少犯错误，少走弯路。就是在八大的预备会议上他还说：“我们希望建设中所犯的错误，不要像革命所犯的错误那么多、时间那么长。我们搞建设，是不是还要走那个老路呢？是不是还要经过十四年，也要栽那么多筋斗呢？我说可以避免栽那么多筋斗。”① 但是，历史的发展有自己的规律走向和运动轨迹。其曲折，不是人们想避免就能避免的。掌握了规律，“之”字形的曲折可以小点；不认识规律，“之”字形的曲线则是大号的。两次伟大革命在八大交汇的可能性没能转化成现实性，第二次伟大革命的历史起点后移至 1978 年十一届三中全会，虽然与主观因素有密切关系，但放在历史的长河中看，又具有一定的客观性。这就是我们党对于社会主义的认识，实际上是处在幼年阶段。

说中国共产党在七大时期就成熟了，并不等于说成熟以后就不犯错误。说以毛泽东为核心的第一代中央领导集体是成熟的，也不等于说对所有问题的认识和处理都是成熟的。事实上，那时的实践主要是民主革命的实践。

① 毛泽东在八大预备会议第二次全体会议上的讲话（1956 年 9 月 10 日）；参见《党的文献》1991 年第 3 期。

说是成熟的，主要是指对中国民主革命的规律和特点的认识；当然，也有一些上升到一般的理论和方法。搞社会主义，对于我们那个时候的党来说，是陌生的、不懂得的东西，哪里谈得上什么成熟！这样，在探索实践中就难免不犯错误，甚至是大错误。

历史的发展往往表现出惊人的相似之处。中国共产党在建国后搞社会主义的历史发展曲线，同民主革命时期历史发展的曲线有如“似曾相识燕归来”。研究历史最忌讳将历史简单类比，但科学的比较却有助于发现和深入认识历史现象。我们党搞民主革命的历史发展曲线，按照毛泽东的说法，经历过两次胜利和两次失败。第一次胜利是1924年至1926年的北伐战争，接着就是1927年大革命的失败。20年代末和30年代初的土地革命战争曾经取得了很大胜利，但后来三次“左”倾路线的接连统治，特别是王明路线，使革命遭到惨重失败。1935年1月的遵义会议，有如前述，是民主革命历史发展的伟大转折。这以后，党领导的革命事业从失败走向胜利。社会主义时期历史发展的曲线是什么状况呢？从建国到八大，前面已指出是个辉煌时期。“八大以后，我们取得了社会主义建设的许多成就，同时也遭到了严重挫折”。[①] 如同遵义会议对民主革命的发展所起的作用一样，十一届三中全会是建国以后社会主义时期历史发展的伟大转折。民主革命的曲折发展教育全党掌握了民主革命的规律。八大以后二十多年的曲折发展同样深刻地教育了全党。十一届三中全会以后的历史发展，同遵义会议以后的历史发展也很相似，都是党的事业发展的长时期的辉煌。为什么会出现曲折和重新走向辉煌呢？也都是一个道理，即对客观规律的认识由必然王国逐渐走向自由王国。对于十一届三中全会以后的辉煌与八大的关系，邓小平明确指出：从十一届三中全会以来，我们党在经济、政治、文化等各方面的工作中不仅恢复了正确的政策，而且研究新情况、新经验，制定了一系列新的正确政策。“和八大的时候比较，现在我们党对我国社会主义建设规律的认识深刻得多了，经验丰富得多了，贯彻执行我们的正确方针的

① 《邓小平文选》第三卷，第2页。

自觉性和坚定性大大加强了。”① 这就是说，如同遵义会议标志着我们党对民主革命规律的认识在走向成熟一样，十一届三中全会以后，我们党对于社会主义发展规律的认识也在走向成熟。应当指出的是，这个成熟不是一劳永逸的。在这个问题上成熟了，碰到新的问题又不成熟；这一代人成熟了，新一代人会自然成熟吗？不一定。这里没有“遗传密码”。因此，仍然需要“学习、学习、再学习”，“奋斗、奋斗、再奋斗”。

在这个世纪之交，也要将继承和发展了八大路线的十一届三中全会的路线，即“一个中心，两个基本点”的基本路线继续坚持下去。邓小平说：“不坚持社会主义，不改革开放，不发展经济，不改善人民生活，只能是死路一条。基本路线要管一百年，动摇不得。”② 这是一个很重要的政治嘱托。要实现这个嘱托，一个重要方面就是要“以史鉴今”，吸取八大路线未能坚持下去的深刻教训。认真总结历史经验，不断增强坚持“一个中心，两个基本点”的基本路线的自觉性和坚定性。

---

①② 《邓小平文选》第三卷，第 2、370—371 页。

第一部分　从七大到八大

一、中国革命的胜利和新中国的建立

（一）新的征程的历史号角

1945 年召开的中国共产党第七次全国代表大会，是党在民主革命时期最重要的一次代表大会。这次大会总结了自党成立后中国民主革命 20 多年来曲折发展的历史经验，制定了正确的纲领和策略，使全党的认识在马克思列宁主义、毛泽东思想的基础上统一起来，达到了全党的空前团结。这次代表大会，吹响了新的征程的号角，为新民主主义革命在全国的胜利奠定了基础。

1945 年 4 月 23 日至 6 月 11 日，党的第七次全国代表大会在延安举行。毛泽东在七大开幕词——《两个中国之命运》中指出：我们这次大会是关系全中国四亿五千万人民命运的一次大会。在中国人民面前摆着两条路，光明的路和黑暗的路；有两种中国之命运，光明的中国之命运和黑暗的中国之命运；有这样两个前途，或者是一个独立、自由、民主、统一、富强的新中国，或者是一个半殖民地半封建的、分裂的、贫弱的老中国。我们应当用全力去争取光明的前途和光明的命运，反对另外一种黑暗的前途和黑暗的命运。这就是我们大会的任务，这就是我们全党的任务，这就是全中国人民的任务。

出席大会的正式代表共 547 人，候补代表 208 人，代表着全国解放区、沦陷区和国民党统治区英勇抗战的 121 万党员。毛泽东在大会上作了《论联合政府》的政治报告；朱德作了《论解放区战场》的军事报告；刘少奇作了《关于修改党的章程》的组织报告。周恩来作了《论统一战线》的重要讲话，任弼时、陈云等在会上发了言。七大的工作方针是：团结一致，争取胜利。根据这一方针，大会详尽地讨论了上述报告，分别通过了《关于政治报告的决议案》《关于军事报告的决议案》和新的《中国共产党章程》，选举产生了第七届中央委员会。毛泽东代表中共中央在大会上作了结论，并以《愚公移山》为题致大会闭幕词。历时50天的中国共产党第七次全国代表大会，在全体代表高唱《国际歌》的庄严气氛中，落下帷幕。

七大是中国共产党在新民主主义革命时期举行的最盛大、最成功、最重要的一次代表大会，它在彻底破除党内以王明为代表的把马克思主义教条化、把外国经验神圣化的错误倾向，根据中国国情独立自主地解决中国革命问题方面，占有举足轻重的地位。

七大深刻总结了中国共产党领导民主革命24年来曲折发展的历史经验，特别是总结了近八年抗日战争的经验，制定了一条“放手发动群众，壮大人民力量，在我党的领导下，打败日本侵略者，解放全国人民，建设一个新民主主义的中国”的政治路线。这一政治路线的中心环节，是把包括工人、农民、城市小资产阶级、民族资产阶级以及其他爱国分子在内的一切人民力量发动、组织起来，共同打败日本侵略者。关于建设新中国，七大明确指出：大地主、大资产阶级专政的国家制度，已被历史证明为完全破产了；在壮大人民力量，彻底消灭日本侵略者的前提下，新中国不可能、也不应该是旧式的资产阶级专政的国家，并且在现阶段也不可能直接成为社会主义国家。新中国应该建立一个在工人阶级领导下、以全国绝大多数人民为基础的统一战线的各革命阶级民主联盟的国家制度，即新民主主义的国家制度。为了建立新民主主义国家，七大鲜明地提出“废止国民党一党专政，建立民主的联合政府”的口号，并对新民主主义国家应该实行的政治、经济、文化各方面的纲领作了详尽的说明。

七大确认毛泽东思想为全党一致承认的指导思想。七大通过的党章规定：“中国共产党，以马克思列宁主义的理论与中国革命的实践之统一的思想——毛泽东思想，作为自己一切工作的指针，反对任何教条主义的或经验主义的偏向。”这表明党自诞生起历经 24 年曲折奋斗，已经过反复实践、反复比较，创造出适合中国国情的中国化的马克思主义，并且有了它的主要代表和全党公认的领袖——毛泽东。这是中国共产党在中国革命基本问题上达到成熟的重要标志。确立毛泽东思想为党的指导思想，使全党有了在思想上工作上取得一致的理论基础。七大把党在长期奋斗中形成的优良作风概括为三大作风，即：理论和实践相结合的作风，密切联系群众的作风，批评和自我批评的作风。这是共产党区别于其他政党的显著标志，是使党的路线、方针得以顺利贯彻的根本保证。七大充分发扬民主，对过去党内的错误，特别是以王明为代表的“左”倾冒险主义的错误，进行了深刻分析和检讨，从团结的愿望出发，对犯错误的同志展开批评，犯错误的大多数同志也进行了自我批评。经过批评和自我批评，全党在毛泽东思想和七大确定的政治路线的基础上，实现了新的团结。

七大选举产生了以毛泽东为核心的中央领导集体，组成了一个由各个地方、各个岗位、各种经历（包括犯过错误而又改正的在内）的优秀人物汇集的、有威信的、空前团结的中央领导机构。这表明中国共产党不仅有了自己伟大的领袖，而且有了大批久经锻炼的、以毛泽东思想武装起来并紧密团结在毛泽东周围，有知识、有经验、有才干而又年富力强的中坚干部，他们在长期斗争实践中被证明是中华民族最优秀的人物，是中国人民革命最上乘的干才。有了这样的领导核心和领导集体，党就能适应当前的情况及将来的发展，面对国际国内形势的风云变化，团结全党战胜民族的和人民的一切敌人。

党的七大，以“团结的大会，胜利的大会”载入中国共产党的史册。七大闭幕以后，各地代表迅速返回自己的工作岗位，分赴各个战场，向全党宣传大会的精神，并通过党的系统向人民作广泛的解释，使中共七大的纲领不但得到解放区各阶层人民的普遍拥护，而且在日军沦陷区和国民党统治区产生影响。尽管中共向国民党表示在民主基础上团结的愿望，遭到蒋介石国民党的拒绝，但毛泽东在《论联合政府》报告中所阐述的建设新中国的基本纲领和基本政策，使各民主党派和各界爱国民主人士了解到共产党的诚意，纷纷发表意见支持中共关于成立民主联合政府的主张。以毛泽东在七大闭幕词中倡导的“愚公移山”精神相鼓舞，全党紧密团结在以毛泽东为首的党中央周围，为夺取抗日战争的最后胜利乃至新民主主义革命在全国的胜利而不懈奋斗。

七大以后，国内国际形势急转直下。在国内战场，中国共产党领导的八路军、新四军向日、伪军发动大规模夏季攻势作战，缩紧了对日军占领的各点线的包围圈，打通了华北、华中各解放区之间的联系，取得作战行动上的主动权，并逐步实现由游击战向运动战的转变，为及时转入对日寇的全面反攻创造了重要条件。在国际上，德、意法西斯的覆亡，使日本法西斯陷入完全孤立的境地；美、英、中三国发表的《波茨坦公告》，起到敦促日本投降的作用；苏联根据《雅尔塔协议》对日宣战，进兵中国东北给日本关东军以沉重打击，加速了彻底打败日本法西斯的战争进程。8 月 9 日，毛泽东发表《对日寇的最后一战》的声明，号召中国人民的一切抗日力量应举行全国规模的反攻，密切而有效地配合苏联及其他同盟国作战；八路军、新四军及其他人民军队，应在一切可能条件下，对于一切不愿投降的侵略者及其走狗实行广泛的进攻，歼灭这些敌人的力量。根据延安总部的指示和命令，各抗日根据地的人民军队对日、伪军发起猛烈的全面反攻，迅速向敌占区城镇和交通要道挺进。8 月 15 日，日本天皇宣布无条件投降。至此，中国的抗日战争取得最终胜利，世界反法西斯战争也随之胜利结束。

中国共产党在长期的艰苦抗战中，以中流砥柱之气概，始终坚持团结抗战，坚定地维护全民族利益，无愧为中国人民抗日救国的重心，中国人民解放的重心，打败侵略者、建设新中国的重心。有了中国共产党及其领导的人民武装这个决定性力量，中国人民终于在一百多年来抗击外来侵略的民族解放战争中，第一次赢得了完全胜利。抗日战争的胜利是中华民族由衰败开始走向振兴的转折点。党的七大闭幕仅仅两个月，中国人民就迎来了自己民族复兴的希望曙光。

（二）争取和平民主与粉碎蒋介石的全面进攻

抗日战争胜利后，七大提出的两个中国之命运问题，突出地摆在中国人民面前。中国向何处去，成为战后国内一切问题的焦点。国共两党围绕这个问题进行的斗争，即决定中国前途和命运的斗争，构成了抗战后中国历史发展的主线。

在战后美、英、苏形成新的国际格局和国内普遍呼吁和平的形势下，蒋介石为窃取抗战胜利果实采取了反革命的两手策略：一面依靠美国提供飞机舰船，紧急运送国民党军队抢占各大中城市和交通要道；一面摆出“和平”姿态，连续电邀毛泽东赴重庆“共定大计”。对此，中共中央举行政治局扩大会议认为，争取通过和平的途径实现中国的社会政治改革是必要的，这是中国人民的迫切愿望和利益所在，党有责任带领人民尽最大努力去争取一个有利于人民的哪怕是暂时的和平建设时期，同时不放弃进行自卫战争的准备。中央决定派毛泽东、周恩来、王若飞为代表赴重庆谈判，并发表《对目前局势的宣言》，提出“和平、民主、团结”三大口号，阐明中共争取和平民主，反对内战独裁的政治主张。8 月 28 日，毛泽东等不畏艰险抵达重庆，受到各阶层人民的热烈欢迎。

重庆谈判是一场尖锐的斗争。对于解放区政权和人民军队，蒋介石坚持要在“政令军令统一”的幌子下全部取消和吞掉，他一面在谈判桌上虚与委蛇，一面密令国民党军沿各铁路线向解放区进攻，使谈判自始至终处在边打边谈的非常状态。在 43 天谈判期间，由于中共代表做了必要的有原则的让步，解放区军民站在自卫立场上坚决击退了国民党军的多路进犯，终于迫使蒋介石承认了和平团结的方针和人民的某些民主权利；承认了中共和其他民主党派以及人民军队的一定地位。10 月 10 日，双方代表签署了《政府与中共代表会谈纪要》，确定召开有国民党、共产党、民主同盟和社会贤达代表参加的政治协商会议。谈判取得初步成果，毛泽东等中共代表返回延安。

12 月下旬，苏、美、英三国出于缓和相互关系的考虑，在莫斯科会议上对中国局势问题提出:“必须在国民政府领导下实现中国的团结与民主化，广泛吸收民主分子到国民政府的一切（各级）机构中”。同时，美国总统派特使马歇尔来华“调处”中国内战。适应这一情况，中国共产党决定尽最大努力争取实现和平，特派全权代表周恩来再赴重庆，提出国共双方实行无条件停战的建议。蒋介石迫于内外压力，不得不接受中共的建议进行停战谈判。1946 年 1 月 10 日，双方代表正式签署了停战协定。同日，有国共两党和民主同盟代表参加的政治协商会议在重庆召开。会议围绕军队国家化和政治民主化等问题展开激烈的斗争，最后通过关于政治、军事等问题的五项协议案。这次会议通过的协议，本质上还不是新民主主义的，但它在实质上否定了国民党的一党专政和内战政策，有利于实行民主政治与和平建国，受到各阶层人民的广泛欢迎。

政协协议公布后，中国共产党即准备严格履行。毛泽东在颁布停战令时指出：中国和平民主新阶段，从此即将开始，全党应为巩固国内和平，实现民主改革，建立独立、自由、富强的新中国而奋斗。这再次反映了中共为通过和平道路实现中国政治改革而付出的最大努力和耐心。但是，蒋介石国民党基于大地主大资产阶级的狭隘利益，决不容忍任何民主改革，即使是美、英所希望的那种西方式的资产阶级民主，也拒绝实行。他们根本不打算履行停战协定和政协协议，相反，蒋介石加紧把麇集西南、西北的国民党军队抢运到华东、华北、东北，在最终完成内战部署之后，即于 1946 年 6 月底，下令向各解放区大举进攻，悍然发动了反共反人民的全面内战。

对于蒋介石挑动内战的阴谋，中国共产党早有预见。在应付内战的各项准备中，大力争取东北便是一个带有战略性的重大行动。鉴于东北拥有近代大工业、城市发达、交通便利的地位，毛泽东早在七大所作结论中就提出：只要我们有了东北，那么中国革命就有了巩固的基础。在重庆谈判期间，刘少奇从延安致电毛泽东、周恩来，共同确定了“向北发展，向南防御”的战略方针，迅速从山东等解放区抽调主力部队和大批工作干部，日夜兼程赶往东北。七大选出的中央委员和候补中央委员有 20 人先后进入东北，其中包括4名政治局委员。同时，南方解放区各部队遵照中央部署，主动撤离原驻地，大踏步向北发展。这样南北呼应，紧密配合，基本控制了冀、鲁、热、察、辽一线，并向东北广大地区的纵深展开，形成进退自如、灵活机动地反击国民党军事进攻的有利战略态势。

面对全面内战爆发时敌我力量对比十分悬殊的严峻形势，中共中央、毛泽东对战争前途作了正确分析，指出人民解放战争具有爱国的正义的革命的性质，必然获得全国人民的拥护，这是战胜蒋介石国民党的政治基础，全党对此应有充分信心。针对党内对国际形势的某种悲观估计，毛泽东作了《关于目前国际形势的几点估计》，科学分析了战后苏联同美、英、法等国在若干问题上的妥协，只能是全世界一切民主力量向反动力量作了坚决有效的斗争的结果，“这种妥协，并不要求资本主义世界各国人民随之实行国内的妥协。各国人民仍将按照不同情况进行不同斗争。”基于在战略上必须藐视敌人的深邃思想，毛泽东提出“一切反动派都是纸老虎”的著名论断，极大增强了中国人民同美蒋反动派斗争的勇气和决心。

为了战胜敌人，中共中央在七大纲领的基础上，制定了一系列正确方针和具体政策。在政治上，紧紧掌握和平民主的旗帜，和人民群众亲密合作，争取一切可能争取的力量。在经济上，切实保护工商业，努力发展解放区生产事业，一切依靠自力更生，立足于支援战争的长远打算。在军事上，实行集中优势兵力，各个歼灭敌人的原则，一般采取运动战的作战方法。在城市中，除团结工人阶级、小资产阶级和一切进步分子以外，注意团结一切中间分子，孤立好战分子。在农村，最重要的是坚定地解决农民的土地问题。1946年5月，中央发布《五四指示》，坚决肯定和批准农民用减租清算的方法没收、分配地主土地的正义行动，同时规定不得侵犯中农、保护工商业等政策，推动了各解放区土地改革运动的迅猛开展，使人民解放战争赢得广大人民特别是农民群众的有力支持。

在解放战争的战略防御阶段，人民解放军主动避开敌军的凶焰，在大踏步进退的运动战中，集中优势兵力，寻歼敌人的有生力量，使敌军在战争的头八个月里，就因战线延长、兵力不足而丧失了全面进攻的能力，不得不将原来的全面进攻改变为对山东、陕北两解放区实行重点进攻。为了粉碎敌人的重点进攻，中共中央于1947年3月主动撤离延安，由刘少奇、朱德组成中央工委到华北进行中央委托的工作；毛泽东、周恩来、任弼时率中央机关和总部精干机关，继续留在陕甘宁边区与敌周旋。在几十万敌军穷追猛堵的险恶环境下，党中央、毛泽东在钻山翻峁、昼伏夜行的辗转行军中，从容地指挥着全国各个战场上我军的作战行动。仅四个月时间，敌人对山东、陕北的重点进攻即被粉碎，人民解放军在许多地区开始了局部反攻。

在这一阶段，蒋介石不仅遭到军事上的严重失败，而且在政治、经济上面临全面危机。由于国民党政府自抗战后期以来，腐败程度日益加深，除顽固坚持内战独裁政策外，还签订卖国的《中美商约》，实行压榨人民的反动财政经济政策。以蒋、宋、孔、陈四大家族为代表的官僚资本，同美国的独占资本紧密结合，控制着全国的经济生活，造成通货膨胀，物价上涨，民族工商业日益破产，劳动群众和公教人员的生活日益恶化，使包括民族资产阶级在内的各阶层人民愈益不满，并且联合起来为求生存而斗争。在共产党的领导和影响下，以青年学生掀起的反饥饿、反内战、反迫害运动为先导，国民党统治区人民的爱国民主运动日渐高涨，逐渐形成配合人民解放战争反对蒋介石反动统治的第二条战线。解放区战场和国统区民主运动这两条战线，迅速汇成中国人民革命的新高潮，使国民党政府陷入全民的包围之中。

战争进入第二年，敌我力量对比发生显著变化。国民党军一年来被歼112万人，不得不转入全面防御；人民解放军则不断壮大，发展到190万人。根据敌我力量的消长和形势的变化，党中央、毛泽东决定抓住时机，由局部反攻直接转入全局性战略进攻，以主力打到外线去，将战争引向国民党区域。按照中央“大举出击，经略中原”的战略部署，1947年6月30日，刘伯承、邓小平率领晋冀鲁豫野战军主力12万人，在鲁西南一举强渡黄河，揭开了战略进攻的序幕。随后，刘邓大军以锐不可挡之势，突破数十万敌军的重重追堵和各种难以想象的障碍，千里跃进大别山，直插敌人战略后方。与此同时，陈赓、谢富治率另一支主力部队 8 万人在晋豫交界处渡过黄河，依托伏牛山向豫西展开进攻。9 月，陈毅、粟裕率华东野战军主力 18 万人越陇海路南下，在豫皖苏地区灵活转战，机动歼敌。配合三路大军南下，陕北、山东各部队分别展开攻势作战，有力地牵制了敌军向南增援。在“中央突破，两翼展开，三军挺进，互为犄角”的进攻态势下，各野战军在江河湖汉广大地区纵横驰骋，大量歼灭敌人有生力量。到 12 月，人民解放军即转入全国规模的反攻。中国革命战争发展到一个历史的转折点。

鉴于蒋介石集团坚决与中国人民为敌，中共中央于 1947 年 10 月提出“打倒蒋介石，解放全中国”的行动口号，这个口号体现了党的最基本的政治纲领，为全党全军全国人民指明了奋斗目标和政治方向。为了迎接人民大革命高潮的迅猛到来，党把全面开展土地改革运动，彻底消灭封建剥削制度，满足广大农民对土地的要求，作为打败蒋介石国民党的一个重要环节。1947 年 7 月至 9 月召开的全国土地会议，制定并公布了《中国土地法大纲》，使平分土地的浪潮迅速席卷自太行山区到山东半岛，从长江北岸到松花江畔的广大解放区。翻身农民努力生产，踊跃参军支前，成为赢得解放战争胜利的一个重要的力量源泉。

为了准备夺取全国胜利，毛泽东在 1947 年中央举行的十二月会议上，作了《目前形势和我们的任务》的报告，深刻阐明了伟大转折时期党在各方面的纲领和政策：政治上重申打倒蒋介石独裁政府，成立民主联合政府的基本纲领；军事上总结和提出了著名的十大军事原则；经济上明确宣布了新民主主义革命的三大经济纲领，即：没收封建地主阶级的土地归农民所有、没收以四大家族为首的官僚资本归新民主主义国家所有、保护民族工商业。在打倒蒋介石、建立新中国这个时期内，这个报告成为政治、军事、经济各方面带纲领性的文件。会议讨论了当时党内存在的某些“左”的错误倾向及为纠正错误倾向而亟须解决的土地改革和群众运动中的一些具体政策问题，并作出相应的决议。

十二月会议后的几个月内，党中央集中全力解决新形势下各方面的具体政策和策略问题，及时纠正工作中的偏差，主要是土改和群众运动中存在的侵犯中农利益，破坏民族工商业，排斥开明绅士，对待富农和地主不加区别，对地主中的大中小、恶霸与非恶霸未采取不同政策，等等。党对上述“左”倾错误的大力纠正，使革命战争、土地改革、整党整军、发展新区和争取民主党派等各方面的工作，都取得了显著成绩。为了保证党的纲领和各项方针政策畅通无阻地贯彻执行，毛泽东特别强调“政策和策略是党的生命”，并告诫全党：第一，必须紧紧掌握党的总路线；第二，必须按照实际情况决定工作方针；第三，要善于把党的政策变为群众的行动；第四，必须维护党的集中统一领导，加强组织性纪律性。这样，就使全党在正确路线和政策的基础上保持了高度的统一，为迎接全国范围内革命胜利的到来，提供了最重要的前提保障。

（三）战略决战和新中国奠基

战争进入第三年，国民党军队总兵力下降到 360 多万人，可用于一线作战的兵力减少到 170 万人，其五个战略集团分别被牵制在西北、中原、华东、华北和东北战场上，彼此不能相顾。人民解放军总兵力已增至 280 万人，其中野战军近 150 万人，并在大约一亿人口的地区彻底实行了土地改革。在国统区，由于国民党当局加紧迫害爱国民主力量，使一个时期以来在一些民主人士和中间阶层中颇有影响的中间路线，即资产阶级共和国方案的幻想，迅速走向破灭。随着解放战争的胜利发展，各民主党派和无党派民主人士放弃“第三条道路”，日益倾向人民革命，纷纷响应 1948 年 5 月中国共产党提出的召开没有反动分子参加的新的政治协商会议的号召，明确表示参加新民主主义革命的立场。共产党领导的人民民主统一战线空前壮大，使国民党反动政府陷于彻底孤立。

基于国内政治军事形势的重大变化，毛泽东在中央政治局九月扩大会议上提出：在不长的时间内，从根本上打倒国民党的反动统治，是有充分可能的；战争形式应由游击战争过渡到正规战争，并确定战争第三年人民解放军仍全部在长江以北和华北、东北作战，力求歼灭敌人的重兵集团。

九月会议刚刚结束，华东野战军取得济南战役的胜利，创造了大规模围歼敌军主力兵团和夺取大城市的范例，揭开了对敌进行战略决战的序幕。党中央、毛泽东敏锐地抓住时机，正确地选择东北为大决战首战的突破口，精心运筹了革命战争史上规模巨大的辽沈战役、淮海战役和平津战役，将战争的艺术发挥得淋漓尽致。

辽沈战役于 1948 年 9 月 12 日至 11 月 2 日在辽宁西部和沈阳、长春地区进行，在历时 52 天的战斗中，东北野战军共歼敌 47 万余人，解放了东北全境，为革命在全国的胜利提供了大工业基地的坚实保障。从此，敌我力量对比发生根本性变化，人民解放军在质量上和数量上均已占据优势。辽沈战役甫告结束，淮海战役即于 11 月 6 日全面展开。在东起海州，西至商丘，北自临城，南达淮河的广大地区，华东和中原两大野战军统一指挥，密切配合，经 65 天战斗，共歼敌 55 万余人，解放了长江中下游以北的广大地区，为南下渡江作战创造了有利条件。这时整个战局的胜负已不可逆转，无论是蒋介石还是他的美国顾问，都无力挽回败局。华东战场鏖兵正急，夺取华北最后几个重要点线的平津战役，又于 11 月 29 日揭开战幕。遵照中央命令，东北野战军以百万之师穿越崇山峻岭直插冀东，会同华北军区部队力克张家口、塘沽、天津，陷北平为一座孤城。经过 64 天战斗，共歼灭和改编敌军 52 万余人，华北地区基本解放，古都北平宣告和平解放。

辽沈、淮海、平津三大战役环环相扣，紧密关联，波澜壮阔，高潮迭起，基本消灭了国民党军的主力集团和精锐部队，标志着中国共产党领导的人民革命力量在两个中国之命运的斗争中取得了决定性胜利。蒋介石为挽救其失败命运，一面加紧组织顽抗，一面策划所谓“划江而治”的和谈阴谋，幻想搞新的“南北朝”。中国共产党完全洞悉这一图谋，1949 年元旦，毛泽东在为新华社写的《新年献词》中，号召全国人民将革命进行到底，坚决彻底干净全部地消灭一切反动势力。鉴于国民党政府拒绝在中共提出的八项条件的基础上签订和平协定，解放军总部发布“向全国进军”的命令。4 月 21 日，人民解放军百万雄师千帆竞渡长江天险，于 23 日占领南京，宣告了国民党反动统治的覆灭。随后，各野战军向华中、华南、西南、西北乘胜挺进，开始扫荡残敌的战略追击。

在全国革命胜利的前夜，中国共产党于3月5日至13日召开了七届二中全会。会议集中讨论了新形势下党的工作重心转移等一系列重大问题。毛泽东在全会上的报告，提出了促进革命迅速取得全国胜利和组织这个胜利的各项方针；阐明了党的工作重心由乡村转移到城市的必要性和紧迫性；规定了革命在全国胜利以后，党在政治、经济、外交等方面应当采取的基本政策；指出了中国由农业国逐步转变为工业国、由新民主主义逐步向社会主义社会发展的基本方向。报告富于远见地提醒全党要警惕因为胜利而骄傲自满、以功臣自居的情绪滋长，警惕资产阶级用糖衣裹着的炮弹的攻击，告诫全党务必继续保持谦虚、谨慎、不骄、不躁和艰苦奋斗的作风，去进行更伟大、更艰苦的工作。这次会议在政治、思想和理论上，为夺取全国革命的最后胜利和建设新中国做了充分的准备。

七届二中全会结束后，中共中央即由河北平山县西柏坡村进驻北平，走上工作重心由乡村转移到城市的新起点。筹建新中国的各项准备工作也加紧进行。经过多方协商和紧张而有序的筹备，9月21日至30日，中国人民政治协商会议第一次全体会议在北平隆重举行。参加会议的有共产党、各民主党派、各人民团体、各少数民族和海外华侨的代表600余名，既包括各地区、各阶层、各社会界别的知名人士，又包括辛亥革命以来各个历史时期有影响的代表人物，具有极其广泛的代表性。毛泽东在开幕词中指出：我们的工作将写在人类的历史上，它将表明：占人类总数四分之一的中国人从此站立起来了；我们的民族将从此列入爱好和平自由的世界各民族的大家庭；中国人被人认为不文明的时代已经过去了，我们将以一个具有高度文化的民族出现于世界。会议经充分讨论和民主协商，一致同意以新民主主义即人民民主主义为建国的政治基础，一致通过人民革命建国的大宪章——《共同纲领》，并选举产生了以毛泽东为主席的中央人民政府委员会。在普选的全国人民代表大会召开之前，中国人民政治协商会议全体会议代行全国人民代表大会的职权，宣告中华人民共和国成立。

中国的历史，从此开始了一个新的时代。

二、国民经济的恢复和工业化建设的初步展开

（一）经济恢复的初战与统一全国财经工作

中国人民革命的胜利和中华人民共和国的成立，结束了一百多年来帝国主义勾结封建统治者剥削压迫中国各族人民的历史，使半殖民地半封建的中国成为具有独立主权的国家。同时，它结束了从晚清、北洋军阀到国民党政府统治时期内外战乱频仍、国家四分五裂的历史，使中国出现了以人民民主为基础的前所未有的统一局面。占人类总数四分之一的中国人民站立起来，成为新国家、新社会的主人，这是20世纪世界历史上最重大的事件之一。在伟大历史性胜利的鼓舞下，全国各族人民以中国共产党为领导核心，满怀革命热情投入建设新中国的伟大斗争，呈现出一派蓬勃兴旺的开国景象。

在革命胜利的总形势下，前进道路上还存在很多困难。一方面，解放全国大陆的战争还没有完全结束，国民党残余力量还有待肃清，新区农村的土地改革尚未进行；另一方面，长期战争导致对国家经济的严重破坏，工农业生产大幅度降低，交通运输能力遭到极大摧残，内外贸易滞塞，金融秩序混乱，物资严重匮乏，失业与灾荒问题交织，人民生活困苦。在这样的形势下，共产党和人民政府有没有能力制止恶性通货膨胀和物价上涨，把经济形势稳定下来，把生产恢复起来，是新生人民政权能否在经济上从而在政治上站住脚跟的关键。

面对复杂局势，党和人民政府首先向人民说明困难所在，同时说明当前的困难只是暂时的，是完全有办法克服的。办法就是将全中国各族人民组织在政治、军事、经济、文化及其他各种组织里，克服旧中国散漫无组织的状态，用伟大的人民群众的集体力量，去荡涤反动政府留下的污泥浊水，医治战争的创伤，建设起一个崭新的、强盛的人民共和国。基于对形势和困难的正确估量，党和人民政府一方面团结各阶层人民，逐步开展以

土地改革为中心的各项社会民主改革；一方面在没收官僚资本企业的基础上，建立起社会主义国营经济，迅速掌握关系国家经济命脉的重要产业和部门，并依照《共同纲领》对社会经济进行初步改组，着手在战争废墟上恢复国民经济。

进城初始，党和政府首先面对的是各大城市金融投机活动十分猖獗，充斥市场的银元买卖带动物价轮番上涨，给工商业正常经营和人民生活造成很大冲击。为建立正常的经济秩序，人民政府首先开展一场打击投机资本的斗争，以上海一举查封金融投机大本营——证券大楼为先导，全国各大城市相继查封从事投机的地下钱庄和街头兑换店等，在社会上引起很大震动，银元价格立即大幅度下跌，全国粮油市场价格迅速回落。这就是入城之初著名的“银元之战”。

新中国成立时，政府对旧有军政公教人员实行“包下来”的政策，致使财政开支巨大，而秋后收购粮棉又需大量增加货币投放。投机资本家借此兴风作浪，囤积粮食，哄抬粮价，抢购纱布、五金、化工原料等，造成全国物价猛涨，持续时间达 40 余天。以陈云为首的中央财政经济委员会审时度势，部署了一场集中调运、集中抛售的“米棉之战”，首先在全国范围大规模调集粮食、棉纱等主要物资，待物价上涨最猛时，上海、北京、天津、武汉、西安等各大城市按照中央部署，统一行动，敞开抛售，使物价迅速下跌；同时催征税收，进一步收紧银根，使投机商不得不贱价抛售。经过“米棉之战”，大批投机商因周转不灵而破产，投机资本遭到沉重打击，从此一蹶不起。上海资本家对此十分震惊，认为中共此次不用政治力量而能稳住物价，实在给上海工商界一个教训。国营贸易公司利用物价下跌机会购进物资，为进一步平抑物价、稳定市场作准备。通过大规模吞吐物资，新建立的国营经济开始初步取得市场领导权。

打击投机资本获得的市场物价稳定，仍然是暂时的。由于战争还在一些地区进行，原解放区财政工作的分散状态尚未改变，财政收入和公粮、各种税收、国营企业利润等，均由地方政府征收并主要用于地方政府的支出，没有上缴的明确规定。这样，中央政府实际担负着军事费用、经济建设投资、救济费用等巨额支出，又没有稳定足够的收入，只能靠发行纸币来弥补赤字。如果不改变这种支大于收的财政，从根本上消弭财政赤字，物价的波动仍不可避免。这表明，随着全国大陆基本解放，金融、铁路、邮电、外贸等应逐步实行统一管理，财经工作的统一已势在必行。

1950 年 3 月，经全国财经会议讨论和具体部署，中央人民政府政务院发出《关于统一国家财政经济工作的决定》。中共中央就此发出通知，要求各级党委必须用一切办法保障这个决定的完全实施。决定的主要内容是：统一支配全国财政收入，使国家收入的主要部分集中到中央，用于国家的主要开支；统一全国物资调度，使国家掌握的重要物资从分散状态集中起来合理使用，以调剂余缺；统一全国现金管理，一切军政机关和公营企业的现金，除留若干近期使用者外，一律存入国家银行，相互之间的资金往来，使用转账支票经人民银行结算。这个决定，立即在全国各地得到认真严格地贯彻执行。在收入方面，全国人民踊跃缴纳公粮、税款和认购公债，各地隔日或隔旬即向中央报告各项主要税收或公粮征收入库数字等；在支出方面，统一全国编制与供给标准，由中央财政部根据实际收入情况，量入为出，尽可能权衡全局，支拨款项，集中力量办最紧迫的事情。与此同时，各级政府还采取紧缩编制、清理仓库、加强税收、发行公债、节约开支等措施，都收到明显的效果。

中央统一财经工作仅半年，国家财政赤字明显减少，1950 年第四季度与第一季度相比，由 43% 下降为 6.4%，财政收支当年接近平衡。由于集中了财力，在可机动使用的资金十分有限的情况下，保证了解放海南岛和舟山群岛战役的胜利，支持了初期的抗美援朝战争，还抽出相当的资金，有重点地进行了水利、铁路工程的建设及钢铁等重工业生产的恢复。中央财政有了稳定来源后，即减缓货币发行，实施现金管理、整顿税收和推销公债，也使市场上货币数量偏紧，而商品供应则相对比较宽裕，急需物资亦可在全国范围内集中调配。在货币与物资相对平衡的基础上，市场物价开始趋于平稳，如 1950 年 5 月份的全国批发物价总指数，就比 3 月份降低了约 30%。货币流通速度大大减慢，人民银行存款额成倍增长。这些情况表明，旧中国长期存在的货币贬值、物价飞涨的混乱局面已基本结束。旧社会延续12年的恶性通货膨胀，在新中国成立不到一年的时间里就得以消弭。这一点，不能不令国内资产阶级为之折服，有的工商业者对共产党搞经济的办法发出“五体投地”的感慨。

社会主义国营经济领导地位的确立和统一全国财经工作取得的显著成绩，使新中国的经济由半殖民地半封建的轨道走上了新民主主义经济的轨道，开始形成各种经济成分在国营经济领导下分工合作，各得其所，共同促进国民经济发展的基本格局，从而使全面实施新民主主义建国纲领和进行各项新民主主义建设有了牢固的经济基础。

（二）调整工商业与全面贯彻“四面八方”政策

新中国成立后，政府即按照《共同纲领》改组旧中国经济结构。随着市场物价基本稳定，原来在通货膨胀环境下的社会虚假购买力骤然消失，私营工商业一时无法适应新的情况，在生产经营上遇到很大困难，商品滞销，经营亏损，资金短绌，短期内各大中城市有大批私营商店和私营工厂歇业停产，造成新的失业现象，失望和不满情绪在一部分人民中间迅速蔓延。面对市场萧条的局面，党和人民政府决定将财经工作的重心，从财政方面转到调整工商业方面。陈云提出要调整国营企业和私营企业的关系，改进私营企业中的劳资关系，公私企业的生产经营应减少盲目性，逐渐增加计划性等；同时，要纠正前一阶段税收、公债、货币回笼、收购“四路进兵”，使私人资本受到过分打击等缺点。为此，中央财政经济委员会召开七大城市工商局长会议，讨论决定了解决私营工商业严重困难的办法：一是扩大加工订货，重点维持生产；二是加强收购农产品，开拓工业品销路；三是联合公私力量，组织资金周转；四是帮助私营工厂改善经营管理；五是重点进行失业救济。总的精神，就是全面贯彻《共同纲领》规定的“公私兼顾，劳资两利，城乡互助，内外交流”的基本经济方针。

1950年6月，中国共产党召开建国以来第一次中央全会，即七届三中全会。毛泽东在会上提出“争取在三年左右的时间内，实现国家财政经济状况根本好转”的中心任务和行动纲领，把对现有工商业的合理调整，列为实现财政经济根本好转的三个条件之一。围绕上述中心任务，毛泽东总结了前一段工作的经验，批评了在某些干部中存在的急于消灭资本主义，提早实行社会主义的错误思想；并为彻底孤立打击三大敌人残余势力，提出“不要四面出击”的战略策略方针。毛泽东指出：四面出击，全国紧张，很不好。我们绝不可以树敌太多，必须在一个方面有所让步，有所缓和，集中力量向一个方向进攻。要缓和同民族资产阶级的关系，使民族资产阶级和知识分子中的绝大多数人不反对我们；现在把他们团结在我们身边，有利于劳动人民；要通过合理调整工商业，调整税收，改善同他们的关系，不要搞得太紧张。缓和了同民族资产阶级的关系，也就是缓和了同工人的关系；通过合理调整工商业，使私营工厂开工，工人即不致失业，可解决相当一部分社会就业问题。

七届三中全会以后，调整工商业的工作围绕“公私兼顾，劳资两利”的精神全面展开。在调整公私关系方面，国家对私营工业，特别是人民生活和经济建设所急需的产业，实行重点扶植，扩大对它们的加工订货和产品收购；对私营商业，合理调整经营范围和价格政策，使私商在委托代购代销方面有利可图，鼓励他们积极收购农副土特产品，活跃城乡交流。国家银行联合私营行庄力量，对私营工商业发放贷款，并降低利率，帮助它们周转资金。同时，调整税收负担，在保证国家财政需要的前提下，适当减轻私营企业的税负；对工业生产采取低税率征税，并对部分工业品实行减免税优惠。

对劳资关系的调整，主要是在私营企业中普遍成立劳资协商会议，提倡以协商或政府仲裁方式解决劳资纠纷。一方面责成资方积极经营，反对他们抽逃资金，躺倒不干；另一方面鼓励工人努力提高生产，或担负更多的任务，甚至暂时承受减薪以维持私营企业生产。国家大力救济失业工人，并有重点地组织他们参加公共工程建设。

在产销关系上，主要引导私营工业根据市场需要进行生产，克服生产的盲目性；召开各行各业一系列专业会议，公私代表一起协商解决产销平衡的办法，对原料不足的行业，根据原料供应情况分配生产任务；对滞销行业，则根据“以销定产”的原则，实行限额生产。

经过半年的工商业调整，私营经济很快摆脱了困境。工业生产由萎缩转向增长，商品销售量有很大增加。到1951年，私营工业产值比上年增加39%；私营商业批发额和零售额均增长36%左右，这在中国私人资本主义发展史上是空前的。私营工商业的复苏，对国家财政经济好转起了重要作用，它增加了社会财富，扩大了就业，活跃了市场与金融，增加了财政收入。通过调整，有利于国计民生的私营工商业得到较快的发展，不利于国计民生的部分受到限制；加工订货、经销代销等国家资本主义形式有了较大发展，部分私营经济的生产经营活动被逐步纳入国家计划的轨道。在调整过程中，国营经济的领导地位和国家对经济的调节能力进一步加强。

党的七届三中全会结束不久，由于朝鲜战争的爆发和美帝国主义侵占我国领土台湾，党和人民政府作出“抗美援朝、保家卫国”的决策，并确定抗美援朝战争时期在财政方面实行“边打、边稳、边建”的方针：即战争第一，一切为了夺取战争的胜利；第二是稳定国内市场，力求金融物价不大乱；然后是进行各项必要的经济和文化建设。按照这一方针，市场是排在建设前面的，为此，中央财政经济委员会在制定财经工作计划时，把扩大农副土特产品的购销摆在第一位，各地围绕农副产品的购销，把占全国人口90%的农村推动起来，将城市的社会力量动员起来，成功地带动了城乡交流的活跃。当时国营商业在资金、运力和网点分布上，只能承担主要农副产品和工业品的采购与供应，农民自己组织起遍布广大农村的供销合作社，成为国营商业收购农产品的主要助手；政府合理制定地区差价和批零差价，充分调动了私营商业长途贩运、深购远销的积极性，补充了国营经济的不足。在多种经济成分的共同努力下，城乡之间工业品和农副产品的流通渠道得到前所未有的拓展和疏通。农民卖出了产品，增加了购买力，促使城市工商业产销两旺，国家税收也相应有所增加。工业和农业、城市和农村互为市场，有力地促进了城乡经济的繁荣，扩大了农村商品生产、商品交换的规模和范围，这在历史上是空前的。正如陈云当时所说：

“扩大农副土产品的购销，不仅是农村问题，而且也是目前活跃中国经济的关键。”

然而，经济恢复的进程并不是一帆风顺。私营工商业渡过难关后，资本家中一些不法分子不满足于正当经营所得利润，而千方百计通过非法途径牟取高额利润，其违法活动包括：行贿、偷税漏税、盗骗国家资财、偷工减料和盗窃国家经济情报，时称“五毒”行为。在不法资本家腐蚀拉拢和资产阶级腐朽思想影响下，国家机关和经济部门内部也滋长了贪污、浪费和官僚主义的“三害”现象。“三害”和“五毒”交织在一起，侵蚀了党和国家干部队伍的肌体，干扰破坏了正常的经济秩序，特别是某些不法厂商以劣充好承制军需品，在朝鲜前线造成对志愿军的残害，激起全国人民极大的愤慨。

从 1952 年 1 月起，中共中央全面部署开展“三反”“五反”斗争。国家工作人员中有各类问题的人，在“三反”运动中受到严肃的组织处理或法律制裁，其首要者如中共天津地委前任书记刘青山和现任书记张子善，因私吞建筑款、治河款、救灾粮款等罪行，被判处死刑。共产党对党内腐败行为毫不姑息宽容，在人民心目中树立起反腐倡廉的形象。“五反”运动由大批干部、产业工人和店员积极分子组成工作队，对严重违法户进行重点清查，发动群众开展面对面的斗争。对有一般违法行为的工商户，着重摆明政策，申明利害，敦促他们走坦白立功的道路；对劣迹昭彰、“五毒”俱全的反动资本家，则交由法办。运动进入高潮后，出现冲击正常生产秩序、对资本家违法行为定性过重等缺点。党及时指示“必须注意维持经济生活的正常进行”，“生产、运输、金融、贸易均不能停顿”，规定了划分违法户的标准，并对“五反”定案、补交漏税和退回违法所得等工作，规定了合理的从宽政策。针对党内某些否定资产阶级仍有积极一面的思想，党中央强调：“民族资产阶级在共同纲领的基础上，所应有的政治和经济地位，仍然没有改变”；确定“五反”的目的是使整个资产阶级服从国家法令，经营有益于国计民生的工商业，以便继续发挥其有利于发展生产、活跃经济、维持就业的积极作用。

“五反”运动历时半年基本结束，它打击了不法资本家严重的“五毒”行为，在工商业者中普遍进行了一次守法经营的教育，推动了在私营企业中建立工人监督制度、实行民主改革和生产改革，在工人阶级同资产阶级限制与反限制斗争中取得重要的胜利。由于“五反”群众运动给私营工商业生产经营带来一定影响，党和政府又及时采取措施进行调整，使私营经济继续有所发展。经过三年的努力，我国的国民经济获得全面恢复和初步发展。到 1952 年底，工农业主要产品产量已超过建国前最高水平。国家财政收支平衡，文教卫生事业得到相应发展。职工、农民收入增加，生活得到初步改善。三年来，公私经济成分都得到发展，尤以国营经济劳动生产率高，发展更快。国营工业在工业总产值中的比重已占一半以上；国营商业在全国商品零售总额中所占比重，达到 42.6%，并基本控制了全国的批发商业。从国民经济结构的变化来看，工业总产值在整个工农业总产值中的比重，由建国初的 30% 上升到 43.1%；其中现代工业产值由 17% 上升为 26.6%。经济恢复时期取得的成就，为开始进行大规模经济建设准备了基本条件。

（三）有计划的经济建设和工业化的起步

按照中共中央关于“三年准备，十年计划经济建设”的预想，从 1953 年开始，国家进入第一个五年计划建设时期。“一五”计划的编制工作，由周恩来、陈云主持，从 1951 年着手进行；1953 年一面初步编制和开始执行，一面继续讨论修改；当年 6 月，党中央、毛泽东提出党在过渡时期的总路线，将逐步实现社会主义工业化确定为总路线的主体，即确定以工业化为整个经济建设的主要任务。随后“一五”计划草案于 1955 年 7 月由一届全国人大二次会议正式审议通过。根据我国工业基础十分薄弱，现代工业比重很小，面对帝国主义的武力威胁要求尽快建立现代国防工业等现实情况，“一五”计划的指导方针和基本任务是：集中力量发展重工业，建立国家工业化和国防现代化的初步基础；相应地发展交通运输业、轻工业、农业和商业；相应地培养建设人才；有步骤地促进农业、手工业的合作化；

基本上把资本主义工商业纳入国家资本主义轨道；保证国民经济中社会主义成分的比重稳步增长，同时正确发挥个体农业、手工业和资本主义工商业的作用；保证在发展生产的基础上逐步提高人民物质生活和文化生活的水平。

按照“一五”计划规定，五年中将新建一大批规模巨大、技术先进的新工业部门；同时要用现代先进技术改造原有工业部门。一方面要合理利用和改建东北、上海及其他沿海城市的工业基础，另一方面要在内地建设一批新的工业基地。五年内国家用于经济和文化建设的投资总额达766亿余元，折合黄金7亿多两，这样大的投资规模在中国历史上是前所未有的。1953年作为执行“一五”计划的头一年，国家用于基本建设的投资约占全部财政支出的1/3，开工的重要项目达130多个，其中包括我国第一个完全自动化的鞍山无缝钢管厂、大型轧钢厂和七号炼铁炉；同时有9条新建铁路和5000多公里长的公路也开始施工。

为了促进大规模工业化建设的顺利进行，党和人民政府实行对全党全国人民的总动员，把为完成和超额完成国家的建设计划而奋斗，作为“压倒一切”的中心任务。随着对党在过渡时期总路线的广泛学习和宣传，社会主义工业化思想逐步深入人心。中华全国总工会、全国妇联、青年团先后召开全国代表大会，号召全体工人阶级、劳动妇女和全国青年充分发挥积极性和创造性，站到为国家工业化而奋斗的最前列。在承担建设工业化的伟大任务方面，工人阶级以领导阶级的地位，在生产战线上发挥主力军作用，同时不断提高自身的文化水平和科学技术水平。按照中华全国总工会发出的紧急通知，国营企业职工大力开展增产节约、劳动竞赛等活动，以保证全面地完成国家生产计划，并在劳动竞赛基础上开展了全国范围的技术革新运动。中央财政经济委员会为国营工矿企业的生产工作制定了“贯彻生产改革，实行计划管理，推行与加强经济核算制”的基本方针。国务院重工业部、燃料工业部、地质部、第一和第二机械工业部、纺织部、外贸部、轻工业部、建筑工业部等都为贯彻上述方针作了具体部署。中共中央还发出关于加强国营厂矿计划管理和健全责任制度的指示，要求把改进生产管理，提高经济效益摆在首位。

在开展大规模经济建设之初，党即确定实行“以自力更生为主，争取外援为辅”的方针。一方面，“一五”计划的制定和实施，得到苏联政府的很大帮助。中苏谈判确定苏联帮助中国兴建156个大型项目，是“一五”计划建设的中心内容。苏方不仅提供贷款，而且先后派遣3000多名技术专家，指导资源勘探、选择厂址、技术设计，负责进口机器设备、建筑安装、人员培训直至试车投产等等。这是中苏人民友谊史上光辉的一页。另一方面，“一五”计划的实施，总的来说是建立在自力更生基础上，是争取而不是依赖别国的帮助。国家财政中来自国外的贷款，只占财政总收入的2.7%；在苏联援建的项目中，仍有相当一部分设计工作量和机器设备安装由我国工程技术人员自己承担。到1956年，党进一步提出建立中国独立完整的工业体系的方针。这对于我国在经济建设上走独立发展的道路，具有十分重大的意义。

在工业化建设过程中，党和政府比较重视我国在资金、机器设备、技术人才方面严重短缺等制约因素，强调经济建设的规模和速度，必须根据客观实际，正确估计增长的可能性。在建设规模上要求实事求是，量力而行。在发展速度上，逐渐克服因希望尽快改变贫穷落后面貌而产生的急躁冒进情绪，适当调整和降低原来期望值过高的农业发展速度和某些工业增长指标。在处理积累与消费、发展生产与改善人民生活的关系方面，提倡全国人民发扬艰苦奋斗、勤俭节约精神，使眼前利益服从国家建设的长远利益，为实现工业化积累更多的资金；同时，适当改善人民生活，纠正片面强调提高积累、忽视人民消费水平增长需要的偏差。概括地说，在工业化起步时期，人民生活不可不改善，又不可多改善。积累和消费比例关系基本协调发展，激发了广大人民群众建设社会主义工业化的积极性，保证了大规模经济建设的顺利进行。

随着计划工业项目基本建设的全面铺开，整个国民经济很快进入紧运行状态。资金、物资、专业技术人员的现实状况，远远满足不了各个建设部门急遽增长的需求。为了集中有限的资源用于国家重点建设项目，国家逐步加强对整个国民经济的计划管理，在中央人民政府下成立了国家计划委员会，建立健全了地方各级及各部门的计划管理机构，编制和下达国民经济计划的各项指标并监督执行。对国营经济实行指令性直接计划管理；对合作社和公私合营经济编制简要的指导性计划；对私人资本主义经济，主要通过各种国家资本主义形式，将它们间接地纳入计划轨道；对个体农业和手工业，则规定方向性的控制指标。在资金方面，首先实行私营金融业的公私合营，将全国的资金供给纳入国家计划的轨道，并对全国银行的信贷资金实行由人民银行总行掌握的“统存统贷”。在产品市场方面，由于基建扩大、职工人数增多，粮食供应出现紧张局面，党和政府经再三权衡，首先对粮食、油料采取统购统销，随后扩大到对主要农副产品实行统购统销。为保证重点建设需要，对工业品中的生产资料，建立三类物资管理制度：一是统配物资，即关系国计民生的最重要的通用物资，由国家计委负责供求平衡和调拨；二是部管物资，指重要的专用物资，由国务院各主管部门负责分配调拨；三是一般工业品生产资料，由地方管理，价格由地方政府或生产企业自定。第一、二类物资，基本将重要工业品纳入中央统一计划分配轨道，按中央政府规定的计划价格组织调拨。这样，就在统一财经工作的基础上，逐步建立起集中统一的计划经济管理体制。这一体制在工业化建设初期，对于统一调配有限的社会资源，保证重点工程建设的顺利进行，起了重要作用。

为了组织实施大规模经济建设，党要求下最大决心从各方面抽调上万名优秀干部，分配到工业战线上去，加强工业部门和重点企业的领导。为弥补建设人才的严重不足，各有关部门密切配合，一方面提高现有技术人员和工人的技术水平，让改行的工程技术人员归队，一方面从高等院校选派大批毕业生奔赴祖国各地工业建设第一线，并从党政机关、军队、人民团体选拔数万名合格人员组织大规模培训，充实工业战线。同时，向苏联派遣大批留学生和实习生，学习先进的科学技术知识，他们学成回国后大多成为经济战线各个部门的业务技术骨干。广大农民对国家工业化代表他们长远利益的认识逐步有所提高，用努力增加生产，积极交纳农业税和交售粮棉的实际行动，支援国家的工业化建设。"一五"期间，由于国家工业化刚刚起步，一时还难以避免和缩小工农业产品价格上的"剪刀差"，因此，广大农民为提高工业化的资金积累作出了很大贡献。同时，大批青壮农民脱离祖辈蛰居的土地，积极参加基本建设特别是矿区建设，被吸收到工人阶级队伍中来。私营工商业者在国家政策引导下，逐步接受社会主义改造，在各种国家资本主义的生产经营组织形式中，继续为发展生产，繁荣经济，活跃市场发挥其积极作用，为国家工业化贡献他们的一份力量。在党和人民政府领导下，全国各阶层、各社会界别的人民群众积极投入到建设国家工业化的伟大事业中，全国城乡迅速掀起轰轰烈烈的工业化建设的高潮。

由于集中主要财力、物力、人力进行重点建设，同时注意发展农业和轻工业，基本保持农轻重比例协调发展，工业战线上捷报频传。1953 年 12 月，鞍山钢铁公司的三大工程——大型轧钢厂、无缝钢管厂、自动化炼铁炉举行开工生产典礼。这是我国重工业建设中首批竣工投入生产的重要工程。在"一五"计划期间，中国第一座生产载重汽车的长春汽车制造厂建成投产；中国第一座飞机制造厂试制成功第一架喷气式飞机；中国第一座生产机床设备的沈阳第一机床厂、第一座生产精密量具刃具的哈尔滨量具刃具厂和第一座生产电子管的北京电子管厂和第一批制造纺织机械的工厂相继建成投产；中国当时最大的丰满水电站主要改建工程全部完成；中国自行勘测设计、制造设备和建筑安装的第一座自动化水电站官厅水力发电站开始发电；中国第一口石油斜井在玉门油田开钻；中国第一座横跨长江天堑的武汉长江大桥建成，使铁路主干线从此纵贯中国；跨越川陕、闽赣崇山峻岭的宝（鸡）成（都）、鹰（潭）厦（门）铁路胜利完工，全线通车；穿越大西南高原、峡谷、冰川的康藏、青藏、新藏三大公路历尽艰辛，正式建成通车。

"一五"期间，全国完成基本建设投资 550 亿元，投入施工的工矿建设单位达一万个以上，单是投资限额以上的较大型项目，平均每天就有一个开工或竣工。这些工业项目包括钢铁联合企业、有色冶金工业、化学工业、煤矿、炼油厂、机器制造厂、汽车制造厂、拖拉机制造厂、发电站等，都是我国现代化工业的骨干，其中有许多是我国过去所没有的新工业，一批新兴的钢铁、冶炼、化工、采油产业基地初具雏形，初步改变了旧中国工业门类残缺不全的状况；大批工矿企业在内地兴建，也初步改进了旧中国工业偏于沿海的不合理布局。这批企业的部分建成投产，使工业在国民经济中的地位发生很大变化。到 1957 年，工业总产值在工农业总产值中所占的比重已提高到 56.7%，其中生产资料生产和机器制造工业的比重上升很快，旧中国重工业极端落后的面貌已开始改观，为我国基本实现社会主义工业化奠定了初步基础。加上农业、轻工业的发展，交通运输邮电的发展和教育科学文化事业的发展及城乡人民收入水平的稳步提高，“一五”时期围绕工业化展开的大规模的经济建设，为我国社会主义基本制度的建立提供了必要的物质技术条件。

三、以土改为中心的社会改革和生产资料私有制社会主义改造的基本完成与社会主义基本制度的确立

（一）以土改为中心的各项民主改革的展开

把封建地主阶级的土地所有制改变为农民的个体私有制，使广大农民从几千年封建剥削的压榨下解放出来，是新民主主义革命的中心内容，是中国农村生产力获得解放和实现国家工业化的前提。

1947 年 10 月，中共中央召集的全国土地会议制定了一个《中国土地法大纲》，并经党中央批准付诸实施。到 1949 年建国前夕，在东北、华北、西北以及华东的山东、苏北等老解放区，基本上已按《中国土地法大纲》的规定，平分了地主阶级的土地，消灭了封建剥削制度。由于当时处于战争环境，为最大限度地将解放区的贫苦农民发动起来支援战争，《中国土地法大纲》规定，除没收地主阶级的土地、牲畜、农具、房屋、粮食及其他财产外，应征收富农上述财产的多余部分，按乡村的全部人口，实行平均分配，以满足贫雇农对土地的要求。老解放区的土地改革的主流是健康的，只是对富农的政策曾引发过侵犯中农利益的倾向。

建国以后，过去压倒一切的战争环境基本结束，新的任务是迅速恢复农村生产，以促进整个国民经济的恢复。广大新解放区的土地改革是否还应继续按《中国土地法大纲》进行，就值得考虑了。早在1949年9月，中共中央在复示河南省委的土改意见中就明确指出："在中央政府成立后，土地法大纲需要有所修改。"在11月的中央政治局会议上，毛泽东更指出，江南土改时，要慎重对待富农，因为此事还关系到民族资产阶级。12月，毛泽东抵莫斯科，在与斯大林会谈时，斯大林建议将分配地主土地与分配富农土地分成两个较长的阶段来做。即在打倒地主阶级时中立富农，以孤立地主并使生产不受影响，同时要求中共中央把反富农看成是一场严重的斗争。于是，从1950年3月起，毛泽东和中共中央多次发电给各中央局，就暂时不动富农的策略问题征询意见。

由中共中央起草，经党的七届三中全会讨论，最后由中央人民政府委员会会议通过的《中华人民共和国土地改革法》规定，中华人民共和国废除地主阶级封建剥削的土地所有制，实行农民的土地所有制，没收地主的土地、耕畜、农具、多余的粮食及其在农村中多余的房屋，统一地、公平合理地分配给无地少地及缺乏其他生产资料的贫苦农民所有，借以解放农村生产力，发展农业生产，为新中国的工业化开辟道路。关于对待富农的政策：在肯定"保护富农所有自耕和雇人耕种的土地及其他财产，不得侵犯，富农所有之出租的小量土地，亦予保留不动"的前提下，决定"在某些特殊地区，经省以上人民政府的批准，得征收其出租土地的一部或全部。半地主式的富农出租大量土地，超过其自耕和雇人耕种的土地数量者，应征收其出租的土地。"较之1947年的《中国土地法大纲》，这无疑是一个重大的政策调整。它有利于保护中农不受侵犯，有利于调动农民的生产积极性，发展农村生产力。

为使新区的土地改革有序地进行，早在1950年2月28日，政务院就决定："所有华东、华中、华南、西北、西南的新解放区，由于准备工作及群众觉悟与组织还未达到应有的程度，决定在1950年秋收以前，一律不实行分配土地的改革。""所有新解放区，在实行分配土地以前，应一律实行减租。”并对各省土改的时间做了具体安排。6月30日，《中华人民共和国土地改革法》由中央人民政府主席毛泽东公布实行。各大区根据政务院的布置，先后展开了剿匪反霸、减租减息的斗争，以及建立农会、改造乡政权、进行土改的典型试验和训练干部等准备工作。从1950年11月起，新区的土地改革开始展开。

各地的土地改革，大体分三个阶段进行，即发动群众、划分阶级、没收和分配土地。全国大陆先后分三批完成：第一批从1950年冬到1951年春，在大约1.2亿农业人口的地区进行；第二批从1951年冬到1952年春，在大约1.1亿农业人口的地区进行；第三批从1952年冬到1953年春，在除新疆、西藏和某些边远少数民族地区以外，剩下的3000万农业人口的地区完成（新疆少数民族地区的土地改革1953年底完成；西藏的民主改革直到1959年以后才进行）。经过土地改革，连同老解放区在内，约有3亿无地少地的农民分得7亿亩土地，免除了每年向地主交纳700亿斤粮食地租的负担。但是，不少地区由于片面强调满足贫雇农的土地要求，实际上把富农的土地也平分掉了，使保护富农经济的政策没有得到贯彻执行。

土地改革的完成，使广大农民在经济上、政治上得到了翻身，极大地激发了他们的生产热情，长期受封建生产关系束缚的农村生产力被解放出来了。以全国农业总产值为例，1951年比1949年增长28.8%；1952年比1949年增长48.5%，比建国前的最高年份增长18.5%。农民群众的物质生活水平得到了明显提高。全国农村的贫农户数急剧下降，中农队伍迅速扩大并成为一种普遍趋势。由于多数地区在土改中实际上动了富农的土地，因而，这时在中农中较普遍地存在着一种怕“冒富”的心理。

为彻底摧垮盘踞在各经济部门的封建势力，几乎与农村土地改革同步，在工矿企业开展了反封建的民主改革。建国前后建立的国营工矿企业，基本上是在没收国民党官僚资本的基础上建立起来的，盘踞在这些企业中的封建把头、包工头和国民党反动势力都还有待清理。1950年1月到3月，政务院先后批准公布了三个废除封建把头制度的文件，即：中国纺织工会全国代表大会通过的《关于废除搜身制度的决议》、全国搬运工会代表大会通过的《关于废除各地搬运事业中封建把头制度暂行处理办法》、全国煤矿工会代表大会通过的《关于废除把头制度的建议》。为建立新的管理制度，政务院财经委员会还发出了《关于在国营工厂建立工厂管理委员会的指示》。根据统一部署，从1950年开始到1952年，国营工矿企业普遍开展了群众性的民主改革运动。这场民主改革主要从四个方面进行：

第一，改造旧企业的领导机构，建立新的领导制度和组织制度。即首先撤销原有的厂警队、劳工课，取缔反动党团，解散伪工会。随后精简机构，清除有劣迹的反动分子。培养工人、职员中的积极分子，逐步将他们提拔到各级领导岗位上来。建立厂长负责制与民主管理相结合的新的企业领导制度。民主管理的组织形式是工厂管理委员会和职工代表会议。由工人群众直接参与企业决策，行使民主管理权力。

第二，废除搜身制、把头制、包工制等压迫工人的管理制度，肃清封建残余势力。打击的主要对象，是不从事生产劳动、凭借操纵工人工作权，残酷压迫、剥削工人群众的封建把头和帮会头子。除大把头、大恶霸交人民法院依法惩处外，其他则根据其罪恶轻重、有无技术、认罪态度和群众意见，在企业内部处理安排。同时在厂矿企业建立班组、车间、厂部三级管理制度。

第三，清除职工队伍内部的对立，加强整个工人阶级的团结。主要是解决旧社会存在的各种帮会和宗派组织造成的工人群众内部的对立，以及职员（包括技术人员）和工人的对立。这主要通过思想教育，使工人群众认清帮派对立的根源和危害，分清敌我，明确只有依靠共产党和人民政府，依靠工人阶级自身的团结，才能真正翻身解放，搞好生产，改善生活。同时，通过开谈心会、团结会，交换意见等活动，增强工人内部以及工人同职员、技术人员的团结和相互信任。

第四，改革旧的分配关系，初步建立起按劳分配的制度。一是清除封建把头等对工人的超经济剥削；二是对旧企业遗留下来的混乱、不合理的工资制度进行改革。随着企业生产的恢复和发展，逐步建立起统一的八级工资制和计件工资制的新的分配制度。

在此期间，私人资本主义企业和城镇的建筑业、手工业、服务业等各行业也都实行了民主改革。工矿企业民主改革的进行，打垮了城市封建残余势力，调整了企业内部的生产关系，提高了工人的政治地位，激发了工人群众的劳动热情，推动了企业的生产和管理工作，促进了国民经济的恢复和发展。

1950 年冬季，伴随着农村土地改革和工矿企业民主改革的展开，还在全国范围内开展了一场大张旗鼓的镇压反革命运动。集中打击那些罪大恶极、怙恶不悛、为人民十分痛恨的反革命分子，对他们采取坚决镇压的方针。对于罪恶尚不十分严重而又愿意改悔的反革命分子，则采取宽大处理的方针。为促进反革命分子的分化，改造一切可能改造的反革命分子，对那些按其罪行应该处死，但没有血债、民愤不大者，则采取判处死刑、缓期执行、强迫劳动、以观后效的政策。由于实行充分发动群众、依靠群众的群众路线，正确执行了镇压与宽大相结合的方针，镇压反革命运动到 1951 年 10 月就取得了基本胜利。

土地改革和各项民主改革的胜利，极大地促进了国民经济的恢复，加上抗美援朝战争局势也基本上稳定了下来，这就为国家进行大规模建设创造了条件。

（二）对生产资料私有制的社会主义改造

1952 年秋，当国民经济恢复工作行将结束，有计划进行大规模建设即将开始的时候，毛泽东和中共中央其他领导人酝酿提出了党在过渡时期的总路线。这就是要在 10 年到 15 年或者更多一些时间内，基本上完成国家工业化和对农业、手工业、资本主义工商业的社会主义改造。这条总路线为 1953 年 6 月 15 日举行的中共中央政治局会议所接受，并于 1954 年 2 月，由党的七届四中全会正式通过。

党当时认为在实行国家工业化的同时，有必要对个体农业、手工业和资本主义工商业实行社会主义改造，主要基于以下原因：

第一，在西方国家对新中国实行封锁政策，国家不可能取得大量外援的情况下，实行工业化需要的大量资金，只能主要靠自己内部积累，也就是只能靠占工农业总产值70%以上的农业进行积累。而刚实行土改不久的个体农民，由于土地数量有限，资金、农具不足，短期内难以大幅度提高粮食和各种农产品的产量。在多数农户的生产、生活上升到中农水平的同时，有少数农户凭借资金、农具方面的优势，靠善于经营或兼做买卖、放高利贷等上升为富裕中农，个别也有成为新富农的；有的农户或不善于经营，或挡不住天灾人祸，生活水平则呈下降趋势，这样，农户间就逐渐拉开了贫富差距，这个差距在有的地方还呈扩大化趋势。于是，个体经济究竟向哪个方向发展的问题，就被提到了党的面前。

第二，私人资本主义工商业，在国民经济恢复过程中起过相当的积极作用，但它同国家的管理、同国营经济又存在着矛盾。私营企业内部，也存在着工人同资本家的矛盾。所以，在建国以后工人同资本家的限制反限制的斗争时伏时起。这不能不对国家建设产生影响。由于中国人均资源十分有限，资金不足，缺乏技术人才，国家要搞工业化，就必须加强计划性，加强国家对整个经济的领导。而私人资本主义经济和个体经济，则要求扩大自由贸易来发展自己。这就不可避免地引起这些矛盾的加剧。

第三，随着抗美援朝战争、土地改革和镇压反革命运动的胜利，人民民主政权得到了极大的巩固。经过统一财经和“五反”斗争，国家对全社会经济的控制能力也得到了加强。私人资本主义经济和市场机制的消极面在“五反”中则突出地暴露了出来，资产阶级因而声誉扫地。“五反”以后，私人资本主义的能量也受到极大削弱。因此，人们对私人资本主义的积极面看得轻了，消极面看得重了，党认为消灭它已有可能。加上在恢复国民经济过程中，党积累了引导农民组织起来走互助合作道路的经验，还积累了通过各种国家资本主义的形式把私人资本主义纳入国家计划轨道的经验，从而认为已找到了改造个体农业和资本主义工商业的具体形式和途径。

根据过渡时期总路线和三年来的实践经验，党确定改造个体农业的具体道路是：经过简单的共同劳动的临时互助组、在共同劳动的基础上实行某些分工分业有少量公共财产的常年互助组，到实行土地入股、统一经营有较多公共财产的农业生产合作社，到完全社会主义的集体农民公有制的更高级的农业生产合作社（也就是集体农庄）。对资本主义工商业的改造，则是通过加工订货、统购包销、经销代销、公私合营等由低级到高级的形式，把私人资本主义引导到国家资本主义的轨道上来，随着国家资本主义企业中国家资金和国家管理力量的增大，随着人民对社会主义的认识和要求的发展，国家将逐步地变国家资本主义的经济为社会主义经济，即完全的国家所有制经济。

于是，从 1953 年国家进入大规模经济建设时起，在实行国家工业化的同时，国家对个体农业、手工业和资本主义工商业的社会主义改造也全面展开。

对个体农业的社会主义改造

1951 年 12 月，中共中央下发的第一个农业生产互助合作决议（草案），在作了部分修改后，于 1953 年 2 月由中央通过为正式决议下发实行。决议指出，发展互助合作运动，应坚持根据生产发展的需要与可能，实行稳步前进的方针；党的各级组织应教育自己的党员积极地分别参加不同的农业互助合作组织。决议强调，在农业生产互助合作运动的指导上，要反对两种倾向：一种是消极地放任自流，看不出这是党引导农民从个体经济逐渐走向大规模的使用机器的集体经济的必经道路，否认现已出现的各种农业生产合作社是走向农业社会主义化的过渡形式；另一种是急躁冒进，不顾农民自愿和经济准备的各种必要条件，过早地、不适宜地企图在现在就否定或限制参加合作社农民的私有财产而实行平均主义，或企图很快举办社会主义化的集体农庄。决议指出，党关于发展农业生产互助合作的方针是：既要积极领导，又必须是稳步前进。在此前后，中央还针对实际工作中出现的强迫命令、盲目追求数量等问题，就如何健康地引导农民走互助合作道路下达了一系列指示。主要精神是：农村的一切工作必须从小农经济的特点出发，围绕农业生产并为之服务；必须坚持自愿互利的原则，正确解决农民的个体利益与公共利益结合的问题，反对领导工作上的主观主义和命令主义。

随着大规模工业建设的展开，粮食市场很快出现紧张形势，党中央于1953年10月作出粮食实行统购统销的重大决策，12月又通过了《中共中央关于发展农业生产合作社的决议》(以下简称《决议》)。《决议》强调农业个体经济与社会主义工业化高涨的需要之间日益暴露出很大矛盾。为了进一步提高农业生产力，逐步克服农业同工业发展不相适应的矛盾，党在农村工作中最根本的任务，就是用明白易懂而为农民所能接受的道理和方法，去教育和促进农民组织起来，逐步实行农业的社会主义改造。《决议》把农业增产和共同富裕的希望寄托在合作化上，并要求各级党委把领导互助合作的重心，由互助组转到兴办初级农业生产合作社上来。

在上述两个决议的指导下，农业合作化在纠正了1953年春曾一度出现过的有些急躁的偏差以后，基本上得到了健康的发展。据1954年底统计，互助组从1951年底的400多万个增加到近1000万个，初级社由1951年的300多个增加到1953年的1.4万个，再到1954年秋的10万个和1954年底的48万个。参加互助合作的农户由1952年的2100万户增加到1954年底的7000万户，在全国农户总数中的比重由19.2%增加到60.3%。在老解放区的许多村庄，入社的农户已达到60%—70%，以至80%，参加合作社已开始成为一种群众性的行动。当年的统计材料表明，多数合作社都做到了增产增收。

资本主义工商业的社会主义改造

在1953年底以前，对资本主义工商业的利用、限制、改造，主要是发展以加工订货为主的初级和中级国家资本主义形式。国家对粮食和棉花统购统销政策的实行，大大促进了资本主义工商业改造的进程。1954年1月，中央财政经济委员会提出《关于有步骤地将有十个工人以上的资本主义工业基本上改造为公私合营企业的意见》。从1954年起，开始转入重点发展公私合营这种高级形式的国家资本主义。尽管这两种形式的国家资本主义，利润都实行当时所说的“四马分肥”(即国家所得税、企业公积金、工人福利费、资方红利大体各占四分之一)，企业利润大部分归国家和工人。但加工订货，主要是国家同资本家在企业外部的合作，并不改变企业内部的生产关系。公私合营，是国家同资本家在企业内部的合作，公方占有相当股权，公私双方共同经营企业，公方代表居于领导地位，这就使企业内部的生产关系开始发生了变化，使企业具有了更大程度的社会主义性质。

1954 年和 1955 年，扩展公私合营的工作取得很大进展。公私合营企业由 1953 年的 1036 户增加到 1954 年的 1746 户，1955 年又增加到 3193 户，其产值占全国私营工业（包括已合营的在内）总产值的 49.6%。企业合营后，由于国家派遣干部加强领导，投资进行新建、扩建，整顿企业的经营管理，工人劳动积极性提高，使企业的生产迅速发展，利润增加，劳动生产率 1955 年比 1950 年增长两倍多，而同期私营工业仅增加半倍多。合营工厂私股分得的红利大多数也比私营时期的利润多，这些情况促使更多的资本家要求公私合营，形成对工商业社会主义改造的有利形势。

公私合营，开始主要是在规模较大的企业实行。由于这些大企业被纳入了国家的计划轨道，这就不能不使原有的经济联系被打乱，从而使绝大多数分散落后的中小企业生产发生困难。于是 1954 年 12 月，中央提出统筹兼顾、归口安排、按行业改造的方针。各个行业以大带小，以先进带落后，先对中小企业进行改组、合并，然后实行公私合营，把个别合营和按行业的改组、改造结合起来。1955 年，北京、上海、天津等城市的一部分行业先后实行了全行业公私合营。

个体手工业的社会主义改造

在总结建国以来试办手工业合作组织经验的基础上，1953 年，党明确了引导个体手工业者组织起来的三种形式：手工业生产小组，手工业供销生产合作社，手工业生产合作社。要求根据生产发展的需要和群众自愿的原则，坚持积极领导，稳步前进的方针。1954 年底，全国手工业合作组织达到 4.17 万多个，参加合作组织的手工业者 113 万多人（全国 585 万人）。随着国家对主要农产品和某些工业品实行统购统销、统购包销，为使手工业生产原料供应的困难得到缓和有利于生产发展，党强调要在统筹兼顾、全面安排的方针下，从供销入手，适当发展手工业的合作组织。1955年上半年，全国手工业社（组）发展到4.98万个，社（组）员143.9万人。

（三）社会主义基本制度在社会主义改造“高潮”中建立

1955年夏季，关于农业合作化的速度问题在党内发生了一场严重的争论。这年春季，中央农村工作部提出计划，要求到1956年春季，农业合作社从经过整顿的65万个发展到100万个。这个计划得到中央政治局会议批准。不久毛泽东从南方考察回京，对农村粮食形势和农业合作化发展作出了新的观察和判断，主张修改计划，加快发展，从65万个发展到130万个，即翻一番。中央农村工作部部长邓子恢不赞成这个计划，他认为：合作化运动应该与工业化的速度相适应，发展不宜过快；干部领导水平和群众觉悟水平需要逐步提高，要求不能过急；现有的65万个社，存在问题很多，巩固的任务很重，当前应该着重巩固现有的社，为下一步发展打下基础。毛泽东认为邓子恢和中央农村工作部的思想右了，是对合作化不积极。

7月31日，中共中央召开省、市、自治区党委书记会议，毛泽东在会上作《关于农业合作化问题》的报告。报告强调，要使农业的发展跟上国家工业化的需要。毛泽东认为，目前农村中合作化的社会改革的高潮，有些地方已经到来，全国也即将来到，领导却落后于群众，像小脚女人一样，东摇西摆地在那里走路，对合作化运动有过多的评头品足，不适当的埋怨，无穷的忧虑，数不尽的清规戒律，是一种右倾错误的指导方针。甚至批评说，这是从资产阶级、富农，或者具有资本主义自发倾向的富裕中农的立场出发。于是，就把党内工作中不同意见的争论，夸大成为两条路线的分歧。毛泽东的报告一直传达到农村党支部，各地党组织纷纷检查“保守”，反对“右倾”，对合作化运动重新部署。

10月，中共中央召开七届六中全会，根据毛泽东《关于农业合作化问题》的报告，通过决议，把邓子恢和中央农村工作部的“错误”性质确定为“右倾机会主义”，强调“只有彻底地批判了这种右倾机会主义，才能促进党的农村工作的根本转变”。在这样的政治氛围下，农业合作化运动的进程形成了超高速发展的猛烈浪潮。经过一个冬春，到 1956 年 5 月，全国加入农业生产合作社的农户已达总农户的 91.2%，其中加入高级社的农户达到 61.9%。1956 年底，参加合作社的农户达到全国农户总数的 96.3%，其中参加高级社的农户达到 87.8%。这表明，原定到 1967 年完成的农业合作化，已提前 11 年完成了。

在农业合作化运动猛烈发展的推动下，资本主义工商业全行业公私合营的浪潮，也以汹涌澎湃之势席卷全国。1956 年 1 月 10 日，北京市首先宣布全部实现全行业公私合营。到 1 月底，全国 50 多个资本主义工商业比较集中的大中城市都相继宣布实现全市的全行业公私合营。到年底，全国私营工业户数的 99%，私营商业户数的 82.2%，分别纳入了公私合营或合作社经营的轨道。全行业公私合营以后，资本家已不再是占有和经营他们原有的私人企业的老板，而是按照他们的能力被接受为企业的职员；他们仍然领取定息，但是定息已同他们原有企业的利润没有联系，而是根据核定的私股资产（当时估算全国资本家所有资产共 24.2 亿元），按固定利率（年息 5%）提取定息，时间定为 7 年（后来延长到 10 年）。手工业合作化也几乎是同时并进，到 1956 年底，参加合作社的手工业人员已占全体手工业人员的 91.7%。

1955 年下半年到 1956 年的社会主义改造，发展显然过于迅猛，也确实遗留了很多问题。它表明，农民、手工业者劳动群众个体所有的私有制，基本上转变成为劳动群众集体所有的公有制；资本家所有的资本主义私有制基本上转变成为国家所有制即全民所有的公有制。这样一来，加上原来的国营经济的巨大发展，在我国国民经济中，全民所有制和劳动群众集体所有制这两种形式的社会主义公有制经济，已经居于绝对统治的地位。与之相应的是，按劳分配已成为我国基本的分配制度。这就是说，社会主义经济制度在我国已经建立起来。

随着单一公有制经济结构的形成，对整个国民经济实行中央计划调控的管理体制也建立起来。在当时，这种计划管理体制，对统筹兼顾、全面安排、集中力量进行重点建设；对增加财政收入，保证市场物价稳定和人民生活的不断改善，是起了积极作用的。

经济是社会制度的基础。中国共产党的领导，人民民主专政的国家政权，马克思主义在意识形态领域的指导地位，这些本来就是上层建筑中保障我国社会向社会主义过渡的强大的社会主义因素；现在社会主义经济基础已经建立，它们就担负起为巩固和发展社会主义经济基础服务的任务。

社会主义制度的基本建立，是我国历史上一次伟大而深刻的社会变革，尽管由于变革的速度过分急促使它还显得比较粗糙，有待继续完善，但却为我国今后的发展和进步奠定了基础。

四、从战争走向和平的国际格局与新科技革命

（一）转变战争观念走出国际局部战争环境

从七大到八大的 11 年间，中国共产党和中国人民经历了 4 年的全国解放战争，在中华人民共和国成立后又经历了将近 3 年的抗美援朝战争。抗美援朝战争，是应朝鲜政府的请求，并在美帝国主义武力威胁我国东北和侵占我国领土台湾的情况下，在境外进行的一场援助兄弟国家和保卫国家安全的局部战争。经过抗美援朝，中国共产党和中国政府逐步加深对现代国际战争的认识，并谋求通过现实途径以建立从战争走向和平的国际格局。

新中国成立伊始，美帝国主义操纵所谓“联合国军”武装干涉朝鲜内战，兵临鸭绿江畔，并派遣第七舰队进驻台湾，严重侵犯了中华人民共和国的领土主权。中共中央和中国政府经审慎思考、反复研究，作出以志愿军名义出兵朝鲜作战的重大决策，以援助朝鲜人民抗击美国侵略者，保卫中国的国家安全和国内的和平建设，进而维护远东与世界和平。1950 年 10 月，中国人民志愿军跨过鸭绿江，与号称世界上最强大的美国军队直接较量，相继举行 5 次大的战役，收复了朝鲜北部原有领土，把战线稳定在战争发动时的北纬 38° 线附近。经过入朝后 5 次战役的作战实践，考虑到出兵朝鲜后国际形势和国际关系发生的复杂变化，中共中央、毛泽东逐渐深刻认识到，志愿军虽然能够取得很大胜利，但在出国作战、远离后方、装

备落后、补给困难等诸多因素影响下，要像在国内解放战争时期歼灭敌军主力集团那样，消灭在朝鲜境内的美军，彻底解决带有很强国际性的朝鲜问题，是不现实的。而能将敌人赶到“三八”线，即可基本上达到保卫祖国安全和履行国际主义义务的目的。由此，中国与朝鲜方面共同确定了“边打边谈”的基本方针，即：“充分准备持久作战和争取和谈结束战争”。这标志着党中央在抗美援朝战争的战略指导上，开始从过去务求全歼敌人赢得战争全面胜利的方针，向只须达到有限目的的国际局部战争的方针的转变。

在实现了向现代国际局部战争的战略转变之后，中共中央、毛泽东适时地指示志愿军，采取以和谈的政治手段，结合军事打击，争取在一定条件下结束战争的正确方针，从 1951 年 7 月起，朝鲜战争即进入边打边谈阶段。对于这一特殊的斗争方式，毛泽东把它概括为“能战然后能和”。为什么能和呢？他在 1952 年 8 月全国政协常委会议上分析说：因为长期打下去对美国很不利。一要死人；二要用钱；三是他们国际国内都有难以克服的矛盾；四是受制于美国以欧洲为重点的全球战略。“总之，对美国来说，大势所趋，不和不利”。“能战然后能和”，既反映了中国人民不畏国际霸权主义的英雄气概，又体现了中国共产党对国际形势和国际局部战争特点的准确把握，即在世界两大阵营冷战初起的国际局势下，美国不愿长期陷于亚洲朝鲜半岛的战争泥淖，终将接受和谈结束这场战争。

美国虽然自恃其军事、经济力量“世界无敌”，但终究不能逃脱国际局部战争的规律。经过两年边打边谈的复杂斗争，中朝美三方终于就停战问题达成协议。1953 年 7 月 27 日，交战各方首席代表在“三八线”以南的板门店正式签署了朝鲜停战协定。历时近 3 年的抗美援朝战争，以美帝国主义企图霸占朝鲜全境的野心遭到破产而告结束。中国由此走出被帝国主义强加在自己头上的国际局部战争环境。以此为契机，中国共产党和中国政府积极开展外交活动，为在国内进行大规模有计划的经济建设创造有利的国际和平条件。

（二）力促协商解决国际争端，首倡和平共处五项原则

抗美援朝战争的结果，从根本上改变了旧中国在世界上留下的软弱可欺的形象，使新中国在国际战略格局和国际事务中，日益成为不可忽视的重要因素。朝鲜战争结束后，中共中央分析当前国际上的主要矛盾仍是战争与和平问题，而战后不断壮大的世界和平民主力量，是能够制止新的世界大战的。为此，中央要求在外交方面积极开展活动，力求缓和国际紧张局势，以便在国内全面开展有计划的经济建设。

争取有利的国际和平环境，中国不仅要发展同苏联等社会主义国家的关系，还要改善和发展同新兴的、特别是邻近的民族独立国家的关系，这是我国外交工作的一项重要任务。新兴的民族独立国家，虽然从属于资本主义世界体系，但却是这一体系中经济比较落后的一部分，特别是它们大都刚刚摆脱殖民地的地位，曾饱受殖民主义侵略压迫之苦，与中国有过同样的历史命运，并且同中国一样面临着维护本国政治独立，努力发展民族经济的任务。这些共同点，是发展同这些国家友好关系的基本条件。从另一方面看，由于意识形态的差异和长期受西方国家的影响，这些国家对选择了社会主义道路的新中国尚存疑惧，其中有些国家同中国还存在历史遗留问题。为此，中国政府在改善与发展同民族独立国家的关系中，力求建立一个双方约定、共同遵守的相互关系的准则。

1953 年 12 月，印度政府派代表团到北京谈判解决中印在西藏地方的历史遗留问题，周恩来总理在接见印度谈判代表团时指出：需要按照“互相尊重领土主权、互不侵犯、互不干涉内政，平等互利和和平共处的原则”，来处理和解决两国之间存在的问题，特别是印度与中国西藏地方关系中存在的问题。这是中国政府首次在完整意义上提出和平共处五项原则。到 1954 年 4 月，中印两国达成《中印关于中国西藏地方和印度之间的通商和交通协定》。协定在序言中，明确写入双方同意基于上述和平共处五项原则，缔结本协定。协定中的内容，也体现了平等互利、互相尊重主权和领土完整等精神。这次中印谈判及所达成的协定，是运用和平共处五项原则

解决国与国之间问题的第一个范例。

1954 年 6 月，周恩来总理先后访问印度和缅甸，在同印、缅两国总理发表的联合声明中，都明确写入了和平共处五项原则。有关双方一致同意以这些原则作为指导相互关系的原则，重申“革命是不能输出的，同时一个国家的人民所表现的共同意志也不应允许外来干涉”。在相互理解的基础上，联合声明倡议将和平共处五项原则作为处理国际关系的准则。中国政府提出的和平共处五项原则，源于列宁在十月革命后提出的不同制度国家和平共处的策略思想，同时也是新中国和平外交方针在朝鲜战争结束后的国际形势下新的运用和发展，它集中体现了原则性与灵活性的有机统一。

朝鲜停战后，毗邻中国南部的印度支那地区又发生复杂的国际争端。当时越南等印支国家人民抗击法国殖民主义者的斗争取得一系列胜利，使法国在印支的地位岌岌可危。美国从其遏制共产主义的全球战略出发，认为越南是比朝鲜更为重要的地区，企图说服英国和法国参加它策划的东南亚条约组织，以对越南采取集体干涉行动，把在印度支那进行的战争变成一场反共战争。英、法两国对美国的建议则处在犹豫观望之中。1954 年 4 月，由于苏联的推动，在日内瓦召开了有美、英、苏、法、中及有关国家外长参加的讨论朝鲜问题和印度支那问题的会议。这是中华人民共和国第一次以五大国的地位参加讨论国际问题的重要会议，为中国尝试通过大型国际会议和平解决国际争端提供了一个现实的活动舞台。根据中央指示，以周恩来总理为首席代表的中国政府代表团确定参加会议的方针是：尽一切努力，务期达成某些可以获得一致意见和解决办法的协议，甚至是临时性或个别性的协议，以促进国际紧张局势的缓和。

日内瓦会议第一阶段讨论和平解决朝鲜问题。由于美国伙同南朝鲜李承晚集团代表进行阻挠，未达成任何协议。第二阶段讨论印支和平问题，牵涉到法国同印支三国抗法武装之间、法国同美国之间以及印支三国国内各派政治力量之间错综复杂的矛盾。当时，法国急于从印支战争抽身，以便重返欧洲取得处理欧洲事务的一席之地。美国却鼓动法国接受美国给予的直接军事援助，甚至由美国接过军事指挥权，以便在必要时把战争扩大到中国，这与法国的立场是相矛盾的。英国为保住其在南亚的利益不受美国染指，基本上采取与法国相同的立场。另外，作为“法兰西联邦”成员国的越南、老挝王国、柬埔寨王国政府，与其本国抗法武装力量之间的矛盾，尽管是一种阶级矛盾，但矛盾各方在争取民族独立问题上有着共同之点。中国代表团认真分析上述各种矛盾，在会议期间积极寻求机会，力争推动会议取得有利进展。

日内瓦会议开始讨论印支问题时，正值越南军队在中国军事人员帮助下，取得抗法战争的最后胜利——奠边府大捷，直接导致法国主战派内阁垮台，而新组建的内阁顺应法国国民的反战情绪，倾向早日结束印支战争。周恩来机敏地抓住现实因素造成的有利时机，卓有成效地开展一系列双边和多边外交活动，推动有关各方朝着解决问题的方向迈进。6月16日，中国代表团向会议提出六点重要建议，对打破久议不决的僵局起到关键性作用。六点建议的要点是，越、老、柬三国应同时宣布停止敌对行动，而停止敌对行动的关键，是从三国领土上撤退一切外国军队。

中国代表团的建议，包括撤退越南民主共和国派驻老、柬境内的军事志愿人员。这实际上向国际社会申明了“革命不能输出”的原则。这种务实态度，获得有关国家政府方面的理解，西方国家也开始转变原来否认老挝、柬埔寨国内存在抗法武装力量的态度。实行这条建议，可以避免由于国内矛盾问题一时不能达成协议，而使国际战争继续打下去的危险。同时，中国代表团的建议也使三国抗法武装力量认识到，应正确处理民族解放任务与国内革命任务的关系，当前首要的问题，是通过会议使印支三国的独立得到国际承认。只要有了这个前提，各方力量便可以在不损害各自原则的情况下，尽可能地谋求国内政治的和解，争取国内协议的达成。这是符合印支三国人民根本利益的。

在这个属于方向性的大问题解决以后，尽管在其他问题上仍存在分歧，但有关各方走向和解的最大障碍已经排除。7月21日，日内瓦会议终于达成一系列协议：规定印支三国实现停火；法国军队限期从印支三国撤走；与会国保证尊重越、老、柬三国的民族独立、主权、统一和领土完整，等等。美国尽管拒绝在最后宣言上签字，但也不得不在其单独发表的声明中宣称：美国将不使用威胁或武力去妨碍这些协议和条款的执行。从此，法国在印度支那地区的殖民统治宣告结束，同时也推迟了美国直接武装干涉印度支那的计划。这是印度支那三国人民争取民族独立斗争的巨大胜利。中国代表团为实现印度支那和平所做的关键性努力，得到各国代表的公认和称赞，从而使中国在处理国际事务中的地位和作用得到进一步加强，成为维护亚洲和世界和平的一支重要力量。

随着日内瓦会议后国际形势转向缓和，和平共处逐渐成为不同国家间的一种共同需要。这一原则，在 1955 年 4 月召开的万隆会议上得到进一步的倡导和引申。

在印度尼西亚的万隆举行的亚非会议，是由当时几乎所有亚非民族独立国家参加而第一次没有西方国家参加的国际性会议。会议主要讨论保卫和平、争取民族独立、发展民族经济等共同关心的问题。亚非国家有着共同的历史遭遇，但各国间也有一些矛盾分歧。帝国主义不愿看到亚非会议的成功，在幕后进行一系列阴谋破坏活动，使会议初期出现纷争，偏离了预定议题。在这个关键时刻，中国代表团团长周恩来鲜明地提出“求同存异”方针，呼吁各国撇开分歧，为着反对殖民主义的共同利益而加强团结合作，推动会议健康进行并获得圆满成功。周恩来在万隆会议上强调：根据和平共处五项原则，社会制度不同的国家是可以实现和平共处的。在保证实施这些原则的基础上，国际间的争端没有理由不能够协调解决。在中国代表团的积极努力和有关各国的协同合作下，亚非会议通过的最后公报，提出了关于促进世界和平与合作的十项原则，这实际上是对中印两国最早倡导的和平共处五项原则的进一步体现和引申。公报对原来五项原则的表述略作调整，确定为：互相尊重主权和领土完整、互不侵犯、互不干涉内政、平等互利、和平共处。

和平共处五项原则原是为处理同亚非民族独立国家的关系而提出的。它一经提出，就在世界上产生广泛而深远的影响。随着这些原则用于各国关系的处理取得显著成效，中国领导人在此基础上进一步阐明，和平共处五项原则不仅适合于中国的情况，适合于亚洲、非洲绝大多数国家的情况，而且应该推广到所有国家关系中去。其适用范围不仅包括社会主义国家与民族独立国家之间，也可以包括社会主义国家与资本主义、帝国主义、封建王国之间，只要双方愿意共处。社会主义国家之间的关系则更应该建立在五项原则的基础之上。由于国内经济建设需要长期的和平环境，和平共处五项原则即成为我国对外关系的一个长期的基本方针，并在国际关系的实践中逐渐演变为国际法的一个基本准则，被世界各国普遍接受。这是中国对国际和平事业和建立国际新秩序所作的重大贡献。

（三）坚决斗争与谋求缓和相统一的对美政策

在由战争走向和平的国际格局中，中美关系的折冲始终为国际社会所瞩目。在对美关系方面，中国政府始终坚持在维护国家主权和领土完整、平等互利等原则基础上，促使美国愿意或不得不同我国和平共处。但美国却坚持其侵占和控制我国领土台湾的立场，竭力破坏台湾与祖国大陆的统一。印度支那实现停火后，台湾地区成为亚洲又一个热战焦点，蒋介石企图依靠美国支持“反攻大陆”，要求与美国缔结所谓“安全条约”；美国为阻止中国可能腾出手来对付台湾，也考虑同台湾国民党当局签订一项条约，以维持和冻结台湾的现状。同时，美国政府内部也在酝酿“两个中国”或“一中一台”的政策方案。这些牵涉到妨碍实现中国统一的重要国际动向，引起中国领导人的高度警惕。

为了维护中国的独立、主权和领土完整，1954 年 7 月，中共中央决定提出“一定要解放台湾”的任务，并在军事、外交和宣传等方面采取必要措施和进行有效工作。8 月 11 日，周恩来代表中华人民共和国政府再次宣布：台湾是中国神圣不可侵犯的领土，决不容许美国侵占，也不容许交给联合国托管。解放台湾是中国的主权和内政，决不容许他国干涉。同日，中央人民政府委员会通过决议，号召全国人民和中国人民解放军为完成解放台湾的任务而奋斗。随后，中国各民主党派和人民团体发表关于解放台湾的宣言，坚决拥护中央人民政府的决定。但是，美国不顾中国政府的严正警告，继续加紧在台湾海峡地区的军事活动，出动6艘军舰和大量飞机侵入我国大陈岛一带海面和上空活动，声称要用美国海空军来“保护台湾和澎湖列岛”。这表明，美国决心以其军事力量来阻挠中国人民对包括台澎在内的沿海岛屿的任何解放行动。

对于美国蛮横的军事恫吓，中国政府予以坚决的回击，命令中国人民解放军于9月3日开始炮击金门，并筹划实施解放一江山岛的作战计划。12月，美国同台湾国民党集团非法签订所谓《共同防御条约》，规定双方互助以抵抗任何对台湾、澎湖及“经共同协议所决定之其他领土”的“武装攻击”。至此，美国在台湾与大陆统一的问题上，公然站到与中国武力对峙的地位。周恩来总理即发表声明，向全世界宣布美蒋共同防御条约是“非法的、无效的”，是“露骨的侵略条约”；揭露美国企图利用这个条约使它武装侵占中国领土台湾的行为合法化，并以台湾为基地扩大对中国的侵略和准备新的战争。在开展外交斗争的同时，中国人民解放军采取坚决的军事行动，以海陆空军协同作战，于1955年1月一举解放了大陈岛外围的一江山岛。这是中国人民在“一定要解放台湾”的旗帜下实施的强有力的具体行动。随后，中国政府又挫败了美国企图通过联合国安理会提案来干涉中国内政的图谋，迫使美国不得不宣布协助国民党军队从大陈岛撤退。2月，中国人民解放军解放了大陈岛及其外围列岛，拔除了蒋介石集团在浙江沿海进行破坏活动的最大据点。从军事战略上看，美国从台湾这条战线向中国大陆的进逼受到挫折，从而增强了中国的国际安全感。

“一张一弛，文武之道”。尽管美国参众两院通过“福摩萨决议”，授权美国总统在“必要时”，为“保证台湾和澎湖列岛的安全”而“使用美国武装部队”，包括采用向中国大陆某些地点进行攻击的方式，中国共产党和中国政府仍然认为，通过积极的外交活动谋求中美之间关系的缓和，是符合维护亚洲与世界和平这一国际战略的根本利益的。周恩来在1955年4月出席亚非会议期间，发表了一个愿意同美国谈判的声明，指出：中国人民同美国人民是友好的，中国人民不要同美国打仗，中国政府愿意同美国政府坐下来谈判，讨论缓和远东地区，特别是台湾地区紧张局势的问题。

这一声明产生了很大影响，许多国家都关注这一事态的发展。美国起初提出让蒋介石的代表参加会谈，终因世界舆论的压力而被迫放弃，表示不排除同中国进行双边谈判。这是一个谋求缓解中美紧张关系的良好契机。经印度、英国从中斡旋，从 1955 年 8 月起，中美两国在日内瓦开始举行大使级会谈。这是中华人民共和国与美利坚合众国政府之间第一次官方接触，也是中美双方由相互敌对逐渐走向建立正常外交关系的漫长历史过程的重要起点。

中美大使级会谈历时两年多，由于美方一直坚持僵硬态度，会谈没有取得实质性成果而中断。[①] 但在中方的艰苦努力下，毕竟实现了双方一些侨民要求回国的愿望，使滞留美国的钱学森等中国科学家得以辗转回到祖国，中美关系也一度出现缓和。这次中美会谈为两国双边关系的发展在对等接触、坐下来谈判等方面打下了初步基础。

总之，在对美关系的处理上，中国共产党和中国政府一方面围绕台湾问题同美国进行了一系列坚决的斗争；另一方面也为缓和双方关系的紧张局势，提出和采取了一些积极建议和可行性措施。这两方面的有机统一，构成中美关系史上重要的一页，使中国在由战争走向和平的国际格局的形成和发展中，始终处于主动地位。从日内瓦会议后印度支那局势的缓和，到台湾海峡局势一度紧张，再到万隆会议后中美坐下来谈判，整个国际形势在 1955 年末和 1956 年初慢慢地缓和下来。中共中央、毛泽东估计，新的侵华战争和新的世界大战短时期内打不起来，可能有十年或者更长一些的和平时期。我国全面开始社会主义建设迎来了难得的历史机遇。

（四）新科技革命的世界趋势和“向现代科学进军”的初步部署

战后，一场科学技术的革命，在世界范围内兴起。战争从一定程度上刺激了科技的发展。二次大战中大量用于军事目的的科学技术开始转向和平利用，使现代科学技术在战后各国经济恢复中得到突飞猛进的发展。随

① 1955 年 8 月 1 日在日内瓦开始的中美大使级会谈，至 1957 年底中断；这个会谈 1958 年 9 月 15 日在华沙恢复进行。

着世界经济的复苏，主要在西方工业国家，包括在社会主义苏联的某些领域，很快形成一股新科技革命的浪潮，并日益渗透到社会生产领域和人们的社会生活领域。

在新科技革命的推动下，西方国家的生产过程逐步实现了全盘机械化、全盘自动化和远距离操纵，使劳动生产率提高到前所未有的水平。机器制造领域不但设计、生产出各种高温、高压、高速的机器，而且朝着超高温、超高压和超高速的方向迈进。各种具备特殊性能的新的金属和合金材料，以及用化学方法人工合成的材料不断地生产出来。各个生产部门的生产技术和工艺规程也发生着日新月异的变革。在1945—1955年，即战后第一个10年里，以原子能的利用为标志，人类开始进入利用核能的新时代。原子能、空间技术、电子计算机方面的科技发展，开辟了许多新的生产领域，核工业、航天工业、计算机工业、半导体工业、石油工业、化学纤维工业和精密仪器制造业等一批新兴工业部门相继建立；原有的航空、通信电讯等工业部门的技术设施大幅度更新；钢铁、汽车、纺织等传统工业得到全面的技术改造，从而使社会物质生产领域的面貌为之一新。同时，现代科学技术在产业结构、社会结构方面也引发了重大变化，深刻地改变着整个世界的面貌。

随着国际局势的缓和及同周边国家关系的改善，中国同样面临着和平稳定发展的历史机遇。世界新技术革命的兴起，使科学技术日益成为生产力诸因素中最活跃的力量。中国共产党敏锐地把握了新科技革命赋予当代的崭新特征，这就是1955年3月毛泽东在党的全国代表会议上所概括的："我们进入了这样一个时期，就是我们所从事的、所思考的、所钻研的，是钻社会主义工业化，钻社会主义改造，钻现代化的国防，并且开始要钻原子能这样的历史的新时期"。在新的时代条件下，我国建设人才严重匮乏和科学技术水平十分落后的状况，愈来愈不适应进行大规模经济建设的需要。随着"一五"计划建设项目的全面铺开，大批新建扩建工厂陆续投产，这方面的矛盾显得尤其突出。尽管建国几年来全国科研机构和科研人员比过去有较大增加，学科门类也有所增多，但一些重大的理论科学问题和复杂的技术问题靠自己的力量仍解决不了；独创性的科研工作基本没有开展；对最新技术的应用和推广尚未提上日程；原子核物理、空气动力学、电子学、半导体物理学等学科研究几乎还是空白；某些原来较有基础的学科同世界先进科学技术水平相比，还有很大差距。

为了解决我国科技队伍和科技水平与世界科学技术的巨大发展不相适应的问题，党中央采取的一个重大步骤，就是研究解决党对知识分子的政策和加强对科学文化工作领导的问题，同时提出向现代科学进军的任务。在 1956 年 1 月召开的全国知识分子问题会议上，周恩来在《关于知识分子问题的报告》中强调：科学是关系国防、经济和文化各方面的有决定性的因素，而最近若干年世界科学巨大和迅速的进步，已“把我们抛在科学发展的后面很远”。现代科学技术正在一日千里地突飞猛进，人类正处在一个新的科学技术和工业革命的前夕。在社会主义时代，比以往任何时代都更加需要充分地提高技术、发展科学和利用科学知识。我们必须奋起直追，“向现代科学进军”。毛泽东在会上讲话，提出要进行技术革命、文化革命；革技术落后的命，革没有文化、愚昧无知的命。他号召全党努力学习科学知识，同党外知识分子团结一致，为迅速赶上世界科技先进水平而奋斗，把我们的国家建设成为世界上一个科学、文化、技术、工业各方面更好的国家。党中央、毛泽东发出的号召，富有鲜明的时代特性，在全国引起强烈反响，知识界很快兴起“向科学进军”的热潮。

为了有计划地赶超世界科技先进水平，中央政治局批准成立了国务院科学规划委员会，负责制定 1956—1967 年的十二年科学技术发展远景规划。关于制定远景规划的方针和出发点，党中央和国务院要求：要按照需要和可能，把世界科学的最先进成就尽可能迅速地介绍到我国来，把我国科学事业方面最短缺而又最急需的门类，尽可能迅速地补足起来，根据世界科学已有的成就来安排和规划我们的科学研究工作，争取在第三个五年计划期末使我国最急需的科学部门能够接近世界先进水平。这一方针的要旨，不是一切靠我们自己从头摸索前进，而是在首先吸取世界先进科学成就的基础上继续前进。遵照这一方针，中央从科学院、高等院校、产业部门和国防部门调集了600多名科学家和工程技术人员，并邀请近百名苏联专家，参加远景规划的拟定和审议工作。经过几个月反复论证和审议，终于形成《1956—1967年科学技术发展远景规划纲要（草案）》。草案提出国家建设所急需的重要科学技术研究任务共57项，研究课题600多个。本着“重点发展，迎头赶上”的方针，纲要草案提出12项重点任务：（1）原子能的和平利用；（2）电子学方面的半导体、计算机、遥控技术；（3）喷气技术；（4）生产自动化和精密机械、仪器仪表；（5）石油等重要资源的勘探；（6）建立我国自己的合金系统和新冶炼技术；（7）重要资源的综合利用；（8）新型动力机械和大型机械；（9）长江、黄河的综合开发；（10）农业的机械化、电气化和化学肥料；（11）几种主要疾病的防治；（12）若干重要基本理论的研究。

这是我国为适应世界新科技革命的大趋势，而制定的第一个全国性的长远科学规划，它的核心问题是引导我国的科学技术更快地赶上世界先进水平。这个规划是宏伟的，也是切实可行的，它成为当时全国人民向科学进军的行动纲领。在这个规划的指导下，各级党和政府积极领导，科研、教学和生产部门密切配合，逐步形成了中国科学院、高等院校、产业部门、国防部门和地方科研机构等五个方面的科研大军，培养和造就了一批有良好素质的科技人才，在数学、理论物理、航天技术等领域拥有了一批享有世界声誉的科学技术专家，并在基础科学和新兴科学技术方面取得一批令西方发达国家叹为观止的重大成就，逐步缩小了我国同世界科技发展水平的差距，对发展我国国民经济和增强国防力量起到了重要的推动作用。

五、苏共二十大引起国际共运的震荡和中国共产党对社会主义建设道路探索的起步

（一）苏共二十大反对斯大林个人崇拜引起的震荡

在斯大林为首的苏共中央领导下，于20世纪30年代建立的社会主义制度，在第二次世界大战期间曾显示了它的优越性。进入战后经济恢复时

期后，其经济上和政治上过分集中的领导体制，已逐渐暴露出不适应社会发展要求的弊端。1953 年 3 月，斯大林逝世以后，苏共领导就开始有步骤地消除对斯大林长期个人崇拜的消极后果，在内外政策上进行一系列的调整。如：同年 8 月，提出在重工业发展已获得胜利的基础上，有必要迅速提高日用品的生产量的新方针；在政治方面，成立了专门调查组，开始为一系列冤、假、错案平反；在意识形态方面实行“解冻”，不点名地批评了对斯大林的个人崇拜；在对外政策方面，对斯大林的强硬外交方针作了松动，采取对西方世界实行“缓和”对峙局面的政策。

1956 年 2 月 14 日至 25 日，苏联共产党举行第二十次全国代表大会，苏共中央第一书记赫鲁晓夫作苏共中央工作总结报告。报告根据苏联利益的需要和对国际形势的判断，强调了不同社会制度国家间的和平共处，和平经济竞赛，世界战争不是注定不可避免，以及一些资本主义国家的工人阶级有可能通过掌握议会多数和平过渡到社会主义等主张和观点。在大会即将闭幕的 24 日深夜，赫鲁晓夫以新选出的中央委员会的名义，向全体代表宣读了一份长达 4 个小时的“关于个人崇拜及其后果”的秘密报告。报告对斯大林在长时间里，破坏党的集体领导和社会主义法制造成的严重后果等错误作了揭露和谴责，同时分析了斯大林欣赏个人崇拜的原因和性质。赫鲁晓夫的“秘密报告”得到代表们的批准并为大会通过。

在战后以苏联为首的社会主义阵营与美国为首的资本主义阵营两极对峙的冷战格局下，社会主义苏联当然是美国等资本主义国家要打击的首要目标。在苏共二十大闭幕不久，美国中央情报局就从波兰收买到赫鲁晓夫的秘密报告，并于 3 月 10 日在《纽约时报》全文发表，接着法国《世界报》也刊登了美国的译文。西方资本主义世界利用斯大林的错误和赫鲁晓夫的秘密报告，对社会主义和共产党在政治上和思想上进行攻击和煽动，掀起了一个世界范围的反苏反共浪潮，企图趁机搞垮社会主义制度，破坏共产主义在世界上的声誉。斯大林是列宁逝世以后，苏联共产党和国家的主要领导人。由于历史的原因，苏联共产党实际上在国际共产主义运动中处于领导地位，斯大林也事实上一直被公认为是国际共产主义运动的领袖。

因此，对斯大林错误的揭露，不能不在国际共产主义运动内部，特别是受斯大林直接影响的一些党和国家内部形成一股巨大的冲击力。加上各国共产党事先对赫鲁晓夫的秘密报告毫无所知，缺乏思想准备，而西方的公开披露和渲染，更是火上加油。于是在国际共运内部一度引起了极大的思想混乱。

资本主义世界的共产党向来对苏联社会主义建设的成就十分崇敬，对它的每一项进步都欢欣鼓舞。苏共二十大揭露出的大量的恐怖行动，触目惊心，许多人过去的理想“破灭”了，丧失信心，不少共产党员退党。一时间，欧美许多国家的共产党陷入十分困难的境地。东欧各国共产党在建立和建设社会主义过程中，从政治、经济、军事直至文化生活全盘照抄照搬了苏联的一套制度和做法。尤其是在错误地反对南斯拉夫“民族主义”的斗争中，东欧各国共产党都在党内实行清洗，制造了大批冤案。苏共二十大对斯大林错误的谴责，无异是对学步斯大林的东欧各国共产党领导人的批评，因而东欧各国政局相继出现动荡。广大共产党员和人民群众纷纷起来：政治上要求民主，经济上要求改革，国家关系上要求摆脱苏联的控制，走适合本国情况的社会主义建设道路。

中共中央领导人在了解到苏共二十大反对斯大林个人崇拜的情况后，从1956年3月下旬起，多次召开中央政治局和书记处会议进行讨论。毛泽东在会上指出，赫鲁晓夫的秘密报告一方面“揭了盖子”，表明“苏联、苏共、斯大林并不是一切都是正确的，这就破除了迷信”；一方面又“捅了漏子”，这个秘密报告，“无论在内容上或方法上，都有严重错误”。在总结斯大林犯错误的教训时，毛泽东讲了四点：第一，共产主义运动历史短暂，不可能不犯错误，共产党能够通过批评和自我批评克服错误；第二，社会主义社会依然存在矛盾，只不过斗争的性质和形式不同于阶级社会；第三，斯大林犯过严重错误，但他一生中还有伟大功绩；第四，斯大林问题的揭露，有利于反对教条主义。他强调说：不要再硬搬苏联的一切了，应该用自己的头脑思索了。应该把马列主义的基本原理同中国革命和建设的具体实际结合起来，探索在我们国家里建设社会主义的道路了。至于赫鲁晓夫秘密报告的失误，我们要尽力加以补救。

为了击退西方资本主义世界的进攻，驱散笼罩在国际共运上空的迷雾，澄清人们因批评斯大林的错误而造成的思想混乱，中共中央政治局经过讨论，以《人民日报》编辑部的名义，于当年4月5日发表了《关于无产阶级专政的历史经验》一文。文章全面评价了斯大林的历史功过，指出斯大林在苏联和国际共产主义运动的“历史上起了重要的作用”，但“在他一生的后期，愈陷愈深地欣赏个人崇拜，违反党的民主集中制，违反集体领导和个人负责相结合的制度”，因而发生了一些重大的错误，陷入了主观性和片面性，脱离了实际状况，脱离了群众。文章指出，共产党人对于共产主义运动中所发生的错误，必须采取分析的态度，应当用历史的观点看待斯大林。斯大林是一个伟大的马克思列宁主义者，但是也是一个犯了几个严重错误而不自觉其为错误的马克思列宁主义者。文章历史地分析了斯大林个人崇拜错误的深刻社会原因，充分肯定了苏共二十大展开反对个人崇拜斗争的意义。文章指出，好的领导者不在于不犯错误，而在于认真地对待错误。完全不犯错误的人在世界上是从来没有的。列宁说：“公开承认错误，揭露错误的原因，分析错误的环境，仔细讨论改正错误的方法——这才是郑重的党的标志”。文章强调，共产党人必须从苏联共产党反对个人崇拜的斗争中吸取教训，开展反对教条主义的斗争。这篇文章，在当时对稳定国际共产主义运动的队伍，巩固社会主义阵营的团结，起了积极的作用。

（二）中国共产党对社会主义建设道路探索的起步

苏共二十大对斯大林错误的揭露，虽然引起了国际共运内部的动荡，但其积极作用也是明显的。这就是如毛泽东说的，揭开了盖子，破除了迷信，可以独立思考了。1955年冬和1956年春，正是中国大地社会主义改造进行得热火朝天的时候。就在这敲锣打鼓进入社会主义的同时，出现了市场萎缩，人民日用生活品品种减少、质量下降，以至某些商品短缺等现象。这虽然有社会主义改造本身存在工作粗糙的问题，但也暴露出单一公有制和高度统一计划经济的不足。社会主义改造的大势已定，如何更好进行社会主义的经济、政治、思想文化建设的问题，亟需党中央作出明确回答。

自斯大林逝世以后，苏联发生的一系列变化，以及中国建设照搬苏联经验的实践，已使中共中央觉察到斯大林和苏联经验中存在的一些问题，毛泽东在1955年底提出要“以苏为鉴”。为了更好地摸清情况，总结经验，探索路子，刘少奇从1955年12月开始找中央和国务院各部委调查研究，听取汇报。毛泽东则从1956年2月中旬起，用了近两个月的时间亲自听取了中央工业、农业、运输业、商业、财政等34个部委的工作汇报。在此期间，陈云对资本主义工商业、个体手工业和个体小商贩社会主义改造中出现的新问题做了大量的调查研究。1956年1月，受中共中央委托，周恩来主持召开了知识分子问题会议；2月至3月中央统战部召开了第六次全国统战工作会议。这两次会议，实际上也是对共产党与民主党派的关系、与知识分子的关系的调查研究，以便确定党在思想文化方面的有关方针。

经中共中央政治局会议讨论，毛泽东概括出社会主义建设要处理好十个方面的问题。1956年4月25日和5月2日，他先后在中共中央政治局扩大会议和最高国务会议上作了《论十大关系》的报告。毛泽东在听取汇报过程中的讲话和《论十大关系》的报告中，非常明确地指出，对苏联方面暴露出来的建设社会主义过程中的经验教训，“要引以为戒”。并具体指出：在经济方面，苏联和东欧社会主义各国片面强调优先发展重工业，忽视轻工业和农业，因而苏联的粮食产量长期达不到革命前的最高水平；东欧一些国家市场上货物不够，货币不稳定。在处理国家、集体、个人的分配关系方面，苏联采取所谓义务交售制等办法，把农民生产的东西拿走太多，给的代价极低。用这样的办法来积累资金，把农民挖得很苦，使农民的生产积极性受到极大的损害。在中央和地方的关系上，苏联是把什么都集中到中央，把地方卡得死死的，一点机动权也没有。在政治上，苏联把其他党派搞得光光的，只剩下共产党，很少能听到不同意见。更为严重的是斯大林的阶级斗争越斗越尖锐的理论和错误的肃反政策，抓到一个就杀一个，结果犯了大错误。鉴于苏联的经验和总结自己的经验，党中央、毛泽东在社会主义建设问题上提出了一系列重大方针，主要有：

第一，总方针是：调动一切积极因素。毛泽东在《论十大关系》中说：

“提出这十个问题，都是围绕着一个基本方针，就是要把国内外一切积极因素调动起来，为社会主义事业服务。”“我们一定要努力把党内党外、国内国外的一切积极的因素，直接的、间接的积极因素，全部调动起来，把我国建设成为一个强大的社会主义国家。”

第二，正确处理经济建设中各种关系。毛泽东在《论十大关系》中所涉及的十个问题，其中五个是经济方面的问题：一是产业结构问题，主要是重工业、轻工业、农业的比例关系问题；二是生产力布局问题，主要是沿海工业和内地工业的关系问题；三是国防工业建设的规模和速度问题，即重工业内部的国防工业与民用工业的关系问题；四是经济体制问题，主要是国家、集体、个人的权利、责任、利益分配问题；五是国家对经济和其他事业的管理体制问题，主要是中央和地方的关系问题。在这五种关系中，处于核心地位的是国家、集体、个人的关系，这是能否调动广大工人、农民、知识分子积极性的重要一环。对此，毛泽东提出了若干重要原则：

关于重工业、轻工业、农业的关系。毛泽东指出，现在发展重工业可以有两种办法，一种是少发展一些农业、轻工业，一种是多发展一些农业、轻工业。他提出，从长远观点来看，前一种办法会使重工业发展得少些和慢些，至少基础不那么稳固，几十年后算总账是划不来的。后一种办法会使重工业发展得多些和快些，而且由于保障了人民生活的需要，会使它发展的基础更加稳固。我们必须从中国是个大农业国和人口多的特点出发，在优先发展重工业的前提下，重视发展农业和轻工业。

关于中央和地方的关系。毛泽东认为，应当在巩固中央统一领导的前提下，扩大一点地方的权力，给地方更多的独立性，让地方办更多的事情。这对我们建设强大的社会主义国家比较有利。在我们这样的国家，有中央和地方两个积极性，比只有一个积极性好得多。中央要发展工业，地方也要发展工业。就是中央直属的工业，也还是要靠地方协助。至于农业和商业，更需要依靠地方。总之，要发展社会主义建设，就必须发挥地方的积极性。中央要巩固，就要注意地方的利益。

关于国家和工厂、合作社的关系，工厂、合作社和生产者个人的关系。

这就是不能只顾一头，必须兼顾国家、集体和个人三个方面，也就是我们说的“统筹兼顾”。首先，必须提高工人的积极性，工人的劳动生产率提高了，他们的劳动条件和集体福利就需要逐步有所改进。我们历来提倡艰苦奋斗，反对把个人物质利益看得高于一切，同时也历来提倡关心群众生活，反对不关心群众痛痒的官僚主义。我们需要大力发扬工人群众的艰苦奋斗精神，也需要更多地注意解决他们在劳动和生活中的迫切问题。其次，必须处理好同农民的关系。我们对农民的政策不是苏联的那种政策，而是兼顾国家和农民的利益。但如果粗心大意，也还是会犯这种或那种错误。鉴于苏联在这个问题上犯了严重错误，我们必须更多地注意处理好国家同农民的关系。合作社同农民的关系也要处理好。在合作社的收入中，国家拿多少，合作社拿多少，农民拿多少，以及怎样拿法，都要规定得适当。合作社的生产费、管理费、公积金、公益金这几项各占多少，应当同农民研究出一个合理的比例。除了遇到特大灾害以外，必须在增加农业生产的基础上，争取 90% 的社员每年的收入比前一年有所增加，10% 的社员的收入能够不增不减，如有减少，也要及早想办法加以解决。

关于工厂和合作社在统一领导下有无独立性的问题。毛泽东认为，把什么东西统统都集中在中央或省市，不给工厂、合作社一点权力，一点机动的余地，一点利益，恐怕不妥。中央、省市和工厂的权益究竟应当各有多大才适当，我们经验不多，还要研究。从原则上说，统一性和独立性是对立的统一，要有统一性，也要有独立性。各个生产单位都要有一个与统一性相联系的独立性，才会发展得更加活泼。总之，国家和工厂，国家和工人，工厂和工人，国家和合作社，国家和农民，合作社和农民，都必须兼顾，不能只顾一头。无论只顾那一头，都是不利于社会主义，不利于无产阶级专政的。这是一个关系到六亿人民的大问题，必须在全党和全国人民中间反复进行教育。

第三，关于既反右倾保守又反急躁冒进，在综合平衡中稳步发展的经济建设方针。针对 1955 年冬至 1956 年春经济建设中出现的急躁冒进倾向，周恩来在 1956 年 1 月 20 日党中央召开的知识分子问题会议上呼吁：不要搞那些不切实际的事情，要“使我们的计划成为切实可行的、实事求是的计划，而不是盲目冒进的计划”。[①] 不久以后，周恩来又指出：“现在有点急躁的苗头，这需要注意。社会主义积极性不可损害，但超过现实可能和没有根据的事，不要乱提，不要乱加快，否则就很危险”。“绝不要提出提早完成工业化的口号。冷静地算一算，确实不能提。工业建设可以加快，但不能说工业化提早完成。晚一点宣布建成社会主义社会有什么不好，这还能鞭策我们更好地努力。”周恩来还指出：“各部门订计划，不管是 12 年远景计划，还是今明两年的年度计划，都要实事求是。”[②] 陈云作为经济工作方面的中央领导人，也多次提醒经济建设要稳步进行，要注意综合平衡。

周恩来、陈云关于实事求是、反对冒进、稳步前进、注意综合平衡的主张，提出了我国经济建设的一个重要指导思想。1956 年 5 月党中央决定我国经济发展要实行既反保守、又反冒进、坚持在综合平衡中稳步前进的方针。刘少奇提出并作了修改的《人民日报》社论《要反对保守主义，也要反对急躁情绪》对这个方针作了阐述。社论说：“什么是右倾保守，什么是急躁冒进，这里是有一个客观标准的，这个标准就是客观实际的可能性。正确的工作方法，就是要使我们的计划、步骤符合于客观实际的可能性。凡是落后于客观实际的可能性的，就是右倾保守，凡是超过了实际的可能性的，就是急躁冒进。”社论说：“我们对中央提出的‘又多、又快、又好、又省’的方针要有一个正确的了解，不要把它片面化、绝对化，这样才不会走到急躁冒进。总的方针是要又多、又快、又好、又省，但在具体的工作中，哪些能又多又快，哪些不能又多又快，哪些是现在就可以又多又快，哪些是将来才能又多又快的，怎样才能算得恰当，怎样既多、既快、既省，而又能达到好的目的，这些都要根据具体情况仔细地、实事求是地去加以考虑，不能把问题看得太死，太简单。在执行中央的这条方针的时候，不能只注意多和快，而不注意好和省，既不能因贪多图快而造成浪费，也不

① 转引自薄一波：《若干重大决策与事件的回顾》上卷，中共中央党校出版社 1991 年版，第 532 页。

② 《周恩来选集》下卷，人民出版社 1984 年版，第 190—191 页。

能因求多求快求省而忽视工作的质量和安全。如果多了，快了，省了，但是不好，不安全，那就是违背了我们的目的。”

第四，关于经济体制问题。前述的独立性问题实际上也是经济体制问题，陈云对这个问题有更多的思考。他在对如何处理资本主义工商业和个体小商贩的社会主义改造的遗留问题作了大量调查研究后，提出：行业改组的原则是“大部不变，小部调整”。经营方式上，在以集中经营，统一核算，按劳分配为主体的情况下，允许少量为人民生活需要的小商小贩实行个体经营，分散经营，独立核算，自负盈亏。在计划管理方面，除国家对绝大部分产品实行有计划生产和分配外，部分人民生活的日常用品，可以允许生产单位根据市场需求自己决定生产和销售，允许在国家市场领导下，一定范围的自由市场存在。

陈云认为，在对资本主义工商业和个体小商贩的改造、改组中，如果都采取一种形式，即统统组织起来，实行统一进货，统一经营，统一核算，那就有一种危险，就是原有的经营特色统统都没有了。所以，对商业中占多数的小商店、夫妻老婆店、个体商贩和修理业、服务业的个体手工业户，要长期保留他们那种单独经营的方式。如果把他们搞掉了，对人民对国家都是不利的。他说，我们是要改组工商业的，但并不是每个小厂统统都要改组，也不是所有的商店都要调整。如果轻率地并厂并店，就会给经济生活带来很多不便。在私营工商业公私合营以后，原有的生产方法和经营方法，应该在一个时期以内，照旧维持一下，以免把以前好的东西也改掉了。陈云指出：大部不变，小部调整，不是短时期的，在十年以至十多年中，这种局面要维持下去。为了刺激生产企业提高产品质量、增加花色品种，陈云提出的解决办法，一是对有些商品，国家不再统购包销，而是采取择优选购的办法；二是对商品设计人员，像工程师、时装设计师，要给予奖金，以鼓励他们的积极性；三是实行优质优价，好的价高，不好的价低。

党中央和国务院采纳了陈云的建议，1956 年 2 月 8 日，国务院会议通过《目前私营工商业和手工业的社会主义改造中若干事项的决定》，规定对公私合营后的原私营工商企业仍继续维持原有的生产经营制度、服务制度；公私合营后的大量分散的小商店，仍继续保持代销、代购和自营的办法；大部分肩挑小贩的经营方式需要长期保留，不要都组成为统一资金的合作经营方式；对参加了合作社的个体手工业户，必须保持原有的供产销关系，不要过早过急地集中生产和统一经营；手工业中的修理业和服务业，应长期保留原有的便利群众、关心质量的优点；某些适合个体经营的手工业户，应维持原有的单独经营方式，等等。

对农业合作化“高潮”后存在的问题，党中央、国务院也采取了相应的措施：1956年3月5日，中共中央发出《在农业生产合作社扩大合并和升级中有关生产资料的若干问题的处理办法的规定》；4月3日，中共中央和国务院联合发出《勤俭办社的指示》；6月30日，全国人大一届三次会议通过了《高级农业生产合作社示范章程》；9月12日，中共中央和国务院又联合发出《关于加强农业生产合作社的生产领导和组织建设的指示》。明确规定在初级社转为高级社的时候，社员私有的零星树木仍归社员自己所有，自己经营；对社员私有的耕畜和大型农具等主要生产资料转归社有时，应当合理作价。要防止和纠正有一部分贫农和干部总想扩大公有化的范围，希望一下子消灭一切私有化和揩中农油的错误倾向。要在国家计划指导下，保持合作社生产经营的独立性，防止生产计划脱离实际，要求过高过死及过分强调集体利益，对社员利益照顾不够等倾向。

第五，关于知识分子问题和发展科学文化的方针。鉴于知识分子思想改造和思想文化领域多次批判运动的负面影响，以及实际工作中存在的歧视知识分子的宗派主义情绪，党中央认为，有必要对知识分子的现状及其在国家社会主义建设中所处的地位作出正确的估计，给他们的工作创造必要的条件，并确定发展我国科学文化的指导方针。

1956年1月，周恩来受党中央委托主持召开知识分子问题会议。会议肯定了建国6年来我国知识分子面貌发生的根本变化，郑重宣布：我国知识分子的绝大部分已经成为国家工作人员，已经为社会主义服务，已经是工人阶级的一部分。会议指出，在社会主义时代，比以前任何时代都更加需要充分地提高生产技术，更加需要充分发展科学和利用科学知识。这些如果没有广大知识分子的努力和辛勤劳动是不能完成的。会议明确肯定，进行社会主义建设，除了必须依靠工人阶级和广大农民的积极劳动以外，还必须依靠知识分子的积极劳动。也就是必须依靠体力劳动和脑力劳动的密切合作，依靠工人、农民、知识分子的兄弟联盟。党的方针是：尽一切努力最充分地动员和发挥知识分子的力量。为此，确定了三条原则性的指导意见：第一，应该改善对于知识分子的使用和安排，使他们能够发挥他们对于国家有益的专长；第二，应该对于所使用的知识分子有充分的了解，给他们以应得的信任和支持，使他们能够积极地进行工作；第三，应该给知识分子以必要的工作条件和适当的待遇。包括改善生活待遇和政治待遇，确定和修改升级制度，拟定关于学位、学衔等知识界的荣誉称号以及发明创造和优秀著作奖励等制度。2 月 24 日，中央政治局举行会议，肯定了知识分子问题会议提出的上述建议，通过了《中共中央关于知识分子问题的指示》。

在此期间，毛泽东曾针对思想理论界存在的教条主义倾向指出，对学术思想的不同意见，什么人都可以谈论，不应当加以禁止。如果企图禁止，是完全错误的。在 4 月举行的中央政治局扩大会议上，他又明确提出了“百花齐放、百家争鸣”的方针。毛泽东说：“百花齐放、百家争鸣”，我看这应该成为我们的方针。“艺术问题上百花齐放，学术问题上百家争鸣”。讲学术，这种学术可以，那种学术也可以，不要拿一种学术压倒一切，你如果是真理，信的人势必就会越多。5 月 2 日，他在最高国务会议上再次阐述了这个方针。他说，现在春天来了嘛，一百种花都让它开放，不要只让几种花开放，还有几种花不让它开放，这就叫百花齐放。百家争鸣是诸子百家，春秋战国时代，两千年前那个时候，有许多学说，大家自由争论，现在我们也需要这个。并且指出，在中华人民共和国宪法范围之内，各种学术思想，正确的，错误的，让他们去说，不去干涉他们。

“双百”方针，是吸取我国历史上学术、文化发展的经验，总结建国以来党领导科学文化的经验和教训，也借鉴了外国党领导科学文化的经验教训，所确定的符合科学文化发展的客观规律的方针。为使党内外对这个方针有统一的正确理解，5月26日，中共中央宣传部部长陆定一在向科学文化界作题为《百花齐放，百家争鸣》的讲话中解释说，我国的历史证明，如果没有对独立思考的鼓励，没有自由讨论，那么，学术的发展就会停滞。反过来说，有了对独立思考的鼓励，有了自由讨论，学术就能迅速发展。我们主张政治上必须分清敌我，我们又主张人民内部一定要有自由。我们所主张的“百花齐放，百家争鸣”是提倡在文学艺术工作和科学研究工作中有独立思考的自由，有辩论的自由，有创作和批评的自由，有发表自己的意见、坚持自己的意见和保留自己的意见的自由。他还指出，学术批评和讨论，应当是说理的，实事求是的，反对采取简单、粗暴的态度。应当采取自由的方法，反对行政命令的方法。应当容许被批评者进行反批评，不是压制反批评。应当容许持有不同意见的少数人保留自己的意见，不是实行少数服从多数的原则。陆定一说，中共中央现在着重提出“百花齐放，百家争鸣”的政策，就是要求我们在文艺工作和科学工作方面，也把一切积极因素都调动起来，更好地为人民服务，为繁荣我国的文学艺术而努力，为使我国的科学工作赶上世界先进水平而努力。

第六，继续巩固扩大统一战线和扩大人民民主。1956年2、3月间，经中共中央批准，中央统战部召开第6次全国统战工作会议，讨论新形势下的统战工作方针问题。会议认为，社会主义突飞猛进的发展，使我国的政治形势起了根本的变化。这种变化，从人民民主统一战线的内部关系上反映出来的主要表现：（一）作为人民民主专政基础的工农联盟推进到新的即社会主义的基础上，日益成为牢不可破的联盟。（二）资产阶级作为一个阶级虽然还没有被消灭，但是已经向工人阶级屈服了，大多数资本家和资本家代理人成了公私合营企业的从业人员，并且不能不在公方直接领导和工人群众直接监督下，按照社会主义原则共同工作。资本家和资本家代理人中间，积极接受社会主义的进步分子日益增多，有从少数发展成为多数的趋势。（三）知识界的面貌6年来已经发生了的根本变化，知识分子的绝大多数已经是国家工作人员，从他们的政治立场和社会地位说来，他们已经是工人阶级的一部分。（四）各民主党派已经基本上成了为社会主义服务的政治团体。（五）大多数少数民族先后走上了向社会主义过渡的道路，并且在各种不同的条件下努力前进。据此，会议指出党的统一战线工作的方针为：继续巩固和扩大人民民主统一战线，团结一切可能团结的力量，为我们的共同目标奋斗。

4月，毛泽东在中央政治局扩大会议上进一步阐明了新形势下共产党同民主党派的关系。他说：究竟是一党好，还是几个党好？现在看来，恐怕还是几个党好。不但过去如此，而且将来也可以如此，就是长期共存，互相监督。我们有意识地留下民主党派，让他们有发表意见的机会，对他们采取又团结又斗争的方针。这对党，对人民，对社会主义比较有利。中共中央根据毛泽东的意见，正式确定"长期共存，互相监督"为共产党同民主党派关系的方针。经中共中央批准，中央统战部部长李维汉在全国人大一届三次会议上郑重宣告："中共中央已经提出了共产党和各民主党派长期共同存在，互相监督，首先是对共产党起监督作用的方针。"他解释说，这个方针的提出，就是再一次宣告，同党外人士实行民主合作，是共产党的一条"固定不移"和"永远不变"的原则。为继续发扬我国民主党派和人民团体在政治上互相协商、互相帮助和互相监督的传统，必须严格地尊重各民主党派和人民团体在宪法赋予的权利和义务范围内的政治自由和组织独立性，任何党派和团体对其他党派和团体的这种自由和独立，都没有权利加以干涉。

与此同时，中共中央领导人还考虑了如何扩大人民民主的问题。周恩来在向国务院系统干部传达毛泽东《论十大关系》的报告时就指出，社会主义是最生动活泼的，史无前例的，消灭了剥削，个性得到了大发展。人民觉悟了，应该把各种意见摆在人民的面前，由人民自己判断。又说，因为我们社会主义国家总是为劳动人民服务的，的确为劳动人民做了些好事，人民容易信任它，集权比较容易。所以专政也就有它阴暗的一面，就是缺乏民主，容易脱离群众，脱离实际，养成官僚主义，我们社会主义国家要时常警惕这方面的缺点。7月21日，他在中共上海市第一次代表大会上的讲话中，进一步阐述了"专政要继续，民主要扩大"的思想。周恩来说，现在我们的人民民主专政应该是：专政要继续，民主要扩大。从国内来说，残余的反革命分子没有完全肃清，从国外来说，帝国主义还敌视着我们，因此，我们的专政应该继续。但是，由于我们的专政更加巩固了，工人阶级的力量更加强大了，所以我们的民主就应该更扩大了，不应该缩小。专政的权力虽然建立在民主的基础上，但这个权力是相当集中相当大的，如果处理不好，就容易忽视民主。苏联的历史经验可以借鉴。所以我们要时常警惕，要经常注意扩大民主，这一点更带有本质的意义。

第七，关于学习外国问题。毛泽东在《论十大关系》中说：我们的方针是，一切民族、一切国家的长处都要学，政治、经济、科学、技术、文学、艺术的一切真正好的东西都要学。但是，必须有分析有批判地学，不能盲目地学，不能一切照抄，机械搬运。他们的短处、缺点当然不要学。又说，对于苏联和其他社会主义国家的经验，也应当采取这样的态度。并明确提出，我们的理论，是马克思列宁主义的普遍真理同中国革命的具体实践相结合，反对教条主义。至于对待资本主义国家的东西，毛泽东说，外国资产阶级的一切腐败制度和思想作风，我们要坚决抵制和批判。但是，这并不妨碍我们去学习资本主义国家先进的科学技术和企业管理方法中合乎科学的方面。工业发达国家的企业，用人少，效率高，会做生意，这些都应当有原则地好好学过来，以利于改进我们的工作。现在，学英文的也不研究英文了，学术论文也不译成英文、法文、德文、日文同人家交换了。这也是一种迷信。对外国的科学、技术和文化，不加分析地一概排斥，和前面所说的对外国东西不加分析地一概照搬，都不是马克思主义的态度，都对我们的事业不利。

上述探索的起步，尽管还只是初步涉及在中国怎样建设社会主义的问题，但应该说，在探索的方向和内容上是正确的，并具有一定的深度。它同当时一些社会主义国家结合苏联教训和本国实践进行社会主义改革的潮流，是相适应的。中国共产党第八次全国代表大会，正是在上述探索取得初步思想成果的基础上召开的。

第二部分　党的八大

一、八大的筹备

早在1952年，党中央就开始考虑召开党的八大，但最终确定这件事是在1955年。1955年3月举行党的全国代表会议，毛泽东在31日闭幕会上所作的结论讲话中说：中央决定于1956年下半年（就是明年下半年）召开第八次大会。有三个议事日程：（一）中央委员会的工作报告；（二）修改党章；（三）选举中央委员会。明年7月以前就需完成代表的选举及文件的准备工作，要求在这一年多的时间内，各方面的工作：经济、文教、军事、党务、政治思想、民众团体、统一战线、少数民族工作都要大进一步。需为八大而斗争者，就是需把缺点、错误改正。党的代表大会十年没有开，很不好。当然头五年不应该开，头五年兵荒马乱，又开了七大，后五年可以开而没有。没有开也有好处！高饶问题搞清楚再开，不然他们要利用八大做文章。同时，我们的五年计划也上了轨道，社会主义总路线提出后各方面都清楚了。又经过这次代表会议使大家在思想上更加统一了，再来开八大。最后，毛泽东号召：为在1956年胜利地召开第八次党代表大会而斗争！为胜利地完成第一个五年计划而斗争！

党中央作出召开八大的决定之后，筹备八大的工作便逐步展开。在七届五中全会上被选为中央政治局委员的邓小平，作为中央秘书长，具体负责筹备召开八大的整个组织工作。党的全国代表会议之后，党中央召开了一系列会议，研究召开八大的问题。1955年4月25日至28日举行了中央政治局扩大会议（原称省、市、自治区党委书记会议），研究准备提交八大讨论的有关问题。

同年10月4日至11日，党中央举行了扩大的七届六中全会，讨论和通过了《关于召开党的第八次全国代表大会决议》和《关于党的第八次代表大会代表名额和选举办法的规定》。《决议》说，党的八大于1956年下半年召开，其主要议程如下：（1）党的中央委员会的工作报告；（2）关于修改党章的报告；（3）关于发展国民经济的第二个五年计划的指示；（4）选举党的中央委员会。这比毛泽东在党的全国代表会议讲话所说的八大议程多了一项，即关于“二五”计划的指示。《决议》还要求，出席八大的代表由各省、自治区、直辖市、中直机关、中央国家机关和解放军分别召开党的代表大会选举。代表名额为每1万名党员选代表1名，同时，照顾到各地区党员分布不平衡的情况，每个选举单位分别增选代表4至8人；人口在200万以上的大城市可分别另行增选代表10至15人；所有代表于1956年6月底以前选出。①

会上，邓小平代表中央政治局作了《关于召开党的第八次全国代表大会的决议草案的说明》。在这个说明中，他谈到了召开党的八大的酝酿过程。邓小平说：党的七次代表大会是在1945年召开的，到1956年召开八大，中间相距为十一年。这是因为1945年至1949年这四年，我们正处在急风暴雨的革命战争中；1950年至1952年这三年，我们全神贯注地进行了完成民主改革、恢复国民经济和巩固人民民主专政这些极为繁重的工作，并且进行了紧张的抗美援朝斗争。1952年底，中央政治局和书记处在考虑召开全国人民代表大会的同时，就曾考虑到召开党的八次代表大会的问题，当时决定了先召开一次党的全国代表会议。1953年我们国家开始了第一个五年计划的建设。同年下半年，经过全国财经会议和全国组织工作会议之后，党中央察觉了高饶反党联盟的问题。党经过1954年2月的四中全会和1955年3月党的全国代表会议，对这个事件作了严肃的处理。在这两年多中，党规定了国家在过渡时期的总路线，第一届全国人民代表大会通过和

① 参见中共中央办公厅编：《中国共产党第八次全国代表大会文献》，人民出版社1957年版，第1—2页。

公布了宪法，第一个五年计划已进行了一多半的时间。同时，又经过整党、建党、审查干部工作，总路线的宣传，社会主义改造，所有这些，为召开党的八次代表大会做了政治准备和组织准备。所以，1956 年召开八次代表大会，将会开得更为完满一些，这是可以肯定的。

党的七届六中全会尚未明确召开八大的具体时间。全会的决议提出，召开这次大会的具体时间由中央政治局决定。

1955 年 12 月 5 日，中央政治局在北京召开了一次有各省、市委负责人参加的座谈会，刘少奇主持了会议，并宣布了中央政治局的决定，准备 1956 年 9 月召开八大。会上刘少奇还传达了毛泽东关于召开八大的指示精神：八大的中心思想是要反对右倾思想，反对保守主义，提早完成我国的社会主义工业化和社会主义改造，保证 15 年同时争取 15 年以前超额完成。主席讲，我们要利用目前国际休战的时间，利用这个国际和平的时期，再加上我们的努力，就可加快我们的发展，可提早完成社会主义工业化和社会主义改造。

1956 年 6 月 24 日，中央政治局在中南海颐年堂召开会议，毛泽东主持会议，刘少奇、周恩来、朱德、彭真等 29 人参加会议。会议专门研究了八大这一问题，决定了八大的诸多事项。6 月 26 日中共中央办公厅发出中央政治局关于党的八次大会会期与准备工作的几点决定的通知。通知说：党的八次大会定于 9 月 15 日开幕；大会政治报告、党章和关于修改党章的报告，关于第二个五年计划的建议和建议的报告等五个文件必须在 8 月中旬定稿；8 月下旬召开七届七中全会（省、市、自治区党委书记参加），讨论和通过八大的几个主要文件和其他有关问题；9 月 1 日起举行八大的预备会议（全体代表到会），预选中央委员和候补中央委员，讨论八大的几个报告并安排大会的发言。中央办公厅的通知还说，7 月初发布消息，宣布八大的会期和日程；邀请各国共产党和工人党的代表参加。

1956 年 7 月 6 日，中共中央通过新华社向全国发出了中国共产党第七届中央委员会关于召开党的第八次代表大会的通知。通知宣布，中国共产党中央委员会已经决定第八次全国代表大会于 1956 年 9 月 15 日在北京召开，大会议程如下：（1）党的中央委员会的工作报告；（2）关于修改党章的报告；（3）关于发展国民经济的第二个五年计划的建议；（4）选举党的中央委员会。[①]

筹备八大的最重要的工作，就是准备大会文件。这些文件包括：（1）大会政治报告；（2）修改党章的报告；（3）党章修改草案；（4）关于"二五"计划的建议的报告；（5）关于"二五"计划的建议。起草和修改大会文件的工作，实际从党的全国代表会议之后就陆续开始了，党中央在这方面花了相当大的精力。

毛泽东在七届六中全会上说：八大会标志我们党前进一步。而要开好这次大会，使党更上一层楼，关键在于有好的文件。早在1955年党中央就组织了三个写作班子。邓小平于1955年4月21日草拟了政治报告和修改党章报告及党的章程两个起草委员会名单。具体是：王稼祥、刘少奇、陈云、陈伯达、胡乔木、陆定一、邓小平等7人组成政治报告起草委员会；安子文、刘澜涛、宋任穷、李雪峰、胡乔木、马明方、杨尚昆、邓小平、谭震林等9人组成修改党章和修改党章报告起草委员会。5月9日中央政治局会议通过了这两个名单。第二个五年计划的建议和建议的报告，由周恩来组织国家计委人员起草。

在各起草委员会积极努力工作下，各项文件的起草工作顺利进行。党章初稿于1955年10月20日写成，政治报告第一稿于1956年7月写成，题目是《为实现过渡时期的总任务而斗争》；第二个五年计划的建议初稿也于1955年11月14日报送中央。毛泽东、刘少奇、周恩来、朱德、陈云、邓小平等多次开会研究讨论，并分别对这几个文件草稿逐章、逐句、逐字作了重要修改。从中共中央工作大事记的记载中可知：1955年8月28日至1956年9月14日，中央政治局召集研究八大事宜的各种会议、约谈、会见等130余次，其中，商谈政治报告40次，修改党章33次，"二五"计划18次，中央委员候选人名单22次，准备大会工作的具体事项17次。

---

① 《中国共产党第八次全国代表大会文献》，第3页。

党中央还组织了各省、市、自治区及军队、中央直属机关和中央国家机关党的组织，对修改后的党章初稿进行了讨论，征求意见。1956 年 5 月 22 日党章修改草稿经过中央政治局讨论。随后，5 月 28 日中共中央办公厅发出《中央关于印发党章修改稿交给地方、各单位讨论的通知》。《通知》要求各地方利用最近召开党的省、自治区、直辖市和中央直属机关、中央国家机关代表大会的机会，在会外组织代表进行专门讨论，提出修改意见，然后由省、自治区、直辖市和直属机关党委会将所提意见整理起来，于 7 月 15 日以前送中央办公厅；中央将根据各地方、各单位提出的意见，再加修改，提到中央委员会全体会议通过，成为正式草案，然后提交到党的第八次代表大会。《通知》发出后，全国各省、市、自治区党委，中央和国家机关党委，解放军系统党的组织，对党章进行了认真讨论，7 月中旬将修改意见陆续报到中央。8 月 21 日，中央将各地方、各单位讨论《中国共产党章程（修改稿）》的意见汇集成册，并参考其意见，对党章修改稿作进一步修改。

八大的各项文件，经过一年左右时间的起草、讨论、修改，于 1956 年 8 月中旬基本完成。

在党中央进行各项文件准备的同时，全国各省、市、自治区、直辖市和中央、国家直属机关、解放军党组，于 1956 年 4 月至 6 月先后举行了本地区或本系统党的代表大会，根据中共七届六中全会《关于党的第八次全国代表大会代表名额和选举办法的规定》，选举产生了出席八大的代表，报中共中央组织部，中央组织部将八大代表候选人名单的讨论情况向中央作了报告。最后共选出正式代表 1026 人，候补代表 107 人。

为了把选举新的中央委员会的工作做好，中央政治局于 1956 年 7 月 30 日决定成立一个负责选举工作的委员会。这个委员会由下列 20 人组成：陈云、彭真、彭德怀、董必武、邓小平、邓子恢、刘伯承、贺龙、陈毅、罗荣桓、徐向前、聂荣臻、叶剑英、李先念、谭震林、黄克诚、谭政、刘澜涛、林枫、乌兰夫。委员会以陈云为第一召集人，邓小平为第二召集人。该委员会负责研究八大的选举问题和中央机构的组织形式问题，并向中央政治局提出报告。同一天，中共中央办公厅发出通知，通报了这个委员会的组成，并通知第七届中央委员和不是中央委员的省、市、自治区党委第一书记于8月20日到京，参加七届七中全会。

党的八大的筹备工作，到1956年8月基本告一段落。

二、党的七届七中全会和八大预备会议

八大正式召开前夕，1956年8月22日、9月8日、9月13日，中共七届七中全会在北京召开。与此同时，8月30日至9月12日，还召开了八大预备会议。两个会议是交叉着进行的，都是为八大做最后的准备。

8月22日，中共七届七中全会第一次会议在中南海勤政殿举行，出席会议的有中央委员、候补中央委员61人，中央各部委负责人及各省、市、自治区党委第一书记42人列席了会议。

毛泽东主持会议并作了讲话。他说：这次全会的任务，就是准备八次大会。第一，有五个文件，一个是政治报告，一个是党章，一个是党章报告，一个是经济计划，一个是经济计划报告，请大家讨论修改。第二，关于新的中央委员会选举问题。第三，发言问题，准备有80人左右发言，原则是不要太长，内容要精彩一点。七次代表大会我们得到革命的胜利，并且开始了建设。这一次大会我们要得到建设的胜利，建设一个伟大的社会主义国家的胜利。这次大会的基本方针是：马克思列宁主义同中国的实际情况相结合，团结党内、国内、国际一切可以和应该团结的力量，为建设一个伟大的社会主义国家而奋斗。凡是不利于这样的方法（团结一切力量）、这样的目的（建设社会主义）的思想和方针，我们就要批评和反对。这是我们这次大会、也是我们党历来的旗帜。

邓小平代表中央书记处、政治局就准备八大的“三大工程”和提交全会通过的六个文件作了说明。

邓小平对有关八大筹备的六个文件草案作了说明，这六个文件是：关于大会的日程；大会的规则；关于预备会议的安排；关于选举工作的建议；关于代表团团长、副团长名单；资格审查委员会名单。

关于大会的几个主要文件，邓小平要求各个代表团必须在9月7日以前全部把意见提出来。（毛泽东插话：政治报告9万字，我们现在提议，这个报告有些地方要重写，精简节约，能够缩减三分之一就好。缩小三分之一，更通达一点，看起来不那么费力，大家还欢迎。政治局准备公推少奇同志作报告，如果中央委员会同意，那就请少奇同志作报告。但9万字，就要搞七个半钟头，要砍掉三分之一，就要打乱重分，要大作修改。首先对大势提一些意见，看大局还是完全要不得，还是勉勉强强，还是大体可以，还是有些要修改？再就是小处，错误的地方要修改，包括文字的修改，都写在这个［草案］上面。）邓小平接着说道：关于文件，请大家无论如何注意修改。刚才主席讲了先提大势，先提方针性的意见。但是有些文件，像党章，那就不好提大势了，必须是哪一个字要改就改那一个字。（毛泽东插话：不仅是大势，也包括细节、文字。一是大势，二是细节，三是文字，凡有意见的都在这个本子上批。）

刘少奇也就政治报告的修改说道：向全会提出的这个草稿是个毛稿，没有搞好，9万字，很长。中央有一个起草委员会，进行了工作，现在还没有完全搞好。这个稿子是很多人写的，不是一个人写的，因为今天一定要印给大家，所以就编辑一下，凑合拢来，有点应付的味道。长了，要加以缩减。刚才主席讲了，至少要缩减3万字，我看很有必要，请大家看一看。其中有一些部分恐怕需要重写，就是要推翻，打乱重分，重新再搞。所以还要花很大的功夫，请各位看一看，讨论一下，提出意见，批评，大家出点力，做一点工作，我们集体创作，就可以搞这么一个比较合乎规格的东西。（毛泽东插话：只要大家一攻就有办法。）大家一攻，一创造，一建设，就可以提出一个比较好的东西。

当邓小平讲到大会发言的准备时，毛泽东提出："原则是不要太长，内容要精彩一点"。邓小平说：发言一般不超过20分钟。有20分钟发言的，有3分钟发言的，有5分钟发言的，4分钟发言的，十几分钟发言的，要多样化，活泼一点。……无论如何以8000字左右为限度，最多不超过1万字。关于大会发言，政治局也考虑了一下，这一次大会发言算起来最多是

8天，36小时。所以我们考虑，认为最少要八九十个人发言，能够争取到一百人发言。（毛泽东插话：还可以有一部分书面发言。组织一些小稿子，几百字，很经济，插在比较长的发言中间，比较生动……对工作要有批评，要有自我批评。对工作有意见，对党的团结有意见，要有批评，要有丰富的批评。如果我们开一次会议没有批评，净讲一套歌功颂德，那就没有生气，那无非是一个“好”字就行了，还要多讲干什么？但是也不要呆板了，说每一个稿子一定要批评什么东西，如果没有就根本不许讲，那也不好。要有分析。肯定成绩，批评错误。）

邓小平继续说：譬如像工业方面，除了一些比较带系统一点的发言外，还要组织那么20篇、20多篇稿子。这样才表现出会议是在讨论建设这个重点。（毛泽东插话：这一次重点是建设。有国内外形势，有社会主义改造，有建设，有人民民主专政，有党，报告里面有这么几个大题目，都可以讲。但是重点是两个：一个是社会主义改造，一个是经济建设。这两个重点主要的还是在建设。这个报告的主要部分，3万字，三分之一讲建设。）

当邓小平讲到大会的选举工作时，毛泽东讲：先由代表团提出一个名单（中央不提名单，由个人自己提，想提什么人就提什么人），然后中央集合起来，由政治局同各代表团团长、副团长制定一个预选名单，然后再发下去，各代表团进行预选，然后再由政治局集合起来，制定一个向大会提出的正式的候选人名单。邓小平说：选举工作是这次大会很重要的一件工作，原则是先提一个名单，先由下而上，然后由上而下，再由下而上，最后才提出正式候选名单。（毛泽东插话：今天在座的就有一条李立三路线，还有王明同志一条路线，要代表选举他们，会有些代表有些抵触。我们觉得包括他们两位都选出比较有利。世界上的事情就那么怪，七次大会时，开头也是通不过，后来选举了。选举了对我们的事业究竟有利还是有害？没有害，有利。因为问题不是他们个人的问题，而是涉及党内许多人，有同他们相同的思想，还有党外的观感，觉得我们不轻易抛弃人，犯了这么大的错误，我们还要他们。）

在邓小平作了说明之后，毛泽东又讲了三个问题。

第一，关于常任代表制。我们这个党章草案上有个常任代表制。这是鉴于：过去11年没有开会，有各种原因，其中有一种原因，就是惰性。总而言之，战争那么忙是难开的。现在情况改变了，完全可以经常开，有常任代表。这样，可以经常展开批评，民主生活可以发展。

第二，关于中央的组成。主要为了国家的安全，为了工作的有利，准备设几层屏障，有总书记。中央政治局准备向新的中央委员会建议，推举邓小平当总书记。想组织一个书记处，这个书记处是一个机关，管日常工作。政治局还设一个常委，常委相当于过去的书记处。还有主席、副主席。过去只有主席，没有副主席，没有总书记。现在设总书记，又设副主席。我们这么一个大国，6亿人口，1100万党员，一个主席，一个副主席，总觉得孤单。过去的几位书记（少奇同志、恩来同志、朱德同志、陈云同志）都当副主席。“天有不测风云，人有旦夕祸福”，或者是从飞机上掉下来，或者是一个炸弹下来，把主席打死了，还有副主席，把一个副主席打死了，还有三个副主席，把两个打死了，还有两个，把三个打死了，还有一个，统统打死了，还有个总书记，总而言之是有备无患。此外还在必要时设名誉主席。中央政治局准备向新的中央委员会建议，推举邓小平同志当总书记。因为他已经是总书记了。秘书长是什么呢？按照外国字，就是总书记。

第三，关于过去两次代表大会之间的中央委员会同它的政治局实行的这条路线是不是对的？中央这11年的工作是有错误的，不能说没有错误，但说到路线，应该肯定，我们的路线是对的，不是机会主义路线，我们是同机会主义路线奋斗而产生的一种路线；我们的路线不是反马克思主义的、反列宁主义的路线，而是批评了反马克思主义、反列宁主义的路线之后建立的一条路线，具体说，就是整风，就是若干历史文件，就是七次大会所规定的路线。中央是执行了七次大会的路线，而七次大会的路线是正确的。

这次全会的第一次会议还递补候补中央委员王首道、邓颖超、陈少敏为第七届中央委员会委员。

八大预备会议于8月30日晚在中南海怀仁堂举行了第一次会议，出席的代表946人。毛泽东主持会议并作了《增强党的团结，继承党的传统》

的讲话。邓小平代表中央政治局对七届七中全会决定的六个文件草稿作了说明。

关于会议日程，邓小平说：预备会议原定的是9月1日开始。为了把准备工作搞得更充分一些，特别是把文件问题、选举问题、发言问题准备得更充分一些，提前两天把大家找来，早一点开工。

关于预备会议的任务，邓小平说：第一，在13天内政治报告、党章和修改党章的报告、关于第二个五年计划的建议和关于第二个五年计划建议的报告五个文件要定稿。第二，在十二三天内力求在预备会议期间把选举的大部分工作做了。基本的候选名单要在这十二三天内得到一个初步的结果。第三，发言稿也要在十二三天内全部准备好。要求划分几个综合组平行作业，研究文件问题：一个是关于政治报告组，一个是关于党章和修改党章报告组，一个是关于五年计划建议和关于五年计划建议的报告组。总之，9月7日以前必须把这些意见提出，然后才有修改的时间，否则就来不及了。

关于七届七中全会对八大选举工作的建议，邓小平说：第一步，由各代表团提出一个名单，中央不先提名，大会主席团也不先提名单。第二步，各个代表团提出名单后，由中央政治局和各个代表团的团长、副团长负责把各个代表团提出的名单加以整理、研究，然后定两件事：第一件是确定下届中央委员会的名额，不分正式和候补，都包括在内；第二件是中央政治局和各个代表团团长、副团长根据各个代表团提出的名单确定一个预选名单。然后各个代表团讨论酝酿，进行预选。第三步，各代表团预选的结果交到政治局，由政治局和代表团团长、副团长共同研究，确定两件事：第一件是决定正式委员多少、候补委员多少；第二件是根据这个数目确定正式委员的提名和候补委员的提名。这个候选名单提出后，交给大会主席团。还有一条是确定大会选举的时候采用无记名投票的方式。最后是确定这次选举同七大一样，先选举正式委员，后选举候补委员。

关于大会的发言，邓小平说：日程上整个发言时间是八天半，实际上发言时间只有36个小时，因此必须要求大会的发言短，争取比较多的发言。八九十人以上，九十几个人，每个人讲得少一点，内容生动一些，活泼一些。要求大的省市有一个主要的发言，另外再准备1000字左右的三篇，题目自己想，中等省准备两篇，小省准备一篇，代表很少的省，只准备一篇主要发言就够了，可以不再另外准备。这样，大体上各省、市、自治区大约有六七十篇稿子了。要选出一点精华，有的写出来不印，有的印出来不讲，有的又印又讲。（毛泽东插话：书面发言都登报。）这次会议讨论的中心问题是国家建设，少奇同志报告的中心问题是国家建设，如果中央各部没有十几篇稿子也不像话。我们和有关同志商量过，能够准备20篇。此外，有些同志要讲一点问题的，大约20篇的样子。这样，准备的稿子就共有120篇以上。选百把篇，准备讲80篇以上，在报上登一二十篇。这样比较好。

在邓小平作报告之后，毛泽东在会上讲话。[①]他讲了三个问题：

第一点，关于大会的目的和宗旨。这次大会要解决什么问题，达到什么目的？总的说来，就是总结七大以来的经验，团结全党，团结国内外一切可以团结的力量，为建设伟大的社会主义中国而奋斗。

关于总结经验，我们的经验是很丰富的，但是不能够罗列很多事情，而是要抓住重点，从实际出发，根据马克思主义的观点，加以总结。这样总结，会给我们全党一个推动力，使我们的工作比过去做得更好些。

领导我们革命事业的核心是我们的党。这次大会总结经验，首先要使全党更加团结。我们党，到六月为止，有一千零七十三万党员。对这一千多万党员，要进行广泛的教育工作，说服工作，团结工作，使他们在人民中间更好地起核心的作用。单有党还不行，党是一个核心，它必须要有群众。我们的各项具体工作，包括工业、农业、商业、文化教育等工作，百分之九十不是党员做的，而是非党员做的。所以，要好好团结群众，团结一切可以团结的人一道工作。在国际上，我们要团结全世界一切可以团结的力量，首先是团结苏联，团结兄弟党、兄弟国家和人民，还要团结所有

① 毛泽东的讲话见《毛泽东文集》第七卷，人民出版社1999年版，第86—97页。

爱好和平的国家和人民，借助一切有用的力量。

毛泽东说，我们团结党内外、国内外一切可以团结的力量，目的是为了什么呢？是为了建设一个伟大的社会主义国家。他说，六亿人口的国家，在地球上只有一个，就是我们。过去人家看不起我们是有理由的。因为你没有什么贡献，钢一年只有几十万吨，还拿在日本人手里。国民党蒋介石专政二十二年，一年只搞到几万吨。我们现在也还不多，但是搞起一点来了，今年是四百多万吨，明年突破五百万吨，第二个五年计划要超过一千万吨，第三个五年计划就可能超过两千万吨。我们要努力实现这个目标。

毛泽东说，美国建国只有一百八十年，它的钢在六十年前也只有四百万吨，我们比它落后六十年。假如我们再有五十年、六十年，就完全应该赶过它。这是一种责任。你有那么多人，你有那么大一块地方，资源那么丰富，又听说搞了社会主义，据说是有优越性，结果你搞了五六十年还不能超过美国，你像个什么样子呢？那就要从地球上开除你们球籍！如果不是这样，那我们中华民族就对不起全世界各民族，我们对人类的贡献就不大。

第二点，关于继承党的传统。这次大会应当继续发扬我们党在思想方面和作风方面的优良传统，把主观主义、宗派主义这两个东西切实反一下，此外，还要反对官僚主义。

毛泽东指出，所谓犯错误，就是那个主观犯错误，那个思想不对头。我们看到的批评斯大林错误的许多文章，就是没有提到这个问题，或者很少提到这个问题。斯大林为什么犯错误呢？就是在一部分问题上他的主观跟客观实际不相符合。现在我们的工作中还经常有许多这样的事情。我们这次大会的文件所规定的东西，所讲的东西，要尽可能符合和接近中国的实际。同时，要根据我们过去的经验，批评那些不符合实际的观点，批评这个主观主义，打击这个主观主义。

毛泽东还指出，还有另外一个东西，叫宗派主义。他说，我们的原则，就是不管你是什么人，外国的党，外国的非党人士，只要是对世界和平和人类进步事业有一点用处的，我们就应该团结。首先是要团结几十个共产党，团结苏联。毛泽东说，因为苏联发生了些错误，这方面讲得多了，吹得多了，似乎那种错误不得了，这种观察是不妥的。任何一个民族，不可能不犯错误，何况苏联是世界上第一个社会主义国家，经历又那么长久，不发生错误是不可能的。苏联发生的错误，像斯大林的错误，它的位置是什么呢？是部分性质的，暂时性质的。虽然听说有些什么东西快二十年了，但总是暂时的，部分的，是可以纠正的。苏联那个主流，那个主要方面，那个大多数，是正确的。它有许多东西我们可以学。当然，是要学习先进经验，不是学习落后经验。我们历来提的口号是学习苏联先进经验，谁要你去学习落后经验呀？有一些人，不管三七二十一，连苏联人放的屁都是香的，那也是主观主义。苏联人自己都说是臭的嘛！所以，要加以分析。

毛泽东还讲到，反对宗派主义，就是要团结那些跟自己做过斗争的人。他说，所谓团结，就是团结跟自己意见分歧的，至于那个意见相同的，已经团结了，就不发生团结的问题了。他还说，对于任何有缺点的人，犯过错误的人，不仅要看他改不改，而且要帮助他改，一为看，二为帮。

第三点，关于中央委员会的选举。刚才小平同志讲，第八届中央委员会的名额为一百五十到一百七十人。七届中委是七十七人，这次加一倍多一点，这样恐怕比较妥当。等几年，比如等五年，那个时候再来扩大，恐怕比较有利。现在很多很有用的人才是在抗日战争时期培养起来的，这就是所谓“三八式”的干部。他们是我们现在工作的很重要的基础，没有他们不行。但是这部分干部人数很多，如果要安排，这届中委的名额就要增加到好几百人，所以这次就不考虑安排了。中央提的一百五十到一百七十这个人数究竟妥当不妥当，究竟多少为好，请同志们考虑。

毛泽东谈到八届中委仍希望大家选举王明、李立三时说，我们党，拿成分来说，基本上是工人和贫农组成的，即无产阶级和半无产阶级组成的。半无产阶级也是小资产阶级，但是其坚定性比中农好得多。我们党也吸收了一部分知识分子，在一千多万党员里头，大中小知识分子大概占一百万。这一百万知识分子，说他代表帝国主义不好讲，代表地主阶级不好讲，代表官僚资产阶级不好讲，代表民族资产阶级也不好讲，归到小资产阶级范畴比较合适。他们主要代表小资产阶级范畴里哪一部分人呢？就是城市和农村中生产资料比较多的那一部分人，如富裕中农。这一部分知识分子党员，前怕龙后怕虎，经常动摇，主观主义最多，宗派主义不少。我们选举王明路线和立三路线这两位代表人物是表示什么呢？这是表示我们对待这种犯思想错误的人，跟对待反革命分子和分裂派（像陈独秀、张国焘、高岗、饶漱石那些人）有区别。

毛泽东说，七次大会的时候，我们说服了那些同志，选举了王明、李立三。那么，七大以后这11年来，我们有什么损失没有？毫无损失，并没有因选举了王明、李立三，我们的革命就不胜利了，或者迟胜利几个月。如果我们八大对他们两位采取的态度还是同七大的态度一样，那我们党就可以得到一种利益，得到一种好处，就是对于改造全国广大小资产阶级比较容易些。这在全世界也有影响。

毛泽东最后说，这次大会的预备会议，从今天算起，只有十几天的时间，但是要安排得好，是完全可以把准备工作做好的。他相信这次大会是可以开好的，代表们的水平是能够保证这次大会开好的。

八大预备会议第一次会议同意邓小平关于八大六个事项的说明，通过了七届七中全会提交的六个文件。

第一次会议后，出席八大的各代表团开始讨论政治报告、修改党章报告和修改后的党章、关于“二五”计划建议的报告和“二五”计划建议等文件草稿，提名并预选第八届中央委员会候选名单。

9月8日，第七届中央委员、候补中央委员和各代表团团长、副团长在中南海西楼举行会议，62人出席。会议由陈云主持，讨论第八届中央委员会的候选人名单问题。随后，七届七中全会召开第二次会议，中央委员、候补中央委员56人出席了会议。会议由毛泽东主持，讨论确定八届中央委员的候选人名单。这个候选人名单共170人，其中七届中委67人，新提名的103人，没有分别正式或候补中央委员。

9月10日下午，八大预备会议在中南海怀仁堂举行第二次全体会议。

出席代表927人，请假52人。毛泽东主持会议，陈云代表中央对八届中央委员候选人名单和提出的经过作了说明。

陈云说，拟定这个名单经过三个过程：第一次，是代表团送到政治局的名单。绝大部分代表团都有两个名单：一个是经过各位代表或代表小组提出的名单，还有一个是代表团的领导人（正副团长跟组长）根据代表和代表小组所提出的名单，加以综合和斟酌的名单。第二次，是由中央政治局跟代表团的正副团长反复地讨论了名单究竟大好还是小好。讨论结果，提四个名单：一百五十的名单，一百七十的名单，一百九十的名单，二百一十的名单。这上面两次都是由下而上地提名单。第三次，是由政治局与代表团的正团长、副团长在一起，充分讨论了8个代表团提出的四种大小不同的名单，最后确定了一百七十的名单。这个第三次提出的名单，注意到了党务工作与群众工作、省市工作、国家机关、军队工作、文化工作、妇女工作、民族工作、外交工作等8个方面。

陈云报告后，薄一波、李先念、谭震林分别代表华北、中南、华东代表团作了发言。薄一波发言说：这个名单是一个团结的名单，是一个比较完全的、包括各个方面的名单。总起来说，就是一个照顾了各个方面又有工作能力的名单。其次考虑到这一百七十人的名单，反映了我党从七大以来取得了全国政权，党员从一百二十万发展到一千多万这种实际情况。这是把成长起来的力量，把在政治上更加成熟的、可以在各方面独当一面的各方面的工作同志吸收进来了。

李先念发言说：中央政治局和中央委员会提这个名单是考虑到了各方面的关系的，而且就我个人和我们代表团的同志看，应该说，这个名单的提出是充分民主的。这是合乎毛主席讲的由下到上、由上到下的精神的。我个人的看法，觉得这个名单的提出，证明我们的党是成熟的。因此，这个名单可以成为一个强有力的中央委员会，可以指导中国革命，建设社会主义。另外，李先念对名单地区不平衡、名单多与少的问题发表了意见。

谭震林发言说：把各小组讨论的情况集中起来得出的结论是：一致支持这个名单。但对个别人也还有一点意见。为什么华东二百四十位代表这么一致呢？其原因就是我们在酝酿名单，举行无记名投票所提出的人，这里面绝大多数都有了。所以，大家支持这个名单的基础，是在广泛的民主基础上，大家所想的和中央政治局拿出来的名单是一致的。

各代表团发表意见后，毛泽东讲话。[①] 他谈了八大的性质：我们这次大会跟七大有相同的性质。那一次，为了革命在全国的胜利，我们开了一个团结的大会。那一次对政治问题的解决、对党内历史问题的解决，那一次的选举，达到了团结全党、使革命在全国胜利的目的。

关于搞革命的经验，他说：我们的民主革命搞的时间很长，从 1921 年至 1949 年，一共 28 年才胜利。28 年中间，我们走过很多曲折的道路，犯过多次路线错误，使革命遭受过大的损失，吃过很多苦头，死了多少人，牺牲了多少革命的人民，牺牲了多少党员干部。犯错误，受损失，不单是犯错误的人要负责，不犯错误的人也有责任。为什么呢？如果是我们都觉悟，我们党内的人都觉悟，干部都觉悟，那个错误路线就行不通，错误路线在一个时候能够风行，就证明我们那个时候还不觉悟。一直到那个错误发展得非常明显了、非常清楚了，我们才弄清白，才作出结论来。而且如果不觉悟，即使作出一个结论来还会犯错误。所以，有陈独秀右倾机会主义路线的错误，三次“左”倾路线的错误，张国焘路线的错误，还有第二次王明右倾路线的错误。从 1921 年到 1935 年遵义会议，经过 14 年的时间，才结束了错误路线对全党的统治。经过延安整风，我们全党才觉悟起来。我们民主革命的时间那么长，打了那么久的仗，犯了那么多的错误，才搞出一套正确的政治路线、军事路线和组织路线。我们才逐步学会如何处理党内关系，如何处理党跟非党人员的关系，如何搞统一战线，如何搞群众路线，等等。这就是说，我们有了经验，才能写出一些文章。比如我们那些文章，不经过北伐战争、土地革命和抗日战争，是不可能写出来的，因为没有经验。所以，那些失败，那些挫折，给了我们很大的教育，没有那些挫折，我们党是不会被教育过来的。

---

① 毛泽东的讲话见《党的文献》1991 年第 3 期。

关于搞建设的经验，毛泽东说：现在是搞建设，搞建设对于我们是比较新的事情。早几年在中央范围内就谈过，我们希望建设中所犯的错误，不像革命中所犯的错误那么多、时间那么长。我们搞建设，是不是还要走那个老路呢？是不是还要经过 14 年，也要栽那么多筋斗呢？我说可以避免那么多筋斗。搞经济，我们也有一些经验，现在搞这些新的科学技术我们还没有经验。安排经济，对人、对资本家、对民主党派、对知识分子的工作，我们比较学会了，我们有 22 年根据地的经验。世界上新的工业技术、农业技术我们还没有学会，虽然我们已经有了 6 年的经验，学会了许多东西，但是从根本上说，我们还要做很大的努力，主要靠第二个五年计划和第三个五年计划来学会更多的东西。

毛泽东提出搞建设要造就知识分子。他说：我们要造就知识分子，我们现在只有很少的知识分子。旧中国留下来的高级知识分子只有十万，我们计划在三个五年计划之内造就一百万到一百五十万高级知识分子（包括大学毕业生和专科毕业生）。到那个时候，我们在这个方面就有了 18 年的工作经验，有了很多的科学家和很多的工程师。那时党中央委员会的成分也会改变，中央委员会中应该有许多工程师，许多科学家。现在的中央委员会，我看还是一个政治中央委员会，还不是一个科学中央委员会。所以，有人怀疑我们党能否领导科学工作、卫生工作，也是有一部分道理的，因为你就是不晓得，你就是不懂。现在我们这个中央的确有这个缺点，没有多少科学家，没有多少专家。

关于中央委员会的候选人名单，毛泽东说，有很多同志，才也好，德也好，错误也犯得比较少。论才、论德、论犯错误的情况，他们都很好，但是没有列上，是否不公道呢？这一点陈云同志讲了，别的同志也讲了，问题是这个名单要扩大，就要扩大到二百多、二百五六十，扩大到二百五六十，就要扩大到三百多。我们胜利还只有 7 年，如果照苏联那样算下去，到革命胜利 40 年那个时候，可能要搞个两三千人的中央委员会！那就只开中央委员会会议，不要开代表大会了。他说，各种不公平的事情在任何社会都是难免的。那怎么办呢？我们就是力争求得一个比较的公平。

应该说，我们党的七大的选举，七大以后到现在，党内是比较地公平一些。凡事都是有比较的，不是绝对的，绝对的公平或者绝对的不公平，是不可能的。毛泽东还说，这次也可能有个别同志虽然在名单中提出了，但是选不上。我们可以建议，但不能强加于人，不能强加于代表们，权利完全在代表们手里头。

这次会议同意陈云就第八届中央委员会候选人名单提出经过所作的说明，并通过了七届七中全会所提出的第八届中央委员会候选人名单。在进行第一次预选前，各代表团团长、副团长举行会议，讨论第八届中央委员会预选问题，各代表团分别布置了预选工作。9 月 12 日，各代表团对八届中央委员候选人进行了第一次预选。预选结果，170 人被提名为八届中央委员的候选人。这次预选，没有分别中央委员和候补中央委员。八大预备会议于这天结束。

9 月 13 日，七届七中全会在中南海怀仁堂举行第三次会议。出席会议的中央委员、候补中央委员共 62 人，中央各部委负责人及各省、市、自治区党委书记 37 人列席了会议。毛泽东主持会议，邓小平对大会主席团名单、大会发言等问题作了说明。会议对八大的几个主要文件的草案及大会主席团名单、大会秘书处名单草案进行了认真讨论。

会上，毛泽东再次就大会的文件、八届中央委员会的选举和中央机构的设立等问题讲话。①

关于文件的起草和准备，毛泽东说：第一次推翻你的，第二次推翻他的，推翻过来，推翻过去，这也说明我们是有民主的。不管什么人写的文件，你的道理对，就写你的，完全是讲道理，不讲什么人，对事不对人。

关于“二五”计划的建议和报告，毛泽东说：搞了两个稿子，从前那个比较长，今天这个是十六条，简明扼要，采取谨慎的态度。这样长远的计划，许多事情要做到，支票不可开得太多，采取谨慎的态度比较好，年

① 毛泽东的讲话见《党的文献》1991 年第 3 期。

度计划再去按照情况发展。

关于选举，毛泽东说：根据预选的统计，大家基本上赞成中央提出的名单，个别同志还有意见，要减的只有个别同志，要增的也只有几个同志。这样，问题就好办了，七大那次的选举，根据代表们的意见，也是有增有减的。

关于大会发言，毛泽东说：我看要精，要生动，要多种多样，要短，要有内容，要有表扬，有批评，有成绩，也有缺点，有解决的办法，不要千篇一律。一片颂扬，登到报上净是好事，那就不好看。

关于中央领导机构的设立问题，毛泽东说：我在这里还谈一下关于设副主席和总书记的问题。上一次也谈过，中央准备设四位副主席，就是少奇同志，恩来同志，朱德同志，陈云同志。另外还准备设一个书记处。书记处的名单还没有定，但总书记准备推举邓小平同志。四位副主席和总书记的人选是不是恰当？当然，这是中央委员会的责任，由中央委员会去选举。但是要使代表们与闻，请你们去征求征求意见，好不好？对于我们这样的大党，这样的大国，为了国家的安全、党的安全，恐怕还是多几个人好。毛泽东说，首先倡议设四位副主席的是少奇同志。一个主席，一个副主席，少奇同志感到孤单，我也感到孤单。一个主席，又有四个副主席，还一个总书记，我这个“防风林”就有几道。“天有不测风云，人有旦夕祸福”，这样就比较好办。除非一个原子弹下来，我们几个恰恰在一堆，那就要另外选举了。如果只是个别受损害，或者因病，或者因故，要提前见马克思，那么总还有人顶着，我们这个国家也不受影响。不像苏联那样斯大林一死就不得下地了。我说我们这些人（包括我一个，总司令一个，少奇同志算半个。不包括恩来同志、陈云同志跟邓小平同志，他们是少壮派），就是做“跑龙套”工作的，我们不能登台演主角，没有那个资格了，只能维持维持，帮助帮助，起这么一个作用。你们不要以为我现在在打“退堂鼓”，想不干事了，的确是身体、年龄、精力各方面都不如别人了。毛泽东说，我是准备了的，就是到时候就不当主席了，请求同志们委我一个名誉主席。名誉主席是不是不干事呢？照样干事，只要能够干的都干。

毛泽东还特别谈到了邓小平和陈云。他说，我看邓小平这个人比较公道，他跟我一样，不是没有缺点，但是比较公道。他比较有才干，比较能办事。他比较周到，比较公道，是个厚道人，使人不那么怕。你说邓小平没有得罪过人？我不相信。但大体说来，这个人比较顾全大局，比较厚道，处理问题比较公正，他犯了错误对自己很严格。至于陈云同志，我看他这个人是个好人，他比较公道、能干，比较稳当，他看问题有眼光。我过去还有些不了解他，进北京以后这几年，我跟他共事，我更加了解他了。不要看他和平得很，但他看问题尖锐，能抓住要点。

七届七中全会经过讨论，原则通过了下列文件：

1. 中央委员会向第八次全国代表大会的政治报告；

2. 中国共产党的章程（草案）；

3. 关于修改党的章程的报告；

4. 中国共产党第八次全国代表大会关于发展国民经济的第二个五年计划（1958—1962年）的建议（草案）；

5. 关于发展国民经济的第二个五年计划的建议的报告；

6. 大会主席团名单（草案）；

7. 大会秘书处名单（草案）。

至此，召开党的八大的各项准备工作基本就绪。

三、八大的开幕和毛泽东的开幕词

1956年9月15日，具有重大历史意义的中国共产党第八次全国代表大会在北京政协礼堂隆重开幕。1021位代表出席会议（5名代表请假），代表党员1073万人。50多个国家的共产党、工人党、劳动党和人民革命党的代表团应邀列席会议。中国各民主党派代表和无党派民主人士的代表，以及中共中央直属机关、中央国家机关，中国人民解放军和各人民团体的负责人也列席了会议。

中国共产党第八次全国代表大会于1956年9月15日在北京开幕。图为毛泽东在大会上致开幕词。前排自右至左：邓小平、张闻天、林伯渠、彭德怀、朱德、刘少奇、毛泽东、周恩来、陈云、彭真、董必武、康生、林彪。

9月15日下午2时，大会正式开始。第七届中央政治局委员毛泽东、刘少奇、周恩来、朱德、陈云、彭德怀、彭真、林伯渠、董必武、张闻天、康生、林彪、邓小平主持大会。2时5分，毛泽东宣布："中国共产党第八次全国代表大会现在开幕。"全场代表起立，热烈鼓掌，庄严的《国际歌》响彻全场。

接着，毛泽东致开幕词。八大的开幕词，最初由毛泽东自己起草了一个300余字的简要提纲。提纲指出：八大的基本任务就是总结党的第七次全国代表大会以来的经验，团结国内外一切积极的力量，为了建设一个伟大的社会主义国家而奋斗。提纲一方面肯定中国建设事业的成功，是依靠中国人民自己的努力，中国人民革命的胜利替自己的建设开辟了道路；另一方面，实事求是地指出：中国还是一个在经济上、文化上都很落后的国家。提纲初步分析了将我国建设成为一个伟大的社会主义国家所需要的条件，要在较短时间内达到巨大的成绩，就需要各方面的帮助。

在对该提纲作出修改和补充的基础上，毛泽东写出近2000字的开幕词草稿，使上述观点得以展开和丰富。草稿首先概括了八大的基本任务：总结第七次代表大会以来的经验，为了建设一个伟大的社会主义的工业国而奋斗。接着草稿提出进行这一建设所需要的条件：要将一个在经济上文化上都很落后的农业的中国，建设成为一个社会主义新式的工业国，需要人民的拥护；需要社会制度的改革；需要国家的巩固；需要友好国家的帮助；此外，还需要时间，需要和平的环境和朋友的帮助。

在诸多条件中，毛泽东主要论述了两点，即时间及和平环境。首先谈到建设所需要的时间：究竟需要多少时间才能使中国由一个农业国变为一个工业国呢？例如我国要有二千几百万吨钢，三亿几千万吨煤，一千几百亿度的发电量，就需要三个五年计划即十五年的时间，1950 年开始的三年恢复时间还不计算在内。这只是初步的工业化。到那时，即到 1967 年第三个五年计划完成的时候，工业产值将占百分之六十几，农业产值占百分之三十几，这样我国就可以说基本上有了现代工业了，就可以说初步地工业化了。但是我国是一个具有六亿人口的国家，到第三个五年计划完成的时候，按照每年增加一千二百万人计算，那时将有七亿几千万人口。按照每人占有各项主要工业产品的数量来说，我国要进一步工业化，要接近或者赶上世界工业最发达的国家，那就需要几十年才有可能。应当看到，这样一个前途是有的，因为中国地方广大，资源丰富，人口众多，还有以苏联为首的兄弟国家的帮助，但是需要很长时间。

毛泽东还指出，为了建设还需要一个和平的环境。他从制约战争的因素及西方国家对新的世界大战的态度、战后形势等方面，分析了和平环境的可能性。首先，制约战争的因素已经强大起来，并且还会继续增强。这些因素中，第一个是以苏联为首，具有九亿人口的社会主义阵营的存在。第二个是亚洲、非洲和拉丁美洲的广大的民族解放运动的发展。第三个是西方国家的革命的和反对战争的工人运动的发展。第四个是几个帝国主义国家，或者有强大垄断资本存在的国家，对于战争的态度是不一致的，它们之间存在着很多的利害冲突。社会主义阵营、民族解放运动和西方世界的人民运动这三个力量占世界人口的绝大多数，他们是互相支援、互相为同盟军的。我们还可以利用几个帝国主义国家的利害冲突，作为间接的同盟军而为和平服务，使对战争最感兴趣的美国好战分子处于孤立地位。在这几个制约战争的因素中，亚洲、非洲和拉丁美洲几十个国家中的反帝国主义的民族运动，具有极大的重要性，它使帝国主义惶惶不安。万隆会议到现在不过一年多，而亚非两洲的民族运动有了很大的发展。以苏伊士运河事件为中心，整个阿拉伯民族都团结在英勇的埃及周围了。整个社会主义阵营，亚洲、非洲和拉丁美洲的最广大的人民和许多国家的政府，都表示支持埃及，印度和苏联起了最大的作用。在苏伊士事件中，西方各国的态度不是完全一致的，特别是对于使用武力或武力威胁这一点上是不一致的。这样看来，需要一个持久的和平环境，并且愿意为和平事业努力、争取避免再发生一次世界大战的人们，占了人类的大多数，这种趋势还会发展。这样就制约了战争趋势，使它不易，使它日益孤立不得人心，因而使新的大战不容易打起来。另一方面，西方许多国家的报纸和政治家，谈到新的世界大战时，信心越来越少。应当说，如果爆发第三次世界战争，无论使用什么武器，无论人类将要遭受多少生命财产的损失，世界资本主义制度肯定基本上被消灭，而世界人民将赢得胜利。这是有历史根据的：第一次世界大战中只产生了一个拥有两亿人口的社会主义国家，第二次世界大战中及其以后就产生了 12 个拥有七亿人口的社会主义国家。鉴于这种明显的趋势，资本主义世界的统治者们不能不有所顾虑，因而将自己队伍中的好战分子加以约束，不敢冒险发动战争，从而能够保持一个持久的和平环境。

从现有的档案材料看，无论是最初的提纲，还是对提纲的修改及补充，毛泽东都没有写完。后来让陈伯达起草。陈起草的稿子，毛泽东不满意，说写得太长，拉得太远，于是找田家英重写。毛泽东说："不要写得太长，有个稿子带在口袋里，我就放心了。"这时离开会只有几天，时间非常紧迫。田家英开了一个通宵的"夜车"赶写出了约 2000 字的开幕词草稿，这就是毛泽东后来所致的开幕词的基本稿子，时间是 9 月 13 日。

这篇新草稿首先概括了八大的任务：总结从七次大会以来的经验，团结全党，团结国内外一切可能团结的力量，为了建设一个伟大的社会主义的中国而奋斗。

新的草稿简要总结概括了七大以来的成绩和经验：在七次大会以来的十一年中，我们在一个地广人多，情况十分复杂的大国内，彻底地完成了资产阶级民主革命，又取得了社会主义革命的决定性的胜利。我们各方面的工作都有很大的成绩，我们的工作是做得正确的，但也犯过一些错误。在这次大会上，需要把我们工作中的主要经验，包括一些成功的经验和错误的经验加以总结，使那些有益的经验得到推广而从那些错误的经验中得到教训。

这个草稿通过分析取得胜利的原因，指出了党在今后必须坚持的基本方针。新草稿说：就国内条件来说，我们胜利的取得，是因为依靠了工人阶级领导的工农联盟，并广泛地团结了一切可能团结的力量。现在我们党已经是执政的党了，已经是一个拥有一千多万党员的广大群众性的党了。为了进行伟大的建设工作，在我们的面前，摆着极为严重的任务。我们的党员在全国的人口中只占极少数，在我们的各个国家机关和各项社会事业中，大量的工作是要依靠党外的人员来做。如果我们不善于依靠人民群众，不善于同党外的人员合作，那就无法把工作做好。我们必须继续加强各民族、各民主党派、各人民团体的团结，继续巩固和扩大我们的人民民主统一战线，必须认真地纠正在任何工作环节上的任何一种妨害党同人民团结的不良现象。在国际范围内，我们胜利的取得是依靠了以苏联为首的和平民主社会主义阵营的支持，以及全世界爱好和平的人民的深厚同情。现在，国际形势的发展对于我国的建设事业是更加有利了。我国和各社会主义国家都需要和平，世界各国的人民也都需要和平，渴望战争不要和平的仅仅是少数帝国主义国家中依靠侵略发财的垄断资本集团。由于爱好和平的国家和人民的不断努力，国际的局势已经趋向缓和。为了争取世界的持久和平，我们必须进一步地发展同社会主义阵营中各个兄弟国家的友好合作，并且同一切爱好和平的国家加强团结。我们必须争取同一切愿意和我们和平相处的国家，在互相尊重领土主权和平等互利的基础上，建立正常的外交关系。亚洲、非洲和拉丁美洲各国的民族解放运动，以及世界上一切国家的和平运动和正义斗争，我们都必须积极地给以支持。我们坚决支持埃及政府收回苏伊士运河公司的完全合法的行动，坚决反对任何侵犯埃及主权和对于埃及实行武装干涉的企图。我们必须使帝国主义制造紧张局势和准备战争的阴谋彻底破产。

在肯定我党马列主义水平有所提高的同时，新草稿指出党内尚存在的严重缺点。我们的革命和建设的胜利，都是马克思列宁主义的胜利。马克思列宁主义的理论和中国革命的实践密切联系，这是我们党一贯的组织原则。许多年来，特别是从 1942 年整风运动以来，我们在加强党内的马克思列宁主义的教育方面，做了许多工作。现在，比起整风运动以前，我们党的马克思列宁主义的理论水平，已经大大地提高了一步，但是我们还有严重的缺点。在我们的许多同志中间，仍然还存在着反马克思列宁主义的观点和作风，这就是：思想上的主观主义，工作上的官僚主义和组织上的宗派主义。这些观点和作风都是脱离群众、脱离实际的，是不利于党内和党外的团结的，是阻碍我们事业进步、阻碍我们同志进步的。必须用加强党内思想教育的方法，大力克服存在于我们队伍中的这些严重的缺点。

新草稿向全党提出了今后社会主义建设的伟大任务和为完成这一任务必须采取的态度。十月革命后，列宁给苏联共产党提出了这样的任务：学习再学习。苏联的同志们，苏联的人民，按照列宁的指示做了。他们在不长的时间内，取得了极其灿烂的成就。我们现在也面临着同样的任务。要把落后的农业的中国改变成为先进的工业化的中国，我们面前的工作是艰苦的，我们的经验是不够的，因此，必须善于学习。要善于向我们的先进者苏联学习，善于向各人民民主国家学习，善于向世界各兄弟党学习，善于向世界各国人民学习。我们决不可有傲慢的大国主义态度，决不应当由于革命的胜利而自高自大。国无论大小，都各有长处和短处。即使我们的工作得到了一些成绩，也没有任何骄傲的理由。“虚心使人进步，骄傲使人落后”，这个道理是永远不错的。

最后，新草稿指出我国社会主义建设的光明前景：已经得到解放的中国人民的力量是无穷无尽的，我们又有伟大的盟国苏联和其他兄弟国家的真诚援助，我们一定能够一步一步地把我国建设成为一个伟大的社会主义工业化的国家。我们这次大会，对于我国的建设事业的前进，将要起着极大的推动作用。经过全体同志的努力，我们的大会是会胜利地完成自己的任务的。

新草稿写好后，立即分送中央政治局的同志审改。9月14日晨，周恩来、彭德怀对该草稿作了几处文字上的修改。毛泽东也对稿子作了一些补充和修改。

在概括八大的任务之前，毛泽东加写了一段纪念牺牲的同志和朋友的文字：从我们党的第七次全国代表大会以来的十一年间，在全中国和全世界，为了共产主义和人类解放事业而英勇奋斗和辛勤工作，因而付出了自己的生命的同志和朋友，是很多的，我们应当永远纪念他们。

在总结七次大会以来的经验之前，毛泽东加写了关于党的路线的正确性和党在当时的地位的文字：在两个革命的实践中，证明了从上次大会到现在，党中央委员会的路线是正确的，我们的党是一个政治上成熟的伟大马克思列宁主义的政党。我们的党比过去任何时期都更加团结，更加巩固了。我们的党已经成了团结全国人民进行社会主义建设的核心力量。

在提出向我们的先进者苏联学习的内容前面，毛泽东加写了肯定苏联共产党成绩的内容：苏联共产党在不久以前召开的第二十次代表大会上，又制定了许多正确的方针，批判了党内存在的缺点。可以断定，他们的工作，在今后将有极其伟大的发展。

在欢迎其他国家共产党、工人党代表的文字之后，毛泽东加写了对国内各民主党派、无党派人士的代表表示欢迎的文字：今天在座的还有我们国内各民主党派和各无党派人士的代表。他们是和我们一道工作的亲密的朋友。他们一向给了我们很多的帮助，我们对他们表示热烈的欢迎。

毛泽东作了上述修改后，于9月14日上午8时半，将稿子批转给中共中央办公厅主任杨尚昆，批示中写道："此件请打清样（校正错字），并作翻译。清样请于本日上午12时以前送书记处各同志及胡乔木、陈伯达、田家英，请他们再作修改，于9月14日下午3时前交田家英汇集酌定交我。"

胡乔木、陈伯达、田家英分别对稿子又作了些文字上的修改。至此，八大开幕词基本定稿。

在毛泽东致开幕词的过程中，全场不断响起掌声，简短的开幕词30余次被掌声打断。毛泽东致开幕词后，来到休息室。许多人都称赞开幕词好。毛泽东对大家说："开幕词是谁写的？是个年轻秀才写的。此人是田家英！"开幕词中的"虚心使人进步，骄傲使人落后"，后来成为脍炙人口的格言。毛泽东很欣赏田家英写的这句话。

当天大会的执行主席是周恩来，他主持当天的大会进行了如下议程：（1）选举大会主席团；（2）选举大会秘书处；（3）选举代表资格审查委员会；（4）通过大会日程；（5）通过大会的会议规则。全体代表一致通过了由七届七中全会提出的大会主席团、大会秘书处、代表资格审查委员会三个名单和大会日程、会议规则。

八大主席团由63人组成，他们是：习仲勋、毛泽东、王稼祥、邓小平、邓子恢、邓颖超、叶剑英、帅孟奇、刘少奇、刘伯承、刘格平、刘澜涛、朱德、李井泉、李先念、李雪峰、李富春、宋任穷、吴玉章、陈云、陈少敏、陈伯达、陈郁、陈毅、陆定一、周恩来、周扬、罗荣桓、罗瑞卿、林伯渠、林彪、林枫、林铁、欧阳钦、郑位三、胡耀邦、柯庆施、徐向前、徐特立、陶铸、马明方、乌兰夫、张云逸、张闻天、张鼎丞、张德生、康生、黄克诚、黄敬、彭真、彭德怀、贺龙、杨秀峰、贾拓夫、董必武、廖承志、钱瑛、蔡畅、赖若愚、薄一波、聂荣臻、谭政、谭震林。主席团常务委员会成员是：毛泽东、刘少奇、周恩来、朱德、陈云、康生、彭真、董必武、林伯渠、张闻天、彭德怀、林彪、邓小平。

大会秘书处由13人组成，他们是：王稼祥、邓小平、刘宁一、刘澜涛、李雪峰、宋任穷、林枫、胡乔木、马明方、张际春、杨尚昆、谭政、谭震林。秘书长邓小平。

代表资格审查委员会由29人组成，他们是：王恩茂、邓颖超、安子文、刘澜涛、李井泉、李雪峰、宋任穷、吴芝圃、林枫、林铁、欧阳钦、柯庆施、徐向前、陶铸、马明方、乌兰夫、张德生、张鼎丞、黄克诚、黄欧东、贺龙、舒同、杨尚昆、董必武、蔡畅、谢富治、谭政、谭震林、龚子荣。主任董必武，副主任谭震林、刘澜涛。

八大的会议规则：（1）大会会议每日下午2时开会，7时休会（中间休息20分钟到30分钟）。（2）大会发言先向主席团报名，发言时间一般不超过20分钟。但是个别同志的发言，在得到主席的同意之后，可以超过20分钟。（3）通过大会决议的时候，用举手方式，分赞成的和反对的两次表决。（4）选举中央委员会的时候，采用无记名投票的方式。

大会进行上述议程之后，刘少奇代表第七届中央委员会向大会作政治报告，政协礼堂内又一次响起经久不息的掌声。党的八大就在这样热烈、严肃、民主的气氛下开始了。

大会从9月15日开幕，至9月27日闭幕，历时14天。其间举行了12次全体会议。除第一次全体会议外，其余各次的具体情况如下：

9月16日，大会举行第二次会议。下午2时开始，7时40分休会。议程是：邓小平作关于修改党的章程的报告；周恩来作关于发展国民经济的第二个五年计划的建议的报告。尔后，大会代表资格审查委员会举行会议，讨论并通过代表资格审查委员会的报告。大会主席团常务委员会举行会议，讨论大会发言和致词次序的安排问题。大会秘书处举行会议，讨论大会发言和致词次序的安排问题。

9月17日，大会举行第三次会议。下午2时开始，7时休会。首先由董必武作关于代表资格的审查报告，接着是大会发言和致词。大会秘书处举行会议，讨论大会发言和致词次序的安排问题。

9月18日，大会举行第四次会议。下午2时开始，7时休会，进行大会的发言和致词。

9月19日，大会举行第五次会议。下午2时开始，7时10分休会，进行大会的发言和致词。会后，主席团常务委员和各代表团团长、副团长举行会议，讨论八届中央委员候选人名单问题。

9月20日，大会举行第六次会议。下午2时开始，6时50分休会，进行大会发言和致词。大会秘书处举行会议，讨论关于八届中央委员候选人的第二次预选的安排问题。

9月21日，大会休会。主席团常务委员和各代表团团长、副团长举行会议，讨论八届中央委员候选人名单问题。主席团常务委员会举行扩大会议，讨论八届中央委员候选人名单问题。主席团举行宴会，招待各国共产党、工人党代表团。

9月22日，大会举行第七次会议。下午2时开始，7时休会，进行大会发言和致词。主席团，代表团团长、副团长，组长、副组长和秘书长举行联席会议，讨论八届中央委员和候补中央委员的候选人名单。

9月23日，大会举行第八次会议。下午2时开始，5时55分休会。主席团和代表团团长、副团长举行会议，讨论八届中央委员和候补中央委员的候选人名单。

9月24日，大会举行第九次会议。下午2时开始，6时50分休会，进行大会发言和致词。大会主席团，各代表团团长、副团长和秘书处成员举行联席会议，公布各代表团关于八届中央委员和候补中央委员候选人的预选结果，提出大会选举的总监票人和监票人候选人名单。大会主席团常务委员和各代表团团长、副团长举行会议，讨论关于政治报告的决议（草案）。各代表团讨论关于政治报告的决议（草案）。

9月25日，大会举行第十次会议。下午2时开始，6时55分休会，进行大会发言和致词。各代表团团长、副团长举行会议，讨论关于选举八届中央委员时，正式代表缺席由候补代表递补的问题。

9月26日，大会举行第十一次会议。下午2时开始，5时50分休会。大会议程有：通过中国共产党章程；大会发言和致词；通过大会选举总监票人和监票人名单；选举八届中央委员会委员。大会主席团举行会议，原则通过关于政治报告的决议（修正草案）；关于文件的细节方面，决定交由主席团常务委员会继续修改。大会主席团常务委员会举行会议，讨论关于政治报告的决议（修正草案）。各代表团继续讨论关于政治报告的决议（修正草案）。

9月27日，大会举行第十二次会议。下午2时开始，6时43分闭幕。

大会议程：选举八届中央委员会候补委员；宣布八届中央委员会正式委员和候补委员的选举结果；通过关于政治报告的决议；通过关于发展国民经济的第二个五年计划的建议。最后，陈云代表大会主席团宣布大会闭幕。

四、刘少奇的政治报告和关于政治报告的决议

在八大上，刘少奇代表第七届中央委员会作了政治报告。它是大会最主要的文件，也是大会的第一个议程。这个报告集中反映了党对以往历史经验、当时国内外形势、今后的主要任务及各方面建设的认识和看法。这些体现了党中央集体智慧的认识和看法，不仅在八大上得到肯定，而且其基本的方面经受了历史的考验，被正反两方面的实践证明是正确的。

刘少奇代表中国共产党中央委员会向第八次全国代表大会作政治报告。

（一）政治报告的起草和修改

八大政治报告的起草和修改，如果从1955年5月算起，经过了1年零4个月的时间，前后的各种修改稿达80多份。整个报告经过了5次大的修改。

1955年5月12日，中央政治局通过了由邓小平草拟的八大政治报告

起草委员会名单。这个起草委员会由刘少奇等 7 人组成。按照中央的分工，刘少奇负责主持八大政治报告的起草工作。

最早的稿子是 1955 年 12 月写出的，由起草委员会的成员陈伯达起草。这个稿子题为《八大政治报告（草稿）》。稿子写了 6 个部分的标题：引言；一、世界局势的第二次大变化；二、从革命的第一阶段到革命的第二阶段；三、社会主义建设和社会主义改造的经验的总结；四、为提早实现国家在过渡时期的总任务而斗争；五、党的问题。但写成稿的只有引言和第一部分。刘少奇于 12 月 15 日批示，印送毛泽东、周恩来、朱德、陈云、彭真、邓小平等 26 人审阅修改。

从这个稿子到下一个修改稿，中间经过了 7 个月的时间。这段时间党中央领导人毛泽东、刘少奇等分别进行了一次大规模调查，听取各部门的汇报。这件事是刘少奇最早提出来的。1955 年 12 月 5 日，中央政治局在北京召开各省、市、自治区党委负责人座谈会。刘少奇主持会议，传达了毛泽东关于召开八大的指示。他特别提到为起草中央向八大的报告，他准备找各部门的同志个别谈谈，请各部门的同志准备，同时有关的材料也请送到中央来。会后，从 12 月 7 日至 1956 年 3 月，刘少奇先后约请国务院工业、交通、财贸、邮电、文教等三十几个部门的负责人座谈，详细听取他们关于各部门的实际情况和今后发展的意见的汇报，提出了许多重要的意见。毛泽东当时在外地视察，回到北京从薄一波那里得知刘少奇听取各部门汇报的情况后，也从 1956 年 2 月开始用近两个月的时间听取国务院各部门的汇报。刘少奇、周恩来也多次参加毛泽东组织的汇报会。

毛泽东称这次汇报是建国以来的第二次大规模调查研究。这次调查研究，使毛泽东、刘少奇等中央领导人对我国的经济建设工作的经验与问题有了一个较系统的了解，开始理出借鉴苏联经验、走中国自己的建设道路的思路。1956 年 4 月 25 日，毛泽东在中央政治局扩大会议上作《论十大关系》的讲话，初步总结了我国社会主义建设的基本经验，阐述了国内建设的十个方面的关系，提出了以苏联为借鉴、探索中国自己的建设道路的重要思想。毛泽东《论十大关系》的讲话，是党召开八大的指导方针。当然，它也就成为八大政治报告的指导方针。

1956 年 7 月上旬，八大政治报告的第一个修改稿写出来了，题目改成《为实现过渡时期的总任务而斗争（初草）》。这一稿在内容和结构上，与最初的草稿相比变化较大，除了删去原来的引言和第一、二部分外，将原来的社会主义改造和社会主义建设分为两个部分，增加了国家制度的若干问题、文化革命、国际问题等内容。稿子分为 8 个部分：

我们的情况；

党在过渡时期的总路线；

社会主义改造；

（一）两个革命的衔接

（二）多样的过渡形式

（三）正确的工作路线

（四）又联合又斗争的政策

（五）社会主义改造和社会主义建设的结合社会主义建设；

（一）发展速度问题

（二）工业

（三）农业

（四）节约和人民生活

（五）企业制度和劳动群众的积极性和创造性国家制度的若干问题；

文化革命；

国际问题；

党的问题。

这个修改稿与最初的稿子最主要的不同，就是体现了毛泽东《论十大关系》讲话的新精神。稿子一开始就写道："我们现在的任务是要继续调动一切可能的力量，调动一切积极的因素，为着完全实现过渡时期的总任务，把我国建成为一个伟大的社会主义国家而奋斗。"稿子在"社会主义建设"这一部分，按《论十大关系》的思想阐述了重工业与农业和轻工业、内地工业与沿海工业、中央管理的工业与地方工业、国家与合作社和个人等关系。值得注意的是，稿子专门写了发展速度问题，认为“我们有可能按照高速度，在较短的历史时间内，克服自己技术、经济的落后，而把我国建成为一个具有最先进的工业和最先进的农业的强大的社会主义国家。”稿子对“高速度”的具体目标作了说明，即用3个五年计划的时间基本上实现工业化，从1952年算起用40年左右的时间，赶上世界上最发达的美国一百年发展的水平，把我国的钢产量从1952年的135万吨增长到1亿吨，并使农业方面的进步紧随工业方面的进步。尽管稿子比较强调高速度，没有特别指出在中国搞建设的艰巨性，但所提出的目标大体上还是稳妥的。假如后来不出现一连串重大的挫折和错误，这个目标的实现会顺利得多。

这个修改稿也没有写完，后4个部分没有成稿。刘少奇批示给杨尚昆：“此件请印发。发给名单请同小平同志确定。”7月14日，这个稿子印发给中央领导人和各有关人员审阅修改。毛泽东看过之后，在稿子封面上批写了一些短语：“苏联战争胜利，集体与个人，中农问题，资产阶级的个人改造，农业缺，台湾，个人与集体，价格，商业，节约与积累。”意思大概是这些问题写得不够，需要加强或者需要改写。

起草委员会一方面对稿子继续作修改，另一方面抓紧起草尚未完成的几部分稿子。这几部分的稿子是由几个人分头执笔起草的。彭真负责起草“国家制度的若干问题”，王稼祥负责起草“国际问题”，陆定一负责起草“党的问题”。在这个过程中，还增写了“民族问题”“统一战线”两个部分，由李维汉负责起草。这些稿子在7月中旬到8月上旬不到一个月的时间内，都经过了好几遍修改。比如，陆定一负责起草的“党的问题”部分，7月17日写出了初稿，7月22日改出第二稿，8月4日改出第三稿。王稼祥负责起草的“国际问题”部分，7月18日写出初稿，7月24日改出第二稿，8月5日改出第三稿。

起草委员会经过前一段的工作，于1956年8月8日，写出八大政治报告第二个修改稿，也是第一个完整的八大政治报告稿子。稿子有两个题目，一个是《中央委员会向八大的政治报告（初稿）》，一个是《调动一切积极因素，为把我国建设成为一个伟大的社会主义国家而奋斗》。这个标题的改动，使稿子更突出了社会主义建设这一重心。稿子包括以下几个部分：

中国革命的情况和我们当前的任务；

社会主义改造；

社会主义建设；

（一）发展速度问题

（二）工业

（三）农业

（四）商业

（五）节约和人民生活

（六）企业制度和劳动人民的积极性、创造性

文化革命；

国家制度的若干问题；

民族问题；

统一战线；

台湾问题；

我国的对外关系；

党。

这一稿对前一稿作了一些结构上的调整，把“党在过渡时期的总路线”与“我们的情况”合并，题目也作了修改；增加了“民族问题”“统一战线”“台湾问题”3个部分；将“国际问题”改题为“我国的对外关系”。篇幅也比前一稿大大增加了。

第二个修改稿写出来时，离即将召开的七届七中全会只有不到半个月时间了。七中全会的议程之一是讨论提交给八大的政治报告。因此，中央向各领导人和有关负责人印发稿子，同时再次对稿子进行修改。毛泽东对这一稿所作文字修改和提出的文字意见达32处，在印发稿封面处批写了“经济数字太少（成就）”“苏共二十大”“国防”“华侨、工、青、妇”这样几条意见。在稿子上，毛泽东还批写过一些重要意见。在“商业”一节，

毛泽东在旁边写道："没有对外商业。"在"节约和人民生活"一节的末尾，毛泽东写道："改善生活问题讲得不够。"稿子讲到有些人不愿意承认文化革命的重要性时，说"他们根据中国革命胜利的老经验来否认提高文化的迫切需要"，这个说法显然不够严谨，似乎中国革命的经验是文化和知识分子的作用不重要。毛泽东在旁边写道："革命也需要知识分子，也需要一些文化。"稿子讲到共产党需要民主党派的监督时，毛泽东在旁边写道："首先是阶级的监督，群众的监督，人民团体的监督。"稿子写到必须贯彻执行党委的集体领导与个人负责相结合的制度，毛泽东批写了"反个人崇拜"几个字。稿子写到中央和各级负责同志外出工作时不许组织欢迎欢送，不许献旗献花，不经中央同意不许以人名为地方、机关、企业等命名，毛泽东特别批写："要讲一讲理由：即为了不要个人突出。"[①] 毛泽东还在稿子的一些地方，分别写了"引证太多""重复""空""太抽象"等意见。

对第二个修改稿，起草委员会还是采取分头修改、最后汇总的方法。修改较大的是"社会主义建设"部分，这一部分是胡乔木执笔修改的。在结构上删去了"发展速度问题"一节，增写了"为超额完成第一个五年计划而斗争"和"第二个五年计划的基本任务"两节，在文字上作了较大增删。修改稿在总结了实施"一五"计划取得的巨大成就之后，分析了超额完成"一五"计划的有利条件，特别是指出了在超额完成"一五"计划的道路上还存在不少困难，全党和全国人民必须用紧张的努力克服这些困难。稿子对这些困难作了具体分析。修改稿提出了"二五"计划的总体任务和具体指标，提出"二五"计划要求 1962 年全国工农业总产值（包括现代工业、手工业和农业）比 1957 年计划数增长 80% 左右。稿子特别指出，由于"一五"计划将超额完成，所以"二五"计划的最终速度可能会略低于 80%。稿子说，"这是在比第一个五年计划大得多的基础上的发展速度，这已经是非常高的发展速度。如果我们任意地加以提高，我们就会有从前进得过快的车子上跌下来的危险，我们就会犯冒险主义的错误。"这段话"的

① 参见《建国以来毛泽东文稿》第六册，中央文献出版社 1992 年版，第 136—137 页。

危险”以后的文字是刘少奇审改时加上的。稿子还列举了1956年上半年的冒进教训来说明：“近几年的事实再三地告诉我们，经济生活的客观法则是不能违背的，谁要想违背这些法则，谁就要吃苦头。”在这一节的最后，稿子写道：“我们必须充分利用一切客观的有利条件，加强我们的努力，尽可能地发展我国伟大的社会主义建设事业。但是我们应当认识：国民收入用于积累的部分和用于消费的部分必须有一定的合理的比例；在我国的情况下，用于积累的部分应当是国民收入的五分之一或者稍多于五分之一，过低就要妨害扩大再生产，过高就要妨害人民生活。我们还应当认识：国民经济的各个部门首先是工业和农业的发展，必须有适当的比例；对于工业的投资过少固然要妨害工业化的进展，对于农业的投资过少同样要妨害工业化的进展。”刘少奇在审改时加写了一句话：“我们在这个问题上必须采取十分谨慎的政策，把我们的计划放在稳妥可靠的基础上。”经过较大修改的“社会主义建设”部分的稿子，体现了1956年上半年开始提出和实行的反冒进方针，这是以前的稿子所没有的新内容。

另一处修改较大的是第一部分。这一部分的标题先是改为“国际情况和国内情况”，并重新起草了文字，“党在过渡时期总路线”再次单独分为一个部分。刘少奇对第一部分的上述修改稿，又作了一次全面的改写。刘少奇重新改写的手稿长达14页。他将第一部分的标题又作了修改，改为“国际形势和国内形势”。毛泽东对刘少奇的修改稿亲笔作了修改，他将原稿标题《中央委员会向八大的政治报告（修正稿）》改为《中国共产党中央委员会向第八次全国代表大会的政治报告（修正稿）》，使标题更加规范。对内容的修改，毛泽东主要是增写了一些文字。比如，稿子写道：“我们的任务就是要充分利用一切对我们有利的条件，调动一切积极的因素，在很好的组织和正确的计划之下，又多、又快、又好、又省地把我国建设成为一个伟大的社会主义国家。”毛泽东删去了“又多、又快、又好、又省地”几个字，改为“走完由资本主义到社会主义的过渡时期”。又比如，在稿子写到“任何一个好战的国家或者国家集团都没有可能并且敢于发动世界战争”时，毛泽东将“没有可能并且敢于”几个字改成“很不容易”，后面加写了一段话："这一新形势，在抗美援朝时期已经出现，在最近苏伊士运河事件中更加鲜明地摆在人们的眼前，使得帝国主义国家不敢将局部战争扩大为世界战争，使得尖锐的国际争端不敢轻易动用武力。"[①] 毛泽东对这一部分大大小小的文字改动，有 90 来处。

还有一个较大的结构变化，就是将原稿的"国家制度的若干问题""统一战线""民族问题"合并成一个部分，改题为"人民民主专政和全国人民的革命大团结"。这个部分的"统一战线"和"民族问题"两个小节，仍由李维汉负责作了修改。8 月 15 日，李维汉致信毛泽东："依嘱将统一战线草稿送阅。昨日已送少奇同志，并照他的意见作了一点补充。""民族问题"小节也差不多与此同时修改出来。"国家制度的若干问题"这一节，陈伯达和胡乔木先后作了修改。关于健全社会主义法制、改善国家机关的工作等问题，胡乔木加写了大量文字。

1956 年 8 月 22 日，党的七届七中全会开幕时，八大政治报告写出了第三个修改稿，也是第二个完整的八大政治报告稿子。稿子题目只有一个，即《中国共产党中央委员会向第八次全国代表大会的政治报告（第二次稿）》，包括以下部分：

（一）序言；

（二）国际形势和国内形势；

（三）党在过渡时期的总路线；

（四）社会主义改造；

（五）社会主义建设；

一、为超额完成第一个五年计划而斗争

二、第二个五年计划的基本任务

三、工业

四、农业

五、商业

① 参见《建国以来毛泽东文稿》第六册，第 139 页。

六、节约

七、企业领导

八、人民生活

九、文化教育

（六）人民民主专政和全国人民的革命大团结；

一、国家制度的若干问题

二、统一战线

三、民族问题

（七）党；

（八）国际支援。

这一稿印发给参加七中全会的人员讨论，提出进一步修改意见。全会开幕当天，毛泽东讲话提到这个报告稿。他说：政治报告9万字，有些地方要重写，精简节约，能够缩减三分之一就好。缩小三分之一，更通达一点，看起来不那么费力，大家还欢迎。政治局准备公推少奇同志作报告。毛泽东还说，要砍掉三分之一，就要打乱重分，要大修（改）。

刘少奇就政治报告的稿子作了简要说明。他说：向全会提出的这个草稿是个毛稿，9万字，很长。刚才主席讲了，至少要缩减3万字，我看很有必要。请各位看一看，讨论一下，提出意见、批评。我们集体创作，可以搞一个比较合乎规格的东西。

对稿子要作这样大幅度的文字压缩，有的部分要在结构上“打乱重分”，而这时离八大预备会议的召开只有8天时间，离八大正式会议的召开也只有3个多星期的时间，修改工作相当紧张。报告起草委员会的工作可以说是紧锣密鼓。8月24日，刘少奇将“关于人民民主专政和人民民主统一战线问题”部分的修改稿送毛泽东，并附信说：“这是我写的关于无产阶级专政和统一战线的一段，下面还有民族问题和国家工作中的若干问题在继续写。特先送上这一部分，请审阅，看是否可以这样写？”[①] 毛泽东看

① 中共中央文献研究室编：《刘少奇年谱》下卷，中央文献出版社1996年版，第373页。

后，当天批转刘少奇："此件已经看了一遍，改得很好。我又作了一些小的修改，请酌定。觉得文中还有一些重复拖累的地方，还可以删节一些，可待下月上旬去做。"[①] 29 日，刘少奇将"民族问题"等部分的稿子送毛泽东，并致信说："昨天早起把以前写的稿子推翻了，所以这段稿子今天才写好。有四千七百多字。请审阅，看是否可以这样写？……前面统一战线部分有些同志提出了修改意见，其中有些原则性的问题，要请示后才好修改。"[②] 毛泽东阅改了稿子后批转刘少奇："这一部分改得很好，字数不多，清爽好看。前一部分盼能迅速加以修改。"[③] 刘少奇对原稿后几部分的稿子作了较大的结构调整和文字删节，将有关政治方面的几个小节合并为"国家政治生活中的若干问题"，下面分作 8 个小节。毛泽东对这个部分的稿子作了少量的文字修改。8 月 30 日，刘少奇在这部分修改稿上批写："此件即刻排印，先打几份清样送主席、伯达、稼祥、李维汉、胡绳、田家英、邓力群、胡乔木、刘少奇、陆定一。"

其他部分的稿子也都分头作了修改。"共产党"部分、"社会主义改造"部分都有较多改写。负责"共产党"部分稿子起草和改写的是陆定一，他在 8 月 28 日改写完稿子后致信刘少奇："'党'的部分，又改写了一次，分成四个问题，较前切合实际一些。请阅正付印。这一段大约九千余字，不到一万字。印出之后，准备三十日上午找意见多的人再谈一次。"29 日毛泽东就阅改了陆定一的稿子，批写道："退陆定一同志：此件改得很好。我只作了些小的修改，增加了两个小段，请加斟酌。"[④] 对其他部分的稿子，毛泽东也作了文字修改。比如"社会主义建设"部分写到"国家工业化的任务，要求我们建设一个独立的、完整的工业体系，对内能够依靠它满足社会主义扩大再生产和国民经济技术改造的需要，对外也可以在社会主义阵营各国之间发展充分有效的国际协作"，毛泽东在"国家工业化的任务"之后加写了"根据我国人口众多、资源丰富的情况"一句，在"国际协作"

① 《建国以来毛泽东文稿》第六册，第 145 页。
② 转引自《刘少奇年谱》下卷，第 373—374 页。
③④ 《建国以来毛泽东文稿》第六册，第 147 页。

之后加写了“并且只要有可能，就发展同世界上任何愿意和我们往来的国家的通商贸易关系”一句。①

八大预备会议开始后的第三天，八大政治报告写出了第四个修改稿，也是第三个完整的稿子，题为《中国共产党中央委员会向第八次全国代表大会的政治报告（第三次稿）》。这一稿包括以下部分：

序言；

一、国际形势和国内形势；

二、党在过渡时期的总路线；

三、社会主义改造；

四、社会主义建设；

争取超额完成第一个五年计划和积极准备

第二个五年计划

工业

农业

商业

文化教育

五、国家政治生活中的各种问题；

关于人民民主专政和人民民主统一战线问题

关于民族问题

关于华侨问题

关于我国的国防问题

关于国内的反革命分子问题

关于国家的法制问题

关于官僚主义和国家的民主生活问题

关于中央集权和地方分权问题

六、共产党；

① 《建国以来毛泽东文稿》第六册，第150页。

七、国际支援。

第四个修改稿的大框架，与第三个修改稿没有什么不同，调整的主要是“社会主义建设”部分和“国家政治生活中的各种问题”部分。文字虽作了压缩，但仍然较长。此后的修改可以说是为最后的正式稿做定型的工作，它集中在主要起草人和中央主要领导人之间进行，一般的程序是：先由主要执笔人写出修改稿，然后分送毛泽东、刘少奇、周恩来（有的部分还送陈云和有关负责人）审改或提出意见，再交主要执笔人根据所提意见修改，然后打印成稿，送中央领导人。各个部分稿子的修改往往是平行作业，交叉进行，常常是一部分稿子尚未定稿，另一部分稿子又开始修改。

9 月 5 日，报告的第一、二、三部分写出了修改稿，这三部分是开头（原稿称“序言”）、“目前的国际形势”和“党在过渡时期的总路线”。毛泽东在打印稿上用铅笔写了“中国共产党中央委员会向第八次全国代表大会的政治报告　刘少奇”这一行字，对内容作了个别的文字修改。刘少奇也对打印稿作了个别的文字修改，并批写：“印发政治局各同志，各代表团长、副团长，起草委员会各同志。”经过修改之后，这三部分稿子压缩了近三分之一，由原来的 1 万余字减到不足 7000 字。

“社会主义改造”和“社会主义建设”两部分，是整个报告的重点，也是文字最长的两部分。胡乔木对这两部分稿子作了较大的增删修改，陈伯达也作了少量文字修改。毛泽东、刘少奇、周恩来先后对两部分经胡乔木改过的稿子作了文字修改。刘少奇改过之后，送毛泽东阅：“主席：此件我又看了一遍，同意这些修改。”毛泽东在两个地方加了少量文字，转给刘少奇：“退给少奇同志：已看过了，可以。”9 月 6 日，这两部分修改后的打印稿出来后，胡乔木再次作了修改，并送毛泽东阅改。

周恩来从 9 月 6 日开始修改报告稿子。他对稿子中的数字看得非常细致，专门找国家计委的有关人员对这些数字进行了核对。比如，稿子写建国以后人民共和国掌握了全部铁路、全部钢铁工业，周恩来批注道：“‘……全部钢铁工业……’与实际情况不符，如上海钢铁公司、昆明 105

钢铁公司至今仍为公私合营企业。”稿子写“国营企业的固定资产，在我国解放初期的工业资产总额中占了80%”，周恩来批注道：“经计委与统计局核对无误。”对一时无法核实的数字，周恩来则提出需要继续查对。比如，稿子写“……其他外国在中国的企业，也经过各种形式陆续地实现了国有化。”周恩来批注道：“恐亦不确切，据计委了解，外资企业至今仍有，但具体名称、产值多少，待查。”这样的批注在“社会主义建设”部分的稿子上有20处。

毛泽东还专门嘱咐将“社会主义建设”部分修改稿送陈云阅改。9月4日，陆定一致信胡乔木转陈云：“主席今天交代，把‘社会主义建设’改好后，送给陈云同志，请陈云同志加以修正后，于五日下午十时前送给主席。”胡乔木将这部分稿子修改后，于9月5日凌晨一时送陈云。陈云当天致信毛泽东：“有几个地方与定一乔木商量后改了一下。‘商业’一节还有一些修改，稿子在乔木处，由他改好后送我看再送你。”胡乔木根据陈云的意见对“商业”一节修改后，再送陈云阅改。

9月7日，毛泽东两次致信周恩来。早上6时的信说：“政治报告头几部分修改了以后，请你继续修改社会主义改造和社会主义建设两部分。这几部分今天一定要修改完毕，今晚一定要交付翻译，否则就来不及了。”上午10时的信说：“政治报告的头三部分，请你主持，于今日改好。形势部分，可以大修或重写。但请于今晚十时前交伯达看一下，然后交我。‘改造’、‘建设’两部分请你与富春一道修改，请需于今日修好，于晚上九时交伯达汇总。以上各部分我和少奇看一下以后，必须于八日上午交付翻译。”① 从这里可以知道，一方面毛泽东对“形势”部分的稿子仍不满意，所以才说要“大修或重写”；另一方面他又觉得前几部分稿子已大体可以，所以才让第二天付翻译。周恩来再次对前面5个部分的稿子进行了修改，除文字方面外，他仍然特别注意核实数字。

前几部分稿子的修改告一段落，紧接着开始修改后三部分的稿子，即

---

① 《建国以来毛泽东文稿》第六册，第152、153页。

“国家政治生活中的各种问题”和“共产党”“国际问题”。9月7日这天，毛泽东两次致信胡乔木。早上6时的信说：“国家问题这一部分，也许你可以在一天内修改好，困难问题不很多。但对肃反问题写得太简单，没有提党对反革命分子的严肃与宽大相结合的处理政策，请加注意。”上午10时的信说：“‘国家’部分内容贫弱，和‘改造’、‘建设’‘党’各部分分量不相称，似需大改。请你将一、二次稿看一下，好好想一下，再行动手。如今日不能完稿，可于明日完毕。如你需要，可找彭真、瑞卿谈一下。”① 胡乔木对“国家政治生活中的各种问题”部分，作了较大修改，将题目改成“国家的政治生活”，并删去了原来8个小节的标题，压缩了文字。9月9日“国家的政治生活”部分的打印稿分送各中央领导人和有关人员审改。毛泽东还致信陈伯达：“国家生活部分，读改时，请邀请彭真、罗瑞卿、董老三同志参加，今日改毕，照前抄三份，分送刘、周及我。”② 毛泽东本人对稿子改了一些文字。周恩来9月11日也改了少量文字，并将修改稿送毛泽东阅。原稿“共产党”和“国际支援”两部分标题，分别改为“党的领导”和“国际关系”，文字作了适当压缩和改写。

9月12日，毛泽东将政治报告稿子再次作了一些文字修改后，致信刘少奇：“同意你的修改。我又修改了一些，另有两处是和乔木、伯达商量修改的，请酌定。周总理今晚没有时间看此件，他在改他自己的报告。因此，请即将这一部分的两个改本合在一处立即付印，付翻译。同时印发全体代表，请他们提意见，于九月十三日下午交中央。”③ 第二天，中央向代表们印发了八大政治报告修改稿的前四部分，即：（一）党在过渡时期的总路线；（二）社会主义改造；（三）社会主义建设；（四）党的领导。这是第五个修改稿，这一稿大体上形成了最后的正式稿子。

说“大体”，是因为直到八大正式开幕之前，八大政治报告的修改工作仍在进行。毛泽东在9月14日分别写的三个批语就能说明这个问题。这天凌晨2时的批语说：“即送少奇同志：（一）国际部分的一段增加和一些

① 《建国以来毛泽东文稿》第六册，第152、154页。

②③ 《建国以来毛泽东文稿》第六册，第155、156页。

其他字句修改，请即令人抄正付翻译，并另打清样。（二）党的部分，本日十二时前伯达等修改，已要他们直接付翻译。因为我们要下午才能起床，我们看了有意见，可再改。”① 毛泽东的作息规律是夜间工作、白天休息，显然他是考虑到陈伯达等人修改稿子若等他起床后再送他审改，会耽误翻译时间，所以让陈伯达将稿子直接送去翻译。毛泽东对“国际部分”的修改有4处，其中一处是加写了一段话，讲对英法两国政府政策的估计，指出它们一方面身受美国扩张政策的威胁，表示了一定程度的和平共处的愿望；另一方面由于它们在民族独立运动的高潮中仍然企图保持殖民主义的特权，因而又幻想从美国得到他们所需要的支持，这就使它们的外交政策处于动摇、矛盾和混乱之中。另外三处是文字修改。这天凌晨6时毛泽东又分别给杨尚昆和陈伯达、胡乔木、田家英写了两个批语。前一个批语说：“杨尚昆同志：政治报告中‘党的领导’部分，请即交帮助翻译的外国同志去作翻译，不要等候修改。陈伯达同志等的修改稿，要今天下午才能交出。据我看，不会有太多的修改了。总理报告的翻译工作，亦请抓紧。”后一个批语说：“伯达、乔木、家英同志：（一）‘党的领导’部分，看了一遍，可用，估计不会有太多的修改了。但是一定还会有一些修改。我们都要睡觉。你们在上午十二时以前改好后，直接交尚昆付翻译和付印。我们起床后再看改样好了。（二）开幕词又作了一些修改，已去打清样送你们，请再加斟酌，于下午交我为盼！”②

这些批语说明，直到八大正式开幕前，仍在对八大政治报告稿子进行修改。上面提到的“党的领导”部分的修改稿，是9月14日23时才最后送印的。这个修改稿分别有胡乔木、陈伯达等作的修改，其中胡乔木修改得最多。主要是内容的增删，结构上没有变化。比如在讲到有少数人曾经企图在社会主义建设中削弱党的领导作用时，胡乔木改写了一段话：“他们把党对于国家各方面工作的政策方针的领导问题同单纯技术方面的问题混淆起来，他们认为党对于这些工作的技术业务还是外行，因而就不应当领

①② 《建国以来毛泽东文稿》第六册，第157、158页。

导这些工作，而他们则可以独断专行。我们批判了这种错误的观点。党应当而且可以领导一切工作，在思想上、政治上、工作方针和政策上起领导作用。当然，这不是说，党应当把一切都包办代替起来，对一切都进行干涉；也不是说，对于自己所不懂的事情，可以安于做外行。党要求我们的干部和党员进行艰苦的学习来学会自己工作中所不懂的事情。我们学习得愈多，就会领导得愈好。”这样一改，不仅对“党的领导”的含义解释得更准确；而且把在这个问题上应当防止和纠正的两种倾向都讲到了，意思更加全面。这样的修改，包括文字、标点符号的改动，在这一部分 9 月 14 日的修改稿中多达 200 余处。

整个八大政治报告的起草和修改过程，充分发扬了党内民主，使得全党特别是党中央领导的集体智慧得以集中起来。1956 年 9 月 13 日，毛泽东在党的七届七中全会讲话中，谈到八大文件的起草和准备时说过：第一次推翻你的，第二次推翻他的，推翻过来，推翻过去，这也说明我们是有民主的。不管什么人写的文件，你的道理对，就写你的，完全是讲道理，不讲什么人，对事不对人。毛泽东这番话是对八大文件（当然也就包括八大政治报告）起草和修改过程的真实概括。起草过程中，无论是起草委员会的成员，还是中央领导人，都可以对他们所写的文字甚至结构进行修改。反复推敲的过程，使大家的思考和认识能够充分地表达出来，并且集中起来逐渐形成共识。所以，八大政治报告凝聚了党中央领导集体和各有关方面的心血，是党的集体智慧的结晶。

八大政治报告起草和修改历时一年多，这个过程中党对中国社会主义建设问题的认识在不断深化。这一年多，国际和国内形势出现了一系列重大变化。从国内看，随着 1955 年下半年农业合作化步伐的加快，1956 年上半年全国范围内社会主义改造兴起高潮，原定 15 年完成的改造任务，眼看着在 1956 年夏秋即将基本结束。社会主义改造一完成，全面建设社会主义的任务就摆在了全党和全国人民面前。从国际看，1956 年 2 月苏共二十大首次揭开了斯大林问题的盖子，在国际共产主义运动中引起极大震动，6 月又发生了波兰波兹南事件。这些事件所反映出来的深层问题，是原有的按照对马克思主义传统理解建立起来的社会主义经济和政治体制的某些弊端。事实上，这些弊端在中国也逐渐暴露出来了。中国共产党在最初决定召开八大时，形势尚未发生上述变化，一些问题即使已经出现也还不十分突出。

这些变化发生后，这些问题突出起来之后，党中央进行了一系列分析、总结和思考。毛泽东于1955年底提出“以苏为鉴”的思想，1956年春天在对34个部委调查研究的基础上又提出了十大关系。刘少奇为准备八大政治报告，最早开始听取中央各部委的汇报，在听汇报的过程中对前几年的建设进行了初步总结，提出了一些重要的问题。周恩来、陈云等针对1955年底至1956年上半年经济工作中出现的急躁冒进倾向，提出了反冒进的主张和措施，形成了既反保守又反冒进、积极稳妥、全面安排、综合平衡的经济工作方针。党中央在苏共二十大揭开斯大林问题盖子以后，总结国际共产主义运动的历史经验，全面评价了斯大林的功过是非，在肯定斯大林功绩的同时，分析了他在党内、国内和在处理党与党之间关系方面的严重错误及其产生错误的原因。所有上述这些思想和认识，是党探索中国自己的建设社会主义道路取得的最初的思想成果。八大政治报告的起草和修改过程，也就是党的认识不断深化的过程，这些认识指导了报告的修改并为报告所吸收。八大政治报告最终是在上述思想成果的基础上形成的。

（二）政治报告的主要内容

9月15日下午，刘少奇代表第七届中央委员会向第八次全国代表大会作政治报告。报告全文48000余字，共分6个部分，[①] 主要阐述了这样一些重要问题。

第一，报告首先分析了党的八大召开时的国内形势，提出了党在社会主义改造完成以后的总任务。

报告一开始以简洁的文字，概述了自党的七大以来取得的建立新中国

① 这六个部分是：一、党在过渡时期的总路线；二、社会主义改造；三、社会主义建设；四、国家的政治生活；五、国际关系；六、党的领导。

和社会主义改造的两次胜利以及由于这两次胜利所引发的我国内外关系的一系列根本变化。报告特别分析了国内阶级关系的变化：官僚买办资产阶级已经在中国大陆上消灭了，封建地主阶级除个别地区外也已经消灭了，富农阶级正在消灭中，原来剥削农民的地主和富农正在被改造成为自食其力的新人，民族资产阶级分子正处在由剥削者变为劳动者的转变过程中，广大农民和其他个体劳动者已经变为社会主义的集体劳动者，工人阶级已经成为国家的领导阶级，知识界已经改变了原来的面貌，组成了一支为社会主义服务的队伍。这个估计是符合社会主义改造完成后中国的基本国情的。报告根据我国发生的历史性变化，提出了党的现时任务，即：依靠几亿劳动人民，团结一切可能团结的力量，充分利用一切有利条件，尽可能迅速地把我国建设成为一个伟大的社会主义国家。这个任务的提出，表明作为社会主义革命的阶段已经基本完结，而社会主义建设的新阶段即将开始。

第二，报告总结了党领导民主革命特别是社会主义改造两大胜利的历史经验，阐述了继续完成社会主义改造的基本内容。

报告认为，要完成上述任务，应当正确总结过去的斗争经验。因此，报告的第一部分和第二部分总结了七大以来的历史特别是社会主义改造的历史及其经验。在叙述党领导民主革命取得胜利、建立了中华人民共和国的过程后，报告指出："中华人民共和国的成立，标志着我国资产阶级民主革命阶段的基本结束和无产阶级社会主义革命阶段的开始，标志着我国由资本主义到社会主义的过渡时期的开始。"[①] 报告认为这个过渡时期有两个基本特点，一是我国工业落后，必须发展社会主义工业尤其是重工业，由落后的农业国变为先进的工业国，这需要一个相当长的时间；二是在中国，工人阶级的同盟者不但有农民和城市小资产阶级，而且有民族资产阶级，因此改造旧经济，不仅农业和手工业要采取和平改造的方法，而且资本主义工商业也需要采取和平改造的方法。党中央根据这两个基本特点，制定

① 《刘少奇选集》下卷，人民出版社1985年12月版，第205页。

了过渡时期总路线，在第一个五年计划期间就基本完成了社会主义改造，取得了决定性胜利。

报告分别从农业、手工业和资本主义工商业三个方面，回顾了社会主义改造的过程，肯定“改变生产资料私有制为社会主义公有制这个极其复杂和困难的历史任务，现在在我国已经基本上完成了。我国社会主义和资本主义谁战胜谁的问题，现在已经解决了。”① 当然，报告也指出改造的工作并不是没有缺点和错误，执行政策也有过局部的偏差，而且改造的任务也还没有全部完成。农业合作化方面，要继续争取没有入社的少数农户入社，领导初级社转入高级社；而目前最急需解决的问题是保证100万左右的农业社增加生产和社员收入，调整现有的组织形式，纠正过分强调集体利益和集体经营、忽视社员个人利益和个人自由及家庭经营的错误。在手工业和其他个体经济方面，不顾具体情况、采取千篇一律的形式是错误的，一部分合作组织将发展或并入国营企业，一部分将长期保持集体所有制，而另一部分则在社会主义企业的管理下保持各负盈亏的经营方式。在资本主义工商业改造方面，也应当按照各行各业的特点和社会多方面的需要，分别解决具体问题，而不作千篇一律的处理。报告所提继续改造的任务，其内容包括了两个方面，一是继续向公有化发展，二是解决前一段改造所遗留的某些问题。

第三，报告提出了第二个五年计划的基本任务以及工业、农业、商业、文化教育等方面的建设任务，阐明了经济建设的一些重要的方针和政策。

报告的第三部分是整个报告的重点，文字也最长，近1.3万字，体现了把建设作为报告重点的意图。报告简要概括了“一五”计划的执行情况，提出了“二五”计划的五项基本任务：（1）继续进行以重工业为中心的工业建设，推进国民经济的技术改造，建立我国社会主义工业化的巩固基础；（2）继续完成社会主义改造，巩固和扩大集体所有制和全民所有制；（3）进一步地发展工业、农业、手工业的生产，相应地发展运输业和商业；

① 《刘少奇选集》下卷，第218—219页。

（4）努力培养建设人才，加强科学研究工作，以适应社会主义经济文化发展的需要；（5）在工农业生产发展的基础上增强国防力量，提高人民的物质生活和文化生活的水平。报告确定，“二五”计划期间基本建设投资额比“一五”时期增加一倍左右，“二五”计划期末国民收入比“一五”期末增长 50% 左右，职工人数增加 600—700 万人左右，工人职员的平均工资和农民的全部收入分别增加 25%—30%。

报告阐述了经济建设的一些重要方针。关于发展速度，报告指出：“发展速度必须是积极的，以免丧失时机，陷入保守主义的错误；又必须是稳妥可靠的，以免脱离经济发展的正确比例，使人民的负担过重，或者使不同的部门互相脱节，使计划不能完成，造成浪费，那就是冒险主义的错误。”① 关于重工业和轻工业的关系，报告提出要继续贯彻执行优先发展重工业的方针，认为降低重工业发展速度或片面强调重工业而降低轻工业和其他经济部门发展速度的想法都是错误的。关于工业布局，报告认为目前需要注意的是沿海和内地的配合、大型企业和中小型企业的配合、中央国营企业和地方国营企业的配合。关于改善职工生活，报告提出要在发展生产的基础上增加职工工资收入和福利设施，加强生产安全和劳动保护。报告指出不应当只管个人利益和目前利益，忽视全国的和长远的利益；但是片面强调全国的和长远的利益而忽视职工个人利益和目前利益，也是不对的。关于农业生产，报告指出应当按照本地和国家的需要，在中央和地方的计划指导下，帮助每个合作社制定适合自己情况的计划。关于发展副业生产，报告要求照顾到合作社集体经营和社员家庭经营的必要分工，使两方面的积极性都得到发挥。为发展经济作物、畜牧业和副业，国家要实行合理的价格政策，对偏低的收购价格进行调整。关于发展农业，报告提出了一个重要的方针，即保证农民在生产发展的基础上增加收入，坚持兼顾国家利益、集体利益和个人利益的分配政策。关于商业体制，报告指出利用、限制、改造资本主义企业时期所采取的许多关于购销关系的措施，必须适应

① 《刘少奇选集》下卷，第 227 页。

目前的情况加以改变；应当改进现行的市场管理办法，取消过严过死的限制，在统一的社会主义市场的一定范围内，允许国家领导下的自由市场的存在和一定程度的发展，作为国家市场的补充。

八大报告所阐述的一些经济建设的重要方针，因为有“一五”计划的经验与教训作借鉴，所以比较适合社会主义改造完成后我国经济工作的实际。这些方针，从总体上说，其趋向是努力将经济工作引入积极稳妥、综合平衡地发展的轨道，努力将各方面的积极性调动起来。

第四，报告论述了加强人民民主专政和人民民主统一战线的重要性和必要性，从多方面提出了改进国家工作的任务。

报告的第四部分是讲国家的政治生活问题。它肯定我国的人民民主专政实质上是无产阶级专政，它的民主属于工人、农民和其他一切劳动人民以及拥护社会主义和爱国的人民。我国的人民民主专政的政权，实质上是带有中国特点的无产阶级专政，它不仅有工人阶级和农民参加，而且有其他阶级、其他党派和无党派民主人士参加，这同马克思、列宁的设想不完全一样。报告说明了其历史和现实的缘由。它先指出工农联盟是人民民主专政和人民民主统一战线的基础，然后指出在人民民主专政和人民民主统一战线中，民族资产阶级具有一种特殊地位。所谓“特殊地位”，报告认为，一方面这个阶级领导了旧民主主义革命，一定程度上参加了新民主主义革命，新中国成立后接受了工人阶级领导和社会主义改造；另一方面他们比较早地掌握了现代文化，掌握了一些现代企业的技术知识和管理知识，直到现在仍然是我国具有比较丰富的现代知识、拥有比较多的知识分子和专家的一个阶级。今后工人阶级仍然要通过同民族资产阶级的联盟，对他们继续进行团结、教育和改造的工作，使他们利用自己的知识来为社会主义建设服务。

报告重申并确定了共产党和各民主党派长期共存、互相监督的方针。报告分析说，中国各民主党派的社会基础是民族资产阶级、上层小资产阶级和他们的知识分子。在社会主义改造完成以后，民族资产阶级和上层小资产阶级的成员将变成社会主义劳动者的一部分。各民主党派就将变成这部分劳动者的政党。它们还需要在一个很长的时间内继续联系这部分人，帮助他们改造；同时它们同共产党一道长期存在，在各党派之间也能够起互相监督的作用。报告特别批评了共产党内一部分人不愿同党外人士商量、不尊重党外人士的职权、不愿意党外人士参加国家机关工作的宗派主义观点，强调指出共产党员在任何时候都有义务同党外的人合作。

报告指出，我们的国家制度是高度的民主和高度的集中的结合，在过去的几年表现了它的优越性。但并不是说我们的国家工作就健全了，我们的国家制度就完备了。报告提出了目前改进国家工作和制度的几项任务：一是进一步扩大民主生活，开展反对官僚主义的斗争；二是适当地调整中央和地方的行政管理职权，把一部分行政管理职权分给地方，发挥中央和地方两个积极性；三是正确地处理少数民族问题，克服大汉族主义的倾向和观点，用更大的努力帮助各少数民族在经济上和文化上的进步，对少数民族地区的民主改革和社会主义改造，采取慎重的方针，由少数民族的人民和公众领袖从容考虑，协商处理，按照各民族自己的意愿办事，坚持和平的方式，同时要在这些地区发展现代工业；四是着手系统地制定比较完备的法律，健全国家的法制；五是继续加强国防，继续加强国防军——人民解放军。

第五，报告全面分析了国际形势，从有利于国内社会主义建设的目的出发，提出了我国对外关系的基本方针。

报告认为，目前的国际形势对于我们的社会主义建设是有利的。第二次世界大战以后，社会主义的、民族独立的、民主的、和平的势力有了空前发展，帝国主义侵略集团积极进行扩张、反对和平共处、准备新的世界战争的政策愈来愈不得人心。在这种情况下，世界局势不能不趋向于和缓，世界的持久和平已经开始有了实现的可能。报告同时指出，帝国主义者还会继续制造紧张局势，战争的危险依然存在，人类争取和平和进步的斗争还要经历许多迂回曲折的过程。但是，世界的总的趋势是光明的。

对国际形势作出冷静、客观的估计，这是党确定对外关系方针的前提。事实上，建国以后的几年里，中国政府一直为世界和平和人类进步事业积极努力，在对外关系方面取得了成绩。特别是和平共处五项原则的提出，赢得了许多国家特别是亚非国家的广泛赞同，中国也本着五项原则同它们建立了友好合作关系。报告强调在一般的国际关系中，首先在相互关系中，都有互相尊重主权和领土完整、互不侵犯、互不干涉内政、平等互利、和平共处的要求；我国以五项原则为基础的和平共处政策不排斥任何国家，对于美国，我们同样具有同它和平共处的愿望。尽管美国一贯敌视我国，我国政府仍然努力通过和平协商的方法来解决同美国的争端。报告还指出中国人民和世界人民都需要和平，都需要增进相互间的经济文化关系和友好来往。

建设需要一个和平的环境，也需要一个相互友好交往的环境。把握缓和的局势，维护和发展和平的环境，对于一个即将开展大规模建设的国家来说，至关重要。所以，八大报告对国际局势出现和缓趋向的估计，对于坚持贯彻执行和平共处五项原则的对外关系基本政策，具有重要的现实和长远意义。

第六，报告概述了党的现状，总结了党的历史经验，提出了保证党的工作顺利发展的几个重要问题。

八大召开时，中国共产党已有 35 年的历史，拥有 1073 万党员，工人占 14%，农民占 69%，知识分子占 12%。党组织已分布到全国，并且分布到各个民族。党已经成为全国性的执政党。报告指出，党的领导的任务之一，就是研究和分析过去所犯的错误，取得教训，从而求得在今后的工作中少犯错误，尽量不重复已经犯过的错误，并且尽量不使小错误变为大错误。而“要使我们党今后继续保持正确的、健全的领导，根本的问题是在于努力减少党组织和党员在思想认识上的错误”①。

报告着重回顾了党成立以后四次犯严重的路线错误和纠正错误、通过整风总结教训的历史经验，把克服思想认识上的主观主义作为新的历史条件下党的工作顺利发展的关键。报告提出从三个方面反对主观主义，一是

① 《刘少奇选集》下卷，第 265 页。

提高全党的马克思列宁主义水平；二是加强对实际情况的调查研究工作；三是在党的各级组织中无例外地贯彻执行党的集体领导原则和扩大党内民主。

八大报告特别强调了党的集体领导和扩大党内民主的问题，要求一切重大问题的决定都要在适当的集体中经过充分讨论，容许不同观点的争论。八大党章草案也充分注意了这个问题。集体领导和党内民主，是个人崇拜、个人专断的反命题，它是保证党的领导少犯错误或及时发现与纠正错误的最有效的手段。党的七届二中全会就提出了不许突出个人的措施，斯大林搞个人崇拜的教训又从反面给中国共产党以更为现实的戒鉴。八大敏锐地注意到了这个执政党领导和建设的重大问题，并给予了重视。

报告还指出要正确对待犯错误的同志，除了对混进党内的反革命分子、阶级异己分子和腐化堕落分子采取清除出党的坚决态度外，对那些认识上工作上有错误的同志要执行“惩前毖后，治病救人”“既要弄清思想，又要团结同志”的原则，着重思想教育，而不轻易采取纪律处分。

八大政治报告最深刻的意义，就在于总结了中国自身建设的经验教训，在前一阶段从“苏联模式”中开始走出来的基础上，根据自己的国情和建设实际，规定了走自己道路的方向，提出了从经济、政治到文化、外交直至党的建设的一系列方针政策。从这个意义上说，它是中国社会主义改造基本完成、全面建设社会主义帷幕即将拉开的历史关头的一份纲领性文献。

（三）关于政治报告的决议

9 月 27 日，八大最后一次全体会议，通过了《中国共产党第八次全国代表大会关于政治报告的决议》，批准了刘少奇代表第七届中央委员会向大会所作的政治报告。

与政治报告的起草不同，关于政治报告的决议的起草动手较晚，是从 9 月 17 日才开始的，也就是八大正式会议开始之后才做这项工作的。所以决议的起草和修改时间比较紧迫，不如报告的起草那样从容。

决议的第一稿是 9 月 19 日写出来的，题为《中国共产党第八次全国代表大会关于中国共产党中央委员会的政治报告的决议（初草）》。稿子分送大会主席团常委和秘书处，主席团认为不行。接着，由胡乔木从头改写，于23日写出第二稿，约8000字，分成10个部分。对这一稿，毛泽东可能提出了主要矛盾的问题。根据9月24日华北代表团讨论决议草案的记录，华北团在讨论时，介绍了薄一波传达毛泽东意见的情况，其中很重要的一条意见是“要把矛盾突出一下，现在主要是先进与落后”。

9月24日写出决议第三稿，题为《中国共产党第八次全国代表大会关于政治报告的决议（九月二十四日修正草案）》。24日凌晨5时，毛泽东致信杨尚昆：“请于今日早晨用电话通知各代表团长和各省市区的小组长，立即阅读关于政治报告的决议草案，并于今日下午二时以前各开小组会讨论一次，将修改意见注在草案上，送交秘案［书］处。请秘书处于今日下午将各组修改意见加以汇总交胡乔木同志，以便修改。”[①]

这次修改稿除了在结构上将原稿的10个部分调整为6个部分，在文字上作了较大修改外，最重要的修改就是增加了关于主要矛盾的内容。稿子首先指出，旧中国社会的主要矛盾即中国人民同帝国主义、封建主义、官僚资本主义统治的矛盾，已随着民主革命的胜利解决了；国内的主要矛盾变为无产阶级同资产阶级的矛盾，这是社会主义革命所要解决的矛盾。稿子说：“我们对农业、手工业和资本主义工商业的社会主义改造就是要消灭资产阶级所有制，消灭产生资本主义的根源的小私有制。现在这种社会主义改造已经取得决定性的胜利，这就表明，我国几千年来的阶级剥削制度已经基本上结束，几千年来阶级斗争的历史也已经基本上结束，永远消除剥削的社会主义制度在我国已经建立起来了。”稿子接着写了在社会主义改造基本完成以后的主要矛盾：“我们还要为解放台湾而斗争，还要彻底完成社会主义改造，最后消灭剥削制度，并且还必须长期地警惕反革命残余势力的破坏活动。如果忽视这些任务，是错误的。但是，在基本上解决了无产阶级和资产阶级的矛盾以后，我们现在面对着的主要矛盾，是先进的国

① 《建国以来毛泽东文稿》第六册，第211页。

家制度和社会制度同落后的经济和文化之间的矛盾。我们今后的主要任务就是同我国各族人民群众在一起，解决这个新的矛盾，使我国从一个落后的农业国变为一个先进的社会主义工业国。”在八大的文件中，这是第一次论述我国社会现阶段的主要矛盾问题。

9月24日的修改稿，可以说为后来的正式稿提供了基本的框架和内容。在这一稿的基础上，9月26日写出了决议的第四稿，即“九月二十六日修正草案”。这一稿的修改主要有两点：

第一点是分析我国社会主要矛盾的一段改写成：“现在这种社会主义改造已经取得决定性的胜利，这就表明我国的无产阶级同资产阶级之间的矛盾已经基本上解决，几千年来的阶级剥削制度和阶级斗争的历史已经基本上结束，社会主义的社会制度在我国已经建立起来了。”其中“无产阶级同资产阶级之间的矛盾已经基本上解决”一句是增写的。这是一处比较重要的修改。因为无产阶级同资产阶级矛盾的基本解决，是中国进入社会主义社会的根本历史依据，也是党将重心由革命转向建设的客观依据。增写这句话，使党对当时中国社会的基本判断更加确切。

第二点是对经济建设方针这个部分的文字作了较大的改写。其中改动较大的是关于农业、关于提高产品质量、关于提高技术水平和推进技术改造、关于工业布局、关于计划生产和集中经营与非计划生产和分散经营、关于国家建设和人民生活这几个方面。

为了完善决议草稿，大会主席团再次将决议的修改稿（即第四稿）印发给各代表团进行讨论。26日当天，各代表团分别讨论了决议草稿。代表们从内容到文字都提出了修改意见。比如，华北代表团在讨论中基本肯定了决议草稿，对文字提出了一些意见，比较重要的有两点：第一，指出稿子里“几千年来的阶级剥削制度和阶级斗争的历史已经基本结束”一句有毛病，阶级剥削制度可以这样说，但阶级斗争则似乎不能这样说。第二，认为稿子对解放台湾的任务的写法不好，被后面的“但是”冲淡了。还比如，西南代表团有代表认为，稿子讲“现在我们国内的主要矛盾，是先进的国家制度和社会制度同落后的经济和文化之间的矛盾”，就现实情况讲这样说是对的，但从理论上说，今后还有集体所有制与全民所有制之间的矛盾。

当天，起草委员会根据讨论意见，又对稿子作了修改（主要由胡乔木执笔）。

这次修改较大的，仍是有关主要矛盾的段落。原稿讲“对农业、手工业和资本主义工商业的社会主义改造就是要消灭资产阶级所有制，消灭产生资本主义的根源的小私有制”，修改时把“消灭”改成了“变革”；原稿讲“几千年来的阶级剥削制度和阶级斗争的历史已经基本结束”，修改时删去了“和阶级斗争”几个字。

有关社会主义改造完成后的主要矛盾一段文字，修改时重写了一次，改为:“我国在近百年间，经济和文化的发展远落在世界先进水平之后，我国广大的觉悟的爱国人民在长期以来，一直要求把我国从落后的农业国变为先进的工业国。我们党早就指出，为了达到这个目的，必须首先推翻束缚社会生产力的半封建半殖民地的政治制度和经济制度，并且指出，在现代中国的条件下，只有建立社会主义制度，才能真正解决我国的工业化问题。由于资产阶级民主革命和社会主义革命的胜利，生产力发展的障碍即已扫除了。当然，我国人民还必须为解放台湾而斗争，还必须为彻底完成社会主义改造、最后消灭剥削制度而斗争。但是，我们国内的主要矛盾，已经是人民对于建立先进的工业国的要求同落后的农业国的实际之间的矛盾，就是人民对经济文化迅速发展的需要同当前经济文化不能满足人民需要的这种落后状况之间的矛盾。党和全国人民的主要任务，就是要集中力量来解决这个矛盾，把我国尽快地从落后的农业国变为先进的工业国。”

同原稿相比，修改稿从中国近百年历史状况和中国人民的自身要求出发，提出建立先进的工业国、大力发展经济和文化的目标，增写了关于主要矛盾结论所产生的宏观历史背景，使党提出上述任务有更为深刻的历史和现实依据。另外，修改稿在叙述现阶段主要矛盾时，不再说是先进的国家制度和社会制度同落后的经济和文化之间的矛盾，而表述为“人民对于建立先进的工业国的要求同落后的农业国的实际之间的矛盾，就是人民对于经济文化迅速发展的需要同当前经济文化不能满足人民需要的这种落后状况之间的矛盾”。这个表述既突出了发展经济文化的意思，又比原稿更确切。

经过修改之后的稿子很快送毛泽东审阅。在送审之前，胡乔木再次作了一些文字修改。毛泽东审完稿子之时，已经是9月27日凌晨2点钟。他只在稿子第二部分“关于经济建设”第六条的一句话中加了几个字，这句话是“一方面需要广泛地吸收苏联和世界上其他国家最新的科学技术成就”，毛泽东在“苏联”后面加了“各人民民主国家”；并在稿子上批写道：“即送胡乔木同志：照此付印，付翻译。我在第五页上加了‘各人民民主国家’几个字。”到此，交付八大最后一天会议审议的决议草案算是定稿。

说算是定稿，是因为事实上定稿之后仍有改动。根据现存的档案，在一份写有“定稿”字迹的《关于政治报告的决议（草案）》印刷稿上，胡乔木又作了少量文字修改。其中比较重要的修改仍是关于主要矛盾的一段文字，在谈到当前国内的主要矛盾之后，加写了一句话：“这一矛盾的实质，在我国社会主义制度已经建立的情况下，也就是先进的社会主义制度同落后的社会生产力之间的矛盾。”加写的这句话，就其内容说同上一稿上已删去的“先进的国家制度和社会制度同落后的经济和文化的实际之间的矛盾”意思差不多。加写这句话是在毛泽东看过之后，胡乔木本人是否报告了毛泽东，我们不得而知。但正是对这句话毛泽东后来表示了不同意见。在最后一次大会上，没有任何人对此提出异议，一致通过了《关于政治报告的决议》。

《决议》约9000字，分6个部分。第一部分分析了我国社会主要矛盾的变化，提出了党在当前的主要任务。第二部分阐述了党关于经济建设的十个方针政策问题。第三部分阐述了党关于发展文化、教育、科学、卫生事业的方针。第四部分论述了加强人民民主专政的重要性，提出了进一步扩大国家的民主生活、改进国家机关工作、巩固人民民主统一战线、加强各民族团结和促进少数民族地区进步和加强立法工作等一系列政治建设的任务。第五部分分析了第二次世界大战以后国际形势的变化及基本特征，阐明了我国对外关系的基本方针。第六部分指出了党的领导在完成上述任务中的极端重要性，并把克服主观主义、进一步提高全党马克思列宁主义的思想水平作为党的建设的关键。

八大政治报告的决议是在八大政治报告的基础上形成的。决议吸收了报告的一系列基本判断、分析和结论，并作了概括。可以说，决议是报告的浓缩。

但是，八大政治报告的决议又不是八大政治报告的简单缩写和重复，它对报告的内容作了非常重要的充实和丰富。

第一，决议正确分析了我国社会主要矛盾的变化，对现阶段国内社会的主要矛盾作出了科学判断，并在此基础上规定了全党和全国人民当前的主要任务。报告在分析国内形势时，分析了国内阶级关系的变化，但没有对主要矛盾的变化作出分析。阶级关系的变化同主要矛盾的变化尽管有密切联系，但两者毕竟不是一回事，不能相互替代。决议在这个方面对报告作了重要补充。具体来说，它明确肯定我国的无产阶级同资产阶级之间的矛盾已经基本上解决，社会主义的社会制度在我国已经基本上建立起来了；明确指出我国的主要矛盾是人民对于建立先进的工业国的要求同落后的农业国的现实之间的矛盾，是人民对于经济文化迅速发展的需要同当前经济文化不能满足人民需要的状况之间的矛盾；明确规定党和全国人民当前的主要任务，就是要集中力量来解决这个矛盾。社会主要矛盾决定一个社会某一阶段的性质，同时也是党确定一个时期主要任务的客观依据。只有正确地分析和认识社会主要矛盾，才能正确地规定主要任务，正确地制定实现主要任务的方针政策。决议对社会主义改造基本完成之后的社会主要矛盾作了准确的判断和分析，正是在这个基础上，党才提出了符合社会主义改造完成后中国社会实际的主要任务。

第二，决议吸收了八大其他报告或发言中一些重要的方针政策性意见，对报告作了重要补充。最重要的补充，就是决议提出了处理计划生产与非计划生产、集中经营与分散经营的关系的方针。八大政治报告没有涉及这两个问题。陈云在大会发言中对这两个问题提出了很好的意见和主张，他认为，在工商业经营方面，国家经营和集体经营为主体，一定数量的个体经营作为补充；在生产计划方面，计划生产是工农业生产的主体，按照市场变化而在国家计划许可范围内的自由生产是计划生产的补充。类似的意见，在其他一些大会发言里也提出过。

决议吸收了这方面的意见和观点，把它作为党关于经济工作的基本方针之一。决议说："随着社会主义改造的胜利，全国工农业产品的主要部分都将列入国家计划，由生产单位按照计划进行生产。但是为了适应社会的多方面需要，在国家计划许可的范围内，有一部分产品将不列入国家计划，而由生产单位直接按照原料和市场的情况进行生产，作为计划生产的补充。国家对于这一部分产品的生产只从供销关系上加以调节，或者只规定参考性的指标。"决议又说："社会主义经济的主体是实行集中经营的，但是也需要有一定范围的分散经营作为补充。"决议指出，把不应列入计划的产品勉强列入国家计划，或者把参考性指标当作正式计划的指标，把应当分散经营的勉强地合并起来集中经营，都不合乎经济发展和人民生活的需要。这里谈到的计划生产与自由生产、集中经营与分散经营，实质上触及到了经济体制的问题，是对模仿苏联而形成的过分集中、不够灵活的体制提出的改进要求。在大规模的社会主义建设即将展开时，对现行经济体制作改进，以适应生产力的发展，这无疑是极有意义的。

对政治报告作了阐述但尚未展开或者尚不突出的一些问题，决议作了比较全面而且比较集中和鲜明的论述。报告讲到了要改善职工生活和增加社员收入，但分别是在讲工业和农业问题时讲的。决议把上述问题提到国家建设与人民生活的关系的高度，指出必须使两个方面得到适当的结合，使国民收入中积累和消费的比例关系得到正确的处理。在强调个人利益、当前利益服从集体利益、长远利益的前提下，决议特别指出，如果过高地规定国民收入中积累的比重，不注意适当改善人民生活，就会损害群众的积极性和社会主义的利益。决议还专门将处理好这个问题作为经济工作的一条基本方针，比在报告中更加突出和鲜明。

关于国民经济的发展速度，报告既批评了保守的倾向，又批评了冒进的情绪，提出要积极而又稳妥可靠地发展国民经济。决议在讲这个问题时不仅比报告有所展开，而且也是把它作为经济工作的一条基本方针的。正确地规定国民经济的发展速度，是“一五”计划执行过程留给人们的经验教训。周恩来在八大所作的报告中，特别总结了这个方面的经验教训，指出：“应该根据需要和可能，合理地规定国民经济的发展速度，把计划放在既积极又稳妥可靠的基础上，以保证国民经济比较均衡地发展。”① 决议体现了周恩来在报告中所得出的上述认识和主张。

决议在关于党的领导这部分，还吸收了邓小平所作修改党章报告和党章修改草案的一些内容，在指出扩大党内民主时，特别提出要善于在党的会议上和党的报刊上组织关于政策问题的自由、切实的讨论，在纪律许可的范围内允许少数人保留自己的意见，允许下级向上级提出异议。报告也有关于扩大党内民主的内容，但决议比报告更具体。

关于八大政治报告的决议，尽管其起草和修改过程比较紧促，但因为有政治报告及其他报告和发言作认识基础，所以包含了丰富的内容；而其中关于社会主要矛盾变化的结论，对政治报告还作了具有重要价值的补充。它同政治报告一起，是党的八大最重要的文件。

五、党章的修改和邓小平关于修改党章的报告

（一）党章的修改和修改党章报告的起草经过

党章的修改和修改党章报告的起草，由邓小平主持。1955 年 5 月，经中央政治局会议批准的修改党章和修改党章报告起草委员会，实际上是由当时的中央正副秘书长组成。他们是：邓小平、胡乔木、李雪峰、谭震林、马明方、安子文、刘澜涛、宋任穷和杨尚昆。有关讨论修改党章和修改党章报告的活动，有时称秘书长会议，有时称修改党章和修改党章报告起草委员会会议，有时则称修改党章小组会议。

① 《周恩来选集》下卷，第 218 页。

邓小平向大会作《关于修改党的章程的报告》。

修改党章和起草修改党章的报告是紧密相联的两件事。根据工作的进展，两者常常交叉进行。

邓小平受命主持修改党章和修改党章的报告起草任务之后，首先抓了党章的修改。5个月之后，1955年10月20日，党章的第一次修改稿，即《中国共产党章程（初稿）》就产生了。不过，这份党章初稿，只有条文部分，打印稿上特别注明，党纲部分“暂缺”。其内容共分10章78条。当天，邓小平批示给杨尚昆：“此件请印十余份分发下列同志：政治局委员、起草小组：谭震林、李雪峰、刘澜涛、马明方、安子文、胡乔木。”并嘱：“印后送我三份，原稿退我。”同时，邓小平还起草了一份致政治局委员及党章起草小组成员的短函，说：“这是我们小组修改的党章初稿，其中总纲部分尚未写好，暂缺。最好请各同志能抽暇看一遍，将意见批在原件上退我，以便小组再讨论修改。”从邓小平的这封短函中可以看出，这一份党章初稿，只在小范围内征求过意见。

稍后，邓小平对党章初稿从内容到文字作了仔细的推敲和认真的修改，并加写了“人民解放军党组织”一条，把它列为第40条，其主旨在于把解放军置于党的绝对领导之下。1956年4月22日，中央政治局开会对党章初稿进行了一次讨论，邓小平主持的党章修改小组吸收了政治局委员的意见之后，形成了1956年4月《中国共产党章程（第二次修改稿）》。这一稿的突出之点是补写了“总纲”部分，条文改为10章67条，比初稿少了11条。事实上，这时的党章草稿与后来定稿的八大党章相比较，还缺少若干重要内容：（一）尚没有写全国及省（市）、县的党代表大会代表的常任制；（二）中央领导机构的设置，只设主席1人，副主席1人；（三）没有提设立中央政治局常务委员会；（四）仍设立中央书记处，也没有写设中央总书记一职。总之，与七大党章相比，没有原则性的修改。这一稿党章草案印制后，中央下发给省、市、自治区党委，在更大的范围内征求修改意见。

4月25日至28日，中央召开了有省、市、自治区党委书记参加的政治局扩大会议，中心议题是听取毛泽东《论十大关系》的报告并进行讨论；另外的议题之一是对党章草案的第二次修改稿进行讨论，提出修改意见。在28日举行的闭幕会上，毛泽东在作结论性讲话时，特别讲到了党章的修改问题。他说：现在党章草案已经发给省委、市委和区党委会讨论了。新党章应该充分体现纪律性和创造性，体现群众路线。他解释说，党没有纪律是不行的，但是纪律太死了，就妨碍创造性；妨碍创造性的纪律是不好的，是应该不要的。他还提出中央副主席的设置问题，究竟是设一个副主席还是设几个副主席，也请与会者讨论。他说，少奇同志提出中央设几个副主席，这个草案是设一个副主席，也可以谈一谈。另外，毛泽东还提出，是否可以仿照人民代表大会办法，设常任代表，我们有人民的“国会”，有党的“国会”，党的“国会”是党代表大会。他解释实行党代表的常任制的理由说：常任代表就是一年开一次会，我们已经十年没有开代表大会了，有了这个制度就非开不可。他以商量的口气说：是否可以考虑这个办法，譬如五年一任。

根据毛泽东、刘少奇的意见，在听取了省、市、自治区党委负责人的意见之后，邓小平主持党章修改小组对第二次修改稿又进行了修改。这一次对有关条文进行了重要修改，主要是加写了从中央到县一级的党代表采用“常任制”。中央领导机构的设置问题尚未落实到文字，但也在积极酝酿。1956 年 5 月 17 日、19 日、21 日，中央政治局连续开会，仔细讨论党章的修改问题。根据政治局委员们的意见，邓小平于当月代中央起草了一份向各省、市、自治区和中央各部委党组、党委发出的《关于讨论党章修改稿的通知》，其中特别提示说：

在党章修改稿中，请你们特别注意：

（一）草稿中规定全国代表大会和地方各级代表大会采用常任制度，并且规定各级代表大会每年开会一次，这是一个重大的改变，请你们考虑这种制度是否妥当。

（二）第三章第九条中关于中央机构问题，曾考虑到两种形式。一种是保持原来性质的书记处，设一个副主席；一种是不设原来的书记处，增设几个副主席，并且设立另外性质的书记处或者其他名义的组织。请你们考虑哪一种形式较好。

以上两点，也请你们将讨论意见报告中央。

又过了两个多月，中央在收集了各省、市、自治区党委和中央各部委党组、党委的意见后，政治局于 7 月 30 日开会，决定成立一个专门委员会，负责讨论落实中央机构的设置方案（这个委员会还负责研究八大的选举问题），向政治局提出一个报告。这是筹备八大的一项重要任务。这个委员会以陈云为第一召集人，邓小平为第二召集人，由 20 人组成。[①] 在这个大名单中，除了生病的及党的领袖毛泽东、刘少奇、周恩来、朱德以外，包括了几乎所有党的高层领导人，显示了这个专门委员会的重要性和权威性。

现存的档案资料中，有一份 1956 年 8 月 3 日铅印的党章草案稿，应是党章的第四次修改稿。这一稿中的第 37 条，关于中央领导机构的设置，已经把选举中央委员会“副主席一人”，修改为“副主席若干人”，其余未变，看来中央政治局对主席和副主席的设置，此时已达成了共识。8 月 5

① 委员会成员为：陈云、彭真、彭德怀、董必武、邓小平、邓子恢、刘伯承、贺龙、陈毅、罗荣桓、徐向前、聂荣臻、叶剑英、李先念、谭震林、黄克诚、谭政、刘澜涛、林枫、乌兰夫。

日，邓小平把专门委员会讨论的中央领导机构设置方案，上报毛泽东、刘少奇、周恩来、朱德，请他们“核阅”。报告说：“党章第三十七条条文，经小组委员会讨论修改另纸，现送上请审改后退我，以便印发。”邓小平另纸抄送的第37条条文是：

第三十七条，党的中央委员会全体会议选举中央政治局、中央政治局常务委员会和书记处，并且选举中央委员会主席一人和副主席若干人；

中央政治局和它的常务委员会，在中央委员会全体会议闭会期间，行使中央委员会的职权。

中央书记处在中央政治局和它的常务委员会领导之下，处理中央日常工作。

中央委员会的主席和副主席同时是中央政治局的主席和副主席。

中央委员会认为有必要的时候，可以设立中央委员会名誉主席一人。

这是一个经过多次反复酝酿讨论后形成的比较成熟的中央领导机构设置方案。与七大党章相比，有了重大修改：（一）中央副主席由1人改为若干人；（二）增设了中央政治局常务委员会；（三）把中央书记处置于中央政治局和它的常务委员会的领导之下；（四）增加了在必要时设立中央委员会名誉主席一职。应该说，这些修改，是党章修改中最具原则性的修改。

毛泽东在阅改这一方案时，看来是比较满意的，别的地方未动，但在“副主席若干人”之后，他加写了“和总书记一人”沉甸甸的六个字，并把“副主席”前面的“和”字改成顿点。实际上，毛泽东是在考虑，选出一位总书记，并且和中央主席、副主席一起组成中央政治局常务委员会，以形成中央领导集体的核心。关于这一重要构想，毛泽东在9月13日举行的中共七届七中全会第三次全体会议上作了透彻的说明。他说：党章上现在准备修改，叫作“设副主席若干人”。首先倡议设四位副主席的是少奇同志。一个主席，一个副主席，少奇同志感到孤单，我也感到孤单。一个主席，又有四个副主席，还有一个总书记，我这个“防风林”就有几道。“天有不测风云，人有旦夕祸福”，这样，就比较好办。如果只是个别受损害，或者因病，或者因故，要提前见马克思，那么，总还有人顶着，我们这个国家也不会受影响。又说："我是准备了的，就是到适当的时候，就不当主席了，请同志们委我一个名誉主席。名誉主席是不是不干事呢？照样干事，只要能够干的都干。"[①] 至于总书记的人选，毛泽东在这次讲话中明确地提出：准备推举邓小平同志。当然，毛泽东也说明：主席、副主席和总书记的人选，"这是中央委员会的责任，由中央委员会选举"。[②]毛泽东想得更深更远。

专门委员会提出的中央领导机构的设置方案，经毛泽东、刘少奇、周恩来、朱德"核阅"修改后，又提交中央政治局讨论通过。8 月 15 日，邓小平拟写了以中央办公厅名义致修改党章小组委员会各同志的便函："党章修改稿第三十七条条文，政治局已拟定，请照改。"这样，便形成了 8 月 17 日党章草案稿，即党章草案第五次修改稿，作为向党的七届七中全会提交讨论的文件之一。

8 月 22 日，七届七中全会开幕。会议的主要内容是审议通过中央委员会向八大提出的《政治报告》《中国共产党章程（草案）》《关于修改党的章程的报告》《关于发展国民经济的第二个五年计划（一九五八——一九六二）的建议》和《关于发展国民经济的第二个五年计划的建议的报告（修正稿）》等几个文件。会议进行中间，毛泽东又对党章草案第一章第三条（党员的权利）的第一项加写了"的理论"三个字，即把"在党的会议上或者党的报刊上参加关于党的政策和实际问题的自由的、切实的讨论"，改为"在党的会议上或者党的报刊上参加关于党的政策的理论和实际问题的自由的、切实的讨论"。9 月 10 日 22 时，毛泽东阅后写了如下批语："退小平同志两件[②]，改处都看过，同意这些修改。我只在第三条觉得应添三个字，请酌定。"邓小平于次日批示给杨尚昆："存用"。按照毛泽东的意见，对党章修改稿作了修改，形成了《中国共产党章程（草案）》第六稿，准备提交党的八大讨论通过。

---

① 毛泽东：《关于设中共中央副主席和总书记的问题》，《党的文献》1991 年第 3 期，第 9 页。

② 两件，指《中国共产党章程（修改稿）》和《关于修改党的章程的报告（草稿）》。

由以上不完全的介绍可以看出，以毛泽东为首的中央政治局和以邓小平为首的党章修改小组，为了加强执政党的建设，对于党的这部“法规”，是倾注了大量心血的，特别是对于中央领导机构的设置即中央领导集体核心的问题，是经过了反反复复的酝酿、磋商、讨论才达成共识的。所以如此，是因为党中央和毛泽东认为，中央的领导核心问题，是关系党的巩固与发展、国家的安全和人民前途命运的大事。这一修改过程，体现了党中央和毛泽东的高瞻远瞩。

邓小平的关于修改党章的报告的起草工作，是在党章的修改工作基础上进行的。由于时间紧迫，党章的修改与起草修改党章的报告两件事又是穿插进行的。现存的档案资料表明，修改党的章程的报告，最初的执笔人是胡乔木，他同时又是《政治报告》起草委员会的成员。由于距离召开八大的时间日近，在党章修改工作尚在进行中，他即开始动笔起草修改党章报告了。全稿是分前后两部分起草的。1956 年 7 月 23 日，他草写完了修改党章报告的前半部分，题为《关于修改党章的报告（初草）》，内容只限于关于党纲部分的说明，即后来修改党章报告的前四部分；当党章修改草案基本定稿，即中央政治局通过了中央领导机构的设置方案之后，胡乔木于 1956 年 8 月 11 日，又完成了修改党章报告的后半部分的草稿，即后来修改党章报告的第五、第六两个部分，内容是对党章一些重要条文的说明。邓小平收到后半部分草稿后，迅即于 8 月 12 日批示中央办公厅印成《关于修改党章的报告（初草）》（1956 年 8 月 12 日）。

此时，距召开七届七中全会仅仅还有 10 天，离八大正式开幕也仅还有一个月多一点的时间，从草稿到定稿的时间无疑是紧迫的。当时，在北戴河工作的邓小平，正在紧张地参加八大政治报告的讨论，处理筹备八大的诸多事宜。在这种情况下，他着手修改胡乔木起草的稿子。邓小平对草稿的结构没作改动，而重点对党所处的历史环境的变化、以及由此引发的党组织出现的新矛盾新问题、党的建设的总任务等问题，补写了重要内容，并对文字的表述作了细致的推敲。修改之后，邓小平把修改党章的报告（修改稿），提交修改党章报告起草委员会，征求意见。8 月 27 日下午，起草委员会开会，集体进行修改。当日，邓小平便嘱托杨尚昆在当晚将修改党章报告（修改稿）送毛泽东审阅。毛泽东连夜对送审稿进行了仔细的修改之后，在稿件的首页上方写了如下批语：

退小平同志。

此件看了一遍，觉得大体可用。作了一些小的修改，请你酌定。第23页上批了一点建议修改的意见，请考虑。许多句子太长，不好读。我在第23（应为第32——笔者注）页的一段中试增了一些标点，请考虑全文都增加一些标点。①

毛泽东在批语中所说的“作了一些小的修改”，主要有两处：一处是在《报告》（修改稿）的第一部分第一段“这个草案，同第七次大会所通过的党章比较起来，并没有原则上的不同，但是在具体内容上却有了很多的改变”之后，加写了“其中包括一些带有原则性的改变”14个字。另一处是在《报告》（修改稿）最后第四段，分析党在领导革命和建设胜利的原因时，在“要归功于人民群众对于我们的信任和支持，要归功于党员的艰苦奋斗”前面，加写了“首先和最主要的”7个字。这前一处14个字，反映了毛泽东对党章草案的看法，其所指“带有原则性的改变”，主要是指：把从中央到县一级的党代表制改为常任制，每年都要召开一次党代表大会；中央领导机构的设置。其余的重要改变我们将要在后面加以介绍。而在后一处毛泽东加写的7个字，则反映了毛泽东固有的群众观点，或唯物史观。

毛泽东在批语中所说的“第23页上批了一点建议修改的意见”，是指《报告》（修改稿）论述党内民主并没有因为党的代表大会和代表会议开得不经常而受到严重的影响，理由是因为从七大以来的年份里，无论党的中央组织和地方组织都召集了大量的干部会议，这些会议按照充分民主的精神，讨论了党的政策和工作中的各种问题，在很大程度上起了党的代表会议以至代表大会的作用。接着，《报告》（修改稿）列举了一系列重要会议。

① 毛泽东：《对修改党的章程报告稿的批语》，《建国以来毛泽东文稿》第六册，第187页。

毛泽东看后在这段文字旁边写了两条提示性意见：一是“1955 年三月的全国代表会议应在此处提出”；二是“没有说 1953 年的财经会议和粮食统购统销会议，也没有说 1949 年的扩大的二中会议。”邓小平据此又加写了这四次党的重要会议。

毛泽东所批“试增了一些标点，请考虑全文都增加一些标点”，是他以修改党章报告（修改稿）的第五部分的第一段为例，把一些过长的句子改成了短句，在不到 5 行文字中，他加了 7 个逗号，并把一处逗号改成句号，使稿子的行文更加顺畅。

邓小平收到毛泽东的批语后，又吸收了修改党章报告起草委员会委员们提出的修改意见，对《报告》（修改稿）作了若干修改，便连同党章草案提到 8 月 22 日开始举行的七届七中全会，请中央委员会进行审查和通过，至此完成了中央政治局交办的两大任务。

（二）《关于修改党的章程的报告》的主要内容

邓小平在八大所作《关于修改党的章程的报告》（以下简称《报告》），全文约 27000 字，共分 6 个部分。第一部分是对党所处的大势及党的建设的大局的分析；第二部分是阐述执政党坚持党的群众路线的极端重要性和如何坚持群众路线问题；第三部分是对党如何扩大党内民主生活、坚持民主集中制原则的说明；第四部分是阐述加强党的团结和统一问题；第五、第六两部分，是对党章的一些重要条文，特别是对七大党章“一些带有原则性的改变”或重要修改的条文的解释。

1. 关于党所处的大势及党的建设的大局。

毛泽东在七届七中全会第一次会议上的讲话中，谈到对审议大会政治报告稿的要求时说：首先对大势提一些意见，看报告对大局的分析是完全要不得，还是勉勉强强，还是大体可以。这其中当然也应包括修改党章的报告。毛泽东所说的大势、大局，可以理解为总的形势、总的指导思想、总的任务。都属于战略问题、方针问题，它对于把握党的建设的大局，具有决定性意义，是党的建设的中心坐标。邓小平的《报告》中的第一部分，讲的就是整个党所处的“大势”，党的建设必须解决的“大局”问题，或者说是对党所处的新环境、新矛盾的分析，以及党的建设的总任务的阐述。这一部分，基本上是邓小平对8月12日稿作修改时亲自加写的，虽然只有约1700字，但可以说是整个报告的纲。

《报告》的这部分一开始就以简洁明快的语言指出：同党的七大召开时相比，党的状况已有了很大的变化，“中国共产党已经是执政的党，已经在全部国家工作中居于领导地位。”从另一个角度说，也就是“多数党员都在各级国家机关、经济组织、文化组织和人民团体中担负了一定的工作”。当然，党所处的这种地位，不是自封的，而是党领导的革命和建设取得节节胜利的结果，是中国历史发展的必然，是中国各族人民的选择。这对于中国共产党的发展和建设来说，自然是极为有利的条件。然而，邓小平又明确地指出：“执政党的地位，使我们面临着新的考验。”这是因为，执政党的地位，“很容易使我们同志染上官僚主义的习气”；同时，执政党的地位，“还很容易在共产党员身上滋长着一种骄傲自满的情绪”。这些非常有害的“习气”“情绪”，必然导致工作中的主观主义和工作作风上的宗派主义；而官僚主义、主观主义和宗派主义，都会使党产生“脱离实际和脱离群众的危险”。这样，《报告》既指出了党的建设极有利的条件，又有非常严峻的一面。所谓“严峻”自然不是指战争年代所处的严酷环境，而是说执政的地位极易导致党内滋生与党的传统、宗旨相背离的问题，正所谓“创业难，守业更难”。

关于党的建设的大势、大局，邓小平后来还作过进一步的阐述。八大之后不久，1957年4月，他到陕西西安视察时向机关负责干部讲话时说：本来，我们共产党员是从群众中来的，但现在有的看不起群众了。有的机关楼盖得越大越看不起群众了，远离群众了。他说，过去我们党的干部，包括军队的干部，在山上时有的还种一点地，不种地也能天天看到老百姓，哪一家老百姓吃什么饭，我们知道；哪一家肥料不够，我们清楚。总之，一般说来，我们是在生产者当中，或者接近生产者，熟悉生产者的情况和问题。而我们现在进城了，住了大机关了，房子很漂亮，有些人有时还下去一下，但大量的干部根本没有下去过，对生产者的情感我们不熟悉了，他们的问题我们不了解，这个问题很严重。邓小平指出，生活条件、工作环境的变化，是要改变人的意识的。每个同志，特别是高级干部必须看到这种改变。他告诫说：不是讲腐蚀吗，这就叫腐蚀。如果我们工人阶级先锋队的队伍中，不注意这个问题，就会形成另一个阶层，“叫做脱离群众阶层”。邓小平关于执政党要特别注意警惕脱离群众问题的论述，是对全党、特别是处于领导岗位的干部敲起的长鸣警钟。

在《报告》中，邓小平对执政党产生骄傲自满情绪的危害性作了深刻剖析。他针对有的党组织、有些共产党员正在滋生的“以功臣自居”的思想和特权表现，尖锐地指出：骄傲自满的情绪，已经是“一种最脱离群众的危险倾向”。他分析骄傲自满的具体表现有：有的稍稍有点工作成绩，就自以为了不起，就看不起别人，看不起群众，看不起党外人士；有的并不是工作有什么成绩，只是认为自己入了党，就自认为比群众高出一头；也有的领导干部，喜欢以领导者自居，喜欢站在群众的头上发号施令，遇事主观决定，不与群众商量。应当说，邓小平在《报告》中指出的种种危险情绪，以及与此相联的主观主义、官僚主义和宗派主义倾向，是及时而深刻的，抓住了党在前进中容易产生的问题的要害。

基于上述分析，邓小平在《报告》中提出了党的建设的基本任务，那就是“必须经常注意进行反对主观主义、官僚主义和宗派主义的斗争，经常警戒脱离实际和脱离群众的危险”。如何进行反对“三个主义”和警戒“两个脱离”的危险呢？邓小平提出，除了加强对党员的思想教育之外，更重要的还在于要“从国家制度和党的制度上作出适当的规定”；要实行“党的内部的监督”以及“人民群众和党外人士对于我们党的组织和党员的监督”。他认为，“关键都在于发展党和国家的民主生活，发扬我们党的传统作风”。邓小平提出的从党和国家制度上加强党的建设，是加强执政党建设带有创见性的根本性措施，它不仅与中国共产党长期形成的着重从思想上建党的经验和传统相得益彰，而且更注重了执政党的特点，遵循了党在执政条件下进行自身建设的规律。

2. 认真宣传和贯彻执行党的群众路线，对于执政党具有特别重大的意义。

邓小平在《报告》的第二部分，着重阐述了党的群众路线问题，他指出，贯彻群众路线，“由于党成了执政党而有更加重大的意义”。

邓小平首先从党的群众路线与党的性质或党的生命的关系的高度，阐述了群众路线的重要性。即是说，群众路线与党的性质或生命是紧密相依而存的，如果背离了群众路线，党的性质就会改变，党的生命也就会停止。邓小平认为，作为一个马克思主义的政党，必须确认，归根到底说来，历史是人民群众创造的。从这一历史唯物主义观点出发，第一，必须承认，工人阶级的政党不是把人民群众当作自己的工具，而是自觉地认定自己是人民群众在特定历史时期为完成特定的历史任务的一种工具。第二，共产党之所以能够领导群众，正因为，而且仅仅因为，它是人民群众全心全意的服务者，它反映人民群众的利益和意志，并且努力帮助人民群众组织起来、为自己的利益和意志而奋斗。第三，从党的这一观念出发，那末，党必须反对任何对人民群众“恩赐”的观点和“包办、强迫命令”的错误行为，必须反对“在人民头上称王称霸”的恶劣做法。

其次，邓小平又从认识论方法论的角度论述了群众路线的重要意义。他说，党的主张必须是“从群众中来，到群众中去”。而要遵循这一唯物主义的科学认识路线，“只有首先善于做群众的学生的人，才有可能做群众的先生，并且只有继续做学生，才能继续做先生”；“只有认真总结群众的经验，集中群众的智慧，才能指出正确的方向，领导群众前进。”他还告诫说，离开群众的经验和群众意见的调查研究，即使是“天才的领导者也不可能进行正确的领导”。

邓小平针对党内存在的突出问题，即形形色色的官僚主义和有悖于群众路线的种种现象，论述了认真宣传和贯彻执行群众路线的必要性。在《报告》中他列举了官僚主义倾向的三种表现。应当说明，这些针砭官僚主义的文字，都是邓小平本人写的。他认为，官僚主义的突出表现，一是不少领导机关和领导干部，高高在上，不接近群众，不重视调查研究，不了解工作中的真实情况，在执行中央和上级的指示时，不结合当时当地的实际情况，只是机械盲目地搬运；更严重的是有些领导同志，对于群众迫切要求解决的问题，抱着一种无动于衷的冷淡的态度。二是一些有严重骄傲情绪的干部，有的滥用手中的权力，违法乱纪，对批评他们的人进行压制和报复。邓小平尖锐地把这种干部的作风，批评为“把党和人民的关系颠倒过来”的一种“很恶劣的反人民的作风”。三是不少党组织和党员在工作中奉行命令主义。这些人在作出决议、指示之前，不同群众商量；在执行决议、指示的时候，对群众不进行说服教育，一切依靠命令行事，结果把工作做得很坏。

当然，邓小平在批评一些党组织和干部的命令主义时，并不认为都是下级组织或基层组织的责任，而实事求是地指出，下面的命令主义的错误，往往是同上级领导机关的主观主义和官僚主义的领导分不开的。

在论述反对官僚主义、贯彻党的群众路线应当采取的重大措施时，邓小平还着重提出了要密切同党外人士的合作，分析了广泛吸收党外人士参加这一斗争的重要性。他指出，我们同民主党派和无党派人士合作是早已确定了的长期方针；而这些民主人士中，他们最初在政治上曾是资产阶级和小资产阶级的代表，但现在，他们的立场，“逐渐在不同程度上向社会主义方面变化了，并且将继续向这个方面变化”，“他们的立场和我们的立场比以前更接近了”。因此，我们要继续扩大同党外人士的合作，使他们在反对官僚主义的斗争中，以及在国家生活各方面，发挥更大的作用。邓小平对民主党派及党外民主人士政治立场的科学分析和判断，体现了当时毛泽东提出的“长期共存，互相监督”的思想。

3. 发展党内民主，坚持集体领导，反对个人崇拜。

《报告》的第三部分，是对党章总纲和党章第二章中关于党的民主集中制原则及其有关规定的阐述。邓小平用了比第二部分还要多的篇幅，来阐述这一根本的组织原则。他指出，实行这一原则，其主旨在于发展党内民主、注意发挥下级组织和党员的积极性和创造性，坚持党的集体领导和反对个人崇拜。实质上，就是要处理好党的组织和党员、党的上级组织和下级组织、党的中央组织和地方组织以及党的领袖与党的关系。

邓小平首先论述了划分党的中央组织和地方组织、上级组织和下级组织的职权范围的重要性。他认为，从总的方面说来，当时上下级组织之间，主要问题还是对于发扬下级组织的积极性创造性注意不足；中央集权有些过分。这种状况是产生官僚主义和主观主义的重要原因之一。事实证明，这种弊端与日益发展着的社会主义建设事业，正在发生着很大的矛盾。有鉴于此，邓小平指出，为了使党组织能够适应中央和地方各级组织从事的浩繁的经济、文化、行政及其他领导工作，党章草案关于民主集中制中的上下级关系，增加了三项规定，以适当划分中央和地方、上级与下级的职权范围:（一）凡属全国性质的问题和需要在全国范围内作统一规定的问题，应当由中央组织处理，以利于党的集中统一;（二）凡属地方性质的问题和需要由地方决定的问题，应由地方组织处理，以利于因地制宜;（三）按此原则，上级地方组织和下级地方组织的职权，也应当作适当的划分。

在这一部分，邓小平还着重论述了坚持党的集体领导的问题。这既是针对一些党组织发生的“个人包办的行为”，也是有鉴于国际共产主义运动的教训，尤其是斯大林晚年所犯破坏民主集中制错误的教训。邓小平强调说：列宁主义要求，党在一切重大的问题上，由适当的集体而不是由个人作出决定。那种由个人决定重大问题的行为，是同共产主义政党的建党原则相违背的；是必然要犯错误的。只有联系群众的集体领导，才符合于党的民主集中制原则，才便于尽量减少犯错误的机会。他还批评，有的党组织负责人，他们形式主义地执行集体领导的原则，会前既不通知会议的参加者进行准备，会中又没有造成便于展开讨论的气氛，实际上形成“强迫通过”。这是一种“以集体领导的外表掩盖个人专断的实质的办法”，必须坚决予以反对。

为了真正实行集体领导原则，邓小平提出，一切提到会议上的问题，都必须经过讨论，允许提出异议。如果在讨论中发现重大的意见分歧，而这种分歧并不属于需要立即解决的紧急问题，就应当适当地延长讨论，并且进行个人商谈，以便求得大多数的真正同意，而不应仓促地进行表决，或者生硬地作出结论。他说：“只有这样，党内的民主生活才能获得真实的保证。”

同时，邓小平也指出，巩固集体领导，并不是降低党委集体中的个人作用。相反地，只有通过集体，个人的作用才能得以正确的发挥；而集体领导也必须同个人负责相结合。“没有个人分工负责，我们就不可能进行任何复杂的工作，就将陷入无人负责的灾难中。”

在论述党的民主集中制原则时，邓小平还提出了反对个人崇拜问题。他根据马克思主义关于杰出的个人与人民群众的关系的论述，指出：马克思主义从来没有否认领袖人物对政党的作用。无产阶级政党的领袖，是“最有威信、最有影响、最有经验”的人们。然而，领袖人物“不是在群众之上，而是在群众之中，不是在党之上，而是在党之中”。因此，党要求于领袖人物的，“必须是密切联系群众的模范，必须是服从党的组织、遵守党的纪律的模范”。人们对于领袖的爱护，本质上是表现对于党的利益、阶级的利益、人民的利益的爱护，“而不是对于个人的神化”。而把个人神化，就会造成严重的后果。在《报告》中，邓小平还郑重指出，尽管我们党曾作出一系列的规定，防止“对于个人的神化”，但由于个人崇拜是一种有长远历史的社会现象，“这种现象，也不会不在我们党的生活和社会生活中，有它的某些反映”。因此，“我们的任务是，继续坚决地执行中央反对把个人突出、反对对个人歌功颂德的方针”，只有如此，才能真正巩固领导者同群众的联系，使党的民主原则和群众路线，得以贯彻执行。邓小平的这些具有深远历史意义的论述，证明我们党当时对防止和反对个人崇拜的重要意义的认识是比较清醒的，且敢于正视党的生活中存在的问题。

这里，有一个问题需要说明，就是八大党章和修改党章的报告都没有提“毛泽东思想”的问题。

把“毛泽东思想”作为党的指导思想，并写入党章，这是七大作出的重大决策。刘少奇在七大所作的修改党章报告中，用了一个整章的篇幅论述了党的指导思想——毛泽东思想。到了八大，在毛泽东指导下所形成的文件，包括党章和修改党章的报告，都没有出现“毛泽东思想”的提法。这需要说明，从七大到八大的这个变化，一是有一个历史过程，并非突如其来；二是这一变化，是根据毛泽东本人的提议作出的。

众所周知，当中国新民主主义革命在全国即将胜利的前夕，在 1949 年 3 月的七届二中全会上，党中央曾根据毛泽东的提议，决定禁止给党的领导者祝寿，禁止用党的领导者的名字作地名、街名、企业的名字。同时，党中央也反对向领导者发致敬电和报捷电，反对在文学艺术中夸大领导者的作用。正是从那时以后，毛泽东在审阅一些重要文件时，他本人就把“毛泽东思想”统统改掉了，有的删去，有的改为“马克思列宁主义的路线”，有的改为“马克思列宁主义的普遍真理和中国革命的具体实践相结合”。在编辑《毛泽东选集》第三卷选收 1945 年 4 月中共中央通过的《关于若干历史的决议》时，毛泽东便把“毛泽东思想”统统作了上述处理。

1954 年 12 月，中共中央宣传部根据毛泽东的指示精神，专门下发了《关于毛泽东思想应如何解释的通知》，毛泽东在阅审这个通知的草稿时，亲笔加写了一句话：“在写文章做讲演遇到需要提到毛泽东同志的时候，可用‘毛泽东同志的著作’等字样。”中宣部在《通知》中说，“党章已明确指出：‘毛泽东思想’即是‘马克思列宁主义的理论与中国革命的实践之统一的思想’，它的内容和马克思列宁主义是同一的。”《通知》特别说明，“毛泽东同志曾指示今后不要再用‘毛泽东思想’这个提法，以免引起重大误解。我们认为今后党内同志写文章做报告，应照毛泽东同志的指示办理。”①

正是遵照毛泽东本人的意愿，八大的文件包括政治报告、党章、修改党章的报告都没有出现“毛泽东思想”的字样。但是，在党章总纲中却写有“中国共产党以马克思列宁主义作为自己行动的指南”，“党在自己的活动中坚持马克思列宁主义的普遍真理同中国革命斗争的具体实践密切结合的原则”，这实质上就是指坚持马克思列宁主义、毛泽东思想。邓小平在《报告》的一开始就提到“以毛泽东同志为首的党中央”；《报告》的最后特别强调了“我们党的胜利，也要归功于党的各级组织的领导者，特别是我们党的领袖毛泽东同志”。这些，无疑是对毛泽东在全党领导地位的坚定地肯定，同时也避免了对领袖人物的神化，其主旨正是在于加强党的集体

---

① 《建国以来毛泽东文稿》第四册，中央文献出版社 1990 年版，第 623 页。

领导，更好地贯彻党的民主集中制。

4. 正确开展党内的批评和斗争，维护党的团结，巩固党的统一。

邓小平在《报告》的第四部分，对党纲中维护党的团结和统一的问题作了具体阐述。

邓小平首先论述了维护党的团结和统一的重要性。党纲草案指出："党的团结和统一，是党的生命，是党的力量所在。"他解释说，从历史经验看，我们党领导的新民主主义革命能够取得胜利，固然是由于党的主张的正确，代表着人民的利益，但是，也是靠了党的自身的团结和统一。有了党的自身的团结和统一，才能建立起同人民群众的密切联系，才能把人民的力量团结起来，战胜敌人。建国之后，我们也是依靠党的自身的团结和统一，才能领导全国人民克服种种困难和障碍，取得恢复和发展国民经济，以及基本完成社会主义改造的胜利。维护党的团结，巩固党的统一，不但是党的利益，也是全国人民的利益。因此，党的团结和统一，"是党的建设的最重要的问题之一"。

如何加强党的团结和统一？邓小平认为，一是要同在这一问题上的错误倾向进行斗争。他引用七届四中全会决议说，"对于那种与党对抗，坚持不改正错误，甚至在党内进行宗派活动、分裂活动和其他危害活动的分子"，党"必须进行无情的斗争，给予严格的制裁，直至在必要时将他们驱逐出党"。当然，对于犯一般错误的党员，应当采取区别对待，"惩前毖后、治病救人"的方针，着重于实事求是地对所犯错误的实质和根源的分析，使其提高思想觉悟，而不应着重于组织处分，不应该依靠简单地"扣帽子"和简单地实行惩办的方法去解决问题。

为了维护党的团结和统一，邓小平还指出，必须大大发展党内的批评和自我批评。具有决定意义的是"鼓励和支持由下而上的批评，禁止压制批评的行为"。对于一部分干部对于批评者采取可耻的打击报复的"恶劣的现象"，必须与之斗争。

5. 提高党员和干部的标准，保障党员的权利。

邓小平《报告》的第五部分，是对党章草案中关于党员的规定的说明，着重阐述了党章中关于提高党员的标准和干部的标准，以及保障党员的权利问题。他介绍说，新的党章草案与七大党章比较起来，这一部分“有不少重要的修改”，既提高了对党员的要求，也扩大了党员的权利。

为什么要对党员提出更高的标准？邓小平指出，一是执政党对于人民所负的责任加重了，党在人民中间的威信增长了。也就是说，一个共产党员肩上的担子更重了，责任更大了，影响更大了。二是不能忽视的事实是，在夺取全国政权以前，一个决心入党的人，往往是表示愿冒着丧失自由和生命的危险，去为群众利益为实现人类社会的最高理想去奋斗，而在执政的情况下，就会有人是为了取得名誉和地位而要求入党。这样，入党之后，这样的人就会不去为群众谋利益，反而会妨碍群众的利益。因此，他提出，“为提高党员的标准而斗争，这是当前党的重要政治任务之一”。

邓小平说明，为了提高党员的标准，党章对党员的条件作了新的规定，即首先要求“党员必须是从事劳动而不剥削他人的人”，必须不让剥削分子入党，不能让剥削行为、剥削思想侵入到党的队伍中来。

其次，邓小平说，为了提高党员的标准，党章规定的新的内容有：一是把“维护党的团结，巩固党的统一”列为党员的义务；二是规定党员必须积极完成党分配给自己的任务；三是要求每个党员无例外地严格地遵守党章和国家的法律，遵守共产主义道德；四是规定每个党员都有实行批评和自我批评，揭露工作中的缺点和错误，并且加以克服和纠正的义务；还有义务向党的领导机关直至中央委员会报告工作中的缺点和错误；五是规定了党员对党要忠诚老实，不隐瞒和歪曲事实真相；六是党员必须时刻警惕敌人的阴谋活动，保守党和国家的机密。党章的这些新规定，是根据执政党的新环境、新任务制定的，表示对党员的要求更为严格了。

关于扩大党内民主、保障党员的民主权利方面，邓小平在《报告》中说明，党章草案也增加了一些新内容。一是把在工作中充分发挥创造性作为党员的一项权利。这一方面有利于激发广大党员在党的纪律允许的范围内，独立思考，创造性地解决问题；另一方面也可以使许多惯于墨守陈规、不尊重群众创造性的领导人改变自己的工作作风，从而促进党内民主的高涨。二是规定了在党组织对党员作出处分或者鉴定性的决议时，党员本人有权要求参加会议。三是规定了党员对党的决议有不同意见的时候，除了无条件地执行以外，有保留自己意见和向党的领导机关提出自己意见的权利。四是规定了党员有在党的会议上或者党的报刊上参加关于党的政策的理论和实际问题的自由的、切实的讨论的权利，有在党的会议上批评任何组织和任何工作人员的权利等。邓小平还说明，为了保障党员的权利，党章草案特别规定：侵害党员的权利，就是违反党的纪律，应给予纪律处分。

党的干部，是党的领导骨干。党的纲领、路线、方针、政策，都要通过各级干部去贯彻实施。他们对党领导的事业，起着关键的作用。同刘少奇在七大作的修改党章报告一样，邓小平在报告中，在阐述党章草案有关党员标准、权利和义务之后，也专门论述了对干部的要求，强调“需要向党的干部提出更严格的要求”。

他首先提出，执政党的干部除了要履行普通党员的义务外，由于他们受到了党和人民更多的信任，因此，他们对于党和人民，也比普通党员负有更高的责任。正因为这样，党的干部最重要或首要的是“学会永远不脱离群众，永远不自满和不害怕困难，勇于接受自下而上的批评，不断改进自己的工作，并且用自己的榜样去耐心教育他们所领导的人员”。

由于党领导的大规模社会主义建设事业即将在全国展开，邓小平特别论述了“坚决地放手地使用经过选择的新干部”问题。他提出，为了适应党和人民的事业发展的需要，在培养和提拔新干部中，第一，必须特别注意培养精通生产技术和其他各种专门业务知识的干部，这是建设社会主义的基本力量；第二，必须在各个地方注意培养熟悉当地情况、同群众有密切联系的本地干部；第三，在少数民族地区，必须用最大的努力培养该地区本民族的干部；第四，必须用很大的决心培养和提拔妇女干部，这是党的干部的最大的来源之一。

在《报告》中，邓小平还对干部的管理工作提出了要求。他说，在坚持实行干部分级管理中，要使干部的管理同对干部的政治和业务的检查监督互相结合起来；要使全党任何部门、任何职位的干部都受着党的认真的监督和具体的帮助。这样做，对于防止和反对少数干部的“特权”思想以及以“老爷”自居的恶劣作风，提高干部的质量是至关重要的。

八大通过的党章和邓小平的修改党章的报告，是党的建设的历史经验的总结，是以毛泽东为首的党的第一代领导集体和全党智慧的结晶。

六、关于“二五”计划的建议和周恩来关于“二五”计划建议的报告

《关于发展国民经济的第二个五年计划的建议》和《关于发展国民经济的第二个五年计划的建议的报告》，在 1955 年 10 月七届六中全会上被列为八大的主要议程。这两个文件是在周恩来的主持下，前后经过一年左右的辛勤工作后形成的。

（一）关于“二五”计划建议的形成

“二五”计划是在周恩来指导下从 1955 年 8 月开始编制的。由于指导思想明确，不久便提出了符合客观实际的轮廓数字。

其中，轮廓数字要求到 1962 年工农业总产值、粮食产量、棉花产量分别达到 2007 亿元、4600 亿斤和 4300 万担①，即以 1957 年预计数②为准，每年分别以 9.9%、3.6%、5.6% 的速度稳步递增。可是，由于反对右倾保守斗争的开展，被纳入远景计划的“二五”计划的各项指标也跟着定高了。远景计划要求到 1962 年工农业总产值、工业总产值、农业总产值、粮食产量和棉花产量分别增长到 2997 亿元、1960 亿元、1036 亿元、6336 亿斤、7000 万担③，即每年分别递增 15.5%、20.6%、8.9%、7.8%、11.4%。由于在确定各项指标时，对作为基数的 1955 年各项产值、产量的预计数估计过

---

① 1956 年 6 月国家计委《工农业总产值历次方案》《主要工农业产品产量历次方案对照表》。

② 这些预计数同 1957 年的实现数基本上是吻合的。

③ 1956 年 6 月国家计委《工农业总产值历次方案》《主要工农业产品产量历次方案对照表》。

高，同以后的实际完成数差距较大，因此每年只有分别以19.1%、24.6%、11.7%、10.3%、16.4%的速度递增，才能实现以上高指标。又由于这些高指标在1956年4月下旬得到毛泽东的认可，使正在编制中的财政收支、物资供应等指标根本无法平衡。到1956年6月，国家计委继提出各项指标经过修改的第一方案[①]后不久，又提出了第二方案[②]。但是，因为这两个方案对过去的一些指标的改动都属于非实质性的小修小改，从而使整个编制工作陷入一筹莫展的困境之中。

这时，距离中国共产党第八次全国代表大会召开只有一个多月了，有关部门却拿不出一个能够提交到八大会议上的方案来。

编制“二五”计划的工作困难重重、时间又十分紧迫，在此情况下，周恩来、陈云等看到：要搞一个切实可行的方案，就必须推翻已有的冒进方案；而要推翻已有的冒进方案，就必须做各部委负责人的思想工作，只有打通思想，才能妥善地把各项指标降下来。

从1956年7月3日起，周恩来连续3天主持国务院常务会议，讨论“二五”计划的第二方案，磋商编制一个符合客观实际的新方案问题。周恩来指出：制订新方案“是为贯彻既积极又稳妥可靠的方针”。他以充足的理由说明“第一方案冒进了”，第二方案确定到1962年粮食产量达到5500亿斤，也是“不可靠的，有危险的”，甚至定为5300亿斤“也值得考虑”。这是因为，农业合作化后，虽然农业生产的“积极因素增加了，但消极因素并未减少”。我们还“不能排除歉收，水、旱、虫灾总要起作用”，它们天天都在管着农业生产。因此，农业生产在“二五”计划期间也会有丰年、平年和歉年，所以粮食生产每年很难以6%以上的速度增长，“搞这个假设不好”。

经过充分交流思想后，与会者一致认为“二五”计划的第二方案仍不稳妥，同意继续“精打细算”，按5年财政总收支2350亿元至2400亿元来安排，相应减少主要工农业产品产量、基本建设投资，“在稳妥可靠的基

①② 1956年6月国家计委《工农业总产值历次方案》《主要工农业产品产量历次方案对照表》。

础上”，“搞一个比较可行的方案，作为向八大的建议”。

可以说，这是一次把高指标大幅度往下降的促“退”会议，一次带转折性意义的会议，从思想上反对和清理了离开中国经济建设实际、离开综合平衡的急躁冒进情绪。这样，向八大提出一个接近实际的“二五”计划的建议已经成为可能。

这次会议结束后，周恩来集中精力主持编制“二五”计划的建议。在整个7月里，他同计委负责人薛暮桥、王光伟、陈先等（李富春、张玺这时在苏联），不断磋商、反复计算各项指标的可行性。他指出：“搞生产必须要根据可能，建立在稳妥可靠的基础上。计算生产潜力，除人力条件外，还必须考虑到物资等其他条件。”[①] 同时，他指示计委应根据“一五”计划已有的经验，做好各项平衡工作，留有余地，即要正确估计工农业生产增长速度和国民收入总额；在此基础上安排积累与消费比例，妥善处理农、轻、重的比例关系，提出稳妥的投资总额，以此编制出可行的方案来。[②] 王光伟在回顾建议的编制情况时说，在编制中，周总理“总是辩证地考虑问题”。比如在水利建设上，“讲灌时不忘注意排，要求排灌结合。讲蓄时不忘注意泄，要求蓄泄兼顾。”各项数字“都是经过反复平衡的，都是总理呕尽心血考虑的”。对于重大项目，他从不自作主张，总是“全面考虑，集中各方意见”，特别是专家的意见，反复平衡后才确定。“他不仅过问每一个数字，而且经常是在他的西花厅宿舍计算到深夜，连文字都是他亲自定下来的。夜深了，由于工作时间长，疲劳得很，总理就披着大衣在院子里站一会”。“这样循环，风雨无阻，夜夜如此，紧张工作约个把月”。[③]

在周恩来的主持领导下，7月下旬，根据这个月初国务院常务会议精神提出第三方案，紧接着，形成《关于发展国民经济的第二个五年计划

① 1956年7月17日周恩来在国务院常务会议上的讲话，载《党的文献》1990年第2期，第6页。

② 薛暮桥：在理论工作务虚会上的发言《根据实践的经验来回顾20多年的经济工作》，1979年3月15日。

③ 王光伟：《周总理与第一、二个五年计划的制订》；《怀念周恩来》，人民出版社1986年版，第43、44页。

（1958—1962）的建议[①]（草稿）》。这个《“二五”计划的建议（草稿）》共分 6 个部分：（一）第二个五年计划的基本任务和建设方针；（二）工业方面的任务；（三）农业方面的任务；（四）运输和邮电业方面的任务；（五）科学、文化、教育事业方面的任务；（六）提高人民物质生活水平和商品供应方面的任务。它规定：到 1962 年工农业总产值、工业总产值、农业总产值和粮食、棉花的产量将分别达到 2390 亿元左右、1500 亿元左右、890 亿元左右和 5300 亿斤、5500 万担。

（二）关于“二五”计划建议的报告的起草和修改

“二五”计划建议的准备和对“二五”计划建议的报告的起草是交叉进行的。8 月 3 日至 16 日，周恩来、陈云在北戴河先后主持召开 9 次会议，对 7 月下旬提出的“二五”计划建议的第三方案和该方案的调整意见中的部分指标又作了适当调整。从 8 月初开始，相继形成《“二五”计划的建议（第二次草稿）》《关于发展国民经济的第二个五年计划的建议的报告[②]（第一次草稿）》和《“二五”计划的建议（修改稿）》，即第三稿。

周恩来回到北京后，同张玺、薛暮桥等又审议了“二五”计划的建议的第四方案。这个方案确定：到 1962 年工农业总产值、工业总产值、农业总产值和粮食、棉花的产量分别为：2205.6 亿元、1398 亿元、807.5 亿元、5000 亿斤、5000 万担。在这段时间里，周恩来还对建议稿存在的问题作了批注，同时提出了书面的原则性修改意见。

在修改“二五”计划的建议稿和报告稿时，周恩来不能不面对一个棘手的问题，这就是如何对待稿中已经多次出现的“多、快、好、省”的口号问题。在最初的修改稿中，周恩来仍然保留了这个口号，只是在“省”字之后加写了“又安全”3 个字，但他却把这个口号作为一个特别需要斟酌考虑的问题在书面意见中提了出来。因为他不能不看到这样一个严峻的事实：1956 年初以来，由于反对右倾保守思想斗争的持续开展和急躁

① 以下简称《“二五”计划的建议》。
② 以下简称《“二五”计划的建议的报告》。

冒进情绪的严重存在，“多、快、好、省”口号自提出后，人们看重和追求的往往是多和快，忽视和忘记的却常常是“好”和“省”，因此这个口号并没有起到预期的本应起到的积极作用。鉴于这种情况，经过周恩来等人的再三斟酌后，在重要位置出现的“以多、快、好、省、又安全的精神……”一语被删掉了。这以后一年多时间里，也没有人再提“多、快、好、省”了。

同时，鉴于在1953年、1955年和1956年经济建设中，先后出现过的急躁冒进倾向和右倾保守倾向，周恩来深刻地感受到及时总结3年多来执行第一个五年计划的经验教训的重要性和迫切性。针对正在起草的《“二五”计划的建议的报告》稿中存在的不足，书面意见提出在第一部分中应该增加“谈几个大的经验教训”的内容，强调其基本教训是“均衡发展，综合平衡”问题，报告稿对“困难谈得不够”。

到8月23日，形成了各项指标在以后基本上没有大幅度变动的《“二五”计划的建议（草案）》，即第四稿。在此基础上，周恩来开始对《“二五”计划的建议的报告（第一次草稿）》进行结构调整和全面修改。9月3日，形成《“二五”计划的建议的报告（草案修改稿）》第一、二部分。在第一部分中，周恩来集思广益，主持增写并修改了总结执行“一五”计划的四条重要的经验教训。当天，周恩来致函毛泽东：“建议报告草案分三部分，现将头两部分修改稿送上请先审阅”。在9月6日第三部分修改完毕后，周恩来批准将三个部分正式合印成《“二五”计划的建议的报告（草稿）》，即第二稿。随后，周恩来继续对这个稿子进行修改，于9月11日形成《“二五”计划的建议的报告（修改稿）》，即第三稿。

毛泽东在看了送审的修改稿后，于9月13日9时半和11时两次致信周恩来。前一封信说：“看了一遍，很好，作了一些小的修改，请酌定。”后一封信说：“你的报告全文很好。只是觉得头一部分（总结第一个五年计划时期经验）写得不甚清楚，不大流畅，不如以下各部分写得好……如能在今明两天请一位文笔流畅的同志改一下……那就更好。如不可能也就罢了。”

9月上旬末，在周恩来主持下，经过两次技术性修改，形成了《“二五”计划的建议（草案）》，即第六稿。修改中，修改人专门列出4个简明扼要的系统反映产品名称、计算单位、1962年计划产量、1957年计划产量、1952年实际产量、历史上最高年产量的年份和产量的表格，这样使人一目了然地了解到1962年主要的重工业、轻工业、农产品和牲畜的各项指标。

9月13日晚，毛泽东在中共七届七中全会第三次会议发言中认可《“二五”计划的建议》和《“二五”计划的建议的报告》，并且明确指出：“报告，我看写得不坏，就是头一部分文字上要重新修改修改，后面写得很好。”这次会议原则通过了这两个文件。

根据毛泽东提出的原则意见，9月14日，周恩来等对第一部分的四条经验教训的行文进行了认真修改，并形成了《“二五”计划的建议的报告（修正稿）》，即第四稿。

一个注意到综合平衡、“既积极又稳妥可靠的”《关于发展国民经济的第二个五年计划（1958—1962）的建议》，和一个初步总结了几年来我国经济建设宝贵经验教训，稳步地推进国民经济向前发展的《关于发展国民经济的第二个五年计划的建议的报告》，就这样经过反复的斟酌和修改，最后终于产生了。

为了更好地进行第二个五年计划的建设，在9月召开的中国共产党第八次全国代表大会上，周恩来等国务院领导人和政府有关部门负责人，对几年来我国社会主义经济建设的经验教训，从总体上或从某个方面进行了虽然是初步但却是十分重要的理论概括和总结。

（三）关于“二五”计划建议的报告的主要内容

9月16日，周恩来在大会上作《关于发展国民经济的第二个五年计划的建议的报告》。《报告》共分三个部分，即：第一个五年计划执行的情况；第二个五年计划的基本任务；关于第二个五年计划建议的若干主要问题。

周恩来向大会作《关于发展国民经济的第二个五年计划的建议的报告》。

在第一部分中，周恩来充分肯定了“一五”计划期间我国经济建设的“成就是巨大的”，这是“比预想还要快还要大的胜利”。① 同时，他进一步指出和深入剖析了经济建设中曾经发生的“一些缺点和错误”，②并从经济建设的实践中得出 4 条重要经验教训：

“第一，应该根据需要和可能，合理地规定国民经济的发展速度，把计划放在既积极又稳妥可靠的基础上，以保证国民经济比较均衡地发展。”在编制计划时，应根据“国家物力、财力、人力的可能条件，实事求是地规定各项指标，同时，还应保留一定的后备力量”。“在有利的情况下，必须注意到当前和以后还存在着某些不利的因素，不要急躁冒进；相反地，在不利的情况下，又必须注意到当前和以后还存在着许多有利的因素，不要裹足不前。”③

“第二，应该使重点建设和全面安排相结合，以便国民经济各部门能够

①②③　中共中央文献研究室编：《建国以来重要文献选编》第九册，中央文献出版社 1994 年版，第 168、168—174、175—177 页。

按比例地发展。”“我们强调重点建设，并不是说可以孤立地发展重点，而不要全面安排；我们要求全面安排，也不是说可以齐头并进，而不要保证重点建设。”①

“第三，应该增加后备力量，健全物资储备制度。”因为“在国民经济的发展中，不平衡的现象是经常会出现的”。为了“保证国民经济的均衡发展和年度计划的顺利执行，并且应付可能遇到的意外困难”，“必须保留必要的后备力量”，“特别要增加国家的物资储备”。②

“第四，应该正确地处理经济和财政的关系。”“我们的财政收入必须建立在经济发展的基础上，我们的财政支出也必须首先保证经济的发展。”“避免把收入定得过分紧张”或者“把财政收入计算得过少”；同时防止“只顾建设的要求，不顾财政的可能，不顾设备、器材和技术力量是否能够供应，而提出过高过大的拨款和投资的计划”，“避免把支出定得过分紧张”。因为这“都将限制经济的充分发展”。③

同时，周恩来深入分析了缺点和错误产生的原因，尖锐地指出：“有许多是同领导上的主观主义和官僚主义分不开的……而上级的官僚主义，又助长了下级的命令主义。”④他说：我们政府的工作，“虽然取得了巨大的成绩，但是决不容许我们有丝毫的骄傲自满”；我们“必须经常地接近群众，深入实际，加强调查研究工作，掌握情况的变化，对有利的条件和不利的条件进行具体的分析，对顺利的方面和困难的方面都要有足够的估计，以便及时地作出决定”。⑤他特别告诫道：“在我们这样一个地区广阔、情况复杂并且经济上正在剧烈变革的国家，任何疏忽大意，都可能发生重大的错误，造成重大的损失。因此，克服主观主义和官僚主义，对我们有着特殊重要的意义。”⑥

在第二部分中，周恩来从宏观的角度明确提出了经过他反复论证、增写和修改后，归纳整理出来的第二个五年计划的五项基本任务。它们是：

---

①②③④⑤⑥　中共中央文献研究室编：《建国以来重要文献选编》第九册，中央文献出版社1994年版，第177—178、179、180—181、181、181—182、182页。

"(1)继续进行以重工业为中心的工业建设，推进国民经济的技术改造，建立我国社会主义工业化的巩固基础；(2)继续完成社会主义改造，巩固和扩大集体所有制和全民所有制；(3)在发展基本建设和继续完成社会主义改造的基础上，进一步地发展工业、农业和手工业的生产，相应地发展运输业和商业；(4)努力培养建设人才，加强科学研究工作，以适应社会主义经济文化发展的需要；(5)在工业农业生产发展的基础上，增强国防力量，提高人民的物质生活和文化生活的水平。"① 这五项基本任务，互为依存，互相促进，缺一不可，为有效地开展"二五"计划期间的经济建设指明了方向。

周恩来还在报告中批评了经济建设中存在的两种错误倾向，指出："那种以为不必建立我国自己的完整的工业体系而专门靠国际援助的依赖思想，是错误的"，而"另一种关起门来建设的想法也是错误的"。② 对此，他进一步解释道："我国社会主义工业化的主要要求，就是要在大约三个五年计划时期内，基本上建成一个完整的工业体系。"这样做的目的，是要"能够生产各种主要的机器设备和原材料，基本上满足我国扩大再生产和国民经济技术改造的需要。同时，它也能够生产各种消费品，适当地满足人民生活水平不断提高的需要"。虽然"我国要建立起一个完整的工业体系"，但"在长时期内还需要苏联和各人民民主国家的援助，同时也需要同其他国家发展和扩大经济、技术、文化的交流"。"即使我们在将来建成了社会主义工业国之后，也不可能设想，我们就可以关起门来万事不求人了。"在今后，随着"各国人民争取和平、民主、民族独立的力量日益强大，国际局势日益趋于和缓，我国同世界各国在经济上、技术上、文化上的联系，必然会一天比一天发展"。③

周恩来还介绍了经过大力压缩后的基本建设规模和工农业生产的发展速度，强调：这样的规模和速度，"我们认为是适当的，是积极而稳妥

①②③ 《建国以来重要文献选编》第九册，第182—183、183—184、183—184页。

可靠的”。[1]

第三部分占了整个报告五分之三的篇幅。在这个部分中，周恩来围绕《关于发展国民经济的第二个五年计划（1958—1962）的建议》所涉及的影响到经济建设全局的12个主要问题，进行了详细而深入的阐述。这些论述，集中反映了周恩来对“二五”计划期间经济建设的一些重要问题的深层思考。

如何正确把握和处理积累和消费的关系问题，既是关系到国家经济建设速度快慢、建设规模大小的一个基本问题，又是关系到人民是否安居乐业、社会能否稳定的重大政治问题。这是一对稍有疏忽就很难妥善处理的矛盾。周恩来在主持编制《“二五”计划的建议》和起草《“二五”计划的建议的报告》时，已经十分关注这个问题。当时，他在书面的原则修改意见中，明确地提出：“国民收入中消费与积累，注意适当比例，1/5或略高。”因为，他清楚地看到：中央和地方各级领导人在领导经济工作时，往往重积累、轻消费。而苏联和东欧社会主义国家片面发展重工业而忽视轻工业和农业，以至酿成严重的社会后果的事实，也已经为我们提供了前车之鉴。

基于以上思考，周恩来在《“二五”计划的建议的报告》中，进一步阐释了妥善处理积累和消费关系的重要意义，指出国民收入的再分配，“消费部分所占比重小了，就会妨碍人民生活的改善；积累部分所占比重小了，就会降低社会扩大再生产的速度。这两种情况都是对人民不利的。”因此，“在分配和再分配国民收入的时候，必须使消费部分和积累部分保持适当的比例。”[2]他强调：“由于我国国民经济还很落后，农业所占的比重还比较大，人民生活的水平还比较低，因此，积累部分在国民收入中所占的比重，不可能也不应该有过多的和过快的增长”。但是，“积累的总额，将随着国民收入的增长，仍然会有比较多的增加”。[3]

在如何分配国家建设资金问题上，周恩来在报告中指出：“在投资总额

①②③《建国以来重要文献选编》第九册，第186、187、187页。

中，工业投资所占的比重，可以由第一个五年的 58.2% 提高到 60% 左右”。同时，“在分配工业投资的时候，还应该在轻重工业之间进行适当的安排”。“一五”计划期间，轻工业还有很大的潜力，因此比重只占 11% 多，“考虑到第二个五年人民消费水平的逐步提高，若干轻工业品的生产能力将会不足”，因此“有必要适当地提高轻工业投资所占的比重”。“农业、水利和林业的投资所占的比重，可以从第一个五年的 7.6% 提高到 10% 左右。此外，还应该注意安排运输和邮电部门，文化、教育、科学和保健部门，城市建设部门和商业部门等的投资，使它们保持适当的比例。”①

在农业生产发展速度问题上，针对仍然有人企盼应该规定更高的发展速度的想法，周恩来解释说：粮食与棉花的产量和农业总产值等项指标，是综合了农业生产的有利条件和不利因素两方面情况后提出的。因此，“我们对农业生产的发展，不能要求有更高的速度”。

同时，周恩来还注意到了一个在当时还不为人注意的“发展农业多种经济”，即正确处理粮食、棉花生产同其他农作物生产的问题。他指出：“粮食是保证人民生活和发展整个农业经济的基础，我们必须加以足够的注意。这几年来，各地方重视了粮食和棉花的增产，这是完全必要的。但是，有些地方却因而对其他农业经济——除棉花以外的各种经济作物、畜牧业、林业、水产养殖业、蚕桑业和各种农家副业的增产注意得不够”，“结果使农业经济不能够全面地和充分地发展，从而影响到整个国民经济的发展，影响到农民的收入”。因此，应该“对农业的发展进行全面规划，以免发生单一化和片面化的倾向”。②

鉴于曾经在新中国诞生的最初几年中，对恢复国民经济和大规模经济建设都起了相当重要作用的集中过多的经济管理体制，已经逐渐地暴露出一些它固有的弊端，从 1956 年 3 月、4 月开始，周恩来以相当的精力思考和研究改进我国经济管理体制的问题，并在 5 月至 8 月领导召开了国务院体制会议。他在审阅修改这个报告草稿时，就提出“集中过多的毛病，还

①② 《建国以来重要文献选编》第九册，第 188、199—200 页。

应当讲讲”；在报告中则明确指出：“发挥地方的积极性，是我们完成社会主义建设事业的重要条件。”“现在，我国的社会主义改造已经取得了决定性的胜利，人民民主专政已经更加巩固，这就使我们有必要也有可能，按照统一领导、分级管理、因地制宜、因事制宜的方针，进一步地划分中央和地方的行政管理职权，改进国家的行政体制，以利于地方积极性的充分发挥。”①

紧接着，周恩来进一步阐明了划分中央和地方行政管理职权的七项原则，强调指出：“中心的问题是在中央的统一领导下，适当地扩大地方的权限。因为地方比中央更加接近企业和事业的基层单位，更加接近群众，也更加容易了解实际情况。适当地扩大地方的权限，就能够更好地把地方上的一切力量，一切积极因素，组织到社会主义建设事业中来。”②

在听取周恩来的报告后，代表们对《关于发展国民经济的第二个五年计划（1958—1962）的建议》进行了认真的讨论，并提出了若干修改意见。9月27日，中国共产党第八次全国代表大会正式通过了这个《建议》。这个历史文件围绕第二个五年计划的基本任务，提出和阐明了发展与改造国民经济的16条方针，并作出了相应的部署。这就是：

（一）“在第二个五年计划期间，我国的国民经济有必要而且也有可能继续保持比较高的发展速度。”据此，要求1962年的工农业总产值比1957年计划增长75%左右，其中工业总产值和农业总产值将分别增长一倍左右和35%左右。③

（二）“应该正确地处理在国民收入中消费和积累之间的比例关系，积累在国民收入中所占的比重可以稍高于第一个五年已经达到的水平，以便加速社会主义的建设，并且保证人民生活的逐步改善。”并具体规定“二五”计划期间基本建设投资在财政支出中所占比重，可以从第一个五年的35%左右提高到40%左右，即比“一五”计划大约增加一倍左右。④

---

①②③④《建国以来重要文献选编》第九册，第206、207、358、359—360页。

（三）“我国第二个五年计划的中心任务仍然是优先发展重工业”，为此，“必须大力加强机器制造工业、特别是制造工业设备的机器制造工业的建设，继续扩大冶金工业的建设……还应该积极地发展电力工业、煤炭工业和建筑材料工业的建设，加强工业中的落后部门——石油工业、化学工业和无线电工业的建设。和平利用原子能工业的建设，应该积极地进行。”①

（四）“应该在农业发展的基础上，适当地加速轻工业的建设，以适应广大人民对消费品的日益增长的需要，并且增加国家的资金积累。”“凡是社会所需要和原料供应充足的轻工业，都应该充分发挥原有设备的生产潜力，并且应该适当地提高轻工业投资比重，按照需要和可能进行新的建设”。②

（五）“必须根据资源情况和合理分布生产力的原则，在内地继续建立和积极准备建立新的工业基地，使全国各地区经济逐步走向平衡发展。”③

（六）“必须大力发展农业生产，使农业的发展同工业的发展互相协调。”基于这一要求，“应该首先保证粮食的增产，推动整个农业的发展；同时保证主要经济作物特别是棉花、大豆等的增产，推动轻工业的发展。”“还应该鼓励多种经营，使畜牧业、林业、水产养殖业和农家副业等都有较大的发展”。④

（七）“应该相应地发展运输和邮电事业，进一步建设新的铁路、公路和通讯线路，开辟水运和空运航线。”据此，要求 5 年内，新建铁路 8000 到 9000 公里、新建和改建主要公路干线约 1.5 万到 1.8 万公里。⑤

（八）“应该继续改进和调整商业网，进一步扩大商品流通，加强工业品、农产品的采购工作和供应工作；同时应该继续稳定物价，对不合理的价格逐步地加以调整。”这样，要求到 1962 年社会商品零售额增长 50% 左右。⑥

（九）“应该对公私合营企业有计划、有步骤地进行必要的经济改组和

---

①②③④⑤⑥ 《建国以来重要文献选编》第九册，第 360、362、362、364、368、369 页。

妥善地进行人事安排；并且根据条件成熟的情况，逐步实现公私合营企业的国有化。”①

（十）“应该推进国民经济的技术改造，首先是进行重工业的技术改造，迅速提高我国工业的技术水平。”“农业的技术改进，应该着重扩大水利灌溉和加强防洪排涝措施，试制和推广适合当地使用的各种改良农具，增产肥料，改进耕作技术，改良种籽和畜种等。”②

（十一）“应该积极地和有重点地发展科学研究事业。”“5 年内，应该有步骤地和有重点地加强中国科学院、各业务部门的科学研究机构和高等学校的科学研究工作，并且加强相互之间的分工协作，逐步地建立起全国的科学工作网”。③

（十二）“应该正确地调整中央同地方的关系。”④

（十三）“必须加强少数民族地区的建设工作，逐步地改变少数民族地区的落后状况。”“少数民族地区的社会改革，应该根据各民族人民和公众领袖的意愿和当时当地的具体条件有步骤、有准备地进行”。⑤

（十四）“应该在生产发展的基础上，逐步地提高人民的生活水平。”“要求 5 年内工业部门和建筑部门的劳动生产率各提高 50% 左右”；“工人和职员的平均工资将增加 25%—30%”。⑥

（十五）“应该继续贯彻执行增产节约的原则，实行严格的节约制度。”“各工业部门、运输部门和商业部门应该进一步降低生产成本、运输成本和商品流通费用。基本建设部门应该在建筑工程中，继续贯彻执行适用、经济和在可能条件下的美观的原则，降低工程造价，提高工程质量。”⑦

（十六）“必须加强同苏联和各人民民主国家之间的国际协作，扩大相互间的经济文化交流和贸易来往”；同时“根据平等互利的原则，发展我国同不同社会制度的各国，特别是同亚非各国的经济合作、贸易往来、文

① 《建国以来重要文献选编》第九册，第 370 页。
②③ 《建国以来重要文献选编》第九册，第 371—372 页。
④⑤⑥ 《建国以来重要文献选编》第九册，第 374—376 页。
⑦ 《建国以来重要文献选编》第九册，第 377—378 页。

化和技术的交流，以利各国人民的和平共处和经济发展。”[①]

由于前段时间开展的反对急躁冒进斗争已经深入人心，整个会议期间，没有人再提“多、快、好、省”和《农业四十条》了。与此相反，周恩来在《“二五”计划的建议的报告》第三部分中明确提出：“在厉行节约和反对右倾保守思想的过程中，由于片面的节约观点，或者由于只追求多和快、不重视好和省的偏向，使工程和产品的质量也发生了不少问题”。[②]刘少奇在会上代表中共中央所作的《政治报告》中则认定：《“二五”计划的建议》所提出的“发展速度是积极的，同时又是稳妥可靠的”。[③]同时，会议的决议还指出：“党的任务，就是要随时防止和纠正右倾保守的或‘左’倾冒险的倾向，积极地而又稳妥可靠地推进国民经济的发展。”[④]这一切，表明党的八大会议完全接受了《“二五”计划的建议》和周恩来等国务院领导人以及政府有关部门负责人提出的建设性意见，继续坚持了党中央提出的既反保守又反冒进在综合平衡中稳步前进的经济建设方针。这样，为保证稳步地推进“二五”期间国民经济的健康发展展示了十分光明的前景，为探索一条适合中国情况的社会主义建设道路作出了新的重大贡献。

七、陈云的发言

9月20日，中央书记处书记、国务院副总理陈云在八大作了《社会主义改造基本完成以后的新问题》的发言，对工商业管理方面一些新的有原则意义的问题，实际上涉及初步建立的社会主义经济体制的改革问题，谈了许多重要意见。

（一）对经济体制问题的归纳和分析

经过1955年底1956年初的全行业公私合营高潮，到1956年3月底，除西藏等少数边远地区外，对资本主义工商业和手工业的社会主义改造基

①②③④ 《建国以来重要文献选编》第九册，第377—378、215、65、347页。

本完成，社会主义经济体制初步建立。

建设社会主义，对于中国共产党人来说是个全新的课题。中国共产党对于社会主义的了解，特别是经济建设的了解，除了从马克思、恩格斯、列宁、斯大林著作中获得一些理论知识外，主要是通过学习苏联的社会主义建设经验得来的。在社会主义经济体制问题上，那时都把高度集中统一的苏联计划经济模式视为社会主义的唯一模式。它的一个主要特征，就是高度集中统一。新民主主义经济的五种经济成分，经过改造后只剩下国家所有制和集体所有制经济；对国营企业的直接计划、对合作社和私营企业的间接计划和对部分私营、手工业、社员个体经营的市场调节过渡到对社会生产实行高度集中的国家计划管理；国家市场和自由市场并存过渡到对工农业产品流通实行国家垄断。

建国以后，陈云负责全国财经工作，先后领导了建国初期平抑物价，“边抗、边稳、边建”，统购统销，制订“一五”计划，对手工业和资本主义工商业进行社会主义改造等工作，对社会主义经济体制的初步建立作出了重大贡献，也从中取得了在中国进行社会主义经济建设的一些初步经验。身处财经工作第一线，陈云较早地发现了这种模式的经济体制的一些弊端。

在大会发言中，陈云指出：大量非社会主义的经济成分迅速地转变为社会主义经济成分，当然会带来一些新的问题和新的任务。他分析了工商业管理方面一些新的有原则意义的问题，即经济体制需要完善和发展的方面：

第一个方面，在社会主义改造已经完成的情况下，国家经济部门在过去几年中为限制资本主义工商业而采取的一些措施，已经成为不必要的了。陈云指出，这样一些措施，即使在当时也不是没有缺点的，如果不从改造后已经变化的实际情况出发，继续沿袭，就必然会妨碍国民经济的进一步发展。这方面的问题具体表现在：

（1）国营商业对资本主义工业实行加工订货、统购包销的办法。这种办法对当时集中财力、物力和人力，保证重点建设的顺利进行，对有效地实行计划控制、保证国民经济有计划按比例地发展，对增加财政收入、保证物价稳定和人民生活不断改善，作用是非常显著的。统购包销使非公有制经济纳入国家资本主义轨道，大大有利于个体手工业和资本主义工商业的社会主义改造。陈云指出，这个办法在过去是必要的，以后对于重要的轻工业产品也仍然要统购统销。但如果改造后仍旧无区别地采取这种办法，就使一部分工厂不像原来自销的时候那样关心产品的产量，因此，妨碍了一部分工业品的质量的提高。

（2）国营批发公司上下之间大部分实行自上而下的派货。国家对工厂的产品统购包销，商业内部也相应需要实行派货。派货制度使商业部门向工厂订货的品种规格减少了。国营批发公司发到各地的商品的品种和数量，也难免发生一些不合当地需要的情况，因而发生一些这里积压、那里脱销的现象。陈云曾把这种现象称为是搞“政治经济”。它给人民生活造成很大的不方便，并造成了很大的资源浪费。

（3）市场管理办法限制了私商的采购和贩运，使农产品、农业副产品实际上成为由当地供销合作社或国营商业独家采购，而没有另外采购单位的竞争，供销合作社和国营商业对于某些农产品、农业副产品没有注意收购或者收价偏低的时候，这些农产品和农业副产品就会减产。

第二个方面，在社会主义改造“高潮”中，由于形势发展太快，具体的组织指导工作不能及时跟上，产生了一些暂时的、局部的错误。这些错误是：

（1）手工业在合作化的过程中过多地实行了合并和统一计算盈亏，不利于手工业的经营。一部分手工业产品发生了质量下降、品种减少的现象；一部分服务性的手工业在合并经营的条件下，对于居民和手工业者自己都发生了许多不便。

（2）资本主义工商业在改造高潮中出现的一些盲目合并现象，也产生了同手工业盲目合并类似的问题。

（3）农业在合作化的过程中，对于应该由社员家庭经营的副业注意不够，再加上其他方面的影响，一部分农业副产品的生产有些下降。

毛泽东后来总结这个时期的经济工作时说：解放后，三年恢复时期，对搞建设，我们是懵懵懂懂的。接着搞第一个五年计划，对建设还是懵懵懂懂的，只能基本照抄苏联的办法，但总觉得不满意，心情不舒畅。这种不满意、不舒畅，一个重要方面来自经济体制的弊端。

对这些弊端，有人概括为：资本主义生产处于无政府状态，是大范围不合理，但小范围合理；我们现在是大范围合理，小范围不合理。陈云觉得这是有道理的。

（二）解决问题的主要办法

关于克服这些弊端的办法，陈云在八大上提出了一系列新的观点。这样一些新观点来自于实践，正如后来他在同国家计委负责人座谈时说的：1949 年到 1956 年那一段时间，“我可以放开手脚干，所以许多观点讲得更充分一点。因为碰到了问题，才出了新的观点，不碰到问题出不了新观点。”[①] 苏共二十大以后，破除了对苏联的迷信，有利于中国探索自己的建设道路。中国党内自身思想也非常活跃，民主空气较浓，没有什么精神顾虑，是一个易于产生新思想的时期。

在八大的发言中，陈云将过去一段时间的探索、思考进行归纳，提出了解决问题的几个措施：

第一个措施，改变工商企业之间的购销关系，把商业部门对工厂所实行的加工订货办法，改为由工厂购进原料、销售商品的办法。商业部门对工厂产品的采购，采取下列两种办法：（一）对有关国计民生的规格简单的产品，如棉纱、棉布、煤炭、食糖等等，继续实行统购包销，以便保证供应，稳定市场。（二）对品种繁多的日用百货，逐步停止统购包销而改用选购办法，这就是在新的社会主义经济基础上，大体恢复 1953 年冬季以前的办法。凡属选购的商品，商业部门有权优先选购；没有选购和选剩的商品，可以由工厂自销或者委托商业部门代销。商业部门供应工厂原料的时候，不能采取好坏搭配的办法。除某些供不应求的原料可由国家分配以外，其

① 陈云：《加强和改进经济计划工作》，1982 年 1 月 25 日；《陈云文选》第三卷，人民出版社 1995 年版，第 310 页。

他原料由工厂自由选购。上级商业批发公司不准向下面派货，下级商店可以向全国任何批发机构自由选购，也可以向工厂直接选购。陈云指出，工业商业之间和商业的上下层机构之间采取这种选购办法的目的，是为了使工厂关心产品的销路而提高质量、增加品种，为了使商店适应顾客的需要而不减少商品的花色品种。这种选购办法，同样适合于许多手工业产品。

改变统购包销、实行选购办法，是国民经济管理的一项重大原则性转变。陈云提出这个问题是慎重的，是经过深思熟虑的。在八大以前，他对这个问题已经作过深入思考。1956 年 1 月 25 日，在第六次最高国务会议上发言谈公私合营中应注意的问题时，他就提出，私营工商业公私合营以后，原有的生产方法、经营方法，应该在一个时期以内，照旧维持不变，以免把以前好的东西也改掉了。企业的资方经理或副经理应该有一个专门负责品种和质量。国家今后要颁发奖励优良品种和质量的办法。对派销的问题，他提出要学习过去商人雇“戴瓜皮帽的人”的做法，经理要考虑商业方面“带战略性的问题”，视消费者的需要进货。

但品种减少、质量下降不仅仅是某些公私合营企业的问题，国营企业也同样存在只顾数量不顾质量、只愿生产经营大路货不愿增加品种的问题。问题不仅仅在于企业经营这一方面，而与统购包销后缺少竞争和利润刺激有很大关系。陈云认为，统购包销的错误是致命的。统购包销是一定历史条件下的一种特殊的管理生产的方法，只能是一种过渡的办法。他设想社会主义改造完成后，要用新办法来取代统购包销。苏共二十大以后，陈云考虑这个问题时，能够打破传统观念的束缚。他设想的新办法，主要是根据建国以后建设的经验，同时参考旧商人的经验和外国的经验，恢复 1953 年统购包销以前的选购办法。

陈云认为，这种办法是工业生产的正常办法，无疑对发展工业是有利的。同时，实行选购的结果，可以使工厂注意产品质量，关心消费者的需要，减少生产的盲目性。在社会主义改造基本完成以后，社会主义经济已经在市场上占了绝对的领导地位的条件下，“商业与工业之间，从加工订货改为选购，商业内部从自上而下的派货改为自下而上的选购，这仅仅是社会主义企业内部产销关系的一种改变……我们是在巩固的社会主义基础上实行一定程度的自由推销和自由选购，也就是在计划经济许可范围内的自由市场。”① 在这里，陈云已经开始把市场看作经济运行的一种方式，对打破把计划与市场截然对立起来的观念，将产生深远影响。

第二个措施，工业、手工业、农业副产品和商业的很大一部分必须分散生产、分散经营，纠正从片面观点出发的盲目的集中生产、集中经营的现象。陈云指出，合营工厂中有一部分是应该合并和集中生产的，但是就全国来说，大部分必须按照原来的状况或加以必要的调整后分散生产，分散经营。绝大多数合营工厂是制造日用消费品的工厂，人民对日用消费品的需要是多样的，经常变化的。如果把许多小工厂合并成为大工厂，就它们适应市场需要来说，不会有小工厂分散生产的时候那样灵活。手工业的制造行业中，有一部分是可以适当合并的，但是绝大部分服务行业和许多制造行业不应该合并。商业方面合并过多的，也必须适当分散。小商小贩在合作小组内的各自经营的办法，应该长期保存。农业生产合作社的粮食、经济作物和一部分副业生产是必须由合作社集体经营的，但是许多副业生产，应该由社员分散经营。这个措施，除了提出公有制下的集中经营与分散经营外，还提出了长期保留个体经营的问题。

在社会主义改造“高潮”中，政府对于不雇店员的商店本来是要采取经销、代销的方式，但在公私合营高潮中，手工业者、小商贩也都要靠在国家身上吃“大锅饭”，敲锣打鼓放鞭炮，递申请书要求公私合营，让他们也进入社会主义，政府部门只好答应。另外，当时以为，一家一家干是低级的，到不了社会主义，合起来才是高级的，于是合营后大搞合并。还有一个考虑，就是合在一起容易管理。结果产生经营积极性下降、盲目合并等问题，影响了人民生活。

陈云对公私合营高潮中出现的这个问题很重视。他当时了解到，自己住处对门有一家小铺子，只能站两个顾客，但经营很灵活，看居民需要什

① 陈云:《克服统购包销中的弊病》，1956 年 6 月 30 日;《陈云文选》第二卷，人民出版社 1995 年版，第 327 页。

么就卖什么，因此卖的东西适合群众需要，有文房四宝、牙刷牙膏、针头线脑，直至邮票，样样都有。卖东西的方式也很灵活，百货公司的信封成扎卖，在这里一个也卖；百货公司信纸成本卖，这里一张也卖。时间上随叫随卖，半夜12点敲门也卖东西，不像百货公司那样固定钟点。这些对群众很方便。陈云担心，如果对这样的小店也采取对待资本主义商业那种方式，干不干二斤半，做不做二尺五，一律三十块、三十五块地发工资，他们的经营积极性就会受到影响，对营业就很不利，他们卖的品种就不会那么齐，半夜12点敲门也敲不开了。最后受影响的是消费者。

从保护小商小贩的经营积极性、为人民生活提供方便的考虑出发，陈云主张可以让一些小商店、手工业者、摊贩在改造完成以后长期单独经营。1956年1月25日，陈云在第六次最高国务会议上发言，提出“要长期保留这种单独经营的方式。把他们搞掉了，对人民对国家都是不利的”[①]。改造办法对他们应该很宽很宽，他们要求加入合作社，也只能是挂个牌子，报个名，登记一下就算了。合并错了的要分开来，退回去。

陈云关于社会主义经济体制下长期保留个体经营的思想，在当时和后来都产生了很大影响。

第三个措施，取消市场管理中那些原来为了限制资本主义工商业投机活动而规定的办法。对于粮食、经济作物、重要的农副产品，仍然需要由国家统购或者委托供销合作社统一收购。但是对于一部分农副产品，例如小土产，现在由当地供销合作社独家统一收购的，应该改变为允许各地国营商店、合作商店、合作小组和供销合作社自由收购、自由贩运，禁止互相封锁。为了适应自由收购和自由贩运的需要，工商管理办法中已经不适用的部分，都必须加以改变。当时对商品流通的控制非常严格，商业机构只能接受上级派货，不能自行到产地找厂家进货，对非公有制经济更是在价格、经营范围等方面作出一系列苛刻规定，迫使它们退出经营。结果造成国家垄断，产生了很大的弊端。为了适应经济体制中发挥市场作用的要

---

① 陈云：《公司合营中应注意的问题》，1956年1月25日；《陈云文选》第二卷，第295页。

求，流通领域必须作出相应变革。

第四个措施，必须使价格政策有利于生产。陈云指出，目前在物价政策上存在着一种不利于生产的现象，就是在销售价格方面，把稳定物价简单地看成是必须“统一物价”，或者“冻结物价”。因此不同品质的产品差价很小，优质得不到优价。这种价格政策，不能鼓励产品质量的提高，只能助长产品质量的下降。陈云提出，销售价格必须服从收购价格，只有大量增产，才能保持整个市场价格的稳定。价格是市场充分发挥作用的重要杠杆。它必须反映价值，也必须反映供求关系，这样才能保证社会生产和再生产得以正常进行。陈云提出的这个问题，兼顾了统购包销办法和发挥市场作用的需要。

第五个措施，对某些产品的国家计划管理的方法，应该有适当的变更。以往国家对日用百货、手工业品、小生产，虽然只是将个别产品列入国家计划，几乎全部不规定产品品种计划，但是对这些产品规定了每年的产值，对日用百货的生产部门，规定了降低成本率、提高劳动生产率、利润上缴额。陈云认为，所有这些规定的根据并不是确切的，绝大多数是估算的，但因为国家计划规定了指标，又因为工厂的产品是商业部门包销的，所以工厂的生产往往只顾完成产值和利润，对产品是否合乎市场需要，却注意不够。陈云提出，应该把国家计划中对这些产品的各项指标只作为一种参考指标，让生产这些日用百货的工厂，可以按照市场情况，自定指标，进行生产，而不受国家参考指标的束缚，并且根据年终的实绩来缴纳应缴的利润。

这个措施也是适应选购的配套办法。它把市场作用进一步扩大到计划管理范围内，使计划也能做到“管而不死”。这也是对毛泽东关于企业“独立王国”思想的具体化。如果企业都受到指令性计划的约束，没有自主经营的权力和利益，就不能或不愿适应市场的变化。

（三）对社会主义经济体制的新构想

陈云把体制中弊端的产生，归结为不适当地沿袭对资改造措施以及改造过程中具体工作的失误，分析这些弊端主要表现在经济管理的方法上和生产经营的组织形式上，因而他提出的这些措施实际上已经涉及整个经济体制的问题。

在要求工商业管理方面保留过去已有的市场机制，实行一系列措施以后，新建立的社会主义经济体制较之高度集中的传统模式有了重要改变。陈云提出了改革经济体制的“三个主体、三个补充”构想：“在工商业经营方面，国家经营和集体经营是工商业的主体，但是附有一定数量的个体经营。这种个体经营是国家经营和集体经营的补充。至于生产计划方面，全国工农业产品的主要部分是按照计划生产的，但是同时有一部分产品是按照市场变化而在国家计划许可范围内自由生产的。计划生产是工农业生产的主体，按照市场变化而在国家计划许可范围内的自由生产是计划生产的补充。因此，我国的市场，绝不会是资本主义的自由市场，而是社会主义的统一市场。在社会主义的统一市场里，国家市场是它的主体，但是附有一定范围内国家领导的自由市场。这种自由市场，是在国家领导之下，作为国家市场的补充，因此它是社会主义统一市场的组成部分。”[①]

陈云在八大前就考虑，在社会主义经济中“既要实行计划经济，管好市场，反对投机倒把，又不要把市场搞死”。[②]1956年8月中旬，陈云在全国新公私合营企业工资会议上的讲话中提出，新的经济体制的特征应该是“大计划小自由”，总的原则是“要适应中国的实际情况。”他在八大提出的有关构想，正是体现了这种特征。

陈云在八大提出的这个总体构想及其一系列措施，是从实际出发，看其是否有利于发展生产，有利于满足人民需要，而不是从教条出发，照搬外国模式。陈云指出：“我们应该采取正确的方针指导企业的生产和经营。就是说，我们必须使消费品质量提高，品种增加，工农业产量扩大，服务行业服务周到，而决不是相反……要把我国资本主义工商业和个体农业、

① 陈云：《社会主义改造基本完成以后的新问题》，1956年9月20日；《陈云文选》第三卷，第13页。

② 陈云：《要使用资方人员》，1956年7月21日；《陈云文选》第二卷，第335页。

手工业，改造成为这样一种有利于人民的社会主义经济。”①

陈云还提醒说，这些措施也会带来一些新问题，还需要进一步加以研究解决，在这一方面还缺少必要的经验。因此对这些措施必须慎重从事，稳步前进，经过试验，逐步推行。

陈云的八大发言，较早提出了比较系统的社会主义经济体制改革的基本构想，在计划与市场关系、公有制为主体下长期保留个体经营等方面突破了传统模式，这是50年代探索适合中国国情的社会主义建设道路的一个重要成果，是中国社会主义经济体制改革史上的重要成果。

八、大会发言

代表发言虽然不是八大的主要议程，却是大会的内容之一。同其他议程一样，代表发言也在会前做了专门的准备。在为八大召开做准备的党的七届七中全会上，毛泽东在讲话中特别谈到了大会发言的问题。他说，准备80人左右发言，原则是不要太长，内容要精彩一点。他还说，还可以有一部分人书面发言。组织一些小稿子，几百字，很经济，插在比较长的发言中间，比较生动。对于发言的内容，毛泽东特别强调“要有丰富的批评”。他说，如果我们开一次会议没有批评，净讲一套歌功颂德，那就没有生气，那无非是一个“好”字就行了，还要多讲干什么？要有分析，肯定成绩，批评错误。

作为大会秘书长，邓小平在七届七中全会和八大预备会议上，对代表发言问题提出了更具体的意见。关于发言重点，邓小平提出要表现出会议是在讨论建设这个重点。为此，工业方面除了一些比较带系统一点的发言外，中央各部还要组织20来篇稿子。关于发言的时间，邓小平说，一般不超过20分钟。有20分钟发言的，有3分钟发言的，有5分钟发言的，4分钟发言的，十几分钟发言的，要多样化，活泼一点。关于发言的人数，他提出要争取比较多的人发言，准备120篇以上的发言稿，选百把篇，准

① 陈云：《社会主义改造基本完成以后的新问题》，1956年9月20日；《陈云文选》第三卷，第12—13页。

备讲 80 篇以上，在报上登一二十篇。

八大正式会议之前，各省、市、自治区党委，中央机关各部委和国家机关各部委党组，还有一些中央负责人，根据中央上述精神准备发言稿。发言稿都报送大会秘书处审阅，有些还分送中央领导人审阅，然后修改定稿。比如，彭德怀、李立三、周扬等人的发言稿就曾经毛泽东审阅或修改。①

整个会议期间，有 68 人在大会上作了发言，45 人作了书面发言。另外，还有 70 人已经准备了发言稿，但因故未在大会上发言，也没有在报上作为书面发言刊登，其中已经定稿的 62 篇，尚未定稿的 8 篇。这 70 篇未发言亦未刊登的稿子，包括张闻天、徐向前、贺龙、聂荣臻、叶剑英、陆定一、谭震林等的发言稿。

在总计 183 篇大会发言、书面发言和未刊发言中，既有中央领导人的，也有地方各级党委和中央各部委、国家各部委负责人的，还有来自基层的党组织负责人或普通党员代表的。发言人数之多，代表面之广泛，在党的历次代表大会历史上少见，体现出高度的政治热情和空前的民主气氛。

代表发言内容非常丰富，涉及的问题也十分广泛，围绕即将展开的大规模的社会主义建设这个重点，在总结历史经验特别是建国以来的历史经验的基础上，对经济、政治、文化、科学、教育、外交、国防、法制、民族、统一战线、党的建设等各方面的工作，发表了意见并提出了建议。

（一）关于国际和国内形势

客观分析和估计社会主义改造基本完成时的国际和国内形势，是展开大规模社会主义建设的认识前提。代表发言都同意大会政治报告对当时国内外形势的基本估计，同时比政治报告更展开地谈了看法。

朱德在发言中说，自党的上一次代表大会以来，国际局势发生了巨大而深刻的变化。在过去的十一年间，世界各国广大的人民，已经在反对帝

---

① 参见《建国以来毛泽东文稿》第六册，第 192—193、194、210 页。

国主义的斗争中取得了重大的胜利。社会主义已经越出了一国的范围，社会主义国家已经拥有九亿多人口，并且在地理上连成一片，组成了以苏联为首的友好合作的大家庭。由于民族独立运动的巨大发展和胜利，帝国主义的殖民压迫的枷锁，已经在亚洲和非洲的广大的地区内被打破了。而美国反动派却陷入愈来愈孤立的地位。这些情况，就使得国际局势有了缓和。

朱德、林伯渠、董必武、邓小平在大会休息室交谈。

陈毅在发言中认为："目前国际形势的特点是：世界上争取和维护和平的力量不断地发展壮大，执行侵略和战争政策的国际反动势力处于日益削弱和孤立的地位。这种力量对比的变化，使国际局势肯定地趋向和缓。"①

张闻天在未刊发言稿中也指出："美国的冷战和实力政策已经肯定是行不通的，各国之间一定要实行和平共处，这就是当前国际上的主要趋势，也是任何力量所阻挡不了的潮流。"②

国际局势趋向缓和，对于中国即将开始的大规模社会主义建设无疑是有利的。因为建设只有在和平的环境里，才有可能顺利地进行。代表发言

① 《中国共产党第八次全国代表大会文献》，第476页。

② 《张闻天文集》(四)，中共党史出版社1995年版，第218页。

在谈到这一点时，都强调要努力将这种缓和进一步推向持久和平。朱德发言说："当然，我们不能丧失对于战争危险的警惕性，但是，只要我们社会主义各国和世界上一切爱好和平的国家和人民继续加强团结，并且为维护世界和平和人类正义事业而继续进行坚定的斗争。那么，目前已经出现的国际局势的和缓，就有可能转变为持久的和平。"① 叶剑英也在未刊发言中说，争取世界和平事业阻止帝国主义发动侵略战争，而使我们和一切从事社会主义建设的国家能够获得宁静的时间，来进行社会主义的建设，仍然是我们共同努力的事业。

关于国内形势，代表发言都充分肯定国家的历史方向和社会面貌已经发生了根本变化。朱德指出，自党的七大以来的十一年，中国人民在中国共产党领导下，取得了民主革命和社会主义革命的胜利，又取得了社会主义建设第一个五年计划的重大成就。由于这些胜利和成就，中国实现了民族解放、统一、人民民主和国内各民族平等团结友爱互助，中国的经济和文化事业获得了日新月异的发展，中国人民正在从极端贫困和文化落后的境地中挣脱出来，逐年地获得了物质和文化生活的显著的改善。

朱德还特别肯定了党领导下的全国人民大团结的局面。他说，这个团结，是以工农之间的亲密联盟为主体的，还包括了民族资产阶级、上层小资产阶级和它们的知识分子，包括了各民主党派和无党派的爱国人士，包括了国内各民族和国外华侨。由于社会主义改造基本完成，国内各民族在工农联盟基础上的大团结更加巩固了，团结的范围更加扩大了。

代表发言认为，国际和国内的形势，总的说来都形成了对中国社会主义建设的有利条件。在看到客观形势的有利一面的同时，代表发言也指出了中国建设社会主义的困难的一面。朱德说："我们进行社会主义建设的困难在哪里呢？最根本的困难，就是在于我们的经济落后和文化落后，我们的国家原来被帝国主义剥削得很穷，我们是在遗产很少的基础上建立社会主义家业的。"②

① 《中国共产党第八次全国代表大会文献》，第 161—162、158 页。
② 《中国共产党第八次全国代表大会文献》，第 161—162、158 页。

落后、贫穷、物质基础很差，这是中国基本的现实状况。同马克思所设想的在生产力高度发达基础上建设社会主义的情况不同，中国开始大规模建设社会主义时的生产力水平极其低下，所接受的从旧中国传承下来的物质财富极少，建设社会主义有比马克思的设想大得多的困难。因此，在中国建设社会主义是一个很长的过程。叶剑英在未刊发言中说："建设需要时间。正如少奇同志在报告中所说的，要使我们的国家由落后的农业国变为先进的工业国，这是需要一个相当长的时间的。为了改造旧经济，对于农业、手工业和资本主义工商业，都要采取和平改造的方法，这就需要时间。因此，无论在实行和平改造旧经济方面，无论在建设社会主义的工业，特别是重工业方面，都需要一个相当长的时间。"

充分估计建设社会主义的困难，认清中国的工业化和生产关系的变动需要相当长的时间，对于全党而言，比看到有利条件具有更重要的意义。因为后来的历史表明，恰好是在这个问题上党犯了急于求成、急于求纯的错误，为此付出了重大代价。

（二）关于经济建设

经济建设的基本方针，是代表发言谈得最多的问题。这也体现了八大重点在建设的精神。由于已经有了"一五"计划建设的经验，加上苏联建设暴露出来一些问题，代表发言对我国经济建设的一些基本问题，提出了不少很有见地的看法和主张。

国民经济有计划按比例、综合平衡发展，是代表发言谈到的一个重要问题。国家计划委员会主任李富春发言指出，国民经济的各方面是一个有机地结合着的整体，是互相影响和互相制约的，任何一方面的过分突出和过分落后，都会引起比例关系的失调，妨碍整个国民经济的发展。李富春指出了这几年的一些问题：对中央国营工业注意较多，对地方工业、农业、商业、文教事业和其他方面注意不够；农业的发展落后于人民消费和国内建设需要的时候，没有提出有效的办法来克服；对沿海工业的充分、合理利用注意不够；对工资、劳动生产率和生活供应，曾一度安排不当；1956

年基本建设计划因物资平衡工作做得不好，使工程需要和建材供应脱节，引起经济和财政上的紧张。

来自基层的长沙机床厂车间主任叶财林，在未刊发言里谈到工厂 1956 年每月都没有全面完成生产计划，主要原因在于曾经产生某些盲目冒进的思想，制订的计划对设计、建材供应方面的困难估计不足，造成材料、工具、劳动力供应的脱节。上级领导安排计划变动多，“对生产中各个因素相互之间的平衡全面考虑得不够”。河北省委第一书记林铁在发言中，谈到河北一度产生急躁情绪，在农业方面规定了过高的增产指标，计划 1956 年粮食产量比上年提高 36.39%，对解决粮食问题的有利条件和速度，作了过高的估计；对自然条件和生产条件对农业生产的限制，则估计不足甚至忽视了；因而计划过大，脱离实际。

针对上述缺点，李富春指出，必须认真加强综合平衡、全面安排的工作。不仅要对国民经济中互相关联的各个方面进行综合平衡、全面安排，而且在国民经济中每一个方面和每一个地区的本身，也都需要进行综合平衡和全面安排。他特别说道：“必须特别注意：在经济情况顺利的时候，要充分估计到困难的一面，不要冲昏头脑；而在困难的时候，又要估计到有利的条件，不要吓昏头脑。”①

国家经济委员会主任薄一波发言主要谈了积累与消费的关系问题。他说，积累的多少和快慢，不仅直接地影响到社会主义工业化的速度，而且也直接地影响到人民的消费水平和生活改善的程度。“所以正确地解决积累和消费的关系，是我国社会主义工业化过程中一个头等重要的问题。”②薄一波指出，合理地解决积累和消费关系的意义，就是要将集体的、长远的利益和个人的、当前的利益正确地结合起来，使之既有利于国家经济建设、特别是工业建设的迅速发展，又有利于人民消费水平的逐步提高。建国前七年的情况是，1952 年和 1953 年积累部分比重较低，因为这两年处于经济恢复时期，以后几年经济恢复的任务完成，生产发展了，国民收入增加，

① 《中国共产党第八次全国代表大会文献》，第 451 页。
② 《中国共产党第八次全国代表大会文献》，第 228 页。

积累部分的比重有所提高。薄一波认为，这几年积累和消费比例关系的这种变化，基本上合乎我国政治经济发展的情况和社会主义工业化的需要，但也发生过某些缺点和错误。

薄一波在发言中特别谈到了1956年国家预算支出用于基本建设的投资占46.7%，基本建设工作量比上年增长62%，导致建筑材料和设备的供应跟不上，运输力量跟不上，基本建设计划难以顺利执行，还造成若干方面失调，给国民经济的平衡发展带来不利影响的教训。他指出，应该合理规定基本建设支出与其他方面支出的比例关系，同时合理规定基本建设支出中工业与农业、重工业与轻工业、交通运输、商业、文教卫生等方面的投资比例关系，以及生产性建设投资与非生产性建设投资的比例关系，否则，同样会引起国民经济发展的比例失调，引起积累和消费之间的关系的紧张。

薄一波指出，如果我们脱离客观情况所许可的条件，不适当地提高积累水平，那就不可能在保证工业建设迅速发展的条件下，逐步地提高人民的消费水平。如果人民的消费水平在工业化过程中得不到应有的提高，整个国民经济的发展就要受到阻滞，工农联盟的进一步巩固也将受到不利的影响，反过来还是要降低积累水平和工业建设速度的。

总结几年建设的经验教训，对于积累与消费的比例，薄一波提出，在通常情况下，我国国民收入中积累部分的比重，不低于20%或者略高一点；我国国民收入中国家预算收入的比重，不低于30%或者略高一点；我国国家预算支出中基本建设支出的比重，不低于40%或者略高一点。

国务院副总理李先念在关于物价问题的发言中指出，国家适当提高农产品收购价格，增加一些农业和轻工业投资比例，适当改变一些重工业投资的比例，在保证工业较高发展速度的条件下，适应情况的变化，适当作一些调整，这是应当的。他认为，这种调整的原则是“既要照顾国家建设，又要照顾个人消费；既要提高人民的购买力，又要注意物资供应的平衡。任何片面强调都是错误的。不分轻重缓急，一下子要求搞到完全合理也是不现实的。”①

与积累和消费关系的问题相联系，代表发言有不少谈到了在优先发展重工业的同时，应当注意发展农业和轻工业。

中共中央农村工作部部长邓子恢发言说，没有重工业的发展，不可能从根本上改造农业技术，不可能大大提高农业生产力，不可能实现农业现代化。但是，工业的发展需要农业发展与之相适应。如果农业生产赶不上工业发展的要求，不能满足工业发展对于粮食、原料、资金积累和市场的需要，结果就只有使工业化的速度被迫降低，或者使工农联盟的关系紧张起来。他提出，在实现工业化的过程中，保持工农业发展相适应。

国务院第四办公室主任贾拓夫发言谈了轻工业发展的问题。他说，对发展轻工业必须优先发展重工业和大力发展农业，我们有了较多的体会。但是在另一方面，在优先发展重工业和大力发展农业的同时，轻工业也必须积极地相应地发展。“如果我们忽视了轻工业的适当发展，那就不能满足农民对轻工业产品的需要，不能及时换回粮食和农业经济作物。这样，就会阻碍农业的发展，使国民经济的各个环节失去平衡；使人民生活的改善和工农联盟的巩固受到不利的影响，使国家的积累减少，最后也就必然会减弱重工业的发展速度。”②

山西省委第一书记陶鲁笳在书面发言中回顾了山西这几年工农业关系方面的经验教训。“一五”计划的头三年，山西地方国营工业用于轻工业的投资只占总投资的35%，用于发展农副业产品加工业的投资仅占0.6%，结果大量的农副产品由于没有加工工业而无人收购。此外，用于农业技术改造和农业生产工具制造方面的投资，只占总投资的2%。这是一个缺点。导致这种缺点的原因是“对于轻工业的作用认识不够明确，把对工业和农业的规划互相分割开来，而没有足够地注意它们相互间的联系”。③因此，要发展工业必须相应地发展农业。

在发展农业的问题上，代表发言提出了一些中肯的意见。

① 《中国共产党第八次全国代表大会文献》，第394页。
②③ 《中国共产党第八次全国代表大会文献》，第435、717页。

一是在抓粮食生产的同时，要注意抓多种经营。湖南省委第一书记周小舟在书面发言中说，这几年抓住了粮食生产，忽视了多种经营，生产上出现了单一化的倾向。他说，对于粮食生产给予首要的注意，这是不容怀疑的。但是同时还必须看到，经济作物和副业生产在农民收入中占有很大比重，山区一般占总收入的 40% ~ 50%，丘陵区、湖区也占 30% 左右。所以在农业生产上应该是以粮食生产为主，同时展开多种经营。福建省委第一书记叶飞在书面发言中说，几年来，在恢复和发展农业生产中，虽然获得了不少成绩，但也产生了一种片面性，重视农业，轻视副业，抓了粮食，丢了多种经营。他谈到，经济作物和农家副业在福建农村经济中占着重要地位，农业生产总值中粮食仅占 48%，其他经济作物和副业却占了 52%，农民收入中的很大一部分是依靠经济作物和副业。所以，既要增产粮食，也要发展经济作物和农家副业。要根据不同地区特点，分别采取以农为主，农、林并重或农、副并重的方针，既使粮食逐年增长，又大力发展农、林、土特产及副业生产。

二是提高农产品收购价格，少增加农业税负担，增加农民收入，调动农民的生产积极性。李先念在发言中谈到一部分农产品收购价格偏低，其中不少甚至低于战前水平。而农产品的收购方面，还有压级压价的现象，引起农民的意见。他提出应当较大幅度和适当幅度分别提高一些农副产品的收购价格，修正不适当的农产品品质标准和等级差价，纠正农产品收购当中压级压价的错误做法。财政部副部长金明在未刊发言中认为，第二个五年计划期间，在农业税负担问题上，应该采取多增加农民收入、少增加农业税负担的方针，对于农业增产的部分，大部分留归农民，小部分交给国家。同“一五”时期比较，农业税负担占农业产量的比例大体不变，国家的农业税收将随着农业生产提高而增加，而农业增产的收入将大部分留给农民，这样既照顾了国家建设的需要，也照顾了农民生活的继续改善。

三是在分配上，处理好国家、合作社集体、合作社社员个人的关系。河南省委书记吴芝圃书面发言说：“分配的好坏，对于保证国家建设，社内积累和增加社员收入，有着极其重要的意义。因此，必须在‘少扣多分’

和保证百分之九十的社员增加收入的原则下，根据各社的情况确定合理的分配比例。”[①] 安徽省副省长王光宇在未刊发言中总结本地的经验，提出正确解决分配问题的两点意见，首先是要分配及时，要克服积压不分的现象；其次要“少留多分”，要纠正合作社干部多留公积金以发展基本建设的主观愿望。一般要做到60%—70%的收入分给社员，才能保证90%以上的社员增加收入；再其次要把副业收入与农业收入分别分配，副业收入随收随分，使社员有零用钱花。

代表发言中，有许多还谈到了发展生产与改善职工生活的关系问题。“一五”期间生产发展较快，职工生活也有所改善，但是对后者注意不够，职工工资、住房、生活设施、市政建设等方面改善的幅度较小。陕西省委书记兼西安市委第一书记、西安市市长方仲如在未刊发言中说，过去某些厂矿在基本建设的投资方面，对于职工生活福利照顾不够。他举西安新建一家工厂为例，生产性建设投资比例为89.3%，生活福利和公用事业建设投资比例仅为10.7%，等到工厂快建成了，才发现生活福利性建设投资相差很多。太原矿山机器厂厂长刘正之在未刊发言中谈了本企业的主要问题，是集体关心个人利益不够，即在定额、工资、奖励、生活福利等项政策的执行中，对个人利益照顾不够。有些同志对提出这方面正当要求的职工，不但不予支持，反而常常给他们扣上个人主义、经济主义的帽子。内蒙古区委书记苏谦益就包头工业基地建设中的职工生活问题作了书面发言，谈到过去对职工生活方面的问题没有及时解决，严重影响了职工的积极性，1956年就有近千人离开了包头。这些发言都强调要在发展生产的同时，注意改善职工生活，否则，职工的积极性受到影响，反过来还是会影响生产发展的。

（三）关于所有制改造和经济体制改革

在经济方面，代表发言还有一个重要内容，就是总结生产资料私有制的社会主义改造的基本经验，分析社会主义改造基本完成以后的新问题，

---

① 《中国共产党第八次全国代表大会文献》，第800页。

探讨改革经济体制的路子和办法。

邓子恢发言在肯定农业社会主义改造取得成功，并总结了改造的基本经验之后，指出，在实现农业合作化以后，许多人往往产生一种错觉：以为农民既然成了社会主义的集体农民，仿佛工农联盟就无足轻重了，农民的利益就可以不加重视了，就可以利用农民已经组织起来的这个便利条件，采取行政命令的工作方法，而不必再用群众路线在农民中去进行工作了，这种种看法都是非常有害的。他说："必须了解：尽管个体农民已经合作化，农村生产关系已经发生了根本变化，旧的矛盾虽已解决，旧的问题已经过去，但新的矛盾又在产生，新的问题仍要出现，如果我们忽视这种情况，以为合作化以后万事大吉，以为农民利益可以忽视，群众生活可以不必那样关心了，从而在农民工作中发展了主观主义和命令主义，对群众生活漠不关心，这样，工农联盟就同样是不能巩固的，甚至有被破坏的危险。"①

邓子恢提出，在合作社的生产经营方面，应该采取"大的集中，小的分散"的方针。合作社应该集中力量搞好主要的农业生产和必须集中经营的大宗副业生产，而把其他利于分散经营的副业和家庭手工业都交给社员去分散经营。在生产资料处理方面，应该采取"主要公有，次要私有"的办法。社员的土地、耕畜与大农具等主要生产资料必须归社集体所有，社员经营家庭副业生产所需要的小农具、小工具、零星树木和家畜、家禽等都归社员所有。

邓子恢的意见是很有针对性的。周小舟在发言中就说，许多合作社太强调了集中的一面，特别是那些试办起来的高级社，以为既然是完全社会主义性质的合作社，"一切都要公有化"才行，连社员的一些零星小量的苧麻兜、茶兜、小果园、小竹园、茅柴山等等，也都归社。由于自留地过少，一般农业社只留下3%左右，以致自食菜蔬和家禽饲料发生困难。在经营方面，连零星的家庭副业和分散的手工业，如打草鞋、捉鱼、捞虾、养猪、养鸡、理发、缝衣、编织、摆渡、运输等等，都统一归社经营。这些都引

① 《中国共产党第八次全国代表大会文献》，第357页。

起农民的不满。他认为，正确的做法，应该是将那些不利于统一经营而适宜于家庭和个人经营的东西，划归社员自由经营；对自留土地要适当放宽一些。

四川省委第一书记李井泉在发言中说，适宜于农民农闲期间经营的个体分散的副业生产，在相当长的时期内，还不可能也不应该完全由社会主义的生产方式所代替。他承认对应当如何组织这种生产和进行交换，缺乏足够的注意，在工作中采取的若干措施不完全恰当，使得本该加以保持和发展的副业生产反有减少。这些已对社会经济生活各方面发生一定影响，给了我们许多重要的教训。

与经营上过于集中的问题相联系的，还有一个办大社的问题。林铁发言谈到，河北在合作化过程中，有一些同志有越大越好的盲目的热情，省委又缺乏严格的控制，因而建立了不少过大的社。全省 24249 个合作社中，联村、联乡社占 33.02%（500 户以上至数千户的社占总社数的 23%），一村一社占 64.56%，一村数社占 2.42%。社均户数是 340 户，联村、联乡社所包括的户数占社员总户数的 60% 以上。他说，不少数村、十数村包括千户、数千户的大社，生产管理困难，政策上难以正确贯彻，社干部不能深入工作，特别是由于村与村之间土地占有和收入悬殊以及生产经营的对象不同，使彼村骤然普遍增加收入，此村社员不能增加收入。经验证明，在目前条件下，数村一社不是发展方向。

安徽省委书记、省长黄岩在未刊发言中说，社的规模问题，必须根据不同的具体条件，全面地考虑到有利于生产，有利于团结，便利于领导管理等原则，实事求是地去进行定型。一般的规定是需要的，但决不能不顾客观条件，盲目地去肯定社的大小规模。

一些来自少数民族地区的代表，对这些地区的农牧业社会主义改造问题作了专门发言。国务院副总理乌兰夫发言说，少数民族地区在什么时候采取什么步骤和工作方法进行民主改革和社会主义改造，应该由少数民族自己去考虑；并且应该和上层人物长期团结合作，协商办事；这样做，可能会使我们在改革的步骤和工作方法的具体问题上作某些让步，但是，如果有利于工作，我们就应该作某种必要的让步。

新疆区委第一书记王恩茂在书面发言中，谈到新疆在社会主义改造中的问题，主要是主观主义，强迫命令，不照顾民族特点，不和群众商量，不接受群众意见，不耐心进行说服教育，不关心群众个人利益等现象。他强调，在这种地区必须特别注意防止和克服这些“左”倾偏向；坚持慎重稳进的方针。

中共中央统战部副部长、国家民委副主任汪锋在未刊发言中说，对牧主经济的改造，肯定地要采取和平改造的方针。在改造的形式、时间和步骤上，都应当给牧主更多的考虑余地，凡事要反复、认真地协商，取得他们真正的同意之后再去办，否则宁可缓办。改造的形式，应当是多样的，例如在自愿两利的原则下，采取由合作社和国营牧场代放牲畜，或由国家派进干部和投进技术力量帮助经营或者组织公私合营牧场，或者吸收牧主参加合作社和国营牧场等等，只要是有利于发展生产，采取其中的某一形式，或者同时采取几种形式都是可以的。如果有的牧主仍然愿意继续单干，或者已经加入了合作社、国营牧场等又想退出来，也应该允许。在入社、入场的条件上，在入股、分红、定息的比例上，在自留食用、役用牲畜的数量上，都应当放宽一些，不可限制太严。

关于畜牧业的互助合作，汪锋认为必须强调遵守自愿原则，采取多样的形式，稳步前进，并且由国家给以支持和帮助。对于还不愿意参加互助合作的牧民，一定要有所等待，继续用说服教育的办法和合作社增产的实际事例去影响他们，任何强迫命令都是应该坚决防止的。对于牧民入社后的合理要求，都应当给以认真的解决，允许牧民自留乘马、奶牛、食用羊和必要的生产工具。同时尽力做到逐步提高入社牧民收入。

手工业改造是所有制改造的内容之一。对于改造以后出现的问题及发展方针，国务院手工业管理局局长白如冰作了专门发言。他说，个体手工业组织起来以后，为了适应市场千变万化的需要，除了一部分行业适宜于集中生产而外，合作社的建社规模一般宜于小些。由于我们未能很好地考虑消费者的需要和便利，有些地区出现了不适当地办大社、多办行业的综合社，盲目地集中生产和统一计算盈亏，以致在有些行业中原有的供销关系被打乱了，产品质量下降了，品种花色减少了。在修理服务行业中，有些地区不适当地撤销和合并服务点，既造成群众不便，又使社员收入减少。

白如冰认为，我国手工业历史悠久，行业复杂，产品多样，分布面广，因而在进行经济改组和技术改造的时候，必须特别注意保持手工业不同行业的生产经营特点，保持手工业与大工业之间应有的分工，不能千篇一律地要求手工业向大工业看齐，变修理业为制造业，或者挤掉手工业复杂多样的小产品。

他说，集中生产和分散生产，统一核算盈亏和分别核算盈亏，不仅是组织形式问题，而且是生产和经营制度上的一项重大变革，应该根据不同地区和不同行业的情况，从实际出发，稳妥地进行改组改造工作。他提出，对已改造的手工业合作社，在集中生产以后显然有毛病的，应该坚决地有准备、有步骤地划为小社、小组，单独核算；有的户还应该允许其分散生产，自负盈亏。他特别强调："不论是大社、小社、小组，或合作社领导下的分散经营户，只要是没有剥削，都应该看作是社会主义性质的。"①

社会主义改造基本完成以后，国民经济各行业均纳入了计划的轨道，经营和生产也采取了集中管理的方式。许多代表发言指出，这一方面加强了生产的计划性，但另一方面也出现了计划过死，管理过于集中，因而导致计划与人民需要脱节的现象，有必要对这种经济体制作改进。

商业部部长曾山在书面发言里谈到，几年来的社会主义改造，在日用工业品生产方面采取了一系列措施，对工业部门实行加工订货，统购包销，掌握货源，不断扩展国营批发业务，排挤了资本主义批发商；商业部按照国家批准的购销计划，进行商品的有计划分配和统一调拨。这些在当时都是必要的，对于恢复和发展工农业生产，稳定市场物价，保证城乡人民供应，加强社会主义经济的领导，割断城市资本主义工业和私营商业的联系，都起了巨大作用。但是也带来了一些消极因素。一是工业部门产品全部由

① 《中国共产党第八次全国代表大会文献》，第 581 页。

商业部门加工、统购、包销，使一些工厂不像自销时那样关心产品销路，因而不热心提高产品质量和增加新的花色品种。二是商业部门对产销情况了解不透，对原料供应的数量和质量不能严格保证。三是工业和商业部门各自强调计划性，而某些计划订得不恰当，有时订得过死，造成产品的脱销或积压。四是商业内部自上而下的调拨、分配商品的办法，常常使基层单位不能根据居民需要组织货源，限制了他们的经营积极性。

曾山认为，如果在 1954 年年底，国营商业已经取得工业商品批发阵地的绝对优势以后，不把私营批发商特别是小批发商排挤掉，而对批发商实行全行业公私合营的办法，使他们在国营商业领导之下，继续分担批发业务；如果在工业实行全行业公私合营前后，不把许多小工厂过于集中起来，不把它们的生产计划订得过死，让它们分散地同各公司、商店直接联系，随市场需要，灵活生产；如果能早一些扩大商业部门自下而上选购的范围，使基层商店能够根据人民需要来进货，那么目前日用工业品质量下降、花色品种减少、货不对路、不及时，等等情况，可能会好一些。

全国供销总社副主任张启龙在未刊发言中，也谈到对农村的私商改造曾带来某些副作用，存在不少缺点和错误。主要是：对小生产市场管得过严过死，包办劲大，没有注意发挥小商小贩的积极作用，农村小生产市场不够活跃，不少产品销路没有获得解决；加上收购价格管得过多，若干品种的收购价格偏低，影响了小生产的发展。因此，张启龙提出，应当改变现行的市场管理办法，开放一部分小生产的自由市场，除出口和保证城市、工矿区的供应需要的若干品种外，应该允许各地国营商店、供销合作社、合作商店、公私合营商店、合作小组和工业、手工业生产部门自由收购，自由运销，并积极指导和帮助农民贸易。在价格方面，除少数品种外，对其余大多数自由购销的品种，不应把购销价格管死。

李井泉发言说，商业系统往往单纯按照一时一地的市场需要和上级规定的利润指标来决定价格；对于种类繁多、数量零星、产销关系千头万绪的小宗土特产品，不加区别地采取了经营大宗产品的一套方式方法，商业机构也完全是按照行政区划来设立，过去用以限制资本主义商业的市场管理办法没有适时地加以改进，增加了商品流转环节，阻塞了还不可缺少的小商贩的贩运，影响了产品的正常生产和交流。

这些问题实质上都是讲的当时经济管理体制上已暴露出来的某些缺陷，而且初步揭示了克服这些缺陷、改革经济体制的方向，即在国家统一计划指导下和统一市场范围内，允许一部分按市场需要和变化的自由生产和自由市场的存在。

经济体制的另一个问题，是中央与地方的关系。代表发言对这方面的问题谈得比较多。中共中央副秘书长、中央书记处第二办公室主任谭震林的未刊发言，就是专门谈这个问题的。谭震林首先指出，近几年来，中央有些部门把过多的事情抓到自己手里，对地方限制得过多过死，忽视了地方的特殊情况和特殊条件。

他具体从几个方面作了分析。在农业方面，我国幅员广大，人口众多，各地差别很大，因此制定计划需要有很大的灵活性，以利于因地制宜，充分发挥地方和群众的积极性。但这几年有一些毛病。在工业方面，地方工业的潜力很大，许多地方工业稍加改建扩建，就可以大大提高产量和质量，但是往往在投资、原料及技术等方面，得不到中央有关部门的积极支持，甚至受到中央有关部门的限制，这就势必妨碍地方工业潜力的发挥。在商业和农副产品采购方面，情况复杂，任务也很繁重，只有依靠地方的力量，才能办得更好。但是这方面也存在着中央主管部门管得过多、过细、过严的情况。如购销计划，不问产品性质和销售范围，都采用由上而下一条鞭管到底的经营方法，地方无权变动调整，使经营管理上发生不少盲目性。

谭震林说："事实证明，中央各部门，如果不依靠地方的力量，它的工作就很难做好，它所管理的事业，就会遭受损失。这一条经验，我们不应该忘记。"

叶飞在书面发言里说，几年来中央各有关部门对福建工业发展是关心的，但仍嫌不够，而且对地方工业的基本建设计划和财产预算控制得太严太死，只偏重于消极的限制，缺乏积极的指导和支持，这就束缚并推迟了本省地方工业的建设。

对于中央集权过多而对地方限制过多的状况，代表发言提出需要改变，给地方一部分权利，以更充分地发挥地方的积极性。李富春在发言中就提出，在计划体制上，要实行分级管理，既照顾到集中统一，又照顾到因地制宜。凡需要全国统一平衡的各项重要指标，由国家计委、国家经委综合平衡，列入国家计划，由国务院统一下达；地方性的、局部性的，属于地区平衡和各部门自行平衡的各项指标，则由各省、市、自治区或各部门因事、因地制宜地平衡和安排；其他许多次要的、种类繁多而情况又不易掌握，因而无法一一纳入国家计划的指标，则由地方或者各基层单位自行安排，国家只从大的方面加以筹划，并从价格政策、供销关系上加以调节。

有的代表发言，还提出给企业一定的机动权限，使企业有一定的独立性，以调动企业和职工的积极性。

（四）关于政治建设

对社会主义政治建设，代表发言围绕即将开始的社会主义建设高潮，分别从诸多方面进行了阐述。

董必武发言着重谈了法制建设问题。他肯定建国七年来，人民民主法制工作有显著成绩，不仅有了国家的根本大法——宪法，而且有了许多重要的法律、法令和其他各项法规。董必武指出，现在的问题是，我们还缺乏一些急需的较完整的基本法规，如刑法、民法、诉讼法、劳动法、土地使用法等。同时，我们也还有许多法规，如惩治反革命条例、管制反革命分子暂行办法、惩治贪污条例、农业税法、工商业税法和私营企业条例，以及政府有些部门的组织条例等，由于政治、经济情况的变化，应须修改的还没有修改，应该重新制定的还没有重新制定。

对法制不完备的状况，董必武认为，在新建的国家是不可避免地会存在一些时候的。“但是，现在无论就国家法制建设的需要来说，或者是就客观的可能性来说，法制都应该逐渐完备起来。法制不完备的现象如果再让它继续存在，甚至拖得过久，无论如何不能不说是一个严重的问题。”[①]

除了法制不完备，董必武更多地谈了有法不依的问题。他指出，少数党员和国家工作人员，对于国家法制不重视或不遵守，而这种现象还没有引起各级党委的足够重视。比如一些地方的县、乡两级人民代表大会没有按期开会，甚至个别省的人民代表大会也没有按期开会；不听代表意见，不按法律手续撤换代表，限制代表反映群众呼声。一些地方党委往往直接发号施令，代替了一部分地方国家机关的行政工作。不少地方或部门有违法乱纪、侵犯群众民主权利的现象，有的人甚至自命特殊，超越于法制之外，等等。

董必武着重分析了产生上述现象的原因。从历史根源上说，在党领导人民夺取国家政权以前，一切革命工作都是在突破旧统治的法制中进行的；夺取全国政权以后又彻底推毁了旧的政权机关和旧的法统。这种仇视旧法制的心理可能引起对一切法制的轻视心理。建国初期又接连发动了几次群众运动，而群众运动是不完全依靠法律的，这可能带来一种副产物，助长人们轻视一切法制的心理。从社会根源上说，我国社会各阶级中，小资产阶级占绝对多数，党员最大一部分是小资产阶级出身。小资产阶级在一定情况下常常表现极端的革命狂热，但不能表现出坚忍性、有组织、有纪律和坚定精神。轻视一切法制的心理对小资产阶级是容易投合的。

董必武提出，必须清除上述现象。首先必须有法可依，尽快把尚不完备的几种重要法规制定出来，如刑法、刑事诉讼法。其次必须有法必依。他说，党员应当成为遵守法纪的模范，违反国法就是违反党纪。同时，必须适当加强司法机关的组织，加速推行律师制度和公证制度。

公安部部长罗瑞卿就建国以来的肃反斗争作了发言。罗瑞卿简要概括了建国七年来两次大规模镇压反革命运动的情况，并总结了这一斗争的经验：第一，党在长期斗争中，熟悉和掌握了肃反斗争的规律，因而保证了

---

① 《中国共产党第八次全国代表大会文献》，第 258 页。

对斗争的正确指导。第二，党根据自己的历史经验，以及对肃反斗争规律的深刻的理解，规定了肃反斗争必须坚持严肃与谨慎相结合的方针。第三，党在肃反斗争中的严肃与谨慎相结合的方针，体现在对待反革命分子的政策上，就是惩办与宽大相结合的政策，它的具体内容就是：首恶必办，胁从不问，坦白从宽，抗拒从严，立功折罪，立大功受奖。第四，肃反斗争必须实行群众路线，实行全党动员，群众动员，发动大家起来对付反革命。第五，肃反斗争必须强调调查研究，实事求是。第六，为了保证肃反斗争的正确进行，对于人民公安机关，必须加强党的领导，加强党和群众的监督。

罗瑞卿指出，建国以来公安机关在执行党的路线的实际工作中，也曾经发生过一些缺点和错误，在肃反中有过左右摇摆的现象。1950 年 10 月以前的大半年中，曾发生过对反革命分子破坏活动打击不力，“宽大无边”的右倾错误；1951 年镇压反革命运动高潮的后期，由于领导控制不严和某些地方基层组织不纯，因而在若干地方发生过程度不同的粗糙草率的“左”的错误，捕了一些可捕可不捕的人，也杀了极少数可杀可不杀的反革命分子，甚至错捕了个别好人；1954 年春季到 1955 年春季，又曾在一个短期间放松了对残余反革命分子的打击。1955 年下半年开始的肃反运动也发生了一些缺点错误，捕了一些本来可以争取投案自首的反革命分子，甚至错捕了个别的好人。在机关内部，某些单位也有斗争面过宽的缺点，斗了少数不该斗的人；也有人产生了新的麻痹情绪。罗瑞卿还指出了在遵守法制这一问题上的程序不全、管理不周的缺点，提出要克服主观主义、官僚主义，加强工作检查，深入实际，接触群众，在今后的斗争中更好地贯彻执行党的正确路线。

关于今后的斗争，罗瑞卿说：现在我国阶级斗争的剧烈时期已成过去，但是，革命同反革命的斗争，还没有停止也不会停止，仍然还是一个长期的斗争。因此，我们对于反革命分子可能造成的危害，仍然必须提高警惕。

中共中央统战部部长李维汉发言主要是谈统一战线工作。他说，自党的七大以来，党的统一战线政策的执行获得很大的成绩。但是，统一战线工作不是没问题了，而是问题不少。在民族关系上，有些同志还有大汉族主义倾向，主要表现在不重视少数民族工作，不愿意听取和尊重兄弟民族干部的意见。在同民主党派、无党派民主人士和其他爱国人士的关系上，有些同志对党外人士的联系往往局限于少数人，有些同志对比较落后的人们采取冷淡和疏远的态度，有些同志对党外人士的意见不是彻底敞开、适当分析，而是简单排斥。李维汉认为，统一战线工作中的问题有些是国内政治形势发生根本变化以后出现新情况的反映，有些则反映了工作中的缺点和毛病。

李维汉在总结统一战线历史经验的基础上，分别对民主党派和无党派民主人士、少数民族上层人士、宗教界爱国人士和国外华侨等方面的统一战线工作谈了看法。他特别强调“政治协商是我国实现人民民主的重要方法”[①]，其好处在于既能实现最大多数人民的民主权利，又能尊重占少数地位的人民的民主权利，在经过充分协商之后，使各方面的政见在基本上达到适当的集中和统一。这里说的占少数地位的人民，就是指各民主党派、无党派民主人士和其他爱国人士所联系和代表的一部分人民。“尊重这部分人民的民主权利，是人民民主统一战线获得巩固和扩大的必要条件。”[②]

李维汉还谈了党在国家机关、学校、企业中同党外人员共同工作的问题。其中最主要的是如何保证党外人员有职有权的问题。他说，党组和党委对于工作上和业务上的重要问题进行讨论，提出建议，是完全必要的；但是还必须经过适当的方式同有关的党外人员进行充分的协商，然后提到行政会议认真讨论，作出决定。“这样，才既能实现共产党的核心领导作用，又能在行政上同党外人员实行集体领导。”[③]

李维汉说，充分发扬政治协商和共同工作的民主传统，就同时有利于互相监督。谈到监督，他说，我们需要来自广大劳动群众的监督，还需要来自各民主党派和无党派民主人士的监督，因为他们代表了社会上一个方

---

①②③《中国共产党第八次全国代表大会文献》，第 499、499、500 页。

面的意见和要求，并且有一定的政治经验和业务专长，往往能够向我们提出中肯的批评和意见，即使有些批评和意见不中肯或者不正确，也有助于我们认真地分析和处理问题，保持清醒的头脑。因此，必须创造一切必要的条件，以便进行这种监督。

中华全国总工会主席赖若愚发言主要谈了在社会主义建设中发挥工会作用的问题。他说，社会主义建设并不是工会独特的任务，但工会却有它的作用，即联合和团结全体工人阶级，保护职工群众的物质利益和民主权利，并且以共产主义精神来影响、教育广大职工群众。有人以为工人阶级执掌政权以后，整个国家是保护工人利益的，因而工会就失去了这一作用。这种看法之所以不对，是因为各式各样的官僚主义，还有可能侵害职工群众的物质利益和民主权利。

赖若愚指出，在解放前，保护什么，反对什么，界限容易划清。解放后在工人阶级自己掌握的企业里，问题就比较复杂。工人阶级是领导阶级，但每一个职工又是被领导者，因此两者关系体现为国家利益和职工个人利益的关系。从根本上说，两者是一致的，但两者之间也有一定的矛盾，党的方针是把两者正确地结合起来。作为工会，既要教育职工正确对待国家利益，又要组织职工群众保护自己的切身利益。

这里涉及工会与行政的关系问题。赖若愚说，在社会主义企业里，企业行政和工会组织的根本任务是一致的，这就是完成国家计划。决不可以认为行政仅仅是代表国家利益的，工会组织仅仅是代表职工个人利益的。可是由于工会和行政工作性质不同，看问题角度不同，因而在许多问题的看法上也常常有所不同。抹煞了二者之间的差别或矛盾也是不对的。

赖若愚说，有些经济领导机关和企业领导者，往往只注意如何完成生产计划，而不考虑群众的切身利益；他们迷信行政权力，而看不到群众的积极性和创造性在生产中的作用；他们往往以粗暴的惩办主义的办法来对待群众，而不注意倾听群众的批评和建议。防止和纠正这种官僚主义的有效办法之一，就是群众监督。工会组织必须充分发挥这种群众监督的作用。在工人阶级执掌政权以后，工会就会有许多权利，而且它不可避免地要参与并且执行国家机关的某些职务，工会的这种机能有日益增强的趋势。这种趋势是正常的。

青年团中央书记处书记胡耀邦发言，着重谈了青年团在党的领导下开展工作的问题。胡耀邦说，党中央的报告，提出要调动一切积极因素，把我国建设成为一个伟大的社会主义国家。这就要求青年在这个伟大的斗争中，作更大的努力，有更多的贡献。关于如何开展青年工作，胡耀邦说，青年团不能用一般化的方法去带领青年，要创造一些适合青年特点的方法，去发挥青年的社会主义积极性，去满足青年的各种进步要求，并且使青年干部在干的当中增长才能。开展既有益于社会主义事业又适合青年特点的独立活动，和向党闹独立性是完全不同的两回事。决不能把独立活动和闹独立性、把先锋作用和先锋主义混淆起来。胡耀邦特别谈了青年的思想教育和业余学习问题。在思想教育方面，他指出，在实际工作中还存在两个主要缺点：一个是界限不清。把根本不违反集体利益的个人兴趣和个人爱好也加以排斥，甚至把青年的一些优点，例如有朝气，有理想，爱提问题，思想活泼等当作一盆脏水，同个人主义一起泼掉了。一个是方法简单，急于求成。对待落后青年，我们的同志总希望他们一个早上就能赶上先进；对待青年生活，往往干涉过多，什么时候打球、看电影、唱歌、休息，都给青年加以安排。我们必须用更生动的思想工作去克服这方面脱离群众的缺点，把纪律性和创造性结合起来，在集体主义的基础上，去培养青年独立生活的能力，充分地发挥青年的爱好、特长和主动精神。胡耀邦说，在教育工作上的另一个重要问题，是要带领青年实实在在地学到建设社会主义的本领，使我国青年不单具有共产主义的思想，坚强的意志性格，和强健的体魄，而且具有现代的文化、技术、科学知识的水平。

中共中央妇工委第二书记邓颖超发言，就团结和发挥广大妇女群众力量的问题发表了意见。邓颖超说，现时我们党的任务是把我国建设成为一个伟大的社会主义国家，为此，妇女工作的中心任务是更广泛地动员妇女从各方面参加社会主义建设。为了适应社会主义建设事业发展的需要，必须有计划地吸收妇女参加各种社会劳动，同时密切注意并采取有效的措施，切实保护妇女儿童的安全、健康和应得的权益。邓颖超还提出要更加扩大和巩固国内外妇女的团结，继续巩固和扩大妇女统一战线。民主妇联是在党领导之下的妇女统一战线组织，是最广泛的群众组织，应当经常注意吸收各民族、各阶层、各民主党派妇女中新的积极分子参加工作。在民主妇联的党员干部应当加强和非党的领导骨干团结合作，切实纠正宗派主义的思想作风，对党外干部要在经常的工作和学习中，互助合作，互相学习，遇事协商，推诚相见，使她们有职有权，为她们做好工作创造条件，帮助她们充分发挥作用。邓颖超提出了党继续加强对妇女工作领导的问题，要求改进工作，克服党委对妇女工作领导不够经常和不够具体、不注意发挥妇女团体作用的缺点。

中共中央妇工委第一书记蔡畅发言专门谈了培养和提拔妇女干部的问题。她说，建国以来党和国家培养和提拔了很多妇女干部，而且数量在逐年增加，但是女干部的增长仍跟不上社会主义建设迅速发展的需要，女干部在干部总数中的比重较小，大部分人文化、科学、理论水平较低，业务知识和技能不高，参加工作、学习同家务的矛盾更突出。蔡畅提出，要有系统地培养和提拔更多的女干部，学习马列主义和业务知识及技能，由外行变成内行；要根据“德才兼备”的干部政策，大胆提拔党和非党的女干部，到各种工作岗位和各级领导岗位上去。蔡畅还特别谈到了节制生育的问题。她说，1955 年 3 月党中央就颁发了有关节制生育的指示，这次周恩来同志的报告再度提出适当地节制生育问题。在广大干部和人民群众中宣传、指导节制生育，是符合我国实际情况的；他们可以根据自己的条件和愿望，调节生育密度，有计划地生育。

乌兰夫在发言中谈了坚持党关于民族区域自治的基本政策的问题。他说，这个在革命战争年代党就提出来的政策，完全符合中国民族问题的实际情况和各民族的共同愿望。在一个向社会主义过渡的国家内，实行民族区域自治是充分符合社会主义民主和民族平等的原则的。它可以实现少数民族当家作主的权利，按照自己的情况和特点来发展自己的民族；又可以在完全平等的地位和权利的基础上，团结各兄弟民族在统一的大国内，互助合作，共同管理自己的国家和发展自己的国家；因而就更便利于各民族自己的发展。

乌兰夫认为，任何民族都一律享有民族平等的权利；聚居的少数民族，都有实行区域自治、在自治地方当家作主、管理自己内部事务的权利；党和国家必须帮助他们来充分实现这些权利。他还认为，大汉族主义和地方民族主义的影响和残余已经克服了许多，但是有些人还是表现出这两种思想倾向，有些还较严重。这两种倾向都必须防止和克服，目前特别要注意大汉族主义思想倾向的危险。

全国人大民委副主任委员包尔汉发言说，在国内应该进一步贯彻执行党中央提出的民族政策、统一战线政策和信教自由政策，发挥各族各界人士的积极性，为我国的社会主义建设事业服务。我们要求汉族干部继续帮助新疆及其他各省少数民族进行工作，这种帮助不仅现在需要，将来也还需要。我们要谨防大汉族主义，同时也要谨防地方民族主义。要知道，只有在中国共产党的领导和汉族兄弟般的帮助下，我们各少数民族的政治、经济、文教卫生等各种建设事业才能迅速发展，才能彻底消除历史上遗留下来的民族间的不平等现象。

在政治建设方面，除了上述法制、统一战线、工会、青年、妇女、少数民族等问题，代表发言还涉及一些其他问题，但中心都是强调发挥各方面的积极性，以投身社会主义建设。

（五）关于文化建设

这里说的文化，不仅指文学艺术，而且包括科学、教育等。毛泽东在建国前夕说："随着经济建设的高潮的到来，不可避免地将要出现一个文化建设的高潮。"[①] 他说的文化建设是一个与经济建设相对应的概念，应该理解为包括文艺、科学、教育等方面。社会主义改造基本完成以后，伴随着即

① 毛泽东：《中国人站起来了》，1949 年 9 月 21 日；《毛泽东选集》第五卷，第 6 页。

将来临的经济建设高潮，这个文化建设的高潮也将出现。许多代表就文化建设问题作了发言。

国务院第二办公室主任林枫在书面发言中说，又多又好地为国家培养各项建设人才，特别是科学技术人才，这是党和国家特别是文教部门在社会主义建设中的一项极其重要的任务。几年来在高等教育问题上的主要偏向是过分强调了数量，对质量注意不够。今后必须执行数量与质量兼顾的方针，克服上述偏向。一方面要发挥潜力，充分运用各种教育力量和教学方式培养干部；另一方面必须大力提高教学质量，改进教学内容和教学方法。

林枫谈到，中心的问题是怎样使高等教育工作更加切合我国的实际，更适合我国社会主义建设的需要。高教改革既要学习外国好的经验，又要批判地继承民族遗产，但无论是对外国的东西，还是对民族遗产，都必须结合中国今天的实际，加以分析。他还提出要从贯彻全面发展的方针、加强学校基础建设、解决高校师资问题等方面，来改进高等教育。

清华大学校长蒋南翔在发言中也指出，对高等教育来说，提高质量的问题更加值得重视。他列举 1952 年高等院校采取“包下来”的办法，降低要求大量招生，造成了很高的淘汰率，造成人力物力的大量浪费，最终数量也不能保证，说明只顾“需要”，不顾“可能”；只追求数量，不注意质量；平均主义，没有重点；培养干部的工作就不能很好完成，给国家也会带来损失。

一些代表在发言中提出，要大力发展祖国的科学技术事业。值得一提的是，这些发言都注意到了世界科学技术发展的新趋势。国务院第二办公室副主任范长江在未刊发言中说，现代科学的发展，一日千里。由于原子能的利用和自动化的发展，人类正处在新的工业革命的前夜。我国在这样的时代进行社会主义建设，必须积极开展科学研究工作，争取在不太长的时间内使我国最急需的、重要的科学部门接近世界的先进水平。这样，才能不断地用世界最新的科学技术成就来促进我国社会主义建设的发展。他指出，目前，我国的科学队伍还太小，大学毕业程度以上的专业研究人员，不过一万余人；水平比较高的专家，为数更少。这个队伍在今后十二年内，必须大大地增加。特别要注意扩大高级科学人才的队伍。关于如何加强科学队伍，林枫在发言中说，这支队伍主要由科学院、高等学校和产业部门三个方面的科学力量组成。国家应充实科学院的人力和物力，使它能够逐步地实际成为全国科学研究的中心。高等学校应大力开展科学研究工作，并以此提高教学水平。产业部门对科学研究工作也必须给以充分的重视，以便有效地解决生产中的科学技术问题。

中国科学院物理研究所所长、物理学家钱三强在未刊发言中说，现在正是人类历史上科学技术发展最快的时代，原子能的利用、电子学技术的应用、生产过程全盘机械化和自动化及其他重要的科学技术的新发展，使人类劳动生产率达到前所未有的水平。钱三强说，最近几年来和今后若干年内，苏联和各人民民主国家无私地帮助了和将帮助我们建立许多重要工业，我们的工程技术将突进一大步。但是我们不能并且也不应该长期地依靠兄弟国家。为了能使我们自己在兄弟国家大力帮助的基础上独立地向前发展，建立自己独立的科学技术，我们必须要考虑到设计工作、技术科学和基础科学的研究力量的培养。不然的话，我们将永远走在工业先进国家的后面。他特别指出，技术的学习可以在短时期内收到效果，而科学研究力量的增长需要比较长的时间。因此为使我们的科学技术达到接近世界水平的目标和为了加强我国近期和远期的建设力量，除了加强工程技术力量以外，还要及早地重视和加强科学研究工作，积累科学储备，也就是说需要用一定力量来加强理论的队伍，建立理论的科学中心，使得基础科学中的探索性的研究工作和技术科学中的理论工作都能相适应地发展。

中共中央宣传部科学处处长于光远发言谈了党对科学工作的领导问题的四点意见。第一是希望各方面进一步重视科学工作。总的说来，繁荣和发展我国的科学事业，已经具备极其良好的条件。但是科学研究特别是基本理论的研究，往往不能见到速效，因此科学工作还很不容易排上中央各部门或地方党委的议事日程。他说："重视不重视科学工作是有没有远见的问题，我们共产党人是应该很有远见的。”[①] 第二是努力学习，使自己成为领导科学工作的内行。党领导科学工作的经验还是不多的，我们应该在工作中积累和总结这种经验，决不可以“安于做外行”。要很好地依靠科学家，向各行的专家请教，不应该强不知以为知，不应该过多干涉。对诸如遗传学中米丘林学派和摩尔根学派的争论这样的科学问题，应该本着百家争鸣的方针，支持科学家的研究工作，让科学研究成就来作最后结论。第三是切实改善科学研究人员的工作条件。这是发展科学事业的前提。为了使我国科学研究工作能够接近和赶上世界先进水平，图书馆工作、资料工作、科学情报工作、计量标准工作等等，首先就要接近和赶上世界先进水平。第四是调配和培养科学组织工作的干部。要从各方面抽调党员干部到科学工作岗位上去。在我们积极创立科学事业基础的时候，像为工业那样抽调一批骨干到科学工作岗位上去是完全必要的。

对于文学艺术工作，有关发言都提出要贯彻“百花齐放，百家争鸣”的方针，创作出更多的为人民群众所欢迎的、贴近社会主义建设实践的作品来。

中共中央宣传部副部长周扬发言说，文学艺术是整个文化战线的一个重要方面，是影响人民精神生活的一种有力工具，它必须在建设社会主义的伟大事业中发挥巨大作用。他说，我们的作家和艺术家在创作上取得了不少的成就，但我们今天的文艺创作还不能满足人民的要求。群众对一些平庸的、千篇一律的、公式化的作品感到不满；他们要求作家写出更多的能够打动读者心灵的好作品。周扬认为，社会主义革命为一切创造性的劳动开辟了道路。但是在我们中间，经常发生的文艺上的教条主义、宗派主义，以及对待文艺工作的简单化的、粗暴的态度，却严重地束缚了作家、艺术家的创作自由，成了实现“百花齐放，百家争鸣”的主要障碍。

周扬从反对教条主义和宗派主义的角度出发，对于文艺上的一些重要问题，发表了意见。关于文艺服从政治，周扬说，文艺为政治服务，在今

---

① 《中国共产党第八次全国代表大会文献》，第 571 页。

天就是为建设社会主义祖国和保卫世界和平的事业服务。要求文艺服从政治，不是机械地规定作家写什么和怎样写，作家在作品的取材和形式上，应当有广泛的自由。离开内容去追求形式，固然是不对的，但是忽视艺术风格的优美和多样性，也会使作品的内容变得单调贫乏起来。只有在各种风格和流派的文艺创作的自由竞赛中，社会主义的文艺才能得到最坚实、最健康的发展。关于现实主义与浪漫主义，周扬说，有的人承认现实主义，就不承认浪漫主义，是没有道理的。我们热爱一切伟大的作品，不论它是现实主义的还是浪漫主义的。社会主义的文艺应当是最富于理想的，它应当是真实性和革命热情的高度结合。关于继承和发扬传统，周扬说，我们必须继承我国文学艺术的优良传统，必须吸收外国文学艺术中进步的、有益的成分。排斥民族传统或拒绝向外国学习，都是错误的。但是，无论继承传统或学习外国，都必须有批判的态度。

中国作协书记处书记、中国作协党组副书记刘白羽在未刊发言中说，为了进一步发展创作，满足人民精神生活的需要，我们就必须很好地把文学事业真正推进到自由竞赛的道路上去。为了完成这个任务，我们必须坚决地纠正教条主义、宗派主义的思想影响，领导工作中的简单行政方式和文艺团体、文艺刊物的行政机关作风等不良倾向。我们需要进行广泛的团结，吸收各种不同艺术见解和不同艺术风格的作家到我们的队伍里来。

文化部部长助理兼电影局局长王阑西的未刊发言谈了电影创作问题。他说，电影工作还存在许多问题，最主要的是影片质量不高，数量不多。电影质量不高，主要是一些艺术片题材狭窄，内容公式化概念化，使表现力最为广泛的电影艺术变得单调、枯燥，不能引起观众的兴趣。其原因从我们的领导思想和领导方法来检查，有不少缺点和错误，这就是：狭窄地简单化地了解为工农兵服务的方针；机械地和片面地强调了作品的政治内容；没有充分发挥创作人员的积极性和创造性，帮助创作人员理解丰富的现实生活不够；对艺术创作的领导时常采取比较简单的行政方法，要求多，鼓励少；广泛地组织电影文学剧本不够。

王阑西提出，要在电影艺术中贯彻“百花齐放”的方针，动员所有的艺术创作力量，扩大影片题材范围，使影片样式多样化。同时根据电影影片制作的特点，克服在电影艺术创作领导方法上的缺点，加强各制片厂的独立负责权限，从组织上、制度上减少过多限制，去掉清规戒律，以推动电影艺术的繁荣。

（六）关于国防建设和外交工作

国防建设包括两个方面，一是作为担负国防任务载体的军队建设，一是装备军队的国防工业建设。代表发言对这两方面的建设都发表了意见。

彭德怀发言主要谈了人民解放军的建设问题。他首先概要回顾了人民解放军建立以来的历史，接着指出，中华人民共和国的成立，开始了我国社会主义建设和社会主义改造的新时期，我军在这个新时期的任务就是：保卫祖国的社会主义建设，保卫国家的主权、领土完整和安全，随时准备解放台湾，巩固国内和平秩序。全国解放后，党中央和我国政府就指出，人民解放军要在原有的基础上，建设成为一支优良的现代化革命军队。在新的历史时期，人民解放军从单一步兵组成的军队到建成了诸兵种合成的军队，改善了军队技术装备，展开了正规训练。

彭德怀指出，正规化的军事制度，是现代化军队的重要条件。特别是我军过去长期处于分散环境，各个部队的军事制度不完全统一，因此，在现代化建设中，强调正规化的建设，具有重要的意义。所谓正规化就是统一指挥、统一编制、统一制度、统一训练和统一纪律。他提出，在军队现代化建设过程中，必须坚持党委集体领导下的首长分工负责制、政治工作制度、民主制度等人民解放军长期行之有效的制度。

彭德怀还特别谈了学习问题。他说，我军在现代化建设的开始，提出把苏军的一切先进经验完全学到手的要求是正确的，这样可以缩短摸索过程，少走弯路。当然，我们也应当学习其他兄弟国家军队的先进经验。对于资本主义国家的军事问题我们也应当研究，以便达到知己又知彼的目的。他们的技术科学，只要是对我们有用的，我们也应当学习。彭德怀指出，我们学习外国军事经验的时候，又必须采取分析批判、实事求是的科学态度，不能迷信盲从，机械搬用。近几年来我军所颁布的条令和制度，所采用的教学方法，基本上是适用的，但是有些地方没有很好照顾我军的历史特点和实际情况，存在着教条主义和形式主义，削弱了我军的优良传统，影响了军内外的团结。我们必须纠正这种错误的学习态度。

第二机械工业部部长赵尔陆在未刊发言中谈了国防工业建设的问题。他说，国防工业是整个国民经济中的一个重要组成部分。它的建设规模和发展速度，一定要服从于整个国家社会主义建设有计划、按比例发展的原则；它必须同其他工业，尤其是原材料工业的建设相适应。如果离开我国的实际条件，孤立地对待国防工业的建设，或者由于国防工业建设的比例过大，而影响到整个国民经济发展的合理的比例关系，当然是不应该的。但是，如果在发展其他工业的同时，不去积极地进行国防工业的建设，在赢得的和平时期内，不尽可能快地解决我国国防工业基础薄弱、技术落后的问题，显然，这对国家的安全和长远的建设来说，也是极为不利的。

赵尔陆还认为，目前我们正处于原子技术和电子技术飞跃发展的时代，许多现代的科学技术的成就，必须积极有效地运用到国防工业中来。国防工业的建设和发展，特别是掌握现代的科学技术，是需要经过一定的时间的。所以，我们必须利用可能争取到的和平时期，积极地进行国防工业的建设，奠定巩固的基础，使我们在保卫和平和国家的安全上，随时处于有准备的状态。

陈毅在发言中对中国的外交政策作了阐述。他首先分析了第二次世界大战以后的国际形势，认为全世界各种爱好和平的力量在争取和平和反对战争的共同目标下，正在形成一支洪流。当前的国际形势是有利于世界和平、不利于垄断集团建立世界霸权的战争计划的。争取和平和防止战争的可能性已经大大地增长了。但是，国际和平力量和战争势力的斗争还将是一个长期的、反复的斗争。如果对战争危险丧失了警惕性，那将是极端错误的。

面对和平可能性增加、战争危险性依然存在的国际形势，中国的对外政策将严格遵守五项原则。陈毅说，五项原则对中国来说，绝不是一个暂时的、权宜的策略，而是我国对外关系的基本方针。中国坚信，社会制度不同的国家应该和平共处。中国愿意同一切国家和平共处，积极发展同亚非国家的友好关系，努力改善和发展同西方国家的关系。我们的和平共处政策并不排斥任何国家。就是对于美国，也并不除外。

在对美关系问题上，陈毅说，美国一直对新中国采取敌视态度，侵占我国领土台湾，干涉我们解放沿海岛屿。中国对美国的武装干涉和侵略行动，进行了坚决反抗。同时我们也没有放弃任何和缓紧张局势的可能，包括中美之间在台湾地区的争端，中国也提出了举行中美外长会议进行和平协商的具体建议。和平解放台湾的可能性正在大大地增长。不论台湾的解放将会采取怎样的方式，台湾必然要回到祖国的怀抱。

张闻天的未刊发言着重阐述了和平共处的外交政策，同时也谈了外交工作。他认为，几年来的事实证明，我们争取同一切国家实行和平共处和友好合作的政策是正确的，因而使我们在对外关系和国际活动中取得了巨大的成就。但是也不能否认，我们的对外工作，还是有缺点的。在某些干部中，在有的地方，还有对当前国际形势估计不足的缺点，因而还不能充分利用对我们有利的国际形势，发展和建立各种各样的国际关系。在某些干部中，在有的地方，也还有对于开展对外工作的重要性估计不足的缺点，因而对参加这方面的活动和工作，对克服对外工作中所遇到的困难，表现得不够积极和主动。这些缺点当然或多或少地影响到我国对外关系的更大开展。我们应该努力克服这些缺点，加强和开展我们的对外工作，使我们的工作适应于当前的国际形势发展的需要。

（七）关于党的建设

党的建设是代表发言所谈的一个重要方面。他们指出，社会主义建设能否取得胜利，关键在于党的领导是否正确。因此党的建设有至关重要的意义。

林伯渠、贺龙、徐向前、聂荣臻、陆定一、李立三等的发言或未刊发言，着重回顾了中国近代以来的历史特别是中国共产党的历史，总结了党领导人民革命和建设的基本经验。

林伯渠在发言中说，当初中国人接受马克思列宁主义，建立中国共产党的时候，关于怎样用马克思列宁主义来解决中国问题，在中国条件下找出实现社会主义的道路，是并没有什么章程可查的。落后国家不能照抄资本主义国家的办法，一开头就实行社会主义革命，而必须经过资产阶级民主革命，才能转变为社会主义革命，这个原则，在伟大的列宁的著作中早已经解决了。然而怎样领导中国的资产阶级民主革命，并使之转变为社会主义革命，就必须靠中国的共产党人自己来解决。林伯渠指出，党不是一开始就把这个问题解决得很好，而是取得了深刻教训之后，执行了以中国具体历史条件为根据的马克思列宁主义路线，才看到了革命的蓬勃发展。他总结说，在没有认识马克思列宁主义以前，中国革命不能免于失败；在有了马克思列宁主义以后，如果不与中国革命实际相结合，也还是不能免于失败。而一经把马克思列宁主义与中国革命实际相结合，则无往而不胜。

徐向前在未刊发言中，肯定党自遵义会议以来的路线是正确的，但是也指出并不是所有的人都这样认识，有的人对此还有怀疑。他说，我们知道实践是检验真理的唯一标准，实践同样是检验一个政党的路线是否正确的唯一标准。我们党所领导的人民民主革命的伟大胜利，这就是中国革命的实践；我们党所领导的社会主义改造和社会主义建设的巨大成就，这也是中国革命的实践。这些实践都证明了我们党的路线是完全正确的，而不是什么机会主义的路线。

中共中央工业交通工作部副部长李立三在发言中，以自己在土地革命战争时期犯“左”倾机会主义错误的亲身经历，总结了历史的经验教训。李立三说，我是第二次“左”倾机会主义路线——立三路线错误的负责人，并且是第一次“左”倾机会主义路线的积极参加者。他分析自己一再犯“左”倾错误，是因为没有而且也不懂得用马克思列宁主义的立场、观点和方法去深刻地分析错误的本质和思想根源，因而身上根深蒂固地存在的那种小资产阶级劣根性和由此而来的脱离实际、脱离群众的主观主义的思想方法，没有丝毫改变。这种小资产阶级的劣根性遇到了革命环境好转的时候，就又一次爆发为更厉害的“革命”的狂热病。同时，那种不是实事求是而是自以为是的主观主义思想也就更加猖狂起来了。

李立三说，这种猖狂的主观主义表现在政治上，就是单凭一时狂热，把主观的幻想当成现实，毫不思前顾后，毫不谦虚谨慎，就任意发号施令起来。这种猖狂的主观主义表现在组织上，就成为强烈的宗派主义，不仅不能用冷静的头脑倾听别人的意见，而且对于有不同意见的同志，任意扣上机会主义、调和主义的帽子，加以排斥打击，造成了党内极不正常的状态，甚至使一些优秀干部因此遭受牺牲。这表明这种宗派主义的干部政策的做法，不仅是一种严重的政治错误，而且造成了对革命的犯罪行为。

李立三说，到1946年初才初次读到“关于若干历史问题的决议”，初次读到延安整风文件，初次读到毛泽东同志的一些重要著作，对于自己真正是一次马克思列宁主义的启蒙教育。当读过这些文件和著作以后，知道自己犯错误的根本毛病是主观主义，当时也就下了决心要根绝这个毛病，要努力学习“一切从实际出发”，“实事求是”的精神去进行工作。

在党确立了正确的思想路线和政治路线之后，加强党的组织建设变得尤为重要。一些代表发言从加强全党的团结和统一、加强党内的民主集中制、加强党内监督等方面提出了意见。

中共中央副秘书长宋任穷发言说，集体领导是民主集中制基本问题之一，其实质是群众路线在党的领导工作方面的应用。集体领导与家长式的个人领导相反，最能发挥党委成员的积极性，也最便于发挥人民群众的积极性，集中群众的智慧，正确地指引人民群众走向胜利。他还说，好的集体领导，不仅需要有健全的集体领导制度，还要善于依靠群众，走群众路线，充分地发扬民主。宋任穷还特别提到，应当重视少数人的意见，有些党组织的负责人常常不愿意倾听和考虑少数人的意见，甚至害怕有人提出反面意见来，这是不对的。有时候少数人的意见也会是正确的。因为少数人的意见，虽然在党委会上看来是少数，但他们的意见是从群众中来的，实际上反映着多数群众的利益。充分发扬党内民主，并不否认党的领导需要有高度的集中，而是要把两者辩证地结合起来，既要放手发扬民主，又要高度集中，发扬民主正是为了求得思想一致，保证集中。

中共中央监察委员会副书记刘澜涛在书面发言中说，由于我们党已经处于执政地位，各方面的工作取得了重大成就，人民群众赞扬我们，因此党内就有一些人开始用夸大自己的成就和过于美化我们环境的办法来陶醉自己，对于我们队伍中的缺点和错误采取满不在乎的态度，在工作中只愿意说成绩，不愿意说缺点和错误，埋头于日常事务，而漠视政治思想斗争。他例举了党执政以后党员中滋长起来的特权思想、宗派主义、官僚主义、压制批评、阿谀奉迎、弄虚作假、个人主义、贪污腐化等等现象，指出如果放松对于这些东西的斗争，放松对于自己的缺点和错误的警惕，那就必然会对党和人民的事业造成严重的恶果。这一切也说明了，加强党的政治思想工作，开展批评和自我批评，严密党的组织，严格党的纪律，在目前时期具有特别重要的意义。

同八大的几个主报告相比较，代表的大会发言分别从不同的方面、不同的领域，对社会主义建设的理论、政策、方针阐述了看法和意见。这些意见和看法同几个主报告的基本精神是一致的，但又比主报告的分析更展开，内容更丰富、更具体，与主报告相得益彰，可以看作是对几个主报告的补充。八大代表的大会发言，有对已往成就的肯定，也有对不足与缺点的分析。代表们畅所欲言，表现了当时党内思想活跃的特点。如果说八大取得了探索中国自己的建设社会主义道路的初步成果，那么代表的大会发言无疑是这些初步成果的果实之一。

九、中央领导人同外国党代表团的谈话

八大期间，毛泽东、刘少奇、周恩来、陈云等中央领导人，共同或分别同前来参加中共八大的各国共产党、工人党代表团进行了多次谈话。这些谈话分析了国际形势特别是国际共产主义运动的形势，探讨了党与党之间的关系和中国党自身建设方面的一系列问题，总结了中国党领导民主革命胜利和进行社会主义改造的经验。在这些谈话中，中央领导人就中国党的内政外交的方针政策，特别是党的建设和社会主义建设等问题，阐述了

一些十分重要的思想、观点和主张，对他们在大会上的正式讲话、报告和发言，既有所展开，又有所补充。

毛泽东、刘少奇、周恩来、邓小平在填写选票。

（一）毛泽东的谈话

在中共八大举行期间，毛泽东先后同西班牙共产党总书记伊巴露丽，英国共产党代表团，苏联共产党中央代表团，朝鲜劳动党代表团，意大利共产党代表团，西德共产党代表团，德国统一社会党代表团，蒙古人民革命党代表团，拉丁美洲的巴西、智利、危地马拉、古巴、巴拉圭、哥斯达黎加、玻利维亚、厄瓜多尔、乌拉圭等11国共产党代表团，叙利亚—黎巴嫩、摩洛哥、阿尔及利亚等国共产党代表团，南斯拉夫共产主义者联盟代表团，阿尔巴尼亚劳动党代表团，罗马尼亚工人党代表团，波兰统一工人党代表团，保加利亚共产党代表团等兄弟党代表进行了谈话。与有的代表团，如苏共中央代表团曾谈话两次。有时一次谈话长达3个多小时。

除了极个别的代表团外，谈话都是在亲切友好的气氛中进行的。谈话内容主要集中在以下几个方面：

1. 关于苏共二十大

这是当时国际上的一个热点。在谈话中，不少国家，尤其是资本主义国家的共产党代表坦言，在苏共二十大以后，国内、党内发生了波动、混乱和危机，处于极其困难的境地。有的代表团直言："赫鲁晓夫关于斯大林的报告对于我们是一个很大的打击。"对于兄弟党面临的困难，毛泽东表示同情和理解，并说，为了帮助你们，"有些问题我们可以写冠冕堂皇的文章，我们也已经写了。"

对于苏共二十大，毛泽东说，苏共二十大揭发了斯大林的错误。这种批评是好的。赫鲁晓夫的报告做了一件好事，它打破了神化主义，破除了迷信，揭开了盖子。这是一种解放，一场解放战争，大家都敢讲话了，使人能想问题了。这也是肯定，否定，否定的否定。

博爱、自由、平等是资产阶级的口号，而现在我们反而为它斗争了。是父子党，还是兄弟党？过去是父子党，现在有些兄弟党的味道了。但也还有些父子党的残余。这也是可以理解的，残余不是一天就能搞清的。取掉盖子以后，使人们可以自由思考。现在有点反封建主义的味道，由父子党过渡到兄弟党，反对家长制度。以前思想控制很严，深过封建统治，甚至有些君主也比他开明些。不是今天杀人，就是明天杀人，一句批评的话都不能听。而过去有些开明君主是能听批评的。

毛泽东还说，我们社会主义必须想些办法。当然，没有集中和统一是不行的，要保持一致。人民意志统一对我们有利，使我们在短期内能实现工业化，能对付帝国主义。但也有缺点，缺点在于使人不敢讲话。因此要使人有讲话的机会。我们政治局的同志都在考虑这些问题。比如说，我国很少有人批评我，我的缺点和错误人们都原谅。因为我们总是为人民服务，为人民做了一些好事。虽然也有命令主义、官僚主义，但是人民觉得我们做的好事总比坏事多。因此人民就多予歌颂，少予批评。这样就造成偶像，有人批评我，大家就反对他，说是不尊重领袖。我和中央其他同志平均每天都能收到 300 封信，其中有几封是批评我们的。但是都不署名，或署假名。他们并不怕我整他，而是怕周围的人整他。

2. 关于斯大林问题

谈到苏共二十大，不能不谈到斯大林。

关于斯大林犯错误的原因。毛泽东说，我觉得有历史的、社会的根源。如捉人、杀人、刑讯逼供均是封建主义的。在资本主义社会也有，但较少。同志之间的猜疑也是旧社会的。苏联当时所处的政治环境，如受到外国包围也是原因，但借口说因为受到敌人的包围就得大批捉人杀人，那么同样是在封建主义发达、资本主义不发达的俄国，列宁在世时杀人就少。我们中国也是封建社会，但杀人也少。列宁受到的包围不比列宁去世以后所受到的包围更厉害些吗？我们在江西时，在延安时，敌人的包围也很厉害的。但是我们那时就已经纠正了错误。如果认为受到敌人的包围就得大批捉人、杀人，那么我们现在广东接近香港，福建接近台湾，就应该大捉大杀了？

毛泽东强调说，斯大林犯错误的原因主要不在这里。要从认识上去找原因。斯大林在认识上离开了马克思列宁主义的原则，离开了唯物主义，犯了主观主义的错误。

毛泽东说，斯大林时期，环境更好了，阶级没有了。社会已经进入了没有阶级的社会，反革命更少了。但斯大林的思想仍然停留在旧社会的时代。客观形势已经发展了，社会已经从这一个阶段过渡到另一个阶段，这时阶级斗争已经完结，人民已经用和平的方法来保护生产力，而不是通过阶级斗争来解放生产力的时候，斯大林在思想上却没有认识到这一点，还要继续进行阶级斗争，这就是错误的根源。苏联在阶级消灭后，当国家机构的职能丧失了十分之九时，当阶级斗争已经没有或者已经很少的时候，仍在找对象，大批捉人、杀人，继续行使它们的职能。斯大林所做的与他所讲的不一样。他说阶级斗争消灭以后，国家作为阶级斗争的工具，对内就失去了效力，只剩下对外的职能。但是他的行动与此相反，在阶级消灭后，仍大捉、大杀。有人说，斯大林性格粗暴，什么是性格粗暴？就是任性，不喜欢调查研究，也不会调查研究，不对客观情况加以总结。所以斯大林的错误是由于不符合实际的思想方法所产生的。

谈到这一方面的问题时，毛泽东特别地介绍了中国的一些情况。他说，我们胜利只有7年，基本上解决了肃反问题。我们的专政机关如公安部门、监察部门、法院、公安部队的作用，在国内范围内（不是国际范围），至少已经丧失了十分之九以上，这些机构的职能还有十分之一未完成。我们的政权，专政的职能只剩十分之一了，即对反革命分子专政。由于没有这样多的反革命分子，所以专政的范围缩小了。但是我们还不能完全废除死刑。举一个例子来说，国民党特务拿一批炸弹在10月1日炸天安门。这些人未炸成而被捕了，我们可以叫这些人劳动改造，不杀掉他们。但是如果他们真炸开了，炸死了波立特（英共代表团团长）、毛泽东，大家都炸死了，人民都会愤怒，要求把这些人处以死刑，这时死刑是不能不用了。但是对中国来说，一般的死刑完全不需要了。这首先是因为我们现在的任务是解放生产力。生产力首先需要人，要人们不恐慌，要党内不恐慌，要民主党派不恐慌，要全国人民不恐慌。其次，是保护生产力，犯人也是一部分生产力。

关于对斯大林的评价问题。毛泽东在批评斯大林的同时，也对斯大林的功过做了估价。毛泽东说，我们说斯大林仍然是一个伟大的马克思主义者。斯大林一生做了很多好事。斯大林有十个指头，七个是好的，三个是不好的，70% 是功劳，30% 是错误。我们不能抹杀斯大林 70% 的功劳。否则他的灵魂还要来找我们的。如果白天不来则晚上来，如果今天不来则明天来。

3. 关于斯大林在中国革命问题上的错误

在谈话中，毛泽东多次讲到这个问题。他说，王明路线就是斯大林路线。它把当时根据地的力量搞垮了 90%，把白区搞垮了 100%。少奇同志在报告中也写到了这一点。为什么不公开说明这就是斯大林的路线呢？这也有原因。苏联可以批评斯大林，我们批评就不那么有利。我们应该和苏联搞好关系，和赫鲁晓夫携手。也许过一些时候可能公开提出。世界上的事总是这样。事实就是事实。那时第三国际做了许多坏事，第三国际前后两段还好，中间有一段不好。列宁在世的时候好，后来季米特洛夫负责的时候也较好。中国第一次王明路线搞了四年，对中国革命损失最大。这是我们第一次吃斯大林的亏。第二次是打日本的时候。王明是可以直接见皇帝的。他能讲俄文，很会捧斯大林。斯大林派他回来，过去他搞“左”倾，这次则搞右倾。和国民党合作中，他是梳妆打扮送上门去，一切都服从国民党。他提出六大纲领，推翻我们中央的十大纲领，反对建立根据地，不要自己有军队，认为有了蒋介石，天下就太平了。我们纠正了这个错误。蒋介石也帮助我们纠正了这个错误。王明是“梳妆打扮送上门去”，蒋介石则是“一个耳光赶出大门”。蒋介石是中国最大的教员，教育了全国人民、全体党员。他用机关枪上课，王明则用嘴讲课。

毛泽东说，日本投降前，第三国际解散了。我们的事就好办了，就像生产关系改了，生产力得到了解放一样。我们就开始批评机会主义，展开整风运动，批判王明路线。整风实际上是整苏联的风，是批斯大林和第三国际的错误。但是关于斯大林和第三国际我是一字未提。不久的将来也许要提。不提的原因有二。一是既然中国人听了他们的话，那么中国人自己就应该负责。谁叫我们去听他们的话呢，谁叫我们去犯“左”倾错误呢?有两种中国人：一种是教条主义者，他们就听斯大林那一套；另一种中国人就不听那一套，并且批评教条主义者。二是我们和苏联的关系中不愿引起不愉快。第三国际自己没有检讨这些错误，苏联也没有提到这些错误，我们提出批评就会闹翻。

毛泽东还说，斯大林第三次整我们是在第二次世界大战，日本投降以后，斯大林和罗斯福、丘吉尔开会，决定把中国全部给美国、给蒋介石。当时从物质上和道义上，尤其是道义上，斯大林都没有支持共产党，而支持的是蒋介石。决定是在雅尔塔会议上作出的。1945 年，当我们正准备推翻蒋介石夺取政权的时候，斯大林用他们中央委员会的名义，打了一个电报给我们，指示我们不要反对蒋介石，不要打内战。说如打内战，民族就有毁灭的危险。上次米高扬由印度来北京时，完全证实了这一点。他说，当时他们开会拟电报时，斯大林围着桌子转，指定一个同志起草电报。我们没有执行这个指示。第四次整我们，就是说我是“半个铁托”或“准铁托”。不仅苏联，就是其他社会主义国家和非社会主义国家中，都有相当一些人曾怀疑中国是否真正革命。

毛泽东指出，斯大林的四条错误，中国人民并不知道，就整个党来说也是不知道的。我们党内知道前两个错误（两次王明路线），但人民并不知道这是来自斯大林的错误。至于“不让中国革命”和“半个铁托”的错误只有中央知道。我们从未公开讲过苏联不对，只说王明不对。中国也有责任，谁叫你听他的话？以后我们不听话，革命就成功了。在成功后，我们派了代表团去苏联，斯大林承认错了。在铁托的自传中也说斯大林曾告诉铁托说，在这个问题上，他错了。这说明斯大林并不是一个不承认错误的人。

4. 关于如何对待苏共二十大后的苏联

对于这个问题，毛泽东的态度很明朗。他说，一般来说，苏联总是好的。他们有四个好：马列主义、十月革命、主力军、工业化。当然也有阴暗面，有些错误。但成绩是主要的，错误是次要的。尤其是我们要支持赫鲁晓夫等同志。敌人正利用对斯大林的批评在全世界展开攻势，我们应该支持苏联。就苏联而言，他们的正反面经验，也值得我们研究。斯大林后期犯的错误，对我们有很大教育意义。错误有两方面的性质：有损害党，损害人民的性质，又有教育党，教育人民的性质。我们要利用它的教育作用，只有正反面都研究了才全面。毛泽东还说，世界共产主义运动的中心在莫斯科，帝国主义怕苏联而不怕中国。列宁主义从十月革命以来已经40年了。二次大战时苏联是主要的反法西斯力量。苏联已经大大地工业化了，今天是唯一能对付帝国主义的强大力量。我们以苏联为中心，一个头。一个人只能有一个头，哪能有两个头！一个阵营一个头，只有它有资格。在军队里也只能有一个总司令，别的就是副司令，苏联就是总司令。我们支持苏联为中心，这对社会主义运动有利。为此，毛泽东提出对有争议的问题，暂时不要争论。

毛泽东说，斯大林的一生70%—80%是正确的。正确的大家有功劳，斯大林也有功劳。至于20%—30%的错误问题，到底是由一个人负责还是由大家负责？这个问题我们不回答。苏联同志说，70%—80%是正确的，大家有功，20%—30%是错误的，是斯大林的，不是我们的。如果中国说，20%—30%你们也有责任。那就会把关系搞得不好，不能下台。于是我们不说“你们有责任”，也不说“你们没有责任”。这个问题已经闹到了全世界。这是道德问题——打死人的问题。

毛泽东还说，我们大家要拥护苏联的领导。资产阶级希望苏联下台，人们要拥护它。资产阶级害怕苏联，不害怕中国，我们有责任保护苏联。我看关于斯大林问题的有些话暂时不说好。

5. 关于中国革命的经验

在与拉丁美洲共产党代表团谈话时，[①] 毛泽东特别强调农村和农民的重要性。毛泽东说，农村人口多，存在封建势力，有不好的一面，但是，对于无产阶级领导的革命来说，又是好事，使我们有农民这个广泛的同盟军。十月革命前的俄国，有严重的封建主义，布尔什维克党因为有广大农民的支持，革命取得了胜利。我国更是如此。我国是农业国，有5亿多的人口住在农村。过去打仗主要是依靠农民。现在我国城市资产阶级很快地服从社会主义改造，也是因为农民组织起来了，农业合作化了。因此，党在农民中的工作非常重要。

毛泽东说，照我看来，封建主义严重的国家里，无产阶级政党要到农村中去找农民。知识分子下乡找农民，如果态度不好，就不能取得农民的信任。城市的知识分子对农村事物、农民心理不大了解，解决农民问题总是不那么恰当。根据我们的经验，要经过很长的时期，真正和他们打成一片，使他们相信我们是为他们的好处而斗争，才能取得胜利。绝不能认为农民一下子就会相信我们。切记不要以为我们帮助一下农民，农民就会相信我们。

毛泽东介绍本人的经历说，以我来讲，我是知识分子。开始搞学生爱国运动，后来搞工人运动。我出身农村但不了解农村。知识分子有一点气

① 毛泽东的谈话参见《毛泽东文集》第七卷，第131—137页。

味——知识分子气，有这种气，就不愿意到农村去，轻视农村。农民也看不惯我们，我们也没有看清农村。我们许多同志从平面看农村，不是立体地看农村，就是说，不懂得用阶级观点看农村。后来掌握了马克思主义，才用阶级观点看农村，原来农村不是这样的，不是平面的，而是有富的，有贫的，也有最贫的。有雇农、贫农、中农、富农、地主之分。在这个时期，我研究过农村，办过几期农民讲习所，虽然有些马克思主义，但是看得不深入。第二个时期，我们要感谢我们的好先生，就是蒋介石，他把我们赶到农村去。这个时期很长，十年内战。跟蒋介石打了十年，那就非得研究一下农村不可。这十年的头几年对农村了解还不是那么深刻，后来才比较了解，也比较深刻。这个时期，以瞿秋白、李立三、王明为代表的三次“左”倾机会主义路线，给我们党带来了很大的损失，特别是王明“左”倾机会主义路线，把我们党在农村中的大部分根据地搞垮了。以后，是第三个时期，就是抗日战争时期。日本帝国主义打进来了，我们和国民党停战，和日本帝国主义打仗。这个时期我们才真正找到了把马克思列宁主义的普遍真理和中国的具体情况相结合的道路。因此，才可能在第四个时期，在蒋介石进攻我们的时候，把蒋介石打倒，成立中华人民共和国。

毛泽东强调，中国革命的经验，建立农村根据地，以农村包围城市，最后夺取城市的经验，对你们许多国家不一定都适用，因为这需要很大的面积，很多的人口，如果国家太小，没有回旋余地，一下子就会被敌人压倒。但是有一些经验可供你们参考。如要争取和依靠农民，就要调查农村。方法是调查一两个或几个农村，花几个星期的时间，弄清农村阶级力量，经济情况，生活条件等问题。像党的总书记这样主要的领导人员，要亲自动手，了解一两个农村，争取一些时间去做，这是划得来的。麻雀虽然很多，不需要分析每个麻雀，解剖一两个就够了。总书记调查一两个农村，心中有数了，就可以帮助同志们去了解农村，弄清农村的具体情况。我看很多国家的党，总书记不重视解剖一两个“麻雀”，对农村懂得是懂得一点，但是不深刻，因此，发出的指示不很符合农村情况。党的领导机关，包括全国性的、省的和县的负责同志，也要亲自调查一两个农村，解剖一两个“麻雀”。这就叫作“解剖学”。

如何处理同资产阶级的关系，这是毛泽东同拉丁美洲共产党代表团谈话的另一个重点。毛泽东说，买办资产阶级始终是帝国主义的走狗，革命的对象。买办资产阶级又分属于美国、英国、法国以及其他帝国主义国家的垄断资本集团。对买办集团的斗争，要利用帝国主义之间的矛盾，首先对付其中的一个，打击当前最主要的敌人。例如，过去中国的买办资产阶级，有亲英、亲美的和亲日的。我们在抗日战争的时候，就利用英、美和日本的矛盾，首先打倒日本侵略者和依附于它的买办集团。然后，再去反对美、英侵略势力，打倒亲美、亲英的买办集团。

对于民族资产阶级，毛泽东说，在我们这类国家，民族资产阶级文化最高，其他阶级没有那么高的文化，小资产阶级不如他，农民文化低，封建文化过时了，买办阶级是奴隶的文化，真正近代的文化掌握在民族资产阶级手里。这个阶级掌握大批知识分子。知识分子一部分变成共产党员，马克思就是其中的一个，列宁也是，在座的很多也是，我也是。我们这些人比较接近工人，资产阶级培养了我们，反帝反封建任务完成以后，还要和他们取得联盟，因为他们手里掌握着生产资料。对民族资产阶级要采取“又团结、又斗争”的政策，和他们一起反对帝国主义，对他们反对工人的行动进行适当的斗争。只有一个方法是错误的：只要斗争，不要团结，这是“左”倾错误；只要团结，不要斗争，就是右倾错误。这两种错误我们都犯过。经验很痛苦。后来我们总结了两种经验，采取了又团结，又斗争的政策，向必须斗争的斗争，把可以团结的团结起来。斗争的目的是为了团结他们，取得对帝国主义的胜利。在反帝反封建主义的国家，总的口号是民族团结，以利于孤立大资产阶级、大地主和帝国主义的走狗。

毛泽东介绍中国革命经验时还强调，在受帝国主义和封建主义压迫的国家，无产阶级政党要把民族旗帜拿在自己手里，必须有民族团结的纲领，团结除帝国主义走狗以外的一切可能团结的力量。让全国人民看到，共产党多么爱国，多么爱好和平，多么要民族团结。这个团结，在必要时甚至包括帝国主义的部分走狗。我们对蒋介石就有过两次团结，两次决裂。现在第三次我们要跟他讲团结，讲和平。他们为什么不和我们讲和？为什么过去我们团结两次，现在不可以团结第三次？他们很怕这个口号，内部就吵得一塌糊涂，一派主张讲和，一派主张打。

毛泽东还说，中国有许多党，有共产党，还有许多民主党派。我们大家都在台上，我们是多党制度。我对民主党派说，我们要长期合作，我们存在一天，你们就存在一天。他们听了非常高兴。说实话，民主党派对我们的帮助是很大的。在谈到民主党派对共产党的批评时，毛泽东说，我们不怕他们批评。对的，我们听，错的，我们可以不办。他们的批评都是来自右边，使我们有些容易搞“左”了的同志可以警惕。

西班牙共产党总书记伊巴露丽说，这次参加八大，对我们有很大的帮助，可以学到对待资产阶级的政策。伊巴露丽向毛泽东介绍了西班牙的情况，说西班牙资产阶级表示同意共产党的政策，但对共产党将来如何对待他们有顾虑。对此，毛泽东说：可以同他们组成联合政府到底，到一万年。

对党内犯错误的人，对党内持不同意见的人，应该采取什么态度呢？毛泽东说可能有两种办法：一种是 ××× 的办法，他那个所谓犯错误的人，实际上有相当一部分并没有犯错误。我说的是真犯了错误的，犯了错误，还是要给他工作做，还是要给他饭吃，不能一棒子打倒，要给他改正错误的机会。我们中国有名的两条路线：一条是王明路线，一条是李立三路线。这次大会还是要把他们选到中央委员会里去的。七大把他们选到中央委员会里来，是费了很大力量才说服代表选他们的。这次说服代表们也很费力气。大家对他们很不满意。我们说，选比不选好，他们不是个人问题，他们代表党内小资产阶级出身的一部分人。这次还选他们，就可以教育党内小资产阶级分子，使犯错误者安心，党内就没有恐惧的心理。很多同志不了解这一点，只恨他们。在他们在党内当皇帝的时候，他们的政策是，捧他们的就上天，批评他们的就打倒。我们不能用他们那套办法来对付他们。如果说，这样做对的话，选他们就无妨，不过是中央委员会多设两个名额就是了。这对路线是毫无影响的。也许有人想，犯错误还可以当中央委员，那么，我也犯错误吧！我想这样的人是不会有的。

在同蒙古人民革命党代表团谈话时，毛泽东着重谈了民族平等的问题。毛泽东说，中国是个大国，对你们进行援助，是我们的义务。我们应该尽到自己的责任，因为我们的祖先曾剥削过你们，压迫过你们，他们曾留下了不少的债务，因此，今天我们要还这些债务。过去我国国内少数民族也同样受过压迫，我们对他们也要还债，这是我们的义务。

毛泽东还说，我们同任何国家都以平等共处，过去我们压迫了你们，因此现在要向你们认错。不仅对你们这样，而且对国内少数民族也是这样的。过去，我们压迫了他们，因此，如果我们现在不认错，就不能根除大汉族主义思想，实现民族平等。这是有根据的，这不是漂亮话。这样才能互相信赖。你们说援助，这也好，你们这样说也表示平等。

6. 关于中国的现状和发展前途

有些代表团表示，希望在八大报告之外，再听听毛泽东对这两个问题的看法。关于中国的现状，毛泽东说，中国的社会主义改造工作已经基本上完成了。从前我是睡不着觉的。一切都还不上轨道，穷得很，人总是不高兴。去年下半年以来，我开始高兴了。工作比较上轨道了。党内问题，也比较上轨道了。我们这里有热情，但主观主义仍然很多，也有矛盾。要批评才行。我们的制度较之过去只是相对的好，而不是绝对的好。我们的同志常常只谈好的地方，而不敢进行批评。

在谈到工厂的生产情况时，毛泽东说，我们的质量还不好。只注意数量，不讲质量。要提高质量成本就高，就不能得奖；要成本低，质量就不高。现在的制度有很多毛病。我们现在正在考虑每年召开工人代表大会来讨论工厂企业中的问题。我们工厂中的定员也太多。有些工厂本来只要2000人工作，却用了2500人。资本主义在经营、管理上有许多地方比我们好。我们也要学习他们好的东西。目前国际局势是好转了。我们估计战争是很难打起来的。没有战争，资本主义国家就会有经济困难。我们的门是开着的，几年以后，英、美、西德、日本等都将要与我们做生意的。他们有技术，我们需要技术，他们有经济困难，就会向我们出口技术。

毛泽东说，过去我们没有选购制度，今后将改变方针，实行选购制度。除粮食、布匹与油由国家统购外，其他产品则将采用选购制度。那些质量低劣的产品怎么办呢？可由生产的企业自己设法降价推销。

毛泽东说，经过这次大会，总结经验，事情就更好办一点。我本想辞掉主席的职务，想干个名誉主席。这次党章草案中有这一条，必要时可以设名誉主席。我这是准备后事。现在同志们都不赞成我下台。我说，拖几年也可以，所以设了四个副主席。现在还逃不脱。我的方针是两个主席都辞掉，想做一些科学研究工作，做名誉主席和政治局委员就可以了。法国议会不是有个名誉主席赫里欧吗？

有的代表团认为，毛泽东提出的“十大条”（即《论十大关系》）在解决民主和集中的关系方面提供了很大的可能性。毛泽东说，这是我和 34 个部长进行了一个半月谈话的结果。我个人能提什么意见呢？我只是总结了别人的意见，不是我的创造。制造任何东西都要有原料。外宾说，也要有工匠。毛泽东说，对的。工厂在这里（用手指头部），但我已不是一个好的工厂了，旧了，要改良；要重新装备，像英国的工厂需要改装一样。我老了，不能唱主角了，只能跑龙套了。你们看，这次大会上我就是跑龙套，而唱戏的是刘少奇、周恩来、邓小平等同志。

关于中国的前途，毛泽东十分明确地说，中国的前途就是搞社会主义。要使中国变成一个富强的国家，需要 50 到 60 年的时光。现在已不存在阻碍中国发展的力量。中国是一个大国，它的人口占全世界人口的四分之一。但是它对人类的贡献是不符合它的比重的。将来这种状况会改变的。可是这已不是我这一辈子的事。将来要变成什么样子，是要看发展的。中国也可能犯错误，也可能腐化，由现在较好的阶段发展到不好的阶段，然后又由不好的阶段发展到较好的阶段。当然不好总不会像蒋介石时代那样黑暗。是辩证法：肯定—否定—否定之否定，这样曲折地发展下去。

毛泽东说，腐化、官僚主义、大国主义、骄傲自大，都可能犯。现在中国人有谦虚的态度，愿意向别人学习，这也是有原因的，我们没有本钱：一是我们原来没有马列主义，这是学别人的；二是没有十月革命，我们是在十月革命32年后才在1949年取得胜利；三是第二次世界大战中我们是一个小支队，不是主力军；四是没有工业化，只有破破烂烂的手工业。所以就是有人想翘尾巴，那也没有本钱，顶多翘一二公尺。但是十年、二十年后就危险了，四五十年后就更危险了。过几十年工业化后，翘尾巴的可能性就更大了。回去后，请你们告诉你们的下一代，将来中国如果要翘尾巴，翘到一万公尺以上，要批评它，要监督中国，要全世界来监督中国。那时候我就不在了，去找马克思开代表大会了。

毛泽东、刘少奇、周恩来在投票。

毛泽东与十多个国家外宾谈话内容非常广泛，最重要的是上述6个方面。

综观毛泽东在八大期间与兄弟党代表团谈话的上述内容，可以看出，当年毛泽东在对国际、国内一些重大问题的思考中闪现出来许多思想火花。尽管随后由于国际、国内形势的急骤变化，从1957年起毛泽东或多或少，甚而至于完全改变了他的某些正确思想，也犯了他在这次谈话中所列举的某些错误，但是这次谈话的许多深邃思想和卓越见解仍具有不可磨灭的历史价值。

（二）刘少奇的谈话

八大期间，刘少奇3次陪同毛泽东会见外宾，8次单独会见外国党代表团。这些代表团是：以南布迪里巴德为团长的印度共产党代表团；伊朗人民党代表团；比利时共产党代表团；印度尼西亚共产党代表团；加拿大劳工进步党代表团；意大利共产党代表团；土耳其共产党代表团；尼泊尔共产党代表团。

刘少奇在谈话中，对参加这次大会的外国党代表团表示诚挚的欢迎，指出外国党派代表团来参加中共八大，是对中国共产党很大的支持，还肯定外国党过去就给了中国党以帮助，中国党从它们那里学到了很多东西。

在同外宾的谈话中，刘少奇着重介绍了中国共产党的历史情况，总结了党的历史经验。其主要内容如下：

1. 关于党的路线问题

对于路线问题，刘少奇很重视，他认为：要革命首先要有正确的革命路线。路线问题是首要的问题，应当首先解决。他在会见印度共产党代表团谈话中曾经谈到这个问题。同时他还谈到正确的路线产生依据各国的具体情况，而且要有个过程，意见不一致，要经过多次讨论，经过实践证实，最后才能产生比较正确的路线，各国党都经过这个过程。他列举了俄国党曾召开伦敦会议，当时情况亦是如此。后来列宁办《火星报》来解决思想上的问题，然后才开党代表大会。伦敦会议开了，布尔什维克只多一票，会议没有解决问题，列宁反而被开除出编辑部。布尔什维克与孟什维克争论了十年，最后证明布尔什维克是正确的。布尔什维克直到 1917 年 10 月这个时期才取得多数。

刘少奇说：中国党的情况亦一样。中国党正式成立时，最初路线是正确的，但党内许多人不赞成，在党中央及干部中不能取得多数。从 1927 年后陈独秀走右倾路线，后来搞“左”的一套，毛泽东被撤职，结果不能不长征。长征使我们党受到很大损失，后来在长征途中召开了遵义会议，才把当时中央领导撤换而恢复了毛泽东同志的领导。遵义会议后，中央由毛泽东负责领导，形势稳定了，党的危险期过去了，力量逐渐壮大了。直到 1942 年才抽出时间来讨论党的路线问题，有数千个干部参加学习讨论。这是遵义会议后的第七年。我们在整风中把问题说清楚了。

怎样解决路线问题，刘少奇认为：不能性急，应当慢慢来，可以展开讨论，但避免伤感情，要团结。他打比方说：我和你的意见虽然不同，但不要伤害感情。可能你的对，亦可能我对；可能我一部分对，可能你一部分错，最后正确路线出来了。意见不同可以争论，但应当是同志式的争论，不应当一下子把你或我打到地下，如果争论引起仇恨，那就不好了。他强调：不要采取粗暴方法。列宁是耐心等待对方的。毛泽东同志等了十年才取得人家同意他的正确路线。他还特别指出：主要靠自己提高马列主义水平。大家团结，采取正确的态度，才能得出正确的路线。整党整风问题，是中国共产党在抗日战争时期创造的解决党内矛盾的一个好办法。经验证明采取这个方法，对中国共产党的建设起了积极作用。

刘少奇在会见印度共产党代表团时进一步肯定了整风的意义。他认为：整风有一般的意义，即各国党都反对主观主义、教条主义和经验主义，但具体问题则不同，中国整风解决中国党内问题，根据中国党内具体情况和条件来解决中国的问题。

对于整风的做法，刘少奇认为必须先找到马列主义的一般原则，即马列主义的立场、观点、方法。他说：我们把马列主义的经典著作摘录下来，加上毛泽东同志的著作，约十余万字，大家精读这些著作，便可以懂得马列主义的立场、观点、方法。对于读书，他指出不是为读书而读书，而是为了使同志们的思想上和工作上的错误能够纠正，使大家能够看到党的路线是否正确。他说：有些同志的思想错了，但他们不懂得，工作犯了错误亦不懂得，路线错了也不懂得，读了书提高了思想，便能掌握马列主义的立场、观点、方法，以此作为武器来观察党的路线是否正确。有了这武器，他们便能看清楚哪些正确哪些不正确。我们的整风方法是先在小组中读书，然后检查思想，自己反省进行自我批评，互相批评。分小组检查自己的思想和工作，然后才检查党的路线。因此，他说：整风是我们党内思想斗争的方法，主要是思想上反对主观主义，组织上反对宗派主义，写文章反对党八股。思想斗争的方法是批评和自我批评的方法，总结工作、总结经验，讨论和总结路线的方法。

在刘少奇看来，应把整风视为学习的好机会，这对于领导干部来说至关重要。他指出：领导干部中应有一些人真正懂得马列主义。有了马列主义便能看得高些远些。整风运动应作为学习运动，要认真学习马列主义、掌握马列主义，这样便能领导全党全国人民。马列主义可以学会，有一点工作经验的人，认真学习四五年，就可以运用马列主义来解决革命问题，问题就解决得比较好。

刘少奇说：现在大家都有了马列主义，如果没有一些比较高明的领导者，党内的事情就难办。他希望今后有更多的人掌握马列主义，如果有几十个或几百个比较高明的，则解决问题便比较顺利。今天马列主义不多，以后就可以多些。多研究一些，更多的人去研究马列主义，那就更好了。

2. 关于如何对待不同意见问题

关于如何对待不同意见问题，刘少奇在会见比利时共产党代表团时，用马列主义的立场、观点、方法对这个问题进行了深入的分析。他认为，对这个问题党内外是有所不同的。中国共产党是在马列主义的统一的思想基础上建立起来的。所以在党内来讲要有思想的一致，首先不允许反马列主义的思想在党内存在与发展，对此必须加以批判。

刘少奇认为马克思主义有真有假，有些人口说赞成马克思主义，说：“我就是马克思主义”，而实际上却是假的，甚至是反马克思主义的，是教条主义。教条主义不是马克思主义，是反马克思主义的。经验主义也是反马克思主义的。个人崇拜是反马克思主义的，也是违反历史唯物论的，它是唯心主义历史观。

刘少奇列举了党内外不同意见的表现。如在政策上党内外会发生不同意见，有人主张这种政策，有人主张那种政策；在工作上更有可能发生不同意见，有人主张这样办，有人主张那样办。刘少奇指出：党内就有责任将这些不同的意见统一起来。统一是真的统一，是思想上统一，这就是经过讨论，把大家不同的意见统一起来。这要经过很长的过程。

刘少奇还谈到允许保留意见的问题。他说，从前我们党内有一种办法就是不准人家保留意见，一定要他放弃意见。现在我们觉得这样不大好，心里不服就可保留，但他一定要执行多数的决定。保留有好处，因为有可能大多数决定是正确的，但也有少数情况少数意见是正确的。少数意见如果错了也让保留，等工作做了以后可以证明他的意见错了，那时他再放弃原来的意见也可以。

对于思想问题，刘少奇强调：思想问题要有个展开思想讨论的过程，不能简单解决，不能采取粗暴的办法解决，不能采取压服的办法，愈压制愈不好。同时他还强调：当然也有个限度，公开反马克思主义、违反党章不行，公开支持美帝国主义就不好。党内讨论有党章为范围，不能因讨论就破坏党的团结，破坏党的组织，不能因为讨论就连革命也不革了，专门去讨论了。

刘少奇在会见印度尼西亚共产党代表团时指出：一个党没有人反对是不好的，一个人没有人反对也是不好的。马列主义是从反对“左”、右倾错误的过程中成长起来的。

3. 关于武装斗争问题

武装斗争是中国革命取得胜利的三大法宝之一，刘少奇在会见土耳其共产党代表团谈话中谈了对这一问题的见解。中国党为什么下乡打游击，他回顾说，那时我们有许多共产党员被杀，我们就想办法，你可以拿刀子杀人，我也可以拿刀子杀你，我们就拿起了武器。他认为我们有马克思主义，土匪没有马克思主义，土匪既能存在，我们一定能存在，而且一定能发展。

刘少奇说，拿起武器斗争，是不是会有牺牲？会有，但不进行武装斗争，牺牲会更多。拿起武器可以保卫自己。他说：我们占几个大山头，我们在那里办学校、写文章、出报纸、训练军队，也可开工厂、种地，可制造手榴弹。坚持斗争很不容易，他列举了冯白驹在海南岛地区，坚持了20多年，做了许多事情，还培养了干部，给反动派造成很大困难。他谈到，共产党员坐牢、杀头都不怕，还怕和反动派拼命吗？这问题我们有很多经验。问题已不是怕不怕的问题，问题是反动派给我们的压力很大，不给我们一切生存的条件，不让我们讲话，不让我们动。在这种情况下，拿起武器打游击才是出路，他说道：反动派不让我们生存，我和你干上了也不过是不让我说，不让我活，这没有什么损失，即使打得不好，打死也心甘，假如打得好，我把你打死，就获得自由和发展。还说：这件事毛泽东在井冈山时就解决了。

刘少奇谈了这些情况以后，总结说：这是我们中国经过武装斗争取得革命胜利的道路的经验，就是从山上到平原，到城市。十月革命是从城市到乡村，与我们的情况是不同的。

4. 关于农民问题

农民问题对中国革命有着决定性的意义。刘少奇在会见印尼共产党代表团的谈话中说：革命的成功不仅要取得工人的多数，还要取得农民的多数。如果取得农民的多数，就能取得胜利。如果争取不到农民的多数，就不能取得胜利。

刘少奇还谈了如何进行农村工作的问题：搞农民工作，要多派干部到农村中去，城里的干部少一些，农村干部多一些。农村工作是很苦的，要和农民共甘苦。他说：中国共产党经历过这个过程。很多学生脱下长袍，深入农村和农民一道。知识分子有知识，可以帮助农民。他们慢慢就会成为农民的领袖。这个工作是困难的，但是可以做好的。我们有一些人到农村后又回到城里来，他们吃不了苦。但有一些人有决心，能长期做农民工作，这一关要过，过了这一关，胜利就有希望。

刘少奇还指出，当然去农村工作是有困难的，但可以说服一部分人到农村去，有些问题不一定要我们说服，反动派帮了我们的忙，蒋介石帮了我们的忙，日本人帮了我们的忙。这些敌人要抓他们，把他们赶走。因此，要主动地去农村，要和农民在一起，革命才能取得胜利。

对与农民结合在一起的问题，刘少奇认为，这是对党政干部的一个考验，考验他们是不是真正的共产主义者。他说：共产党人应该是工人阶级的领导者，同时也应该成为劳动人民的领导者。劳动人民的领袖怕下乡，那领袖就当不成。不下乡就不能胜利。他指出：必须对大多数干部、党员进行说服教育。胜利是不会自然而然地到来的，劳动人民承认共产党是领袖也不是自然而然地到来的。特别是农民，他们要看实际，甚至于需要看好几十年，他们才承认共产党是领袖，否则，他们不会承认共产党是领袖。

5. 关于统一战线问题

统一战线问题对于中国革命的胜利，是个至关重要的问题。如何做好统一战线工作，刘少奇在会见比利时共产党代表团谈话中作了深刻的阐述：要合作就要强调相同方面，差别点与分歧不是不讲，而是少讲，不要过分和强调到不适当的地位，这样才可以合作。只强调分歧不强调同一性，就不能合作。

统一战线有上层和下层之分。他说：过去只说在下层进行统一战线，上层不要。我们的经验证明：统一战线不做上层是做不好的，上层、下层都要做。不做上层，只做下层，挖它墙脚，上层统一战线就做不好。

对于统战工作，不能性急，要慢慢做。刘少奇说：出现不同意见可以辩论，但要用友好的、劝告的态度，不要骂娘。他认为要讲道理、细心做工作，驳斥各种错误理论，这样可以争取那些比较正直的人，便于争取群众，争取人民，这样慢慢就能占多数。共产党人、马克思主义者有信心能说服人，如果工作还没有做好，就认真做。如果马列主义没有学好，就认真学。靠马列主义真理去做好统战工作。

6. 关于人民民主专政问题

刘少奇在会见意大利共产党代表团时，还谈到了人民民主专政的问题。他指出：人民民主专政是无产阶级专政的一种形式，或者说人民民主专政是执行无产阶级专政的职能，这两种说法在实质上没有不同。我们有两种人民民主专政，即资产阶级民主革命时期的人民民主专政和无产阶级社会主义革命时期的人民民主专政，都是人民民主专政，实质不同，形式一样；性质改变了，但参加的主要成分没有改变。资产阶级民主革命是共产党领导，资产阶级代表参加的；无产阶级社会主义革命仍是共产党领导的。资产阶级民主革命时期的人民民主专政是共产党领导的；无产阶级专政也是共产党领导的，但资产阶级代表参加更多了，而不是少了。无产阶级专政的实质不决定于形式，决定于共产党的领导，决定于执行社会主义的任务。

刘少奇说，人民民主专政可以执行资产阶级民主革命的任务，也可以执行无产阶级社会主义革命的任务，这是比较好的形式。他还强调没有马克思主义的无产阶级的政党，不可能实现社会主义。

7. 关于共产国际问题

刘少奇在会见意大利共产党代表团时，结合中国党的革命实际谈了对共产国际有无必要存在，以及如何正确看待共产国际等问题。他谈道：共产国际那样的集中形式是不适当的，共产国际对中国革命是犯了错误的，我们吃过亏。

刘少奇谈道：共产国际解散了，我们胜利了；如果不解散，我们还得不到胜利。我们要革命，他们不让我们革命；我们要打蒋介石，他们不让；如果共产国际存在，（我们）不服从，就违犯纪律；如共产国际还存在，我们就没有人民共和国。十月革命时，季诺维也夫、加米涅夫反对革命；中国革命时，也有像他们这样的人反对革命。王明路线就是共产国际的路线。

我们批评王明路线，就胜利了。王明路线使中国革命在根据地损失百分之九十，在白区损失百分之百。在王明统治时，毛主席被撤职，我也被撤职。遵义会议时，毛主席才恢复领导地位。当时还有共产国际，王明坐在莫斯科，遵义与莫斯科断绝关系，事情好办；关系密切了，事情不好办。以后像共产国际这样的机构是不适宜的。刘少奇强调：各国共产党要独立思考，独立负责解决本国的问题；联系还要，互相之间的平等联系是有好处的。大家谈谈，同意就办，不同意就不办。

刘少奇在会见比利时共产党代表团时指出：共产国际有一个时期作风不好，简单、粗暴、机械。从前我们也曾照它那样办，搞错了，要改一下，改到实事求是。实事求是就是唯物论，简单、粗暴的办法就是唯心论，就是主观主义、照主观愿望来办事，与客观情况不合，就是主观脱离客观，这就是反马克思主义。马克思主义要主观与客观一致，理论与实践相联系，理论与实践脱节就是违背马克思主义。所以马克思主义最根本的一条原则是理论与实践一致，违背这一原则就要犯错误。

8. 关于马列主义必须和具体情况相结合的问题

坚持马列主义和具体情况相结合，是中国共产党的优良传统和作风。对于这个问题，刘少奇在会见加拿大共产党代表团的谈话中，从辩证唯物主义高度，阐明了坚持马列主义的科学态度、怎样结合实际进行调查研究，以及如何正确地借鉴、学习他人的经验等问题。

对理论联系实际问题，刘少奇强调：马列主义必须和具体情况相结合。如果马列主义不和具体实际情况相结合，那就不是马列主义，而是反马列主义。马列主义反对理论和实际脱节。如果照搬外国经验，那是教条主义。过去我们曾吃了教条主义很大的亏，甚至现在也还有些同志搬教条，给工作造成了一定的损失。

研究本国情况必须坚持一切从实际出发、实事求是的思想。刘少奇指出：研究本国情况必须调查研究。从调查研究才能得出合乎马列主义的能解决问题的办法。他认为调查研究重要，而讲求调查研究的方法同样重要，如果方法不当，效果就会受影响。因此，他说，调查研究要有调查研究的方法。样样都去调查是不可能的，必须学会典型调查的方法。他引用毛泽东曾说过的关于解剖麻雀的调查方法，肯定了这种典型调查的方法是马列主义的方法。他说：只有掌握了典型调查的方法，工作才能深入，而不是浮在上面空呼口号。党的工作必须深入工厂农村。要深入所有的工厂农村是不可能的，但深入一两个工厂、农村是完全做得到的。深入一两个农村，其他农村的情况和问题基本上是一样的。能办好一个农村、一个工厂，其他农村、工厂也能办好。因此他认为选择一两个点，取得经验，总结经验，再推广经验，这样工作就会好做，就能提高；违反这个办法，工作就做不好。他举例说：中国有 12000 万农户，要调查每一个农户的情况很困难，但选择不同地区不同典型的农户数百户，深入调查研究，从这数百户得出的情况和经验，就可以应用到 12000 万农户。

在学习与借鉴别国经验的问题上，刘少奇提出了坚持实事求是、一切从实际出发的原则。他主张必须紧密结合本国实际情况灵活运用，反对照搬。这是他多次强调的问题。在会见伊朗人民党代表团时，刘少奇强调，中国党的经验只供参考，照搬会犯错误。我们有些同志照搬苏联的经验，所以犯了错误。同样，我们的经验只供参考，要考虑自己的情况，硬搬是不行的。在会见比利时共产党代表团时，刘少奇再次强调对于中国的经验，只能参考，不能照办，不能硬搬。解决具体问题，要按各国的具体情况来办。在会见土耳其共产党代表团时，他又说，任何外国的经验只能作参考，中国的经验不能照搬，苏联的经验也不能照搬。

（三）周恩来的谈话

八大期间，周恩来除两次陪同毛泽东会见外宾以外，从 9 月 22 日至 27 日，还单独会见外宾 7 次，共 8 个外国党代表团，同他们进行了谈话。这些代表团是：印度共产党代表团，团长南布迪里巴德；希腊共产党代表团，团长斯特林果斯；挪威共产党代表团，团长埃米尔 · 洛夫林；以色列共产党代表团，团长维尔纳；匈牙利劳动人民党代表团，团长卡达尔 · 亚诺什；澳大利亚共产党代表团，团长夏基；新西兰共产党代表团团长斯吉尔顿；捷克斯洛伐克共产党代表团，团长柯别茨基。

在谈话中，周恩来详细回答了外宾提出的各种问题，介绍了中国共产党和中国国内的情况，阐述了中国党的历史经验与教训，表明了中国共产党对国际形势和国内问题的一些看法和认识。

1. 关于斯大林问题

苏共二十大尖锐地揭露了斯大林在领导社会主义建设中的严重错误以及对他的个人崇拜所造成的严重后果，在国际上引起了极大震动。一些西方国家乘机掀起反共反社会主义的浪潮，给国际共产主义运动带来了很大困难。在这些谈话中，几乎所有的外宾都提出了这个问题。

周恩来多次强调指出共产主义队伍不会不犯错误，并分析了共产党犯错误的客观原因。他同印度共产党代表团谈话时指出：社会是复杂的，这一定会反映到党内来；历史是复杂的，亦不能不反映到党内来。党总是要经过分歧、犯错误的过程，问题在于意见求得一致，在于如何从错误中吸取教训，这样党才能前进。在同匈牙利劳动人民党代表团谈话时，他说，党的路线是曲折的，不可能不犯错误，不可能永远正确。他认为，永远正确的观点这是不符合马列主义的。列宁就说过没有不犯错误的人，只有小孩不犯错误，因为他不工作。马克思、列宁写东西，手稿上不是有很多修改，就是有错误才有修改嘛。

周恩来对外宾说：斯大林在他一生的后期犯了错误，思想停滞，哲学方面也不能前进。他所犯的错误，不单纯是一个个人问题，有他的社会根源，也与制度的缺点有关，有他历史的因素和思想上的根源。不是把一个人推翻了就完了，一个人推翻了，问题并没有解决。必须要分析、认识错误的思想根源，这是十分重要的。中国共产党不赞成全盘否定斯大林领导时期苏联党和人民为社会主义建设而奋斗的历史。在 1956 年 4 月，《人民日报》发表的《关于无产阶级专政的历史经验》这篇文章，就是要说明我们的这个观点。

周恩来说：斯大林犯了错误，过去同斯大林在一起工作的人也会受到一些影响，不可能不受到些影响。不能说革命成功的地方没有斯大林的份，也不能说犯错误只有斯大林，而别人没份。这不是马列主义、历史唯物主义。我们都肯定苏联有成绩，那么，斯大林就有份，而且份还不小，十月革命不说了，列宁领导的。在批判各种派别上、在建成社会主义上、在战胜法西斯上，不能说斯大林没有份吧？但是，后来犯了很多“左”的错误，斯大林也要负主要责任。

2. 关于中国党的经验教训

从对斯大林问题的看法，周恩来也谈到了中国党的历史。他同匈牙利劳动人民党代表团谈道：1935 年以前我们也常犯路线上的错误，1935 年以后情况才改变了。我们在头 14 年犯过四次路线错误。陈独秀的右倾错误，以王明、博古为首的三次“左”倾错误。在肃反斗争中，在土地革命时期，我们也犯了错误，这种错误在遵义会议后才得到纠正。他在会见澳大利亚共产党代表团时说：王明路线，中国党受的损失最大，当时我们的秘密党组织几乎搞光了，红军也被迫离开根据地进行长征。以后我们找到正确的路线，有了毛主席的领导，我们又由小变大了。他还对匈牙利劳动人民党代表团说：1935 年后，我们走的是正确路线，但是个别的错误还是不断发生，我们是在克服错误中前进的。认为不会犯错误，一点错误也没有，一点不同意见也没有，这是主观主义的。这是否认矛盾。否认矛盾，就会停止前进。

对于纠正错误需注意的问题，周恩来指出：不要把同志当作敌人，敌人只是少数。主要是认识上不正确，在党外也有一些思想上认识上不正确的人。但是有些好人，他自己认为最革命，把人家认为是敌人，这就要犯错误。他还指出，纠正错误时，也要注意，不要把革命警惕性整掉了；纠正错误，要有忍耐精神，否则又会走向另一个极端。

周恩来在会见希腊共产党代表团时谈道：1935 年以前，我们党内存在的几次错误就是因为排斥了同志。陈独秀犯了右倾机会主义错误，党内开会不理他，最后他们组成了反对派，结果给党带来很大困难。三次“左”

倾错误给党造成了极大危害。直到遵义会议后，毛主席及党中央采取了新办法把很多人给团结过来了。这样，王明的错误就更孤立了。少奇同志报告中提到的王明博古路线，其中的博古就表现很好，承认了错误，但后来他牺牲了。所以说，犯错误的人，有可能改正，也有另一种可能不肯改正。我们工作做得好是会把他们教育好的。这会给党带来收获。少奇同志报告提到的张国焘，1935 年后他分裂过党，但我们还是向他做了许多工作，让他做中央委员，希望把他争取过来，后来他还是跑到蒋介石那里去了。

周恩来还对匈牙利劳动人民党代表团说道：我们工作中的缺点，有些缺点是难免的，有些是可以避免的，可以减少的。重要的是对缺点加以分析，从中吸取教训。缺点和错误有它社会的和历史的根源，不单是个人的问题。

周恩来特别谈到了如何减少和纠正缺点的问题。他提出，党的领导应该集中正确的意见，应该随时听取党内外的不同意见，以便随时纠正缺点。我国的民主党派联系资产阶级和上层知识分子。这些人的意见我们不容易听见，他们能够听见，他们可以告诉我们让我们知道，我们可以从中辨别正确的和不正确的意见。我们可以保留具有“左”倾或右倾倾向的同志在党内，甚至在中央委员会内也可以留一两个，他们可以发表意见，他们错了就证明我们对了。否则，我们把耳朵塞起来，不听不看，党的领导就会硬化。人的生理构造就是辩证的，耳朵两只，古话说：“偏听则暗，兼听则明”。眼睛也有两个，两面都要看。鼻孔也有两个，可以辨别香臭。口就有一个，不能两个立场，意见就是一个。

除了谈到中国共产党对犯错误的经验教训外，周恩来还谈了中国党在对待中间势力方面的经验教训。澳大利亚共产党代表团谈及中国共产党在团结党外力量方面是有很大贡献时，周恩来说：过去，我们党在 1931—1934 年，也是把中间势力看成最主要的敌人，结果没有把蒋介石孤立，却把自己孤立起来，这是“左”倾错误。你们对澳大利亚情况了解，既然总结过去的错误，就能决定将来怎样做。我们只能从原则上说说，因为不了解情况无法谈得很具体。我们将要出版八大的报告与文件的小册子，可以供你们参考，但是一国的经验教训只能作参考，政策的决定还是由各国党自己做。有一点是带有普遍性的，即不管是争取革命的胜利还是在胜利以后，总是要争取大多数，孤立最少数。如果只争取少数，而反对大多数，结果使自己孤立，就不能胜利。

在总结中国党的历史经验时，周恩来特别强调把马列主义与本国实际相结合、坚持实事求是的思想，指出每个党都要以马列主义的一般真理与具体情况相结合。会谈中，一些外宾提到要学习中国的历史经验时，周恩来总是说：中国的经验只能供参考，照搬就会吃亏了。捷克斯洛伐克的外宾问及集体领导的制度在中国党内和军队内都可实行，是否也可以适用于别的国家时，周恩来回答说：每个国家条件不同，经验不能抄袭，可以先派人来看看，拿个别的单位做试验，试验成功后才使用，否则可能造成混乱。印度共产党代表团谈到中共八大上各地代表的发言对他们解决问题很有帮助时，周恩来再一次强调：希望大会的东西能供参考，只能供参考，因为各国情况不同。

3. 关于民主与集中问题

认真实行集体领导，正确处理民主与集中至关重要。周恩来与捷克斯洛伐克共产党代表团谈话时说：中国党的集体领导是与群众路线相结合的，有着悠久的传统。胜利后，有些同志主张企业中应实行“一长制”，但后来遭到了批评，纠正了这种偏向。在会见澳大利亚共产党代表团时，对民主与集中的问题，他谈了这样一段话：我们要注意党内民主，要听取群众的意见，要进行集体领导。如果没有民主，就没有集中，集中是建立在民主的基础上的。这一点对我们执政的党特别重要，应该注意党内外的意见，如果听不到不同的意见，就会出官僚主义，就会落后。

周恩来还谈到了现行制度的问题。他同匈牙利劳动人民党代表团谈话时说：我们的制度是优越的，但也有缺点，如太集中。又如一党制，这本身就包含着它的阴暗面。当然，我们的制度是好的，光明的一面是主要的。但也不能忘记它的缺点。因此，我们要自觉地扩大民主，在民主的基础上集中，才能是可靠的。

周恩来还深刻地指出：犯错误不好，但可以从中取得教训。资产阶级专政时，两党轮换上下台，这样还有一个比较。法西斯统治时，不允许别的党存在，这样它垮台得更快一些。杜鲁门下台，艾森豪威尔上台，杜鲁门并没有被消灭。我们无产阶级专政，为什么要把不同的意见的人消灭呢？这是一个教训。社会主义思想体现在一个党，形成一个党，这是一个发展的趋势。但我们要有意识地保存一些不同政见的党，在党内保存一些不同的意见的人。这样做是可以的。

周恩来在这里所说的“制度”，当然不是指社会主义社会的根本制度，而是指这种根本制度之下的组织和运行方式，是根本制度的次生形态的具体体制。具体体制与根本制度本来应该是一致的，但实际生活并不完全如此，有时并不适应，或者开始时适应，后来不适应了。新中国成立以后形成的一些具体的政治、经济体制，一开始是与根本制度相适应的，主要起了积极作用，但是，逐渐就不大适应了，消极作用也显露出来。对制度上存在的问题，当时党内不少人并不认识，或者没有引起足够重视。周恩来看到了这一点，对现行制度作了两方面的分析，这是十分可贵的认识。

4. 关于集权与分权问题

周恩来在谈话中所阐述的集权与分权问题，主要是经济管理体制方面的问题。毛泽东在《论十大关系》里专门阐述了这个问题，八大的政治报告以及周恩来本人所作的“二五”计划建议的报告，也都提出了这个问题，总的精神都是把一部分权力下放给地方，充分调动中央与地方两个积极性。

究竟如何划分中央与地方的权限呢？周恩来在同匈牙利劳动人民党代表团谈话时说：在这个问题上的争论，主要在界线上。明显地该归地方管的归地方，归中央管的归中央，这不成问题。问题在于：有些也可以归地方，也可以归中央，界线不好划。例如，铁路归中央，这没争论，银行归中央，这也没争论。小手工业归地方，这也没有争论。重工业的大企业由中央管，这没有争论。小的钢铁厂归谁管，小到什么程度的钢铁厂归地方管，这就有争论了。纺织厂归地方管比较好，但中央有纺织工业部，中央也要管一些，以便吸取经验。因此，多数应归地方，少数归中央，这里要有一个界线。

对于集权与分权的原则，周恩来谈道：我们的原则是，可以给中央，又可以给地方的，就多给地方一些，这样可以增大地方的权力。中国地方大，都集中在中央也管不好。地方多管一些，中央才有时间来检查、考虑问题，这样可以抽出时间来注意中心问题，少犯一些错误。更多地分权于地方，才有可能更好的实行中央集权。

周恩来还特别谈到财政职权的划分问题，他说：财政问题也是这样，中央和地方的职权要划分。我们要双重领导，中央可以直接监督，可以通过地方来管。我们开了半年的会来解决这个问题。这次会议后，会有文件公布，规定怎样来划分这个界线。他认为：如果不解决好集权与分权问题，人民的积极性和创造性就受到压抑，不能发挥。因此必须解决好，发挥中央和地方两个积极性。

5. 关于经济建设的方针问题

周恩来在谈话时，结合我国前几年经济工作的经验，阐述了经济建设的方针问题。他指出，发展工业应根据需要与可能，合理地规定国民经济发展的速度，把发展建设计划放在既积极又稳妥可靠的基础上，以保证国民经济比较均衡地发展。如果对凭借有利的条件较快地发展生产力可能性估计不足，那就是保守主义的错误；如果不估计到各种客观限制而规定一种过高的速度，那就是冒险主义的错误。因此，党的领导必须随时注意防止和纠正这两种错误倾向。他在会见挪威共产党代表团时说，在发展工业中，两种倾向都有，有的要求很急，有的很保守。要平衡发展很不好做。同时，在对方谈到沈阳已经有了一个工业基础，钢、铁、煤、机器，工业的发展会越来越快时，周恩来认为那些是重型的，精密的还很不够。

周恩来说，工业发达了，也要有正确的指导思想。在我国工业不发达时，要努力奋斗，将来发达了也不能骄傲，不但教育本国人民这样做，也希望外国朋友监督我们。他对捷克斯洛伐克共产党代表团说：人口多也是个包袱；我们的生产若按人口比，是太落后了。现在人多，问题多；以后工业发达了，成了强大的工业国，到那时就容易骄傲起来。这是很危险的。所以，要求兄弟国家对我们进行监督和批评，并且要我们的下一代也对这个问题提起警惕。

6. 关于发展对外关系的问题

保持和缓的世界形势，是中国人民和世界爱好和平人民的愿望，也是尽一切努力去争取的事情，但战与和的问题是决定于帝国主义，而他们注定要失败。对这个问题的态度、原则、立场，周恩来在谈话中谈得很透彻。关于战事，他对以色列共产党代表团说：这不是决定于我们的希望，而是决定于帝国主义国家要不要马上战争，中东打翻了，一定会影响到远东人民，因此将来对他们是不利的，虽然我们中途会有曲折，但最后他们一定要失败。他还说：战争危险是存在的，但帝国主义要考虑一下是否要打。如打起来，东方人民是要参加的，至少是会有志愿军参加的。最近外国通讯社也推测了这个情况。帝国主义不得不要计算这个因素。不然，他们就要吃大亏。周恩来坚定地表示：我们党的政策是，只要和平条件能保持，我们会采取很谨慎的政策，不去刺激它们，保持和缓的形势，但如果当情况发展得很坏的话，帝国主义要开始战争，那我们会走到最前线。

在谈话中，周恩来反复强调要同各国增强往来，发展友好关系。周恩来会见挪威共产党代表团时表示很希望和北欧国家搞好关系，并主动问对方：我们两党之间能相互做些什么？文化和艺术代表团去访问一下对你们是否有好处？在会见希腊共产党代表团时，周恩来提出：我们应该接触一下，应该了解希腊的情形。你们的议会代表团来了，我们可以搞好中希关系。你们的议长跟我们通了电报，可能中希关系会逐渐接近。周恩来在会见澳大利亚共产党代表团时，主动请其转告著名人士伊瓦特，如果他愿意来，我们是欢迎的，可以在我们专门研究机构上讲学。并说：你们回去后可以和他谈。如果他愿意来，中国外交协会可以邀请他率领一个工党代表团来。我们的政府是欢迎他来的。

（四）陈云的谈话

八大期间，陈云分别同芬兰共产党代表团、瑞典共产党代表团、瑞士劳动党代表团、奥地利共产党代表团、匈牙利劳动人民党代表团进行了谈话。谈话主要内容如下：

1. 关于苏共二十大和斯大林问题

在与外国党代表团的谈话中，陈云极为关心苏共二十大对国际共产主义运动所产生的影响，多次询问苏共二十次党代大会后外国党的反应，以及他们对斯大林问题的看法。

奥地利共产党代表团的费恩伯谈道：与斯大林问题相联系，社会民主党宣传说，过去共产党的一切是错误的，斯大林是错误的，奥地利共产党是错误的。另一方面是党内感觉问题来得太突然，大为震动。有人甚至不愿听斯大林的错误，还替斯大林辩护，不认识是个人崇拜的问题。费恩伯说，还有一点使我们陷入困难，即陶里亚蒂说斯大林问题是制度上的错误。因为意共是邻邦的大党之一，我们用了三个星期的时间才把党内安定下来。党内同志问：为什么斯大林在世时不批评？社会民主党报刊发表了赫鲁晓夫的报告后，还问道：你们去参加苏共二十次党代大会回来后不谈，反而让我们在社会民主党报刊上看到？其实，我们党的代表在大会结束后就离开了莫斯科，当时只听到口头传达，回国两个星期后才看到文件，但只限于政治局的同志们看。这是密件，我们没有让一般党员看，也认为没有必要看。这是二三十年以来第一次使党员对党的信任受到影响，对苏联的信任也受到影响。费恩伯还说，中国的《论无产阶级专政的历史经验》一文，对我们是一个大帮助，我们在党报上全文登载了。

对此，陈云明确地说，我们写这篇文章的原因有两个。第一，资产阶级国家造谣太大；第二，也看到党内同志对某些问题看法有些不一致。首先对斯大林的评价，我们看，好处有七成，错误有三成，好多于错，这是重要的。不应看成一半对一半错，更不应看成七成错三成对。第二个问题是斯大林错误是有原因的，不回答这个问题是不辩证的也是不唯物的。我们因此答复这是无产阶级专政的历史经验。无产阶级专政的历史还很短，不过40年。另外有一个问题我们没有提到，即责任问题，不能往斯大林一个人身上推。不能说一切做错了的都由斯大林负责，做对了的属于集体。话说得太死了就不对。我们现在没有说，但历史要作出结论，将来还会说。正如斯大林活着时把斯大林看成神一样的不对，将来历史会根据事实来评价。

对于苏共二十大，陈云认为，总的情况是这样：把过去的迷信揭破了。这不仅对苏联而且对各国的共产党是有好处的。费恩伯说，我们党内从来没有如此畅所欲言，彻底讨论过问题，现在没有神圣不可侵犯的人。批评大大展开，尤其是对上的批评。陈云指出，这就是苏共二十次党代大会的最大功劳。

当瑞典共产党代表团谈及苏共二十大后欧洲党内产生混乱现象，引起人民的激动情绪时，陈云说，我们党内没有什么混乱，但也不能说没有震动，主要就是对斯大林的估价，过去说斯大林那样好，后来一下子又很坏。我们党所以没有引起混乱，主要是我们党中央特别是毛主席经常说：一个人做工作不犯错误是没有的。这句话对我们印象很深。毛主席经常在中央会议、干部会议上说："这件事或者那件事我又做错了"。错误就是主观和客观事物间的偏差。这种认识上的偏差谁都会有。他常说：写篇文章总要改好几遍，这就是说在写第一遍时，认识上有错误，以后就把它改掉。所以说谁能不犯错误呢？印尼共产党总书记艾地到中国来时问毛主席："人家说你写《新民主主义论》是一气呵成的，一手写下来没有改过，是吗？"毛主席说：我先写了一半，然后才搞清楚一个主要观点，即十月革命前和革命后资产阶级革命的性质就不同了。然后又根据这一观点把前面已写的半部整个推翻，重新写。我们党经常用批评、自我批评、调查研究、从群众中来、到群众中去的方法来改正领导错误。这就是说，领导很可能犯错误。因此，斯大林犯错误在我们党中央的同志中是不以为奇的。我们感觉奇怪的是，苏共中央一度把斯大林说得太坏。我们估计他是好处多，功七过三。最近苏共对斯大林提法就正确了。《关于无产阶级专政的历史经验》一文是在功七过三的基础上写的。苏联是第一个社会主义国家，无产阶级专政时间短，犯错误是难免的。

2. 关于中国革命的历史经验

陈云在谈话中说，我们党在 1934 年以前曾犯过机会主义错误，犯过三次“左”倾错误，第一次是陈独秀右倾的错误，最后一次是王明路线的“左”倾错误。由于王明“左”倾路线的错误，当时在白区的党组织遭受到 100% 的损失，苏区受到 90% 的损失，这就是主观主义。1935 年后的 21 年，我们党的方针政策基本可以说是克服了主观主义。当然小错误还存在。党中央领导干部绝大部分于 1942 年在延安进行了三年整风，主要就是反对主观主义。我们是用这种方法来学习理论的。

陈云说，我们曾经经过了曲折的道路，如对待资产阶级的问题。陈独秀对资产阶级是一切联合，没有斗争。后来“左”倾机会主义者又是一切斗争，没有联合。1927 年由于陈独秀的错误路线，我们 5 万多党员损失得只剩几千人。以后在苏区，十几个根据地加在一起，发展到有 1000 万人口，30 万军队。可是在王明的机会主义错误路线下，苏区丢了，经过长征到达陕北，只剩下 3 万人。

我们在第一阶段只联合没有斗争，第二阶段只有斗争，没有联合，第三阶段很自然地又联合又斗争。这个简单的道理花了 14 年的时间，牺牲了几十万个脑袋才换来的。代价不便宜，能总结这些经验，以后不犯错误就是好的。所以到抗日战争时期我们已经很清楚，要和蒋介石讲联合，但也要随时准备斗争。当时的王明，刚从共产国际回来，他要无条件联合蒋介石，不要斗争，我们克服了他的错误。抗日战争胜利后，我们解放区有 120 万军队，1.6 亿人口。我们以这个力量先要和蒋介石讲和平，同时也准备战争。蒋介石不肯和平，最后就打了 4 年仗，结果蒋介石被打到海里，打到台湾。

陈云指出，我们经过了14年左右的错误，今天才胜利，现在仍然必须小心。国家胜利后，政权在手，很容易骄傲，主观主义仍然会犯，必须加以警惕。比如，在肃反运动中很容易犯错误，尤其是胜利后更容易犯错误。中国党1935年前在苏区的肃反运动也曾扩大化，很多无罪者被处决了。当时，我们第一次有军队、政权，一发现内部有敌人时就着急。这种经验像斯大林一样，有政权的党容易犯错误，斯大林问题也是这样，当然其错误更严重，杀了这么多中央委员。我们党1943年后整风运动期间决定对嫌疑分子“一个不杀，大部不抓”，情况就不同了。这样就不出毛病，没受损失。做错了，可以恢复名誉。这种办法是由于1931年到1932年所犯错误的教训而得来的。解放后，机关内也进行肃反，发动群众来审查，结果更好。经验有两条：一是靠群众，不单靠公安机关；有些国家不懂我们的道理，肃反也大张旗鼓，这容易导致扩大化。二是必须有严格的党的领导，不能只靠口供。换来这些经验，我们党曾经走了不少曲折的道路。

3. 关于公私合营

在与瑞典共产党代表团谈话时，陈云比较详细地解释了这一问题。当代表团成员根·厄曼问道：公私合营是怎么回事？是不是要投资？陈云说，简单说来，就是这样：如果一个资本家工厂值100万元，那么就给那个资本家一年5万元，别的就没有资本家的份了。这就是所谓“赎买”的政策。一切经营管理都由公家管，但资本家本人还作为国家的雇员，担任经理。我们不需投资。厄曼问：一年生产的利润是否国家和资产阶级分子各得一半？陈云说：他就是得5万元，其他亏、赚都由国家负责。

厄曼认为中国的公私合营收买办法比瑞典强。他举例说，瑞典有一火柴厂，1913年就归公私合营。今年国会通过法案将它收归国有，为此，国家一年就要付出4亿克朗。

代表团成员克·奥尔森问道：这样每年要付给资本家5万元的办法要维持多久？陈云说：周恩来同志报告中提出第二个五年计划基本任务之一就是要变公私合营制为全民所有制，换句话说，就是要在第二个五年计划中完全收归国有。估计中国资本家的全部财产共为25亿元。自从中华人民共和国成立以后，他们拿去的利息估计已有9亿元，今后预备还让他们再拿6亿元。厄曼说：这样算来，政府就赚了10亿元。陈云说：是的。但是如果当时就全部没收，连15亿元都不给，那么，工厂可能关门，社会搞得很混乱，对国民经济不利。

陈云还对中国资本家的状况作了简要分析。他说，资本家是这样打算盘的：如果再投资，国家又会没收，故大部分是想把钱留下，准备将来过日子用。在中国，大资本家与小资本家差别很大，大资本家少，小资本家则很多。小资本家都愿意献给公家资产。例如，一个有5000元的小资本家，每年只得250元，平均每月只收得20元，数量很少，还要戴上资本家帽子，所以愿意把资金献给国家，他们注意的问题是有无工作。大部分资本家注意的都是工作安排，薪水多少，职位高低。

厄曼问：如果资本家当经理，所得工资是否较职员为多？

陈云回答：大部分与国营企业中相当地位的人所得差不多，也有少数较同类厂长为高或低些的。中国现在有工业资本家3万人，商业资本家35万人。商业资本家工钱较国营同类工作人员高者少，绝大多数都较低。如果高的话，也要降下来，作为赎买的一部分。

在谈话中，陈云还注意了解外国党对中国赎买政策的看法。他问道：瑞典共产党员对我们的赎买政策是否同意？或者认为是错误的，违反马列主义的？

厄曼说，了解不够，对中国情况了解很少。此次回去告诉情况，一定会欢迎的。这是一种和平过渡。瑞典人民也都要求把最大的资本收归国有，当然还要由国家出钱。

陈云说，我们的办法是：在革命成功后，先让工人继续做工，利润还分给资本家一部分，不没收。这在瑞典党内没有引起奇怪的感觉吗？

厄曼说：瑞典资产阶级报纸经常宣传共产党使用暴力，使用没收政策，这次回去，我们就可以用中国实际情况来宣传了。

陈云指出：资本家也是选择出路。他一定赞成这个办法吗？恐怕也一不定，只是比较起来，这还是他们比较好的出路。

4. 关于台湾问题和西藏问题

当外国代表团问到解放台湾问题时，陈云说，这要看情况的变化。和平解放不是没有可能。台湾下面很不满意军政当局。我们的条件很宽，蒋介石来，他愿意做事，一样可以做事。每一个人都没有例外。我们现在的口号是“爱国一家”，在这个口号下团结起来。如果蒋介石回来，可以先不住大陆。他愿意住台湾，就住台湾也可以，他把台湾从美帝国主义手里拿回来，中国老百姓也会原谅他的。

当外宾说蒋可以在台湾当省长时，陈云说，再大一点的官也可以。这种办法对无产阶级是有利的。只要把台湾从美国手里拿回来，那么，开始时经过什么形式，都不重要。

关于西藏问题，陈云说，西藏现在仍然是达赖和班禅，那里还是农奴制度，现在也不必反对它，人民愿意信奉喇嘛就信奉。改革要慢慢来，急了会出乱子，闹翻的。不急，慢慢来，总有一天要改。

外宾问信宗教者可以加入共产党吗？陈云回答说，还没有信宗教的人提出要加入共产党的，加入共产党必须相信马克思主义。要喇嘛相信马克思主义，不容易。一个执了政的党碰到的问题是非常复杂的。处理这些问题要稳当，不能莽撞，总要想个办法，使破坏性少些，对工人阶级利益大些。开始时，我国工人阶级也不懂：为什么解放后还让资本家存在？要向工人讲道理，究竟拆散工厂好，还是慢慢搞好？历史条件不同，苏联当初革命成功后，资本家到处捣乱，破坏罢工。我们则是争取国内安定下来，去台湾的人回来。现在我们有条件，因为社会主义阵营那么大，人那么多。所有跑到外面的都要想一想：政权推翻得了吗？不回来怎么办？这和苏联当时不同。

5. 关于如何对待落后面

当外国党代表团赞扬中国共产党在各方面都取得了很大成就时，陈云说，你们只看了好的方面吧，也该看看落后的一面。我们还有许多缺点，你们回去后请别光讲我们好的方面，也得讲坏的方面。只讲好的就不客观，人民就不会相信。毛主席对许多国外的同志谈话时常说，希望他们不仅派左派人士来，也让落后的分子来，进步的人来也可以，不来也可以。让落后分子来是有好处的，我们让他们看好的方面，也看中等的和坏的方面（如在合作社）。但我们有些同志怕别人看到我们落后的东西。例如，有些外国记者老喜欢拍摄我们落后东西的照片，如小脚，我们有位同志不让照，中央的同志则说让他们照吧，这些落后的东西是客观存在的事实。不久前，我们邀请了一个过去曾经打过我们的前日本将军代表团，他们访华后，观点也有些改变。毛主席常讲，我们政府里要放几个民主人士，而且愈右愈好，因为他们的某些作用是我们共产党人起不了的。你们回国后说中国好，这会起很大的作用，但如果一个反动分子回国后说中国的社会主义是好的、正确的，那所起的作用也是很大的。如同台湾讲话，共产党人的作用就没有前国民党人士的作用大。台湾看的不是共产党人，而是看坐在台上的有没有前国民党人士和民主人士。即使反动分子回去后说我们不好，那又有什么呢？！世界上骂我们的人多得很，多一个骂我们的又怕什么？！

十、各民主党派和无党派民主人士的致词及他们对大会的反应

邀请国内各民主党派和无党派民主人士代表列席党的八大，这在中国共产党的历史上还是第一次。它显示了中国共产党贯彻执行同各民主党派“长期共存，互相监督”方针的诚意，也体现了中国共产党经过长期革命斗争形成的领导地位。

列席中共八大的各民主党派负责人有：中国国民党革命委员会中央主席李济深，中国民主同盟中央主席沈钧儒，中国民主建国会中央主席黄炎培，中国民主促进会中央主席马叙伦，中国农工民主党中央主席章伯钧，中国致公党中央主席陈其尤，九三学社中央主席许德珩，台湾民主自治同盟总部主席谢雪红。全国人大常委会副委员长宋庆龄、中国科学院院长郭沫若以无党派民主人士身份也列席了大会。

参加中共八大的国内各民主党派和无党派民主人士代表在大会主席台上。前排左起：宋庆龄、黄炎培、沈钧儒。

在9月17日的大会上，李济深代表国内各民主党派和无党派民主人士致词，祝贺大会召开。他首先肯定，在中华人民共和国建国七周年的前夕，国家的社会主义建设和社会主义改造已经取得了辉煌胜利的今天，中国共产党召开第八次全国代表大会，是有重大的历史意义的。他说，这次大会将总结在中国共产党领导下胜利进行着的中国革命的经验，将衡量建国七年来的建设成就，为今后社会主义建设拟订进一步的全面规划，并将加强党的组织，更有效地发挥领导作用。

李济深表示，我们相信大会的胜利召开，不仅可以保证中国人民的物质和文化生活水平逐步提高，并对于世界和平民主力量的加强，人类幸福生活的增进，都将有巨大的贡献。放诸四海而皆准的马克思列宁主义，毫无疑问，也必将获得丰富多彩的内容，更加充实与发展。

在致词中，李济深特别谈到了统一战线问题。他说，包含中国各民主党派的人民民主统一战线，在中国共产党领导下，对中国革命和国家建设事业发挥了显著的作用。人民民主统一战线的形成与巩固、运用与发展，是中国革命中的一个十分宝贵的经验。我们将要加倍重视这个经验，不断地加以发扬。他表示，国家建设事业今后将日益发展，中国人民在国际事务中的责任也越来越重大了。我们各民主党派愿意长远在中国共产党的正确领导下，和全国人民一道不断地加强团结，相互督促，各尽所能，为建成伟大的社会主义国家和维护世界和平而共同努力。

在李济深致词结束时，各民主党派和无党派民主人士的代表沈钧儒、黄炎培、郭沫若、马叙伦、章伯钧、陈其尤、许德珩、谢雪红等在热烈的掌声中走到主席台前，向大会敬献礼品。礼品是一件象牙雕刻的工艺品，雕刻的是在二万五千里长征中红军英雄胜利渡过大渡河时的情景。李济深说，我们用这件礼品来象征我们各民主党派在中国共产党领导下，"同舟共济"，胜利地过渡到繁荣幸福的社会主义和共产主义社会。

献礼品时，会场上气氛热烈，代表们全体起立，暴风雨般的掌声经久不息。这天的大会执行主席邓颖超、李富春接受了礼品。邓颖超还代表大会感谢各民主党派和无党派民主人士的祝贺和赠礼。

9 月 26 日下午，宋庆龄向大会致词。她深情地说道："像我这样一个非共产党员，能够列席这次具有历史意义的大会，这是我毕生中感到最光荣和最愉快的事。""十天来，我在这里列席，听到了富有重大意义的报告，听到了诸位外国朋友的致词，听到了很多同志的重要发言。我受到很大的鼓舞，禁不住也想在这里讲几句话。"①

宋庆龄说，中国人民积了几十年惨痛的经验教训，终于在中国共产党正确的领导下，很快地解脱了帝国主义的束缚，消灭了封建主义，取得了社会主义革命的决定性的胜利。经过两次革命，我们已经推翻了那人吃人的剥削制度而站立起来。这在人类历史的进程中，再一次树立了一个伟大的里程碑。我们要感谢不断为人类解放事业而奋斗的共产党。没有党的领导，我们的胜利是不可能的。

宋庆龄说，中国共产党在爱国主义的旗帜下，联合所有民主党派，建立了联合阵线和联合政府。它运用这个国家政权的力量，肃清了反革命分子，恢复了国民经济，为建设社会主义社会铺平了道路。就是说，凭借了

① 《中国共产党第八次全国代表大会文献》，第 1067 页。

人民民主政权，继续不断地从一个革命的胜利达到另一个革命的胜利。中国共产党领导了我们，和平地建设一个社会主义的社会。

谈到社会主义建设事业，宋庆龄说，这一事业获得了世界上广大人民的热情的支持；同时也受到反革命分子的仇视和阻挠。对这些反革命分子应当提高警惕，同时要继续不断地团结国外爱好和平的人民，发挥文化交流的作用，发展平等互利的贸易，把协商和合作的精神扩充到整个世界。她说，日益高涨的社会主义竞赛，文艺工作的百花齐放，科学工作的百家争鸣，正在开辟着一条光辉灿烂的道路。我们应当在这些方面不断加紧努力。

中共八大期间，各民主党派领导机构分别举行会议，作出决定：学习中共八大文件，宣传大会的精神，为社会主义革命和建设贡献力量。①

中国国民党革命委员会中央于 9 月 14 日召开座谈会。与会者一致认为，中国共产党第八次全国代表大会是全国人民政治生活中的一件大事，具有深远的历史意义和国际意义。座谈会决定民革从中央到地方的各级组织都要对八大的文件进行深入的学习和讨论。

中国民主同盟中央常务委员会在 9 月 14 日召开第四次会议，通过了《关于迎接中国共产党第八次全国代表大会的决定》。《决定》说："中国共产党第八次全国代表大会的召开，是在我国具有重大历史意义的事件。中国共产党是领导我们事业的核心力量，也是中国人民民主统一战线的组织者和领导者。在长期共存、互相监督的方针之下，我们民盟和全国人民一道，将更加密切地团结在中国共产党的周围，为社会主义建设和社会主义改造的伟大事业而努力。"《决定》号召全盟以实际行动来向中共第八次全国代表大会表示真诚的祝贺，盟的同志和盟所联系的知识分子更要加倍地努力，发挥潜力，提高觉悟，加强团结，联系群众，更积极地做好岗位工作，特别是参加文教建设，培养新生力量，向科学进军，为伟大的社会主义事业服务。在最近时期内，全盟同志应学习中国共产党第八次全国代表

---

① 参见《人民日报》1956 年 9 月 17 日、21 日第七版有关报道。

大会的文件，以提高思想认识，发挥社会主义的劳动积极性和创造性。

中国农工民主党中央执行局9月19日发出通知，要求全党认真学习中共八大文件。通知指出，学习的目的，首先在于使全党更深刻地认识中国共产党是我们社会主义事业的领导核心力量，是我们革命事业取得胜利的根本保证；要使全党同志的马克思列宁主义的理论水平获得进一步提高，并明确实现社会主义的具体道路和自己的责任，从而在各个工作岗位上更好地发挥积极性和创造性。

中国民主促进会在9月14日召开中央常务委员会会议，并作出决议，号召全体会员用提高觉悟，贡献一切力量，为社会主义服务的实际行动，来祝贺中国共产党第八次全国代表大会的召开。决议说，本会各级组织必须加强工作，大力贯彻中国共产党所提出的长期共存、互相监督的方针，密切联系群众，更紧密地团结在中国共产党的周围，为建设社会主义而奋斗。决议号召全体会员及时认真学习中共第八次全国代表大会的文件，以加深政治认识和思想水平。中央常务委员会在中国共产党第八次全国代表大会期间要举行几次座谈会，学习、讨论大会的文件。

中国民主建国会中央常务委员会在9月17日发出的通知，要求各地方组织及时组织会员认真学习中共八大文件，通过这次学习使全体会员能在思想上和工作上都提高一步，在培养、提高中国民主建国会会员成为工商界的骨干分子，发挥生产经营的积极性，搞好公私共事关系，协助中国共产党和政府完成对资本主义工商业的社会主义改造方面做出进一步的成绩。

九三学社中央常务委员会在9月15日向所属各级组织发布了及时组织社员学习中共八大的各项文件，以提高社会主义觉悟和政策水平的决定。决定说，全体社员还应以实际行动来祝贺这一次代表大会的召开，要在“长期共存、互相监督”的方针之下，更加紧密地团结在中国共产党和毛主席的周围，努力向科学进军，积极推进百家争鸣，使我国科学文化事业迅速赶上世界先进水平，把我国建设成为一个强大的社会主义的工业国家。

中共八大关于政治报告的决议重申：必须按照“长期共存、互相监督”的方针，继续加强同各民主党派和无党派民主人士的合作，充分发挥人民政治协商会议和各级协商机构的作用。并认为，这是加强人民民主专政的必要条件之一。民主党派和无党派民主人士对这一方针的反应最为集中和深刻。

李济深对“长期共存、互相监督”作了如下理解：长期有多长？就是中共有多长，民主党派也有多长。如何监督？就是互相批评，从团结的愿望出发，经过批评和自我批评，达到团结的目的。这样，我们一方面更要加强自我教育，改造思想，另一方面要以主人翁态度，尽量反映群众的要求和意见。这里要特别指出，我们要长期共存、互相监督，就必须进一步切实接受中共的领导。只有接受中共的领导，我们才能完成我们的任务。①

李济深代表国内各民主党派和无党派民主人士向中共八大致祝词。

在 1957 年 4 月 1 日民革中央召开的全国性的业务座谈会上，对于在“长期共存、互相监督”方针之下，各级组织如何接受中国共产党领导的问题，提出了以下五点意见：第一，社会主义建设和革命，离开工人阶级的领导是不行的，我们既然走社会主义道路，当然要接受中国共产党的领导。第二，中国共产党对民革的领导，主要是政治领导，体现在：（1）关于国家总路线、政策、方针以及一个时期、一个地方的中心任务的决定；

① 李济深：《中国国民党革命委员会中央常务委员会工作报告》，1957 年 3 月 25 日。

（2）关于民革执行统一战线中的路线、政策和重大措施等，主动争取中共提供意见。第三，接受中共领导的方式，主要是：（1）通过协商和座谈，交换意见；（2）对国家重要政策、方针举行定期或不定期的座谈，交换意见；（3）民革对中共政策、方针、文件的钻研、学习和贯彻执行；（4）民革随时向中共反映群众的意见和要求，并提出建议。第四，关于民革内部的业务工作和人事安排等，由民革自己处理。必要时也可向中共提出协商，请求协助。第五，误解政治自由、组织独立，不接受中共领导是错误的；不主动积极工作，遇事依赖中共统战部，也是不对的。①

1957 年 4 月 5 日中国民主同盟全国工作会议通过的决议指出，民盟今后为了贯彻“长期共存、互相监督”的方针，改进工作，必须掌握以下四个环节：一、动员盟员积极参加人民民主政治活动；二、协助盟员提高业务水平，搞好岗位工作；三、加强对马克思列宁主义理论的学习，提高盟员的政治思想水平；四、协助中共搞好各方面的关系，做好知识分子的团结工作。决议并指出：民盟在目前应着重贯彻“百花齐放、百家争鸣”的方针，充分发挥盟员和所联系的知识分子的积极性和创造性，向科学文化进军，并以此作为当前民盟的中心工作。②

在这次全国工作会议上，对当前民盟的中心工作之所以没有提出“长期共存、互相监督”的问题，民盟中央副主席章伯钧认为有三方面的情况。第一，互相监督是双方面的，中共要对我们进行监督，我们还有些困难和不习惯。第二，四川大学教务长（中共党员），他反对“长期共存、互相监督”。毛泽东说党内有 90% 以上的人反对。这也是困难的一方面。第三，如果民盟大喊监督，各民主党派都大力提倡“长期共存、互相监督”，中共党内有 90% 以上的人有抵触情绪。这将发生很多困难的问题。我们不提不等于就不监督了。③

1957 年 4 月 12 日，中国农工民主党第六届中央委员会第三次全体会

① 《光明日报》1957 年 4 月 9 日。
② 《光明日报》1957 年 4 月 6 日。
③ 中国民主同盟全国工作会议第六次领导小组会议，1957 年 3 月 28 日。

议通过的政治决议指出:“长期共存、互相监督”方针的提出,加重了我们的政治责任。为正确贯彻这一方针,必须忠诚接受中国共产党的领导,坚持为社会主义服务的政治路线,在国家政治生活中创造性地发挥我党的作用。

1957 年 4 月 6 日,黄琪翔秘书长在农工民主党第七次全国代表大会筹备委员会会议的讲话中表示:中国的各民主党派,自民主革命时起,就和共产党有共存的事实和共存的条件,今后同样有共存的条件。长期共存,有两方面:(1)共产党允许不允许我们共存?(2)自己有没有条件共存?关于共产党允许不允许我们共存的问题,过去很多同志以为共产党不支持我们,看不起我们,实际上,多年来各民主党派已经和共产党共存,这是事实。其次,民主党派本身怎样创造条件,共存下去,是个重要的问题。主要是看自己的力量,从自己方面着想,创造条件共存。互相监督主要在于怎样帮助共产党,在于做好自己的工作,在于加强领导,加强团结,加强工作。黄琪翔还提出了民主党派怎样对共产党进行监督的五个条件:(1)要承认中国共产党领导革命是搞社会主义,要有为社会主义奋斗的决心,在任何情况下不能动摇。(2)共产党有丰富的阶级斗争经验,经过多年的锻炼,知道爱,也知道恨,警惕性很高。首先我们对于共产党要有彻底的了解,对于共产党要热爱,要有感情。(3)批评、监督是为了把人民事业搞好,在批评、监督时要注意效果,善于注意方式、方法和场合。(4)批评、监督要有全面观点,要从整体看问题,要看好的一面,成绩首先要肯定,然后指出缺点,这是公式。(5)在进行批评时,要把整体利益和局部利益、长远利益和目前利益结合起来看问题。

中国共产党第八次全国代表大会重申并正式确定的“长期共存、互相监督”的方针,大大推动了各民主党派工作的活跃和发展。

首先,各民主党派的组织都有不同程度的发展。到 1957 年 2 月底止,民革发展的党员比 1955 年底实有人数增加了 80% 以上,在 24 个省市和 57 个市、县建立了组织。农工民主党,1956 年底比 1955 年底,成员增加了一倍以上,并建立了天津市的组织和 8 个省属市的组织,增加了 200 多个基层组织。中国民主同盟,1956 年内共发展盟员 7543 人,占 1955 年底全国盟员总数的43%。1956年底，民盟有102个地方组织，其中包括省（市）组织24个，县（市）组织78个，比1955年增加了10%。

其次，各民主党派不仅组织上有了发展，而且同他们所代表的阶级阶层群众的联系也大大加强了。以中国国民党革命委员会为例，在1956年中联系了22463人，组织了12958人参加学习，其中大部分是解放以前国民党的上层军政人员。经过组织参观、座谈、学习之后，他们在思想认识上已经有了不同程度的进步。

少数民族代表在休息时交谈。

再次，我国社会主义民主政治的发展，极大地调动了各民主党派成员参政议政的积极性。很多参加国家机关领导工作或担任各级人民代表大会代表和担任各级政协委员的各民主党派成员和无党派民主人士，在工作中深入了解情况，努力研究问题，积极提出批评建议，表现了认真负责的态度。1957年3月，在中国人民政治协商会议第二届全国委员会第三次全体会议上，政协委员们的发言在内容的广度和深度上均超过了新中国成立以来的历次会议，涉及政治、经济、工业、农业、社会主义改造、水利、教育、科学、卫生、文化等各个领域。各民主党派在国家政治生活中的作用不断增强，成为中国社会主义建设中不可缺少的政治力量。

十一、外国党代表团的致词和国际上对大会的反应

除了邀请国内各民主党派和无党派民主人士代表外，中国共产党还邀请了56个国家的共产党、工人党、劳动党和人民革命党的代表列席中共八大。外国党参加中国共产党的全国代表大会，这在中国共产党历史上并不是第一次。从党的一大开始，共产国际的代表就曾数次参加中共全国代表大会。中共六大不仅有共产国际代表参加，而且有一些外国共产党、工人党的代表参加。过去中国共产党是共产国际的一个支部，共产国际代表参加中共代表大会一般都是“发号施令”，有的外国党（例如苏共）代表也是居高临下，以一种实际上不平等的姿态参加中共代表大会的。

参加中共八大的外国共产党、工人党代表团在大会主席台上。

中共八大的情形则大不一样，首先共产国际已经解散；其次各国共产党之间的关系（特别是苏联共产党同一些国家共产党事实上的“父子党”关系）正在改变，党际关系朝着平等的方向发展；再次，最重要的变化是，自遵义会议以后中国共产党逐步独立自主地决定自己的事务，不再听命于

共产国际和某个外国党，领导人民取得了民主革命和社会主义革命的胜利，为各国共产党和工人党所肯定和赞扬。

因此，中国共产党邀请外国党参加八大，不再是接受某个外国党的“指示”，而是在平等的基础上，同各国党交换看法，总结经验，进一步发展友好关系。参加中共八大的外国党代表，也是本着了解中国情况、交换各自意见、共同探讨问题的态度与会的。

参加中共八大的56个国家的共产党、工人党、劳动党代表团来自亚洲、非洲、拉丁美洲、大洋洲、欧洲、北美洲。49个代表团的团长或代表在大会上致词，另外有12个国家的共产党中央向大会发来了贺信或贺电。一些外国党代表团还向大会赠送了锦旗和礼品。毛泽东在大会开幕词中说：“今天在座的有五十几个国家的共产党、工人党、劳动党和人民革命党的代表。他们都是马克思列宁主义者，他们和我们有一种共同的语言。他们走了很长的路程来到我国，以崇高的友谊参加我们党的这次代表大会。这对于我们是一个很大的鼓舞和支持。”[①] 这是中国共产党对外国党参加八大表示出的诚挚态度。

（一）

外国党代表团在致词和贺信、贺电中，对中共八大给予了高度评价。苏联共产党代表团团长米高扬在致词中说：“中国共产党第八次全国代表大会，是中国革命胜利后的第一次代表大会，它不仅是党的生活的一个极重要的里程碑，而且实质上是中国数千年历史发展的总结。”“现在，亿万中国人民正热情奔放地为实现社会主义改造而斗争。这种改造对于中国和全人类都有着巨大的意义。”“人民中国的光辉成就，说明共产党的政策是正确的，说明胜利了的工人阶级、农民和全中国人民具有极高的劳动热情。”[②] 米高扬在致词中高度赞扬“中国共产党，党的中央委员会，杰出的马克思列宁主义者毛泽东同志，对科学社会主义的理论和实践作了巨大的贡献”，

① 《中国共产党第八次全国代表大会文献》，第10页。
② 《中国共产党第八次全国代表大会文献》，第865、884、885页。

创造性地解决着向社会主义过渡的问题、把千百万小农引上合作化道路的问题、社会主义改造的问题。“中华人民共和国的国际威信正在不断地提高。中国加入社会主义国家的大家庭，标志着社会主义和资本主义在世界范围内的力量对比发生了决定性的变化，大大加强了国际的和平、民主和进步的阵线。”中苏“两国人民的兄弟般的友谊，是进一步加强世界社会主义体系威力的保证，是巩固世界持久和平的保证。”① 苏联共产党中央委员会坚信：中国人民在共产党的领导下，一定会光荣地完成八大所提出的重大而复杂的任务，克服一切困难，在社会主义建设的各个方面取得新的光辉的胜利。

中国人民在社会主义革命和建设方面所取得的伟大成就和成功经验，使世界各国人民和无产阶级政党倍受鼓舞。

波兰统一工人党代表团团长奥哈布在致词中说：“把我们团结在一起的是争取和平和人类进步的共同斗争，是同伟大苏维埃国家的友好同盟，是维斯杜拉河畔和黄河河畔的人们建立社会主义制度的共同愿望，是共同的思想，是不朽的伟大马克思列宁主义思想。”“你们的成就也就是我们的成就。你们的欢乐也就是我们的欢乐。”②

捷克斯洛伐克共产党代表团团长柯别茨基在致词中表示：“中华人民共和国的社会主义建设、它的国际地位和影响意味着马克思列宁主义的进一步的胜利，为殖民地和附属国人民的解放运动指出了道路，支持了他们争取民族独立的正义斗争。”③

朝鲜劳动党代表团代表林海在致词中热情称赞中朝两党和两国人民在历史上结成的深厚的友谊：“朝鲜人民因为有中华人民共和国这样强大的邻邦而感到骄傲，并把中国人民在建设繁荣的祖国方面所取得的胜利当作自己的胜利而欢欣鼓舞。”“中华人民共和国的成长以及中国人民取得的历史性的胜利，显示了中国人民的伟大的生活力量和创造精神，这在东方给帝

① 《中国共产党第八次全国代表大会文献》，第 885、886 页。
② 《中国共产党第八次全国代表大会文献》，第 887、889 页。
③ 《中国共产党第八次全国代表大会文献》，第 907—908 页。

国主义的殖民政策以决定性的打击，鼓励了被压迫人民的解放斗争，并且成为争取世界持久和平的事业中的巨大的力量。”①

越南劳动党代表团团长黄国越在致词中说：“中国正蓬勃发展的社会主义革命高潮使得全体越南人民愈加振奋，清楚地看到中国的今天就是越南的明天，并且更加满怀信心地为建设一个和平、统一、独立、民主和富强的越南而奋斗。”②

各国党代表团的致词都一致称赞，中国共产党根据马克思列宁主义的普遍原理，借鉴苏联社会主义革命与建设的基本经验，从中国的实际出发，创造性地解决了中国社会主义革命的实际问题，并开始探索中国自己的建设社会主义的道路。

德国统一社会党代表团团长乌布利希在致词中表示：中国人民之所以能够取得巨大成就，“是因为中国共产党在以毛泽东同志为首的中央委员会的集体领导下懂得结合中国的具体条件，创造性地运用和丰富马克思列宁主义的学说。”“对于你们关于无产阶级专政的各种形式，尤其是关于从民主革命过渡到社会主义革命的问题的提法，一切社会主义者，都是十分感到兴趣。”③

蒙古人民革命党代表团团长达姆巴在致词中称赞：“中国共产党根据本国的特殊条件，创造地发展了马克思列宁主义，鼓励和组织了中国千百万勤劳的工人和农民为建成社会主义社会而斗争，巩固工农联盟，并且在这个基础上，在短短的历史时期内，取得了国家工业化和农业社会主义改造的巨大胜利。”④

南斯拉夫共产主义者联盟代表团团长维塞林诺夫高度赞扬：“中国共产党曾经经历过各种各样的困难而一直得到胜利，这是由于它在具体的斗争条件下正确地运用了马克思列宁主义的学说，找到了它自己的走向胜利的

---

① 《中国共产党第八次全国代表大会文献》，第933、935—936页。
② 《中国共产党第八次全国代表大会文献》，第938页。
③ 《中国共产党第八次全国代表大会文献》，第890、890—891页。
④ 《中国共产党第八次全国代表大会文献》，第915页。

道路。”维塞林诺夫注意到中共八大的政治报告中“谈到了中国社会主义发展的特殊的道路，谈到了你们所具有的、你们的党所必须加以考虑的特殊的条件。我们了解，这些具体的特点在某种意义上已经在中国社会主义发展中起了杠杆的作用，它们无疑地会加速中国社会在社会主义基础上进行改造的过程。”①

中国奉行独立自主和和平共处五项原则为准则的外交政策，也在世界范围内赢得了巨大的政治和道义上的威信。

罗马尼亚工人党代表团团长乔治乌－德治在发言中强调指出：“罗马尼亚人民和各国爱好和平的人民，把伟大的中华人民共和国在国际关系中执行的政治路线，看作是巩固国际和平的强大因素。中华人民共和国的存在，是一个伟大的社会的历史的事实，谁也不能忽视人民中国代表六亿人民的意志和愿望所发表出来的言论。要解决重大的国际问题，没有中华人民共和国的参加，是不可能的。中华人民共和国的合理要求和它对外政策的崇高目的，得到了其他社会主义国家的全力支持，在国际上赢得了广泛的同情和赞助。”②

阿尔巴尼亚劳动党代表团团长霍查在致词中表示：“中华人民共和国已经成为国际舞台上的伟大强国，它在解决国际问题方面有着日益巨大的影响，现在，任何一个头脑比较清醒的人都懂得：没有人民中国，任何一个重大的国际问题都不能解决。”③

保加利亚共产党代表团团长于哥夫在致词中强调：“人民中国支持亚非人民反对殖民主义和帝国主义压迫的正义斗争和各国人民保卫和平事业的共同斗争，从而赢得了亿万人民的爱戴和尊敬，提高了自己的国际威信，成为调整和发展国际关系的巨大因素。”④

匈牙利劳动人民党代表团团长卡达尔在致词中称赞：“人民中国在经济、文化和国家生活方面获得的伟大成就，保证中华人民共和国在国际生活起着卓越的作用。中国的和平政策促进了远东和世界和平的

①②③④ 《中国共产党第八次全国代表大会文献》，第939—940、896、910、918—919页。

巩固。”①

（二）

中国共产党领导中国革命取得的胜利对许多国家正在进行的民族独立和解放斗争事业是一个极大的鼓舞和推动。

荷兰共产党中央委员会给中共八大的贺信中称赞：“新中国的兴起是目前殖民制度崩溃时代的里程碑。”②中国共产党领导中国人民进行的新民主主义革命的成功经验，成为世界中、小国家争取民族独立和解放斗争的典范。

伊朗人民党代表团团长拉德马内什在致词中说：“一切遭受外国侵略者和本国反动派蹂躏的人民，都可以学习中国人民争取胜利的榜样。半殖民地半封建的中国所完成的革命，是那些与中国相似的国家的光辉范例。中国共产党和它的卓越领导者把中国革命的理论建筑在坚实的马克思列宁主义基础上，并把自己的全部经验交给各被奴役国家的民族解放运动。”③

哥斯达黎加人民先锋党代表在贺词中表示：“全世界共产主义者，特别是在美帝国主义统治下的心脏地带作斗争的我们，每天都以中国共产党的范例来锻炼我们自己，在你们伟大成就的鼓舞下增强我们的希望。”④

玻利维亚共产党代表在贺词中表示深信：“中国革命的胜利为民族解放斗争打开了新的道路，再一次证实了殖民地国家和附属国是能够击败外国压迫者和封建反动派的。”⑤

埃及政府收回苏伊士运河主权的正义之举，引起了世界各国舆论的普遍关注，再次掀起了民族解放运动的高潮。世界各国共产党代表云集的中国共产党第八次全国代表大会，不仅给世界范围内的民族解放运动以强有力的声援和支持，而且为他们发表正义之声提供了讲坛。

叙利亚—黎巴嫩共产党代表团团长巴格达什在致词中，首先代表他

①②③④⑤《中国共产党第八次全国代表大会文献》，第 923、981、971、1027、1052 页。

们的党和人民向中国人民表示兄弟般的友爱和感激之情，他说，这“不仅反映着叙利亚和黎巴嫩人民的心情，并且也反映着几千万阿拉伯人在各自的国家内从自己切身的经验中所获得的对中华人民共和国这个东亚的伟大国家的信念，深信在他们为了从帝国主义的统治下求得解放、为争取国家主权和民族独立而进行的艰巨的斗争中，中华人民共和国是他们的真诚的朋友和有力的支持者。”“现在阿拉伯各国人民和埃及这个最大的阿拉伯国家一起，进行着全世界舆论所注目的苏伊士运河斗争。”“埃及和所有阿拉伯人民同样地都抱定决心来保卫运河，保卫他们的主权和民族独立的权利。”“阿拉伯人民在这个斗争中不是孤立的，世界所有爱好和平、支持正义的国家和人民都站在他们一边。”有了这些“支持和援助，阿拉伯人民一定要将现在还被占领或是被帝国主义条约束缚的国家，完全解放出来”①。

摩洛哥共产党代表团团长亚塔在致词中呼吁世界爱好和平的力量积极援助正处在灾难中的阿尔及利亚人民。“由于阿尔及利亚的冲突是对世界和平的严重威胁，我们就更有必要这样做。”他还表示：“如果埃及不幸遭受侵略，所有摩洛哥人就将认为他们同法帝国主义及其支持者已处于战争状态之中。”②

来自抗击殖民主义最前线的阿尔及利亚共产党代表团团长布哈利在致词中宣布：阿尔及利亚人民“抗击殖民军的游击活动从来没有像过去三个月那样的频繁和具有杀伤力。”“不管法国政府的态度如何，阿尔及利亚人民对自己正义事业的胜利是丝毫没有怀疑的。”“阿尔及利亚人民知道他们的正义事业不仅有各阿拉伯人民而且还有以苏联和人民中国为首的全世界的一切和平民主力量的支持。”③

墨西哥共产党代表团团长特腊萨斯在致词中表示：“墨西哥人民，像所有拉丁美洲国家的人民一样，是不会屈从帝国主义的阴谋的。他们争取民

① 《中国共产党第八次全国代表大会文献》，第985、986、987、989页。
② 《中国共产党第八次全国代表大会文献》，第1005页。
③ 《中国共产党第八次全国代表大会文献》，第1037、1038页。

族独立和解放的斗争已经展开了，这个斗争正在一天天的成长和发展。没有任何东西能够制止这一历史进展。争取民族独立和解放的斗争是必然会胜利的”[①]。

（三）

不少国家的共产党还在中共八大的讲坛上，对帝国主义对外推行的侵略政策和战争政策以及敌视中国人民的政策、对国内实行的压迫本国人民的政策进行了抨击。

9 月 19 日，大会执行主席黄敬宣读由福斯特、丹尼斯共同签署的美国共产党全国委员会发来的贺电。贺电对由于美国政府铁幕阻挡，美国共产党不能派出自己的代表团出席这次大会，深感遗憾。贺电说，“今天，尽管有反对中国人民的各种诽谤，尽管华尔街在远东实行侵略政策，但是大多数美国人都蔑视蒋介石，把他看作声名扫地的傀儡。在我国人民中间，要求采取步骤缓和远东紧张局势、要求同中华人民共和国建立正常关系的情绪在日益增长。这种要求包括接纳中华人民共和国进入联合国，美国政府在外交上承认中华人民共和国，以及在我们两国之间发展互利的商务关系和文化交流。”[②]

日本共产党中央委员会原决定派第一书记野坂参三、书记宫本显治为代表出席中共八大，但是日本政府拒绝为他们签发护照。日本共产党中央委员会在致中共八大的贺信中表达了日本共产党和日本人民不可能被任何反动力量所阻止的对中国人民的日益增长的友谊。贺信说：“日本人民逐渐认识了中华人民共和国的和平建设和以和平共处五项原则为基础的友好的对外政策，不少的日本人民日益坚决地要求与中国友好、要求日本政府改变对外政策。”[③] 贺信还表达了日本人民要求同苏联、中国建立正常的外交关系的愿望。

西德当局取缔德国共产党的行径，引起了世界各国共产党的一致抗议。

①②③ 《中国共产党第八次全国代表大会文献》，第 1041、946、927—928 页。

1956年9月1日，邓小平代表中共中央发表谈话，抗议西德当局迫害德国共产党的暴行。① 9月19日，北京各界4000多人举行大会，声援德国共产党的正义斗争。同日，中国各民主党派和无党派民主人士举行座谈会，抗议西德当局反和平反民主的暴行。② 德国共产党代表团团长雷曼在向中共八大的致词中说："全世界都看得见，我们在西德进行我们的斗争并不是孤立的。并且同时也对反动势力显示得清清楚楚，可以不受惩罚地在国内国外推行其侵略政策的时代已一去不复返了。"③

一些国家的共产党指出，欧美主要资本主义国家普遍追随美国政府对中国采取敌视政策，拒绝承认中华人民共和国，抵制中国进入联合国，但是，这并不能阻止这些国家的共产党和人民与中国共产党和人民的深厚友谊，他们始终是中国共产党和人民的强有力的支持者。

法国共产党代表团团长杜克洛在致词中回顾了中国艺术家在巴黎的精彩演出，称赞"中国是一个在人类历史上具有丰富的最古老的文化的国家"。他表示："我们千百万同胞坚决地相信：那些企图把中华人民共和国排斥在国际关系之外的人们，是在徒劳无功地想把历史的巨轮推向后转。"④ 他还表达了法国同中国建立正常外交关系的良好愿望。

英国共产党代表团团长波立特在致词中称赞：中国人民的胜利是"二十世纪最伟大的事件之一，也确实是历史上最伟大的事件之一。"他表示"中华人民共和国进入联合国是绝大多数英国人民所支持的要求。"⑤ 英国劳动人民始终对中国人民怀着热烈的友好感情。

加拿大劳工进步党代表团团长摩里斯在致词中表示，加拿大政府拒绝在外交上承认中国，拒绝取消贸易禁运，拒绝支持中国加入联合国。这是明显地违反加拿大人民的意愿的。他说："长眠在中国土地上的加拿大共产党人、崇高的诺尔曼·白求恩大夫，不仅受到中国人民的尊敬，并且是加

---

① 《人民日报》1956年9月2日。
② 《人民日报》1956年9月20日。
③ 《中国共产党第八次全国代表大会文献》，第960页。
④ 《中国共产党第八次全国代表大会文献》，第902页。
⑤ 《中国共产党第八次全国代表大会文献》，第948、950页。

拿大民主运动的一位民族英雄。白求恩大夫象征着加拿大人民对中国人民的真挚感情。”①

欧洲一些中小国家不顾帝国主义的阻挠，在本国共产党和人民的支持下率先同中国建立了外交关系。瑞典共产党代表团团长厄曼在致词中引为骄傲地说：“我国政府是西欧第一批同意和中华人民共和国建立外交关系的政府中的一个。我国人民和政府一致认为，中华人民共和国应该在联合国中获得它的合法席位。”②

（四）

中国共产党第八次全国代表大会受到了国际舆论的普遍关注。

中共八大召开的当天，世界各社会主义国家的主要报刊都发表社论和专文，祝贺大会的召开，称赞这次大会不仅是“中国共产党和全体中国人民的一件大事。同时，也对国际共产主义和工人运动有巨大的意义”。③

苏联和各人民民主国家的报纸都以大量篇幅刊载中国共产党第八次全国代表大会的文件和消息。苏联《真理报》《消息报》和其他中央一级的报纸都连续刊登中共八大的消息和会议发言。莫斯科广播电台也播送了由它的记者编采的中共八大特别节目。在苏联，有几千名宣传鼓动员到群众中去宣传中共八大的文件。许多工厂、集体农庄、机关和学校，还组织了有关中共八大的座谈会和讨论会，并组织阅读中共八大文件。伏龙芝、明斯克、维尔纽斯等地的一些高等院校、图书馆和文化机关还举行了图片和书籍展览会，介绍中国共产党光荣的战斗历程。9月29日，苏联《真理报》发表了题为《中国共产党代表大会的伟大历史意义》的社论，热情称赞中国共产党第八次全国代表大会对进一步创造性地发展马克思列宁主义做了重大的贡献。中国共产党的功绩在于善于寻找最适合中国实际情况的建设社会主义的新形式和新方法。

---

①② 《中国共产党第八次全国代表大会文献》，第977、1000页。

③ 苏联《真理报》社论，1956年9月15日。

捷克斯洛伐克《人民阵线报》在9月23日发表的社论中说，中共八大的文件告诉我们，新中国的建设者们怎样成功地利用了苏联的经验，怎样根据列宁主义学说来寻求新的形式，创造新的经验。中国人民是谦虚的，就是在这次大会上，他们说得也是很谦虚的。他们是非常带有自我批评精神的。

欧美资本主义国家的共产党和工人党的报纸也连续刊载了有关中国共产党第八次全国代表大会的消息。

法国《人道报》从9月15日开始，连续报道中共八大的消息，并摘要刊登了毛泽东的开幕词、刘少奇的政治报告、邓小平关于修改党章的报告和周恩来关于第二个五年计划建议的报告。意大利《团结报》对有关中共八大的消息和会上的报告十分重视，每天都有比较详细的报道。美国《工人日报》除了刊载有关八大会议的消息外，还全文刊登了毛泽东在八大的开幕词。加拿大《论坛报》报道了中共八大的消息，并刊登了中国共产党领导人的照片。奥地利《人民之声报》连续刊载中共八大的综合报道，并摘要发表了毛泽东的开幕词和刘少奇、邓小平、周恩来在会议上所作的报告。

亚非各国的舆论普遍重视中国共产党第八次全国代表大会。他们认为这次大会具有重大意义，并且特别注意大会上发表的各种文件中有关中国共产党领导中国人民如何摆脱帝国主义所造成的落后状态，以及中国在建设中取得的经验和教训。

印度报纸普遍刊载了有关毛泽东在大会上的开幕词以及刘少奇、邓小平、周恩来在大会上作报告的消息。许多报纸还发表了社论。那格浦尔《箴言报》9月21日发表的社论说：中国共产党第八次全国代表大会是一个具有重大意义的事件。社论提到大会上关于将大大提高国民收入的发言时说，印度和中国都面临着在拥有巨大人口的情况下如何提高群众生活水平的巨大问题。虽然印度和中国在意识形态上是不同的，两国的方法也不相同，但是两国能够吸取彼此的经验以便共同得到好处。

东京《读卖新闻》说，“同非共产党集团共处的长期计划，显然是中国共产党解决面临的巨大任务的现实方法。”

仰光《缅甸人报》9月18日发表的社论说，从过去几年中国共产党人所获得的成绩来看，周恩来所提出的计划是乐观的。社论说：“我们并不是为共产主义辩护，但是必须承认，在把国民党赶出中国大陆之后，中国幸而找到了一个它非常需要的能够给予稳定和效率高的政府。”

埃及各报也刊载了有关中共八大的消息。它们都在9月16日以显著的位置刊载了毛泽东在八大开幕词中关于支持埃及在苏伊士运河问题上的立场的一段话。

中国共产党第八次全国代表大会还引起西方国家的重视。

9月15日中共八大开幕这一天，美国有影响的报纸《基督教科学箴言报》刊载一篇文章指出，中国共产党是世界上最大的全国性共产主义组织，这个党在35年中走过了很长的路程。目前举行的第八次全国代表大会反映了“巨大的权力和极大的信心”。“这个党正在缓慢地、但却是相当有把握地领导着把农业的中国推向工业化。”“不管承认与否，中国共产党已经使中国成为世界一大强国。”

巴黎《世界报》9月17日的评论指出：“这次代表大会似乎将成为世界共产主义历史上、特别是中国历史上有意义的日子。”

许多报纸承认，在这次大会上，最重要的特征之一是中国共产党的团结、信心和力量。美国《基督教科学箴言报》在一条题为“党举行代表大会：北京表现出磐石般巩固的阵线”的电讯中指出，直到目前为止，共产党领导人的发言中大都表示了高度的信心。《纽约先驱论坛报》刊载的报道也承认：“代表大会发表的演说令人心寒，使人意识到共产党中国日益增长的力量。”

英国《星期日泰晤士报》在评论毛泽东的开幕词和刘少奇的政治报告时认为，北京代表大会的气氛“是充满了信心、喜悦、乐观和团结的。这是能够理解的，任何不抱偏见的观察家都将承认这一点”。

周恩来关于发展国民经济的第二个五年计划的建议的报告是西方国家报纸评论的中心之一。《华盛顿邮报》9月22日的评论说，周恩来的报告提出了“一连串给人深刻印象的统计数字”，“人们并没有正当理由在经济方面低估这个国家的进展或能力”。

英国《曼彻斯特卫报》的社论说，“有愈来愈多的迹象证明共产党政府的稳固和相当大的成就。工业发展的速度超过了许多人所相信的可能性。虽然只是限于某些地区，而且全国各地的发展是不一致的，做到这样已经是了不起的了。学院和大学生的人数比十二年前增加了一倍，课程内容也不那么偏狭了。所有这一切加在一起，造成了一种显著的成绩。”

外国党代表团的致词和国外舆论界对中共八大的报道、评价，自然在立场、看法上不尽相同，但是都表明了一点，即中国共产党的影响越来越大，中华人民共和国在世界上的作用不容低估。这无疑是中国共产党领导中国人民取得两个革命胜利和巨大成就的结果。

十二、新的中央委员会的选举和大会的闭幕

选举新的中央委员会，是八大的最后一项议程。

这次选举使许多代表感到意外的是，中央事先没有提出一个候选人名单，而是由各位代表自由提名，再经过几上几下的反复酝酿和预选，最后确定候选人名单，最终进行正式选举。它大体上分为五个步骤。

第一步大会代表自由提名候选人，提名不确定人数，也不分中央委员和中央候补委员。预备会议第二天起，各代表团就开始由代表自由提名，然后由各代表团汇总提名名单。

第二步中央政治局、第七届中央委员和候补委员以及各代表团团长、副团长先后分别和联席举行会议，讨论汇总上来的名单。9 月 8 日，七届七中全会正式确定第八届中央委员会名额为 170 人，并且通过了第八届中央委员会的候选人名单。

第三步各代表团讨论七届七中全会通过的候选人名单，对这个名单提出意见，并于 9 月 12 日进行第一次预选。预选结果，170 人被提名为第八届中央委员会的候选人。这次预选仍没有分中央委员和中央候补委员。

朱德、邓小平在投票。

第四步八大正式开幕后，大会主席团常务委员会和各代表团团长、副团长及各小组组长、副组长先后分别或联席举行会议，讨论候选人名单和第二次预选问题，并于9月24日进行第二次预选。预选结果，97人被提名为第八届中央委员候选人，73人被提名为中央候补委员候选人。

第五步进行正式选举，9月26日选举中央委员，9月27日选举中央候补委员。

八大的选举，充分体现了党内民主。整个选举的酝酿、准备工作十分充分。预选之前，各代表团均对七届七中全会确定的名额和通过的候选人名单，进行了认真的讨论。在讨论中，中直、东北、华北、西北等代表团对这个名单都表示同意和拥护。中直代表团认为："中央的提名是合理的，慎重的。中央委员会作为一个领导工作机构，既考虑到中央委员的能力，又照顾到各个主要方面，提出170个名额也是适宜的。"西北代表团一致认为中央提出的名单是正确的。有的代表对有少数民族的党员被提名，感到满意和兴奋。新疆少数民族的代表说："这个名单可以说是我们自己提出来的，我们提出的候选人绝大部分都列上了……深深感到当一个中国共产党党员的光荣。"

许多代表反映，反复酝酿和讨论候选人名单的过程，对自己有深刻的教育意义。有的代表说："从酝酿名单的过程中，深深感到党的领导方法是科学的，体现了高度的民主精神；这样选出来的中央委员会，一定能够担负建设社会主义的任务。"有的代表说："这次少数民族同志列入候选名单，体现了党的马列主义的正确原则，对于团结全国各民族建设社会主义非常重要。"在讨论中，一些代表谈到本来是不愿意选举王明、李立三的，但听了毛主席在预备会议上的讲话以后，觉得为了团结，可以选举他们。还有代表说，根据中央的政策，同意提王明为候选人，但对王明至今对错误没有认识很不满意，建议中央向外国党讲清楚：代表选举他，是为了等待他和争取他改正错误。

在讨论和酝酿名单的过程中，一些代表团也对候选人名单提出了一些意见和建议。比如建议在中央委员中再增加一位妇女代表，考虑选一名劳动模范当中央委员，对边远省份、特殊部门的人选作适当考虑。又比如有些代表肯定中央委员会不像苏共那样大进大出是对的，但也不要一次选上后就成了"金饭碗"，不管工作好坏，每次都能当选，这不能鼓励进步和做好工作。这些意见和建议，有的被大会接受和采纳。

9月26日下午，大会正式选举中央委员。在投票之前，这一天的执行主席李富春对选举作了说明。他说：关于中央委员会委员的选举，在代表大会预备会议期间，曾经过各代表团充分地讨论，并且由各代表自由地提出了候选人。这次提名没有规定中央委员会委员的人数，也没有分别正式委员和候补委员。在这次初步提名的基础上，根据上届中央委员会的决定，由上届政治局和各代表团团长、副团长对于各代表团提出的名单作了研究和讨论，提出了第一次预选的候选人名单，交给各代表团进行了无记名投票的预选。在代表大会开会之后，大会主席团和各代表团团长、副团长，根据第一次预选的结果，确定了中央委员会正式委员和候补委员的名额为170人，并且分为正式中央委员97人，候补中央委员73人，再交给各代表团进行讨论。在各代表团都表示同意这个名额和名单之后，又在各代表团内进行了第二次无记名投票的预选。现在提出的正式中央委员和候补中央委员候选名单，就是根据各代表团第二次预选结果提出来的。

李富春说，根据大会的日程，大会对于中央委员会的选举，分为两次进行：今天选举正式中央委员97名，明天将选举中央委员会候补委员73名。

李富春作完说明之后，下午5时15分，出席大会的1026位代表以无记名投票方式选举了中央委员会正式委员。接着，9月27日下午，大会选举中央委员会候补委员。出席大会的1026名代表以无记名投票方式进行了选举。

9月27日是八大的最后一次大会。在进行完中央候补委员的选举之后，大会继续进行。大会主席团常务委员毛泽东、刘少奇、周恩来、朱德、陈云、康生、彭真、董必武、林伯渠、张闻天、彭德怀、林彪、邓小平主持大会。

陈云代表主席团常务委员会向大会宣布了选举中央委员和候补委员的结果。他说，中央委员候选名单97人和候补中央委员候选名单73人，每人得到的票数都超过半数以上。因此，按照选举规则，他们全部当选。接着由大会秘书处宣读中央委员和候补中央委员的名单。

中央委员97人（按得票多少排列；得票相同的按姓氏笔画排列），名单如下：

毛泽东、刘少奇、林伯渠、邓小平、朱德、周恩来、董必武、陈云、林彪、吴玉章、陈伯达、蔡畅、李富春、罗荣桓、徐特立、陆定一、罗瑞卿、徐向前、邓颖超、刘伯承、陈毅、彭德怀、廖承志、李先念、陈赓、聂荣臻、林枫、张鼎丞、彭真、乌兰夫、黄克诚、滕代远、肖劲光、谭政、柯庆施、粟裕、贺龙、王首道、王维舟、邓子恢、李克农、杨尚昆、叶剑英、宋任穷、张云逸、刘晓、李维汉、王稼祥、康生、叶季壮、刘澜涛、刘宁一、薄一波、胡乔木、杨秀峰、舒同、赖若愚、张际春、程子华、陈郁、刘长胜、伍修权、肖克、钱瑛、王从吾、邓华、马明方、张闻天、谭震林、刘亚楼、李雪峰、陈少敏、李葆华、许光达、王震、曾山、林铁、郑位三、徐海东、肖华、胡耀邦、赵尔陆、欧阳钦、习仲勋、刘格平、谢富治、安子文、贾拓夫、李立三、黄敬、李井泉、吴芝圃、吕正操、王树声、陶铸、曾希圣、陈绍禹。

候补中央委员73人（按得票多少排列；得票相同的按姓氏笔画排列），名单如下：

杨献珍、王恩茂、杨得志、韦国清、罗贵波、张经武、谢觉哉、叶飞、杨成武、甘泗淇、章汉夫、潘自力、李大章、许世友、帅孟奇、杨勇、刘仁、陈锡联、万毅、张宗逊、周扬、黄火青、李涛、陈奇涵、陈漫远、徐子荣、黄欧东、古大存、李志民、刘澜波、苏振华、冯白驹、周保中、吴德、奎璧、张德生、区梦觉、范文澜、朱德海、邵式平、张启龙、黄永胜、李坚真、马文瑞、张霖之、张玺、王世泰、阎红彦、桑吉悦希、张达志、高克林、赛福鼎、廖汉生、洪学智、章蕴、徐冰、江渭清、廖鲁言、宋时轮、谭启龙、周桓、钟期光、陈丕显、赵健民、蔡树藩、钱俊瑞、潘复生、蒋南翔、江华、韩光、李昌、王鹤寿、陈正人。

当宣布这些名单的时候，全场不断响起热烈的掌声。

随后，大会一致通过了《中国共产党第八次全国代表大会关于政治报告的决议》，批准了刘少奇代表第七届中央委员会所作的政治报告，一致通过了《中国共产党第八次全国代表大会关于发展国民经济的第二个五年计划的建议》，号召“全党同志应该在党中央委员会和毛泽东同志的领导下，继续努力，进一步团结全国各族人民、各民主党派、各人民团体、国外华侨和一切爱国人士，继续巩固和扩大人民民主统一战线，为超额完成我国第一个五年计划和积极准备第二个五年计划而奋斗。”在通过这两个文件的时候，全场掌声经久不息。至此，大会全部议程进行完毕。

陈云最后代表大会主席团宣布大会闭幕。他说：“我们的大会已经胜利地完成了自己的任务。我们全党今后的任务，就是为具体地执行大会的各项决议而努力工作。在这次大会期间，有很多国家的兄弟党的代表向我们表示祝贺、赠贺礼，国内各民主党派和无党派民主人士的代表向我们致祝词、赠贺礼，大会主席团谨向他们表示衷心的感谢。对于为大会服务的全体工作人员，大会主席团也表示谢意。现在宣布中国共产党第八次全国代表大会闭幕。”① 全体代表起立，长时间地热烈鼓掌。大会在《国际歌》声中胜利闭幕。

八大闭幕的第二天，即9月28日，中国共产党第八届中央委员会第一次全体会议在北京中南海怀仁堂举行。出席会议的中央委员96人，候补中央委员70人，中央委员王明请假，候补中央委员邵式平、张宗逊、潘复生请假。八届一中全会的主要议程，是选举新的中央机构。全会分两段进行：第一段28日下午4时至4时30分进行预选；第二段当晚11时15分至12时8分，进行正式选举。

在预选前，邓小平对选举问题作了说明。邓小平说：刚才主席团常委和各组长、副组长商量了一下。选举新的中央机构，这是很重要的一个工作，要慎重地来处理这个问题。他说：为了慎重起见，关于选举中央机构，想采取这样两个步骤，都在今天进行完毕。第一个步骤是现在要做的，原来主席团常委提的这个名单只是作为参考，现在由中央的正式委员各人写一个名单丢到那个票箱里面，然后主席团常委和各组长、副组长根据这个预选的结果提一个名单，今天晚上11点钟中央全会再在这里开会，进行正式选举（还是无记名投票的方法）。

在邓小平作了说明之后，毛泽东就提名过程中的不同意见作了讲话。他说：（对这个名单）有许多意见，因此我看还是讲民主吧，就是大家进行两次选举。今天（下午）4点钟开始，大概有一个钟头，个人提一张名单，你们提什么人就提什么人，只有一个数目的规定，原来那张名单仅作参考资料。毛泽东说：政治局委员原先是十六个，现在最多可以提十七个，也

① 《中国共产党第八次全国代表大会文献》，第1101页。

可以是十五个，再少于十五个恐怕就不好了。可不可以十六个呢，喜欢双数的你就写十六个，也可以。至于这个十五个、十六个、十七个是姓张、姓李，完全由个人自己写，可以完全不依靠原来提的那个名单，那个名单仅作参考。政治局候补委员最多名额是八个。原先是六个，可以增加两个，你也可以写五个，也可以写六个，也可以写七个，也可以写八个。少可以，多不可以。毛泽东还说道：你们还可以商量一下，可以两个人商量，可以三个人商量，可以四个人商量，可以不商量。看这个办法可不可以？假如可以的话，那么现在我们就写票，半个钟头就可以写完毕了，到 11 点钟再来这里集合正式投票。

在晚上进行正式选举投票之前，邓小平就选举问题作了三点说明：第一，总监票人为聂荣臻，监票人为林枫、蔡畅、廖承志、肖华、叶季壮、罗瑞卿、滕代远、习仲勋、刘晓、陶铸；第二，如何划票；第三，中央委员王明不在，依次递补杨献珍。随后进行了无记名投票。监票人廖承志宣布选举结果：

中央委员会主席：毛泽东；

中央委员会副主席：刘少奇、周恩来、朱德、陈云；

中央委员会总书记：邓小平。

中央政治局委员：毛泽东、刘少奇、周恩来、朱德、陈云、邓小平、林彪、林伯渠、董必武、彭真、罗荣桓、陈毅、李富春、彭德怀、刘伯承、贺龙、李先念；

中央政治局候补委员：乌兰夫、张闻天、陆定一、陈伯达、康生、薄一波。

中央政治局常务委员会委员：毛泽东、刘少奇、周恩来、朱德、陈云、邓小平。

中央书记处书记：邓小平、彭真、王稼祥、谭震林、谭政、黄克诚、李雪峰；

中央书记处候补书记：刘澜涛、杨尚昆、胡乔木。

中央监察委员会委员（按姓氏笔画排列）：王从吾、王维舟、王维纲、帅孟奇、刘格平、刘锡五、刘澜涛、李士英、李楚离、肖华、吴溉之、高克林、高扬、马明方、张鼎丞、董必武、钱瑛；

中央监察委员会候补委员（按姓氏笔划排列）：王翰、刘其人、李景膺、龚子荣。

中央监察委员会书记：董必武；

中央监察委员会副书记：刘澜涛、肖华、王从吾、钱瑛、刘锡五。

第三部分　八大以后

一、八大以后的继续探索

八大以后，党继续探索适合中国国情的建设社会主义的道路。这一探索主要集中在两个问题上：一个是按照八大确定的方针，编制1957年的国民经济计划和调整各方面的经济关系；一个是准备全党整风，正确处理日渐突出的各种人民内部矛盾。党在这两方面的探索都取得了积极的成果，发展了八大的正确思想。特别是在经济建设方面，由于认真贯彻了八大确定的既反保守又反冒进、在综合平衡中稳步前进的经济建设方针，取得了很好的成绩，超额完成了第一个五年计划的主要指标。

（一）继续反冒进，编制1957年的国民经济计划

八大一次会议结束后，周恩来、陈云等负责经济工作的领导人，转入了对1957年国民经济计划控制数字的研究。1957年的国民经济计划，是国家经委从1956年7月开始编制的（当时国家计委负责长期计划，国家经委负责年度计划）。由于急于求成的思想问题尚未完全解决，各地区、各部门上报的数字仍然很高，国家经委内部在是否压缩计划指标问题上意见也不一致。面对这种局面，周恩来等继续做出了反冒进的努力。

1956年10月20日至11月9日，周恩来连续主持召开了10次国务院常务会议，检查1956年国民经济计划执行情况，研究1957年国民经济计划的主要指标。在10月24日的会议上，他提出现在“主要应该批‘左’”。在11月9日的讲话中，他说：“我们国家很大，很落后，人口多，要建设，

又要注意人民生活”。我们现在的速度“已经是很了不起了”，“必须采取退的方针”。[①] 陈云也在发言中指出：宁愿慢一点，慢个一年两年，到第三个五年计划，每个五年计划慢一年。稳当一点，就是说“右倾”一点。“右倾”一点比“左倾”一点好。

11 月 10 日至 15 日，党的八届二中全会在北京举行。会议的重要议题之一是 1957 年国民经济计划和财政预算控制数字问题。刘少奇在题为《目前时局问题》的报告中，总结了波兰、匈牙利事件的教训，提出应当遵照毛主席关于“又要重工业，又要人民”的指示，不能把同人民的关系搞得太紧张。他说：“我们应该注意把工业建设速度放在稳妥可靠的基础上。什么叫稳妥可靠？就是群众总不能‘上马路’，还高兴，还能保持群众的那种热情”。他还援引其他人的发言，说“慢一点，右一点，还有回旋余地；过了一点，左了一点，回旋余地就很少了”，认为“快一点慢一点不是失掉立场问题”。[②]

周恩来作了《关于 1957 年度国民经济发展计划和财政预算控制数字的报告》。他在报告中总结了苏联等国社会主义建设的一些经验教训，指出：“又要重工业，又要人民。这样结合起来，优先发展重工业才有基础”。“如果不关心人民的当前利益，要求人民过分地束紧裤带，他们的生活不能改善甚至还要降低水平，他们要购买的物品不能供应，那么，人民群众的积极性就不能很好地发挥，资金也不能积累，即使重工业发展起来也还得停下来”。对于八大决议规定的在三个五年计划或者再多一点的时间内建成一个基本上完整的工业体系的任务，周恩来说：“基本上完整并不是说一切都完全自足。就是大国也不可能什么都有”。“当然，产量是要高一点，但是不一定很高，这个任务的实现是决定于东西的有无，不决定于是否有很高的产量”。他提出：实现这一任务，时间可能要长一点。过去设想的远景规划，发展速度可以放慢一点。八大建议中有些达不到的指标应该修改，农业发展纲要的有些指标需要重新研究。关于第一个五年计划，他认

---

①② 薄一波：《若干重大决策与事件的回顾》上卷，第 555、556—557 页。

为:“应该承认，错误也不少”。“一九五三年小冒了一下，今年就大冒了一下”。[①]1957 年的国民经济发展应当实行“保证重点，适当收缩”的方针，否则将会影响货币、物价、劳动工资等各方面的平衡，也可能出现中国的波兹南事件。

周恩来提出的方针，得到了多数与会者的赞同，为会议所确定。董必武在发言中指出：批评冒进从 6 月就开始了，但冒进的思想并未得到清除。经济建设是长期的，偶然突击一下可以，但不能经常靠采取突击的办法。冒进思想不清除，第二个五年计划还会发生问题。

会上，毛泽东同意压缩 1957 年的国民经济计划指标，但他在全会的总结讲话中又说:“我们的计划经济，又平衡又不平衡。平衡是暂时的，有条件的。暂时建立了平衡，随后就要发生变动”。“净是平衡，不打破平衡，那是不行的”。“我们应当告诉干部，告诉广大群众：有进有退，主要的还是进，但不是直线前进，而是波浪式地前进”。“从前四年的情况可以看得清楚，第一个五年计划根本正确。至于错误，确实有，这也是难免的，因为我们缺少经验”。“要在保护干部和人民群众积极性的根本条件下，批评他们的缺点，批评我们自己的缺点，这样，他们就有一股劲了”。[②] 从以上讲话看，毛泽东委婉地批评了反冒进。他后来在严厉批评反冒进时说过，他在八届二中全会上搞了妥协方案，是用来挡水的，想挡一挡反冒进之水。

全会结束后，周恩来出访亚欧 11 国。陈云根据全会确定的方针，主持制订 1957 年的国民经济计划。1957 年 1 月 18 日，陈云在全国省、自治区、直辖市党委书记会议上作了关于财政经济工作问题的讲话，进一步总结 1956 年经济工作的经验教训，提出了建设规模要和国力相适应的思想。他认为：1956 年在财经工作方面，发生了一些缺点错误，这主要表现在：在财政和信贷方面多支出了近 30 亿元；生产资料和生活资料的供应都紧张。为了解决上述问题，应该采取以下办法：开展增产节约运动；适当压缩基

① 《周恩来选集》下卷，第 230—235 页。

② 毛泽东:《在中国共产党第八届中央委员会第二次全体会议上的讲话》，1956 年 11 月 15 日;《毛泽东选集》第五卷，第 313—315 页。

本建设的投资额；有计划地控制社会购买力增长的速度。他指出："建设规模的大小必须和国家的财力物力相适应。适应还是不适应，这是经济稳定或不稳定的界限。像我们这样一个有六亿人口的大国，经济稳定极为重要。建设的规模超过国家财力物力的可能，就是冒了，就会出现经济混乱；两者合适，经济就稳定。当然，如果保守了，妨碍了建设应有的速度也不好。但是，纠正保守比纠正冒进要容易些。因为物资多了，增加建设是比较容易的；而财力物力不够，把建设规模搞大了，要压缩下来就不那么容易，还会造成严重浪费"。据此，他提出了财政、信贷、物资三大平衡的思想，并强调："基本建设规模和财力物力之间的平衡，不单要看当年，而且必须瞻前顾后"。要以三大平衡这样的"制约方法，来防止经济建设规模超过国力的危险"。①

2月8日，中共中央发出《关于一九五七年开展增产节约运动的指示》。《指示》总结了1956年经济建设工作的基本经验：（一）"建设的速度和规模不但决定于国家的财政力量，更重要的是决定于建设物资的供应力量"。"1956年基本建设的规模定得过大，正是因为在编制和执行计划的时候，过多地偏重了需要，而没有足够地考虑建设物资供应的可能"。（二）"人民生活改善的速度主要决定于消费物资的供应力量。如果仅仅增加工人的工资，增加对于农民的贷款，或者提高农产品的收购价格，而不能相应地增加消费物资的供应量，那么，就必然造成市场的紧张，甚至造成物价上涨，因而也就不能达到改善人民生活的目的"。《指示》指出："为了缓和目前经济生活和财政收支的紧张局面，必须适当地调整1957年度基本建设的规模，并且根据迅速发挥投资效果、合理调整各经济部门之间的比例关系和照顾第二个五年计划发展等方面的要求，具体安排1957年度的基本建设"。②

4月，周恩来主持国务院第44次至46次全体会议，讨论批准了《1957年

---

① 《陈云文选》第三卷，第44—46页。

② 中共中央文献研究室编：《建国以来重要文献选编》第十册，中央文献出版社1994年版，第29—31页。

国民经济计划（草案）》。7月，一届全国人大第四次会议正式通过了薄一波代表国务院向大会作的《关于1956年国民经济计划执行结果和1957年国民经济计划草案的报告》。在这个计划的指导下，国民经济得到了健康发展，基本实现了财政、信贷、物资的三大平衡，1957年的经济工作成为建国以来最好的年份之一，事实证明实行“保证重点，适当收缩”的方针是完全正确的。

（二）调整各种经济关系

八大以后，按照八大确定的“三个主体，三个补充”的方针调整各种经济关系，也有新的探索和进展。

在社会主义改造后期，党就提出过要允许同人民生活密切相关的个体手工业，服务业、小商贩等保持私人经营，要允许完成统购和订购任务后的农产品进入自由市场，要放宽对企业自由购销的限制等。八大以后，个体工商户明显增加，自由市场日趋活跃。以上海为例，1956年9月有个体手工业户1661户，10月即增长为2885户，到年底则达到4236户。针对那种认为个体手工业户的发展违背合作化方向的思想，1956年12月21日，《人民日报》还发表了题为《怎样对待手工业个体户》的社论。指出：手工业个体户的发展，一方面满足人民的需要，增加市场的商品供应；另一方面又扩大城市的就业人数，对国家有利无害。

个体工商户的增加，特别是一些较大规模的“地下工厂”“地下商店”的出现，引起了原工商业者们的注意。1956年11月30日，黄炎培给毛泽东写信，反映民主党派召开的一些会议的情况。说自全行业公私合营后，大部分工商业者的表现是好的，少数人消极，“白天社会主义，夜里资本主义”，还出现了“地下工厂”“地下商场”等。12月7日，毛泽东约见黄炎培、陈叔通等人，就此问题发表了自己的意见。毛泽东说：地下工厂“因为社会有需要，就发展起来。要使它成为地上，合法化，可以雇工”。“只要社会需要，地下工厂还可以增加。可以开私营大厂，订条约，十年、二十年不没收。华侨投资的二十年、一百年不要没收。可以开投资公司，还本付息。可以搞国营，也可以搞私营。可以消灭了资本主义，又搞资本主义。当然要看条件，只要有原料，有销路，就可以搞。现在国营、合营企业不能满足社会需要。如果有原料，国家投资有困难，社会有需要，私人可以开厂。这样定息也有出路”。①

毛泽东的意见，得到了其他中央领导人的赞同。刘少奇在12月29日召开的一届全国人大常委会第52次会议上指出：“我们国家有百分之九十几的社会主义，有百分之几的资本主义，我看也不怕，它是社会主义经济的一个补充嘛！”“有这么一点资本主义，一条是它可以作为社会主义经济的补充，另一条是它可以在某些方面同社会主义经济作比较”。②1957年3月21日，他在听取中共湖南省委负责人汇报工作时又说：“我们现在有一种迷信思想：‘我是社会主义，就比私人资本主义先进’。这种迷信思想要不得，一定要去掉，实际上现在在某些方面社会主义比私人资本主义落后。只要我们去掉这种迷信思想，我们有人有钱，社会主义的名声又好，靠这样多的优越条件，再加上学习私人资本主义的先进经验，社会主义就一定会竞争赢资本主义。否则，就是资本主义优越于社会主义”。③5月7日，刘少奇在一次谈话中还进一步提出了社会主义经济既要有计划性又要有多样性和灵活性的问题。他指出：“研究社会主义经济，还要特别注意一个问题，就是使社会主义的经济，既要有计划性，又要有多样性和灵活性。苏联在这方面的教训是很值得我们注意的”。“我们一定要比资本主义经济搞得更多样，更灵活。如果我们的经济还不如资本主义的经济灵活、多样，而只有呆板的计划性，那还有什么社会主义的优越性呢？”④

周恩来也在1957年4月的国务院全体会议上指出：“主流是社会主义，小的给些自由，这样可以帮助社会主义的发展。工业、农业、手工业都可以采取这个办法”。大概工、农、商、学、兵除了兵以外，每一行都可以来

①② 《党的文献》编辑部：《共和国走过的路——建国以来重要文献选编（1953—1956）》，中央文献出版社1991年版，第308、309—310页。

③ 中共中央文献研究室编：《刘少奇论新中国经济建设》，中央文献出版社1993年版，第333页。

④ 《刘少奇论新中国经济建设》，第350页。

一点自由，搞一点私营的。文化也可以搞一点私营的。这样才好百家争鸣嘛！在社会主义建设中，搞一点私营的，活一点有好处”。他还说：“一切东西都靠国家生产不行，各方面都应该有百分之几的自由活动，太死了不行。不仅商业方面如此，工业方面也可以如此。资本主义复活不了”。①

毛泽东、刘少奇、周恩来的上述设想，是在八大探索的基础之上对社会主义经济体制的新认识，是继续探索过程中闪现出来的可贵的思想火花。它反映了党的领导人为突破苏联模式，建立有中国自己特点的充满活力的社会主义经济体制所做的努力，在中国的社会主义思想发展史上有着重要的积极意义。

在农村集体经济内部关系的调整方面，八大一次会议即已指出，一部分合作社成立比较急促，需要处理许多遗留问题，调整现有组织形式，纠正过分强调集体利益和集体经营而忽视社员个人利益、个人自由和家庭副业的偏向。在1956年内，党中央和国务院先后发出了《关于勤俭办社的联合指示》和《关于加强农业生产合作社的生产领导和组织建设的指示》，对高级农业生产合作社进行了初步整顿。1957年3月15日，中共中央发出《关于民主办社几个事项的通知》，要求农业合作社要按时公开财政收支，社和队决定问题要同群众商量，干部要参加生产。6月25日，全国人大常委会第76次会议讨论通过了周恩来提出的关于适当增加农业生产合作社社员自留地的议案，决定增加社员的自留地，其数量不超过当地每人平均土地数的10%。

为了集中整顿高级农业生产合作社，1957年9月，中共中央召开了第四次全国农村工作会议，制定并发布了《关于整顿农业生产合作社的指示》《关于做好农业合作社生产管理工作的指示》和《关于在农业合作社内部贯彻执行互利政策的指示》等文件。这些文件，对高级社的经营管理体制作出了如下调整和改革：

第一，调整社和队的组织规模。文件认为，社和队组织规模的大小，

① 中共中央文献研究室编：《周恩来经济文选》，中央文献出版社1993年版，第350—351页。

应该根据地区条件、经济条件、居住条件和历史条件来确定，容许有各种差别，不要千篇一律。一般以一村一社为宜，生产队以20户左右比较恰当，不宜办大社。特别是土地占有和收入悬殊太大以及生产经营对象基本不同的村庄，不宜共组一社。已建立的规模过大的、不适当的社，或者划小，或者保持联社的形式，由分社自负盈亏，以克服队与队之间在分配上的穷富拉平和管理上的不便。社和生产队的组织规模确定之后，要向社员宣布在今后10年内不予变动。

第二，推行农业生产责任制，做好生产管理工作。文件认为，合作社是社会主义的集体经济组织，必须保持统一经营和集中领导；但农业生产具有分散性、地区性、季节性和手工操作的特点，又必须保持一定的灵活性和机动性。把合作社的统一经营、集中领导与发挥生产队的主动性、灵活性正确地结合起来，是合作社生产管理工作的一个基本原则。合作社要建立“统一经营，分级管理”的制度，普遍推行“包工、包产、包财物”的“三包制度”，并实行超产提成、减产扣分的办法；生产队在管理生产中，必须切实建立集体的和个人的生产责任制，按照各地具体条件，分别推行“工包到组”“田间零活包到户”的办法。要做到每一块地，每一件农活都有生产小组和专人负责。实行“大活集体干，小活分开干”，在实行集体干活的时候，也要划地块地段，彼此分头进行，实行分工协作。

第三，贯彻互利政策，克服分配上的平均主义。文件强调按劳取酬、多劳多得，提倡实行定额管理，按件计酬，以克服社员之间分配上的平均主义。要正确执行贫农和中农之间的互利政策，一方面要保护贫下中农的利益，另一方面也要切实注意适当照顾上中农的利益。对于入社的耕畜、农具等生产资料抵交股份基金后，多余的折价款和社员的投资，应该按期归还，并应付给应得的利息。如果折价过低，社员意见很多的，应按入社时的一般市价作适当的调整。文件还规定要允许社员家庭饲养一定数量的家畜，完全归自己所有。合作社要尽量利用社员的生产技术，组织合作社经营的或个人经营的各种手工业生产。

第四，整顿干部的作风。文件要求，要帮助社队干部改正工作上的缺点和错误，改善工作方法，提高工作能力，提高政治水平和思想水平，并把那些全心全意为人民服务而带有某些缺点和错误的多数干部，同那些违法乱纪、犯有严重错误的极少数人分别开来。应放手让社员群众在各种会议上对于干部的缺点或错误提出批评。在社干部改选时，应该由社员群众自下而上地层层酝酿，充分协商，不能采取指定的做法。

文件发出后，各地相继对农业生产合作社进行了整顿。这对克服合作社内部经营管理上的混乱现象、分配上的平均主义、干部作风问题等，起到了积极的作用，调动了广大社员群众的生产积极性，促进了合作社的巩固。

在整顿农业生产合作社的同时，也对手工业生产合作社进行了整顿。要求根据手工业各行业的特点和具体条件，从有利于生产、有利于为居民服务和不影响社员收入的原则出发，来确定生产和经营的集中或分散的程度。要使大社、小社、小组同时并存，集中生产和分散生产同时并存，统一核算盈亏和分别核算盈亏同时并存。要正确处理积累与分配的关系，在保证社员收入不断提高的前提下，适当增加公共积累，以便扩大再生产，实行半机械化、机械化。在生产管理方面，要实行计划生产，定额管理，要改善劳动组织，提高劳动生产率。要民主办社，依靠社员群众办社，等等。这些，是有利于巩固手工业生产合作社，提高其经营管理水平和劳动生产率，调动社员群众的积极性的。

对公私合营企业的整顿，主要是进行企业改革和经济改组。在企业改革方面，主要是改变原来不合理的经营管理制度，重订各种规章制度，以使之适应新的生产关系。在经济改组方面主要是进行工业的生产改组和商业网点的调整。工业的生产改组遵循了“大部不动、小部调整”和“以大带小、以先进带落后”的原则。改组的主要形式是并厂和联合管理。商业网点的调整主要是合理布置商业网点，改变原来地区间、行业间过剩或不足的情况。对公私合营企业的整顿和调整，对于提高劳动生产率，起到了积极的作用。

在改革经济管理体制方面，八大以后迈出了重要的一步。1957 年 1 月

10日，中央成立了以陈云为组长，李富春、薄一波、李先念、黄克诚为成员的中央经济工作五人小组，在中央政治局之下，统一领导全国的经济工作。小组成立后，即着手落实1956年夏全国体制会议制定的《国务院关于改进国家行政体制的决议（草案）》。1957年7月，小组提出首先在工业、商业、财政三个方面划清管理权限，并且制订了初步方案。九十月间召开的扩大的党的八届三中全会通过了陈云主持起草的《关于改进工业管理体制的规定（草案）》《关于改进商业管理体制的规定（草案）》和《关于改进财政管理体制的规定（草案）》。这三个文件经11月间召开的国务院第61次全体会议通过，随后为全国人大常委会第84次会议批准，由国务院正式公布，自1958年起施行。

上述三个文件总的精神，是调整中央与地方的关系，向地方下放原由中央掌握的一些权力，调动地方的积极性和主动性。它是将八大之前和八大探索的一些认识成果转化为政策成果，并最终转化为实践成果。

《关于改进工业管理体制的规定》共有两个部分：第一，适当扩大省、自治区、直辖市管理工业的权限。包括：（一）调整现有企业的隶属关系，把目前由中央直接管理的一部分企业，下放给省、自治区、直辖市领导，作为地方企业。（二）增加各省、自治区、直辖市人民委员会在物资分配方面的权限。（三）原来属于中央各部管理、现在下放给地方政府管理的企业，全部利润的20%归地方所得，80%归中央所得。（四）在人事管理方面，增加地方的管理权限。第二，适当扩大企业主管人员对企业内部的管理权限。（一）在计划管理方面减少指令性的指标，扩大企业主管人员对计划管理的职责。（二）国家和企业实行利润分成，改进企业的财务管理制度。（三）改进企业的人事管理制度，除企业主管负责人员（厂长、副厂长、经理、副经理等）、主要技术人员以外，其他一切职工均由企业负责管理。

《关于改进商业管理体制的规定》主要有以下内容：第一，地方（省、自治区、直辖市、县）商业机构的设置，由各省、自治区、直辖市人民委员会根据地方的具体情况决定。第二，中央各商业部门设在生产集中的城市或者口岸的采购供应站（一级批发站、大型冷藏库、仓库），实行以中央各商业部门领导为主、地方领导为辅的双重领导。第三，中央各商业部门所属加工企业，除了某些大型企业，地方认为管理有困难的以外，其余全部移交给地方，由地方商业部门直接管理。第四，商业计划指标，国务院每年只颁发四个：收购计划，销售计划，职工总数和利润指标。第五，中央各商业部门的企业利润，实行与地方全额分成。第六，商品价格管理的分工。第七，实行外汇分成。

《关于改进财政管理体制的规定》的主要内容是：第一，地方财政收入一般分三种，即地方固定收入、企业分成收入、调剂分成收入。第二，地方财政的支出一般分为两种，即地方的正常支出和由中央专项拨款解决的支出。第三，中央和地方的分成比例，规定后三年不变，如果有不适当的地方，再作局部的调整。第四，地方预算在执行过程中，收入超过支出，地方可以自行安排使用。地方预算的年终结余，全部留给地方，由地方在下年度安排使用。第五，民族自治区的财政，给予比一般省市较多的照顾。

上述规定，是针对原有的经济管理体制中央集中过多、统得过死的弊端而提出的。由于受历史条件和人们认识水平的局限，这一改革主要集中在中央与地方的分权问题上，还没有对企业的自主权问题给予应有的注意。但这毕竟是改革原有的经济管理体制的最早尝试，是调整中央与地方经济关系的良好开端，为以后的经济体制改革积累了经验。

（三）提出区分两类不同性质的矛盾，正确处理人民内部矛盾的理论

社会主义改造基本完成以后，随着国内社会阶级关系的变化，工人阶级和资产阶级的矛盾不再是社会主要矛盾，人民内部矛盾逐渐突出，解决这种矛盾成为国家政治生活中的主题。1956 年下半年，由于社会主义改造的急促完成和经济建设方面的急躁冒进错误，加上波、匈等事件的影响和一些干部的严重官僚主义，国内的经济生活和政治生活中出现了不少紧张情况。许多城市粮食、肉、蛋和日用品等供应不足，一些学生、工人和复员转业军人在升学、就业、安置等方面遇到困难，发生了少数人闹事的事

件。从 1956 年 9 月到 1957 年 3 月的半年时间内，全国有多起共约一万多工人罢工，一万多学生罢课请愿。在农村的不少地区，也出现了社员闹退社、闹缺粮的风潮。思想活跃的知识分子在“百花齐放，百家争鸣”的方针提出后，也对党和政府的工作提出了尖锐的批评意见。面对这些新情况和新矛盾，许多党员和干部缺乏思想准备，陷于被动地位。或者用老眼光看待新问题，把群众闹事和尖锐批评一概视为阶级斗争的表现，试图采取简单粗暴的却法进行压制。这样，如何正确认识和处理日渐突出的人民内部矛盾，就成为党和国家面临的一个重大问题。

早在 1956 年 4 月，《人民日报》编辑部根据中央政治局讨论而写的《关于无产阶级专政的历史经验》一文，就明确指出社会主义社会也存在矛盾，认为在社会主义社会中不会再有矛盾存在是天真烂漫的想法。文章认为：“否认矛盾存在，就是否认辩证法。各个社会的矛盾性质不同，解决矛盾的方式不同，但是社会的发展总是在不断的矛盾中进行的。社会主义社会的发展也是在生产力和生产关系的矛盾中进行着的”。[①]4 月 25 日，毛泽东在《论十大关系》的讲话中，论述了社会主义建设的十大关系。他说：“这十种关系，都是矛盾。世界是由矛盾组成的。没有矛盾就没有世界。我们的任务，是要正确处理这些矛盾”。“努力把党内党外、国内国外的一切积极的因素，直接的、间接的积极因素，全部调和起来，把我国建设成为一个强大的社会主义国家”。[②]

9 月，在党的八大的开幕词中，毛泽东指出：现在在我们的许多同志中间仍然存在着主观主义、官僚主义、宗派主义的思想和作风，不利于党内团结和党同人民的团结，必须大力克服这些严重缺点，才能把我们面前的伟大的建设工作做好。这里，他提出了用整风的方法解决人民内部矛盾的任务。在 11 月党的八届二中全会上，刘少奇介绍了波、匈事件的经过，分析了事件发生的原因，总结了党应从中吸取的教训。他指出：波、匈事件的重要原因之一就是官僚主义问题，国家领导人员有许多特权，严重脱

①②　中共中央文献研究室编：《建国以来重要文献选编》第八册，中央文献出版社 1994 年版，第 231、265—266 页。

离劳动人民群众。我们要加强人民对领导人员的监督，干部要严格遵守党和国家的纪律，不要滋长官僚主义作风，不要形成一个脱离人民的贵族阶层。毛泽东则在会上宣布：准备开展整风运动。整顿三风：一整主观主义，二整宗派主义，三整官僚主义。他还说："整风是我们在历史上行之有效的方法。以后凡是人民内部的事情，党内的事情，都要用整风的方法，用批评和自我批评的方法来解决。而不是用武力来解决"。①

12月4日，毛泽东在给黄炎培的信中首次提出了两类矛盾的命题。他指出："社会总是充满着矛盾。即使社会主义和共产主义社会也是如此，不过矛盾的性质和阶级社会有所不同罢了"。在社会主义社会有两类矛盾，一种是"敌我之间的"，一种是"人民内部的"。前者要用镇压的方法，后者要用说服的方法。"②12月29日，《人民日报》发表根据中央政治局扩大会议精神写成的文章《再论无产阶级专政的历史经验》，进一步论述了正确处理两类矛盾的问题。文章指出：在我们面前有两种不同性质的矛盾：第一种是敌我之间的矛盾，这是根本的矛盾，它的基础是敌对阶级之间的利害冲突。第二种是人民内部的矛盾，这是非根本的矛盾，它的发生不是由于阶级利害的根本冲突，而是由于正确意见和错误意见的矛盾，或者由于局部性质的利害矛盾。人民内部的矛盾可以而且应该从团结的愿望出发，经过批评或者斗争获得解决，从而在新的条件下得到新的团结。

在长时间考虑和酝酿的基础上，1957年2月27日，毛泽东在扩大的最高国务会议上发表了《关于正确处理人民内部矛盾的问题》的重要讲话，系统地阐述了关于正确处理人民内部矛盾的理论。他指出：矛盾是普遍存在的，社会主义社会也充满着矛盾，正是这些矛盾推动着社会主义社会不断地向前发展。社会主义社会的基本矛盾仍然是生产力和生产关系、经济

---

① 毛泽东：《在中国共产党第八届中央委员会第二次全体会议上的讲话》，1956年11月15日；《毛泽东选集》第五卷，第328页。

② 毛泽东：《致黄炎培》，1956年12月4日；《毛泽东书信选集》，人民出版社1983年版，第514页。

基础和上层建筑之间的矛盾，不过社会主义社会的这些矛盾同旧社会的这些矛盾具有根本不同的性质和情况，可以经过社会主义制度本身的自我调整和完善，不断地得到解决。他还说：社会主义社会存在着敌我之间和人民内部两类性质根本不同的矛盾，前者需要用强制的、专政的方法去解决，后者只能用民主的、说服教育的、“团结——批评——团结”的方法去解决，决不能用解决敌我矛盾的方法去解决人民内部的矛盾。他还联系农业合作化问题、工商业者问题、知识分子问题、少数民族问题、如何看待肃反的问题、少数人闹事的问题，以及关于“统筹兼顾、适当安排”“百花齐放，百家争鸣”“长期共存，互相监督”等方针，系统地分析和阐述了处理各方面人民内部矛盾的方法。毛泽东强调：“革命时期的大规模的急风暴雨式的群众阶级斗争已经基本结束”。“在这个时候，我们提出划分敌我和人民内部两类矛盾的界线，提出正确处理人民内部矛盾的问题，以便团结全国各族人民进行一场新的战争——向自然界开战，发展我们的经济，发展我们的文化，使全体人民比较顺利地走过目前的过渡时期，巩固我们的新制度，建设我们的新国家，就是十分必要的了”。[①] 这就明确指出了正确处理人民内部矛盾已成为国家政治生活的主题。

扩大的最高国务会议结束后，3 月，毛泽东先后到天津、济南、南京、上海等地，多次就这一主题发表讲话，继续阐述关于正确处理人民内部矛盾的思想。3 月 12 日，在中央宣传部召开的全国宣传工作会议上，他明确宣布党中央已决定在今年内开始整风，通过整风，不断地把我们身上的错误东西整掉，使我们能够更好地担负起迅速发展经济和文化，改革和建设我们的社会主义的任务。他还指出：“百花齐放，百家争鸣”，是一个基本性的也是长期性的方针。领导我们的国家应该采取“放”的方针，放手让大家讲意见，使人们敢于说话，敢于批评，敢于争论。

3 月和 4 月间，刘少奇在河北、河南、湖北、湖南、广东和上海等地视察时，也多次阐述了关于正确处理人民内部矛盾的问题，并就各地存在

---

① 《毛泽东选集》第五卷，第 375 页。

的一些具体的人民内部矛盾提出了自己的处理意见。他指出：无产阶级和资产阶级的主要矛盾已经基本上解决了，“现在人民内部的矛盾已经成为主要矛盾”。“人民内部的矛盾，现在是大量地表现在人民群众同领导者之间的矛盾问题上。更确切地讲，是表现在领导上的官僚主义与人民群众的矛盾这个问题上”。“还特别地表现在分配问题上面”。“人民内部之间的矛盾激化起来就可能闹事”。[①] 因此，我们必须很好地研究人民闹事的原因，用和风细雨的办法，用发扬民主的办法（不光是政治生活方面的民主，也包括经济生活方面的民主）处理人民内部矛盾，坚决克服领导干部的官僚主义。

毛泽东《关于正确处理人民内部矛盾的问题》等讲话在广大干部和知识分子中的传达和讨论，引起了热烈的反响。党中央及时发出指示，要求各地区各部门立即着手对实际存在的人民内部矛盾进行具体的检查和处理，这实际上开始了整风运动的进程。4 月 27 日，中共中央正式发出《关于整风运动的指示》，要求在全党进行一次普遍的、深入的反对官僚主义、宗派主义和主观主义的整风运动。《指示》强调：这次整风运动，应该是一次既严肃认真又和风细雨的思想教育运动，应该是一次恰如其分的批评和自我批评的运动，应该多采取个别谈心或开小型的座谈会和小组会的方式，一般不要开批评大会或斗争大会。《指示》还规定这次整风运动首先从县团级以上的党组织以及大的厂矿和大专学校的党组织开始，并且首先从检查领导干部的思想作风开始。要贯彻整风和工作两不误的原则，使整风同工作的改进结合起来，同人民内部矛盾的具体解决结合起来，防止关门整风，妨碍工作。毛泽东后来在《一九五七年夏季的形势》一文中说明：党希望通过整风，达到这样的目标：造成一个又有集中又有民主，又有纪律又有自由，又有统一意志、又有个人心情舒畅、生动活泼，那样一种政治局面。

4 月 30 日，毛泽东在天安门城楼邀集各民主党派负责人和无党派民主人士举行座谈会，请他们帮助党整风，并号召他们重点揭露教育、卫生等

① 刘少奇：《如何正确处理人民内部矛盾》，1957 年 4 月 27 日；《刘少奇选集》下卷，第 296—305 页。

部门的官僚主义。为了发动党外人士帮助党整风，从5月8日到6月3日，中共中央统战部召开了13次民主党派负责人和无党派民主人士的座谈会。5月15日至6月8日，中共中央统战部和国务院第八办公室联合召开了25次工商界人士座谈会。党内外的广大干部和群众积极响应党的号召，对党和政府的工作以及党政干部的思想作风提出了大量的批评和建议。党衷心欢迎广大党外人士和党员群众的善意的批评和建议。5月间中央多次发出党内指示，要求各级党组织和广大党员干部克服党外人士所指出的缺点和不足。指示指出：最近两个月以来，在各种有党外人士参加的会议上和报纸刊物上展开人民内部矛盾的公开讨论，异常迅速地揭露了各方面的矛盾。这些矛盾的详细情况，我们过去几乎完全不知道。现在如实地揭露出来，很好。绝大多数党外人士对我们的批评，不管如何尖锐，基本上是诚恳的，正确的，这类批评占百分之九十以上，对于我党整风，改正缺点错误，改善工作，极为有益。没有社会压力，整风不易收效。党内有一部分人存在着反人民的思想作风，所谓人民民主，所谓群众路线，所谓和群众打成一片，所谓关心群众疾苦，对于这些人只是空话。党员不尊重党外人士，高人一等，盛气凌人，虽然不是全部，但甚普遍。这种错误方向，必须完全扳过来，而且越快越好。

以上事实说明，党是想通过整风、克服党和政府工作中以及党政干部的缺点，正确处理人民内部矛盾，加强党同人民群众的联系的。党中央关于整风的号召，起初的确得到党外广大干部、知识分子和群众的良好反应，取得了积极的效果。这表明党为处理好人民内部矛盾所做出的努力是及时的和正确的。

八大以后一年左右的时间里，党沿着八大的思路，对中国自己的建设社会主义道路继续探索，有了新的前进。这些新的前进，有的是对八大探索成果的一些丰富和补充，有的则是八大尚未提出的新的思想和认识。八大所制定的各项方针和政策，也在实际工作中逐步贯彻落实。这是全党坚持了八大路线的结果。当然，中国建设社会主义的进程刚刚起步，党对建设社会主义问题的认识过程远未完结。特别是八大以后国际共运阵营内部又发生了匈牙利事件，中国国内也起了一些罢工、罢课、退社的小风波，知识界的思想也十分活跃，党面临着许多新的情况和新的问题。党需要在八大良好开端的基础上继续进行探索。

二、八大路线的中断

在1957年夏秋，党在指导思想上发生“左”的错误，探索中国建设社会主义道路的进程开始偏离八大路线的轨道，先是在政治上改变了八大关于主要矛盾问题的结论，继而又在经济建设方面背离了八大的方针。八大路线没有能够在实践中坚持下去，中国建设社会主义的事业遭到严重挫折。

（一）反右派斗争的严重扩大化

1957年全党整风过程中，也出现了一些反党反社会主义的言论。极少数资产阶级右派分子乘机鼓吹所谓“大鸣”“大放”“大民主”，向党和新生的社会主义制度发动进攻。他们不满共产党的领导，把共产党在国家政治生活中的领导地位攻击为“党天下”，提出共产党退出机关、学校，公方代表退出合营企业，要求“轮流坐庄”。他们抹煞社会主义改造和建设的成绩，根本否定社会主义制度的优越性，把人民民主专政制度说成是产生官僚主义、宗派主义和主观主义的根源。

党中央及时注意到少数右派分子向党进攻的情况。5月16日，党中央发出党内指示，指出应当注意最近一些天社会上有少数带有反共情绪的人跃跃欲试，发表一些带有煽动性的言论，企图将正确解决人民内部矛盾、巩固人民民主专政以利社会主义建设的正确方向，引导到错误方向去。中央决定放手让右派发表言论，暂时（几个星期内）不要批驳，使右翼分子在人民面前暴露其反动面目，过一个时期，再研究反驳的问题。各级党委应当好好掌握形势，设法团结多数中间力量，逐步孤立右派，争取胜利。5月中旬，毛泽东写了《事情正在起变化》的文章，发给党内高级干部阅读。文章认为，最近这个时期，在民主党派中和高等学校中，右派表现得最坚决最猖狂。右派分子在党外知识分子中依情况不同已经占到了

1%、3%、5% 以至 10% 的比例，这是一种估计，就一个单位而言，可能多些，可能少些。党内也有一部分知识分子新党员确实具有严重的修正主义思想，他们跟社会上的右翼知识分子，互相呼应，连成一起，亲如兄弟。他们想要在中国这块土地上刮起一阵害禾稼、毁房屋的七级以上的台风。我们还要让他们猖狂一个时期，让他们走到顶点，把毒草、毒气都放出来，以便锄掉、灭掉。5 月 20 日，中共中央发出《关于加强对当前运动的领导的指示》，要求各级党委立即着手分类研究右翼的反动言论和其他资产阶级论点，准备在适当的时机发表一批论文和社论，予以反驳和批判。5 月 25 日，毛泽东在接见中国新民主主义青年团第三次全国代表大会全体代表时的讲话中，明确指出："中国共产党是全国人民的领导核心。没有这样一个核心，社会主义事业就不能胜利"。"一切离开社会主义的言论行动是完全错误的"。[①] 6 月 6 日，中共中央又发出《抓紧时间继续开展整风运动的指示》，要求省、地、市一级机关和高等学校，抓紧时间，按照左、中、右三派的标准，排一下队，使自己心中有数，注意争取中间派，团结左派，以便时机一成熟，即动员他们反击右派和反动分子。在此期间，中共中央多次召开会议，交流情况，研究对策，部署反右派斗争的有关事宜。

在经过准备之后，6 月 8 日，中共中央发出了毛泽东起草的《关于组织力量准备反击右派分子进攻的指示》，要求各级党委立即对右派分子进行反击，指出"这是一场大战（战场既在党内，又在党外），不打胜这一仗，社会主义是建不成的，并且有出匈牙利事件的某些危险"。[②] 同日，《人民日报》发表题为《这是为什么？》的社论，指出"少数的右派分子正在向共产党和工人阶级的领导权挑战，甚至公然叫嚣要共产党'下台'。他们企图乘此时机把共产党和工人阶级打翻，把社会主义的伟大事业打翻，拉着历史向后倒退，退到资产阶级专政，实际是退到革命胜利以前的半殖民地地位，把中国人民重新放在帝国主义及其走狗的反动统治之下"。因此，"在我们的国家里，我们还必须用阶级斗争的观点来观察当前的种种现

① 《毛泽东文集》第七卷，第 503 页。

② 中共中央文献研究室编:《建国以来重要文献选编》第十册，第 285—286 页。

象，并且得出正确的结论”。[①] 从此，在全国范围内开始了大规模的反右派斗争。

反右派斗争开始后，《人民日报》等报刊发表了大量的批驳党外右派分子言论的文章。6 月 19 日，公开发表毛泽东作了若干修改的《关于正确处理人民内部矛盾的问题》，提出了区分香花和毒草的六条政治标准。7 月 1 日，《人民日报》发表毛泽东写的题为《文汇报的资产阶级方向应当批判》的社论，将右派定性为“反共反人民反社会主义的资产阶级反动派”，指出“这种人不但有言论，而且有行动，他们是有罪的，‘言者无罪’对他们不适用”。[②]6 月 25 日至 7 月 15 日召开的一届全国人大四次会议，对主要是民主党派负责人的一些党外右派进行了批判。至此，反右派斗争进入高潮。

7 月 17 日至 21 日，中共中央在青岛召开省市委书记会议，进一步部署反右派斗争。会议规定，中央、省市、地、县四级的整风工作都必须经过四个阶段：即大鸣大放阶段，反击右派阶段，着重整改阶段，每人研究文件、批评反省、提高自己阶段。要求继续深入开展反右派斗争，取得全胜，决不可以草率收兵。会议期间，毛泽东写了《一九五七年的夏季形势》一文，指出：“这一次批判资产阶级右派的意义，不要估计小了。这是一个在政治战线上和思想战线上的伟大的社会主义革命。单有 1956 年在经济战线上（在生产资料所有制上）的社会主义革命，是不够的，并且是不巩固的。……必须还有一个政治战线和思想战线上的彻底的社会主义革命”。并说：“这个斗争，从现在起，可能还要延长 10 年至 15 年之久”。[③] 根据青岛会议的精神，8 月 1 日，中共中央发出《关于继续深入反对右派分子的指示》，要求中央一级和省市自治区一级的单位深入地挖掘右派。此后，党内陆续挖出了一批包括省委书记、省长等在内的“右派分子”。

进入 8 月以后，反右派斗争开展的范围逐步扩大，对工人、农民等也

---

① 中共中央文献研究室编：《建国以来重要文献选编》第十册，第 289—290 页。

② 《毛泽东选集》第五卷，第 438 页。

③ 中共中央文献研究室编：《建国以来重要文献选编》第十册，第 489—490 页。

进行了社会主义教育。7月26日，国务院第55次会议通过《关于国家机关工作人员参加整风运动和反对资产阶级右派斗争的决定》。8月2日和28日，中共中央批转《中央统战部关于帮助各民主党派整风的意见》和《中央统战部关于在工商界全面开展整风运动的意见》。8月8日、9月12日和10月15日，又分别发出了《关于向全体农村人口进行一次大规模的社会主义教育的指示》《关于在企业中进行整风和社会主义教育运动的指示》和《关于在少数民族中进行整风和社会主义教育的指示》。这样，党的整风运动发展成为全党全民的整风运动。

为了总结反右派斗争的经验，进一步部署整风运动和反右派斗争，9月20日至10月9日，在北京举行了扩大的中共八届三中全会。会议总结了前一段整风运动和反右派斗争的情况，宣布在各民主党派、高等学校、其他知识界和省市以上机关，反右派斗争一般已取得决定性胜利。要求在反右派斗争已告一段落的单位，应坚决及时地转入整改和思想教育阶段。会议决定在一切已经基本上实现了社会主义改造的少数民族地区和少数民族人口中，同样进行社会主义教育，并适当地进行反右派斗争。会后，直至1958年夏整风运动和反右派斗争结束，全国范围内主要开展了整风和社会主义教育工作，同时也补划了一批"右派分子"。

为了维护党的领导，捍卫新生的社会主义制度，对极少数右派分子的进攻坚决进行反击，对反党反社会主义的错误思潮进行批判，在党内和全国人民中间进行坚持社会主义道路的教育，是完全必要和正确的。如果放弃这种斗争，就会造成思想上和政治上的混乱。但是，反右派斗争却被严重扩大化了。其原因是多方面的。首先，党对当时阶级斗争和右派进攻的形势作了过于严重的估计。波兰、匈牙利事件后，毛泽东等党的领导人对国内的政治局势密切关注，十分敏感。因此，在整风过程中出现大量的未曾预料到的尖锐批评意见时，便容易同国际上的反共风潮联系起来，当作阶级斗争的表现，并用过去驾轻就熟的处理敌我矛盾的办法来对待。这是反右派斗争严重扩大化的最主要的原因。其次，采用"大鸣、大放、大辩论、大字报"的方法，人为地加剧了当时的紧张气氛。再次，缺乏明确具体而又适当的划分右派分子的标准。开始划定右派分子时，主要根据是《关于正确处理人民内部矛盾的问题》中提出的辨别香花和毒草的六条政治标准，在政策上很难把握。10月15日，中共中央虽然下达了《划分右派分子的标准》，但失之过晚，也失之过严，加上各级领导干部在具体执行中宁“左”勿右，宁严勿宽，没能起到预想的稍加控制的作用。这样，反右派斗争便出现了严重扩大化的现象，有55万多人被划为“右派分子”，大批干部、知识分子和爱国民主人士遭到了错误的打击。

反右派斗争扩大化造成了严重的恶果：

第一，导致了对八大一次会议关于我国社会主要矛盾正确判断的改变。自开展整风运动后，随着反党反社会主义的言论的出现，党中央和毛泽东即把它同国际上的阶级斗争相联系，认为这是经济战线上的阶级斗争基本结束以后，在政治战线和思想战线上出现的激烈的阶级斗争。7月，在《一九五七年夏季的形势》一文中，毛泽东指出：“和城市一样，在农村中，仍然有或者是社会主义或者是资本主义，这样两条道路的斗争。这个斗争，需要很长时间，才能取得彻底胜利。这是整个过渡时期的任务”。[①]在九十月间召开的八届三中全会上，毛泽东将主要矛盾问题提出让大家讨论。有人认为党的八大关于主要矛盾问题的结论仍然是正确的，不能由于发生了反右派斗争就改变八大的结论，不应把一时激化的阶级斗争，当作长期的主要矛盾。另有一些人则认为经济领域中的阶级斗争虽然已经基本解决，政治和思想领域中的阶级斗争仍将是长期的，仍然是社会的主要矛盾。毛泽东在会上的讲话中，否定了前一种意见，认为：“无产阶级和资产阶级的矛盾，社会主义道路和资本主义道路的矛盾，毫无疑问，这是当前我国社会的主要矛盾”。[②]自此以后，八大一次会议关于我国社会主要矛盾问题的正确判断不再提及，逐渐将两个阶级、两条道路的斗争作为我国社会的主要矛盾加以广泛宣传。

不仅如此，在1958年3月的成都会议上，毛泽东还进一步提出了我国

---

① 《建国以来重要文献选编》第十册，第487页。

② 毛泽东：《做革命的促进派》，1957年10月9日；《毛泽东选集》第五卷，第475页。

社会还存在着两个剥削阶级的观点。认为一个剥削阶级是帝国主义、封建主义、官僚资本主义的残余，加上资产阶级右派；另一个是民族资产阶级，是右派以外的民族资产阶级的大多数，就是资本家、知识分子、民主党派里头的大多数。八大明确指出官僚买办资产阶级、封建地主阶级已经消灭，民族资产阶级作为一个阶级正处在消灭的过程之中。毛泽东重新肯定国内还存在两个完整意义的剥削阶级，特别是把知识分子不加分析地划入民族资产阶级，又在阶级关系方面改变了八大的正确结论。这同他在国内主要矛盾问题上的错误是一致的。

毛泽东的上述两方面的错误结论为1958年5月召开的八大二次会议所接受，大会正式改变了八大一次会议关于我国社会主要矛盾问题的判断，明确提出我国社会存在着两个剥削阶级。大会断言："整风运动和反右派斗争的经验再一次表明，在整个过渡时期，也就是说，在社会主义社会建成以前，无产阶级同资产阶级的斗争，社会主义道路同资本主义道路的斗争，始终是我国内部的主要矛盾"。①

对八大关于我国社会主要矛盾和阶级关系问题的正确结论的改变，是党在理论上的重大错误的开始。从这一错误理论认识出发，就很难坚持把党和国家的工作重点放在经济建设上去，很难不混淆敌我矛盾和人民内部矛盾。更严重的是，这一理论上的错误，推动着此后一次又一次阶级斗争扩大化错误的发生和发展。而且理论上和实践上阶级斗争扩大化错误彼此牵动，不断升级，最终导致"文化大革命"灾难。

第二，使大批干部、知识分子和爱国民主人士受到了错误的打击。经中共十一届三中全会后复查，当年划的55万多右派分子中，绝大多数属于错划。被错划为右派分子者，轻则被撤职降级，重则被判刑劳改，在长达20多年的时间里一直蒙受着巨大的冤屈。他们当中，绝大多数是年富力强的人才，但其才能长期被埋没而无法发挥。这不但是他们个人的不幸，更

---

① 刘少奇：《中国共产党中央委员会向第八届全国代表大会第二次会议的工作报告》，1958年5月5日；中共中央文献研究室编：《建国以来重要文献选编》第十一册，中央文献出版社1995年版，第288页。

是国家和民族的损失。

第三，对社会主义民主和法制建设产生了严重的消极作用。对党和政府的工作提出批评和建议，是发扬民主的重要途径；言论自由是宪法赋予公民的权利。但是反右派斗争中，许多人仅仅因为提了意见，就被打成“右派”。这就使得本来应该发扬的民主受到压抑，本来应该保护的权利受到了侵犯，宪法和法律的严肃性也就受到损害。“大鸣、大放、大辩论、大字报”在反右派斗争中被肯定为发扬民主的最好手段，实际上这个所谓“大民主”的手段只不过是进行“阶级斗争”的“大批判”工具，除了被用于任意给人上纲上线、乱扣“帽子”之外，不可能成为发扬民主的手段。反右派斗争中，法院独立审判、检察院独立行使检察权等司法原则被批判，司法部、监察部后来被撤销了，立法工作也基本上陷于停顿，法制建设受到严重影响。

第四，打断了整风的进程。通过整风，解决人民内部矛盾，是党中央的良好愿望，也是发扬社会主义民主的重要努力，但反右派斗争的扩大化打断了整风的进程，使整风运动没有能够达到其应有的效果。而且，由于帮助党整风的一些言论被当作是“右派”言论，提出批评意见的人被批评者打成了“右派”，官僚主义、宗派主义和主观主义等不但未得到有效的克服，反而在有些地区和部门有了滋长。

此外，反右派斗争的严重扩大化还损害和削弱了民族团结，妨碍了科学和文教事业的发展，造成了万马齐喑的局面，并在一定程度上导致了对1956年反冒进的错误批判。总之，反右派斗争的严重扩大化给党和国家的政治、经济生活的各个方面，都造成了重大的消极影响。党在八大前后的探索，在有了一个良好开端之后，从有严重扩大化的反右派斗争开始，步入了极为曲折的轨道。

（二）“大跃进”和人民公社化运动

反右派斗争告一段落之后，党在指导经济建设问题上又发生了“左”的错误。前面已经提到，毛泽东对1956年的反冒进早有不满。在整风过程中，不少党外人士对1956年的经济工作提出了批评，由此，毛泽东进一步认定反冒进给右派进攻提供了口实。在反右派斗争开始后，他对反冒进进行了愈益严厉的批评。

在1957年9、10月间党的八届三中全会上，毛泽东明确指责了反冒进。他说：做事情至少有两种方法：一种，到目的比较慢一点、差一点；一种，达到目的比较快一点、好一点。去年下半年刮起一股风，扫掉了几个东西。一个是扫掉了多、快、好、省，不要多了，不要快了，至于好、省，也附带扫掉了，还扫掉了农业发展纲要"四十条"，这个"四十条"去年以来不吃香了，还扫掉了促进委员会。国民党是促退委员会，共产党应该是促进委员会。他还说：某些东西实在跑快了，跑得不适合，可以有暂时的、局部的促退，就是要让一步，缓一步。但是，我们总的方针，是要促进的。去年扫掉的几个东西要恢复，要"复辟"。

在1958年1月南宁会议上，毛泽东指出：1956年的反冒进是一个方针性的错误，它给群众泼了冷水，泄了气，招致了右派的进攻，使我们的工作受到了很大损失。还说：反冒进是非马克思主义的，冒进是马克思主义的。反冒进没有摆对一个指头和九个指头的关系，不弄清楚这个比例关系就是资产阶级的方法。要分清主流和支流，分清九个指头和一个指头，不能攻其一点，不及其余。社会主义革命完成以后，在经济建设里面，真正的"左"比右好。毛泽东还把1956年6月20日《人民日报》发表的题为《要反对保守主义，也要反对急躁情绪》的社论和李先念在一届人大三次会议上所作的《关于1955年国家决算和1956年国家预算的报告》、周恩来在八届二中全会上所作的《1957年度国民经济发展计划和财政预算的控制数字》的报告的一部分，作为反冒进的"错误"材料印发。并警告：反冒进者离右派只有50米远了，今后不许再提反冒进。

在1958年3月的成都会议上，毛泽东又说：1956年的反冒进，吹掉了多快好省、促进派和四十条纲要，是一个方针性的错误。反冒进者把个别的、特殊的东西，误认为一般的、全面的东西，只听少数人的意见，没有反映广大人民群众的意见。把次要矛盾当成了主要矛盾，把支流当成了主流，没有抓住主要矛盾的本质。为了批判反冒进，毛泽东还重印了他为《中国农村的社会主义高潮》一书所写的部分按语，并在说明中把反冒进说成是“打击群众积极性”“给右派猖狂进攻以相当影响”的事件。①

毛泽东对反冒进的严厉批评，给党和国家的政治、经济生活带来了极为不利的影响：

第一，在经济上，直接助长了急于求成错误的发展。毛泽东对反冒进的错误批评，实际上是对在综合平衡中稳步发展的八大经济建设方针的否定，批判了正确的经济建设方针，必然会导致只求速度、不顾平衡、急躁冒进的错误。因此，在八届三中全会后，经济建设方面的急于求成错误得到了较为迅速的发展，并导致了“大跃进”运动的开展。

第二，在政治上，形成了只能反右、不能反“左”的党内反倾向斗争的定势。“左”和右，都是危害革命和建设事业的错误倾向，都必须根据实际情况加以反对和纠正。但是，毛泽东却在对反冒进的批判中得出了“左”比右好的错误结论，认为“左”是革命的，用心是好的，只是思想方法上的错误；右是反对革命的，是站在资产阶级方面的立场错误。反“左”就是打击群众的革命积极性，就是“促退”，就是混淆一个指头和九个指头的关系。这样，从南宁会议开始，党内的反倾向斗争形成了一种只能反右、不能反“左”的不成文党规，给以后的各方面工作带来了极坏的影响。

第三，在组织上开始出现个人专断的不正常局面。反冒进是党中央集体决定的，毛泽东尽管不满意，但实际上是服从了中央集体的决定，因而才形成了八大的正确的经济建设方针。从 1958 年 1 月南宁会议开始，毛泽东事先未与其他中央领导人商量，突然对力主反冒进的周恩来等人进行了无理的指责和尖锐的批判，这就破坏了党的集体领导原则和正常的民主生活。在成都会议上他还提出了要有“正确的”个人崇拜的观点。他说，个人崇拜有两种：一种是正确的，如对马克思、恩格斯、列宁、斯大林正确的东西，我们必须崇拜，永远崇拜，不崇拜不得了。另一种是不正确的崇

---

① 《毛泽东选集》第五卷，第 226 页。

拜，不加分析，盲目服从，这就不对了。反个人崇拜的目的也有两种：一种是反对不正确的个人崇拜，一种是反对崇拜别人，要求崇拜自己。问题不在于个人崇拜，而在于是否真理。是真理就要崇拜，不是真理就是集体领导也不成。对所谓“正确的”个人崇拜的提倡，改变了党在八大前后关于反对个人崇拜的正确认识和原则，使党内存在的由对毛泽东的敬仰转化成的个人崇拜情绪得到了滋长。在会议的发言中，有人竟然说“对主席就是要迷信”，“我们相信主席要相信到迷信的程度，服从主席要服从到盲目的程度”。这样，党中央领导层的政治生活开始变得很不正常。

“大跃进”运动，是在错误批判反冒进的过程中发动的。这一时期，除错误批判反冒进外，还提出了一系列对发动“大跃进”运动有着重大影响的口号、任务和观点：

一是提出了“15 年赶超英国”的口号。1957 年 11 月，毛泽东在率领中国共产党代表团参加莫斯科各国共产党和工人党代表会议期间，提出了在 15 年或者更多一点时间内，中国在钢铁等主要工业产品的产量方面赶上和超过英国的口号。同年 12 月 2 日，刘少奇在代表中共中央向中国工会第八次代表大会所作的致词中，正式宣布了这一口号。单从这个口号来看，就钢产量而言，在 15 年内超过英国也许不是不可能的。但是这一口号的提出，助长了急于求成的思想情绪，否定了八大确定的在综合平衡中稳步发展的建设方针，是片面追求钢产量的增长、发动大炼钢铁运动的思想根源。

二是开展了发动“大跃进”的宣传。毛泽东亲自审定和批准发表了多篇《人民日报》社论，如 10 月 27 日的《建设社会主义农村的伟大纲领》、11 月 13 日的《发动全民，讨论四十条纲要，掀起农业生产的新高潮》和 12 月 12 日的《必须坚持多快好省的建设方针》等，公开批判了反冒进，提出了“大跃进”的口号，号召各地区、各部门把计划指标订得尽可能先进些，滋长起忽视客观规律、只求“跃进”发展的急躁冒进情绪。

三是在毛泽东主持制定的《工作方法六十条（草案）》中，提出了要实行生产计划“三本账”的做法。中央两本账，第一本是必成的计划，要公布；第二本是期成的计划，不公布。地方也有两本账，第一本就是中央的第二本，这在地方是必成的；第二本在地方是期成的。评比要以中央的第二本账为主。这种生产计划“三本账”的做法，成了生产计划层层加码、建设指标不断提高的一个重要因素。

四是提出了5到7年内使地方工业总产值赶上和超过农业总产值的任务。成都会议根据毛泽东的意见提出的这一任务，在我国工业基础十分薄弱的情况下，是脱离实际、难以完成的，它必然会促使各地盲目乱上工业基本建设项目，破坏国民经济发展的总体布局。

这一时期，毛泽东的不尊重客观经济规律的思想情绪还表现在不适当地强调“破除迷信”，破除旧的规章制度；在工作方法上，片面强调群众运动，要轰轰烈烈，不要寻寻觅觅，冷冷清清。这也在相当程度上鼓励、助长了高指标和浮夸风错误。

“大跃进”运动正式发动的标志是1958年5月的八大二次会议。这次会议，对1956年的反冒进作出了完全否定的正式结论，认为反冒进损害了群众的积极性，影响了1957年生产建设战线上特别是农业战线上的进展，使生产建设出现了一个“马鞍形”。周恩来、陈云、李先念、薄一波等被迫在大会上作检讨，承认反冒进的“错误”。会议正式制定了“鼓足干劲，力争上游，多快好省地建设社会主义”的总路线。总路线公布后发表的一篇《人民日报》社论宣称：“速度是总路线的灵魂”；“快，这是多快好省的中心环节”。[①]社会主义建设总路线的制定，标志着八大二次会议对于八大一次会议确定的经济建设方针的完全否定。会议充分肯定了已经出现的“大跃进”，以7年赶上英国、15年赶上美国为目标，提出了第二个五年计划的第二本账。与八大一次会议通过的“二五”计划建议指标相比，工业方面普遍提高了一倍左右，农业方面则提高了20%—50%。会议提出，为了调动地方的积极性，让地方办更多的事情，要将原属国务院各部经营管理的企业交给地方经营管理，原由中央掌握的经济等方面的管理权力也要向地方下放。会后进行的以下放经济管理权力为中心的大规模的经济体制变

① 《力争高速度》，《人民日报》1958年6月21日。

动，不但没能解决经济发展缺乏活力的问题，而且还造成了地区分割、协作不便、宏观失控和效益低下等一系列新的问题。特别是计划管理权和劳动管理权的下放，直接导致了基本建设规模和职工人数的急剧膨胀。

八大二次会议后，“大跃进”运动在全国范围内全面展开。由于正值夏收期间，首先在农业上表现出了严重的虚报浮夸。各地竞放农作物“高产卫星”，各地区上报的数字有很大的水分。《人民日报》发表的社论鼓吹“人有多大胆，地有多大产”，“只怕想不到，不怕做不到”，宣称“只要我们需要，要生产多少就可以生产多少粮食出来”。同时，对于钢铁生产的指标不断加码，要求产量一再提高，时间一再提前。在此形势下，1958 年 8 月在北戴河召开的中央政治局扩大会议认为，我国的农业和粮食问题已经基本解决，各省市自治区党委必须首先注意工业的领导。会议决定，1958 年的钢产量要在 1957 年 535 万吨的基础上翻一番，达到 1070 万吨。为了实现这一在正常情况下根本不可能实现的指标，会后采取了一系列非常措施，掀起了全国范围的全民大炼钢铁运动，参加大炼钢铁的劳动力多达 9000 万人。到年底，虽然勉强完成了钢产量翻番的任务，但合格的钢只有 800 万吨，其他基本不能使用。大炼钢铁不但极大地浪费了人力、物力、财力，更为严重的是极大地破坏了国民经济的综合平衡，拉长了基本建设战线，膨胀了职工队伍，挤压和妨碍了农业、轻工业生产，给经济和社会的发展造成了极大的危害。

在发动生产和各方面“大跃进”运动的过程中，党的领导人还发动了急促改变生产关系、不顾实际地追求既大又纯的所有制结构的农村人民公社化运动。八大和八大以后，针对社会主义改造的遗留问题，党中央曾经提出了一系列调整经济关系的方针政策，允许一定程度的非公有制成分存在和发展，在农村调整社和队的规模，承认社员个人利益、个人自由和家庭副业，使农村经济得到了一定的稳定。但是，1958 年对生产关系的急促改变，改变了八大的上述方针，不仅把高级社迅速合并成人民公社，而且重新加紧对极少量的私有制的改造。

农村人民公社是在办大社的过程中出现的。根据毛泽东的提议，成都会议通过了《关于把小型的农业合作社适当地并为大社的意见》，文件发出后，各地开始了并社的工作。1958年7月，陈伯达在《红旗》杂志第4期发表题为《在毛泽东的旗帜下》的文章，传达了毛泽东关于办公社的思想："我们的方向，应该逐步地有次序地把'工（工业）、农（农业）、商（交换）、学（文化教育）、兵（民兵，即全民武装）'组成一个大公社，从而构成我国社会的基本单位"。8月初，毛泽东在河南、山东等地视察时，肯定了那里出现的人民公社。此后各地纷纷仿效，办起了人民公社。在此情况下，北戴河会议通过了《中共中央关于在农村建立人民公社问题的决议》。《决议》认为："人民公社是形势发展的必然趋势"。"在目前形势下，建立农林牧副渔全面发展、工农商学兵互相结合的人民公社，是指导农民加速社会主义建设，提前建成社会主义并逐步过渡到共产主义所必须采取的基本方针"。并指出："共产主义在我国的实现，已经不是什么遥远将来的事情了，我们应该积极运用人民公社的形式，摸索出一条过渡到共产主义的具体途径"。① 此后，全国范围内迅速掀起了农村人民公社化运动的高潮，在不到一个月的时间内，基本上实现了农村人民公社化。

新建立的人民公社，要求"一大二公"。所谓大，就是将原来一二百户的合作社合并成为四五千户以至一二万户的人民公社。一般是一乡一社。所谓公，就是将几十上百个经济条件、贫富水平不同的合作社合并，一切财产上交公社，在全社范围内统一核算，统一分配，造成原来的各个合作社之间、社员之间严重的平均主义。社员个人经营的自留地和拥有的林木、牲畜等财产也被收归社有。为了各种"大办"，政府和公社还经常无偿地抽调生产队的土地、房屋和劳动力等，甚至还调用社员的房屋和家具。人民公社还大力推行组织军事化、行动战斗化、生活集体化，将劳动力按军队编制组织起来，动辄夜以继日苦战，吃饭则全部在公共食堂。有些地方还宣布对社员的基本生活需要等实行"八包""十包"，急于在几年内"过渡到共产主义"。因此，建立人民公社的过程，也就是大刮"共产风"的过

① 中共中央文献研究室编：《建国以来重要文献选编》第十一册，第446—450页。

程，严重的平均主义和对生产队、社员财产、劳力的无偿抽调，极大地挫伤了社员群众的积极性，给农业生产带来了灾难性的后果。

在农村人民公社化的同时，在城市，还对残存的私营工业、个体手工业和小商小贩进行进一步的社会主义改造，有领导地展开以反对资本主义道路为中心的整风运动，在大鸣、大放、大争，彻底把资本主义搞臭的基础上，对他们的生产经营，加以审查，分别地进行整顿、登记、改造、排挤、淘汰或取缔。这就完全改变了八大及其以后党关于改革经济体制、增强社会主义经济灵活性的一些原则设想。通过对残存的私有制的改造，使我国生产资料所有制结构以及经营方式、购销形式、分配办法更趋于单一化。严重挫伤了个体劳动者的积极性，影响了生产的发展，使得市场商品供应不足，商业服务网点减少，给人民生活带来不便，就业门路越来越窄。

对于“大跃进”和农村人民公社化运动中的一些严重问题，毛泽东和党中央从 1958 年秋开始有所察觉。从 1958 年 11 月起，中共中央先后召开了第一次郑州会议、武昌会议和八届六中全会、第二次郑州会议、上海会议和八届七中全会以及庐山中央政治局扩大会议等一系列会议，采取了许多措施，压低经济建设的一些过高指标，做出了初步纠正“共产风”等错误的努力。在此同时，党初步总结了出现各种问题的经验教训，得出了关于社会主义建设的一些正确认识。如社会主义社会是一个相当长的历史阶段，不能急于向共产主义过渡；社会主义社会必须保留和发展商品经济，必须按价值规律办事；不能急于将集体所有制过渡到全民所有制，不能剥夺农民，必须实行按劳分配；经济建设不能每天高潮，要波浪式前进；计划指标要留有余地，要有把握实现；要遵守有计划按比例的客观法则；要切实以农、轻、重为序来安排国民经济计划；权力不能下放过多，等等。

但是，由于毛泽东等对“大跃进”和农村人民公社化运动的错误缺乏深刻的认识，总的指导思想仍然坚持“左”的错误，对于“三面红旗”不允许有任何动摇，所以在纠“左”过程中又发生了大的曲折。1959 年庐山会议后期，毛泽东错误发动了对彭德怀等人的批判和全国范围的“反右倾”运动，造成了极其严重的后果。政治上，进一步严重破坏了社会主义民主和法制，发展了残酷斗争、无情打击的恶劣作风，造成了国家政治生活极不正常的局面；经济上，中断了初步纠正“大跃进”错误的进程，造成了国民经济的更大损失；理论上，将党内的意见分歧等同于阶级斗争，认为“庐山出现的这一场斗争，是一场阶级斗争，是过去十年社会主义革命过程中资产阶级与无产阶级两大对抗阶级的生死斗争的继续”。①将阶级斗争引入党内，为以后“左”倾政治运动的发动提供了理论依据。“反右倾”运动后，1960 年上半年，党中央重新提出了以钢产量为中心的一系列高指标，发动了规模远大于 1958 年的以“小、洋、群”和所谓技术革新为特点的继续“大跃进”。由于继续“大跃进”的高指标错误比 1958 年的还要严重，并且发生在 1958 年的错误造成的国民经济困难尚未得到缓解，全国许多地区又遇到自然灾害之时，再加上苏联片面撕毁合同，突然撤走技术人员，使许多企业陷入瘫痪状态。这样，国家进入了极为严重的国民经济困难时期。

三、指导思想的实际上部分地恢复八大路线的国民经济调整方针和“左”倾错误的再度发展

从 1961 年到 1965 年，党领导全国人民对国民经济进行了长达 5 年的调整。当时提出的“调整、巩固、充实、提高”的八字方针，虽然是针对“大跃进”的严重后果而采取的紧急措施，但从指导思想来说，实际上是部分地恢复了体现实事求是原则的八大路线，因而在经济的恢复与发展方面取得了一系列的成就。但是，在 1962 年八届十中全会以后，党在政治思想方面的“左”倾错误又有所抬头，并愈演愈烈，最终导致了“文化大革命”的发动，给党、国家和各族人民带来了严重灾难。

（一）经济调整方针的提出和政治上“左”倾错误的重新发展

国民经济的严重困难，使全党和中央逐步清醒过来。从 1960 年下半年开始，毛泽东和党中央不得不面对现实，对“大跃进”的经济政策进行大

① 毛泽东《机关枪和迫击炮的来历及其他》，1959 年 8 月 16 日；中共中央文献研究室编：《建国以来重要文献选编》第十二册，中央文献出版社 1996 年版，第 524 页。

幅度和大规模的调整。1960 年 11 月，中共中央发出《关于农村人民公社当前政策问题的紧急指示信》，要求全党用最大的努力来纠正“共产风”，并规定了十二项具体政策。1961 年 1 月，中共八届九中全会正式决定对国民经济实行“调整、巩固、充实、提高”的方针。这两件事，标志着党的指导方针的重要转变。

八届九中全会后，毛泽东直接组织和指导三个调查组，分赴浙江、湖南、广东农村进行调查。刘少奇、周恩来、朱德、邓小平等也分别到湖南、河北、四川、北京等地，深入基层调查研究。通过调查研究，毛泽东主持起草了《农村人民公社工作条例（草案）》，几经反复，最终取消了人民公社的部分供给制和公共食堂，并将基本核算单位下放到相当于原来初级社规模的生产队或生产小队。邓小平等主持制定了《国营工业企业工作条例（草案）》，恢复和建立了一系列的规章制度，使国营工业企业的生产秩序得到了整顿。中央还制定了关于商业、教育、科学和文艺等方面的工作条例，对于纠正“左”的错误，调整党同知识分子的关系，恢复正常的经济秩序和工作秩序等，起到了积极的作用。

1962 年 1 月至 2 月间，中共中央在北京召开了有中央、省、地、县四级干部共 7000 多人参加的扩大的中央工作会议（即七千人大会）。会议初步总结了“大跃进”以来的经验教训，分析了产生缺点和错误的原因，开展了批评和自我批评，进一步统一了全党的认识，加强了党的团结。2 月和 5 月，中共中央又分别召开政治局常委扩大会议和工作会议，正确地分析了财政经济形势，作出了对国民经济继续进行调整的决策。

此后，党中央采取了一系列调整国民经济的措施：第一，精简职工，减少城镇人口。1961 年初到 1963 年 6 月，全国共精简职工约 2000 万人，减少城镇人口 2600 万人。第二，压缩基本建设规模。同 1960 年相比，1962 年基本建设投资由 384 亿元减少到 67 亿元，施工项目减少 2/3 以上。第三，缩短工业战线，实行必要的关、停、并、转。经过调整，全国工业企业数 1962 年比 1959 年减少 38%，工业总产值比 1960 年下降 47%，其中重工业产值下降 57%。对轻工业等，则予以加强。第四，加强农业战线，发展农业生产。第五，稳定市场，回笼货币，消灭财政赤字。

在对国民经济进行调整的同时，也对政治关系进行了调整。1962年4月，中共中央书记处在邓小平的主持下制定和发出了《关于加速进行党员、干部甄别工作的通知》，要求对过去特别是1959年“反右倾”斗争搞错了或者基本搞错了的干部统统平反。到1962年8月，全国有600多万干部、党员和群众得到了平反。继续进行从1959年开始的对“右派分子”分批摘帽的工作。到1962年，已有多数人被摘掉了“右派分子”帽子。在统战工作和民族工作方面，中央也分别召开会议，检查纠正几年来的“左”的错误，采取了一些加强和改进工作的措施。

在此期间，在纠正“大跃进”以来盛刮的“共产风”等错误的大形势下，中央和地方的一些领导人还对农业生产责任制问题进行了探索。在安徽等省的部分农村，自发地出现了各种形式的包产到户。中央农村工作部部长邓子恢经过调查研究表示了支持，认为要调动社员的积极性，必须有和产量联系严格的责任制。刘少奇、陈云等也对农业生产责任制表示了赞同。邓小平还说：“生产关系究竟以什么形式为最好，恐怕要采取这样一种态度，就是哪种形式在哪个地方能够比较容易比较快地恢复和发展农业生产，就采取哪种形式；群众愿意采取哪种形式，就应该采取哪种形式，不合法的使它合法起来。”他还引用刘伯承经常讲的一句四川话：“黄猫、黑猫，只要捉住老鼠就是好猫。”①

由于调整国民经济的决心大，措施得力，到1962年底，国民经济的极度困难形势有了初步的明显好转。1963年，中共中央决定再用三年时间对国民经济进行调整，作为第二个五年计划到第三个五年计划之间的过渡阶段。这一阶段的调整，主要贯彻执行以农业为基础，以工业为主导的发展国民经济的总方针，按照解决吃穿用，加强基础工业，兼顾国防和突破尖端的次序来安排国民经济计划。在此期间，还进行了以试办“托拉斯”为主要内容的经济体制改革的探索，取得了良好的效果。经过几年的努力，

---

① 《邓小平文选》第一卷，人民出版社1994年版，第323页。

到 1965 年，工农业生产恢复到 1957 年的水平，国民经济内部的比例关系协调正常，财政状况和市场供应良好。在国民经济调整任务即将完成的时候，周恩来在 1964 年底 1965 年初召开的三届人大一次会议上宣布：我国国民经济即将进入一个新的发展时期，全国人民要努力奋斗，把我国逐步建设成为一个具有现代农业、现代工业、现代国防和现代科学技术的社会主义强国。

但是，在“大跃进”和农村人民公社化运动的错误逐步得到纠正，国民经济的形势逐步好转之时，由于在经济发展问题特别是阶级斗争问题上“左”倾错误的指导思想并没有从根本上纠正，对形势和政策的许多看法在党的领导层中实际上还存在着分歧，加上正在激化的中苏分歧的影响和我国同周边国家关系一度出现的紧张趋势，导致党在政治思想方面的“左”倾错误再度发展起来。

在 1962 年 9 月的中共八届十中全会上，毛泽东重提阶级斗争问题。他把党的领导层中一些不同的认识看作阶级斗争的表现，把他所不同意而实际上是比较符合客观情况的意见，看成是右倾机会主义即修正主义的东西，并斥之为“黑暗风”“单干风”和“翻案风”。他批评说，现在有些人把形势看得一片黑暗，他们思想混乱，丧失信心，看不到光明，于是认为社会主义不行，只能单干。这股风越到上层越大。他批评邓子恢等人支持包产到户，是代表富裕中农要求单干，甚至是站在地主富农资产阶级的立场上反对社会主义。还说，近来刮平反之风不对，1959 年反右倾不能一风吹，不能给彭德怀平反。全会接受了毛泽东的错误观点，在会后发表的公报中指出：“在无产阶级革命和无产阶级专政的整个历史时期，在由资本主义过渡到共产主义的整个历史时期（这个时期需要几十年，甚至更多的时间）存在着无产阶级和资产阶级之间的阶级斗争，存在着社会主义和资本主义这两条道路的斗争”。[①] 这样，八届十中全会把社会主义社会中一定范围内

① 《中国共产党第八届中央委员会第十次全体会议的公报》，1962 年 9 月 27 日中国共产党第八届中央委员会第十次全体会议通过（中共中央文献研究室编：《建国以来重要文献选编》第十五册，中央文献出版社 1997 年版，第 653 页）。

存在的阶级斗争更加扩大化和绝对化，发展了 1957 年八届三中全会提出的无产阶级同资产阶级的矛盾仍然是我国社会的主要矛盾的观点。这标志着党在阶级斗争问题上的错误理论进一步系统化，为政治上“左”倾错误的发展提供了理论的依据。

八届十中全会后，阶级斗争的实践不断加剧。1963 年 2 月，毛泽东在中央工作会议上总结湖南、河北等地的经验，要求在农村开展以清账目、清仓库、清财物、清工分为主要内容的“四清”运动，在城市开展反贪污盗窃、反投机倒把、反铺张浪费、反分散主义和反官僚主义的“五反”运动，并提出“阶级斗争，一抓就灵”。5 月，毛泽东在杭州主持制定了《关于目前农村工作中若干问题的决定（草案）》（即“前十条”），认为当前中国社会中出现了严重的尖锐的阶级斗争情况，必须开展打击和粉碎资本主义势力猖狂进攻的社会主义革命斗争。9 月，中央又制定了《关于农村社会主义教育运动中一些具体政策的规定（草案）》（即“后十条”），明确提出运动要“以阶级斗争为纲”。1963 年冬到 1964 年春，全国一大批农村社队进行了“四清”，一部分城市则进行了“五反”的试点。

“左”倾理论指导下的错误实践，反过来又促使了“左”倾理论的发展。各地揭露出的一些单位被“阶级敌人篡夺领导权”的情况，使毛泽东等作出了全国有三分之一左右的基层单位的领导权不在我们手里的估计。在此情况下，刘少奇主持修改了“后十条”，认为阶级敌人拉拢腐蚀干部，建立反革命的两面政权，是敌人反对我们的主要形式，因此，要求各地开展夺权斗争，使“左”倾错误严重发展起来。

1964 年底至 1965 年初，毛泽东主持制定了《农村社会主义教育运动中目前提出的一些问题》（简称“二十三条”）。“二十三条”规定的一些政策和工作方法，对于解放一大批基层干部，改善干群关系，发展农业生产，稳定农村局势，起了积极的作用。但是，“二十三条”在指导思想上又发展了“左”的错误，强调这次运动的性质是解决社会主义和资本主义的矛盾，运动的重点“是整党内那些走资本主义道路的当权派”。毛泽东在一个批示中还说："官僚主义者阶级与工人阶级和贫下中农是两个尖锐对立的阶级"[①]，这就把斗争的矛头集中指向党的各级领导人。

到1966年春，全国约有三分之一的县、社进行了"四清"，城市也有一些基层单位开展了"四清"运动。这对于解决农村基层干部的作风和经营管理等方面的问题起了一定作用。但是，由于是在"左"的阶级斗争理论指导下进行的，把大量不属于阶级斗争的问题看作阶级斗争，混淆了两类不同性质的矛盾，仍然使不少基层干部受到了错误的打击，而且在经济体制和经济政策方面"左"的东西也得到了发展。

在进行城乡社会主义教育运动的同时，在意识形态领域也开展了错误的过火的政治批判。1963年12月，毛泽东在一个批示中写道："各种艺术形式——戏剧、曲艺、音乐、美术、舞蹈、电影、诗和文学等等，问题不少，人数很多，社会主义改造在许多部门中，至今收效甚微"。"许多共产党人热心提倡封建主义和资本主义的艺术，却不热心提倡社会主义的艺术，岂非咄咄怪事"[②]毛泽东还多次指责文化部是"帝王将相部""才子佳人部""外国死人部"。根据上述批示精神，文化部、全国文联和其所属各协会立即开始整风，但检查出来的情况却使毛泽东对文艺界更加不满。1964年6月，毛泽东又在一份报告上批示："这些协会和他们所掌握的刊物的大多数（据说有少数几个好的），十五年来，基本上（不是一切人）不执行党的政策，做官当老爷，不去接近工农兵，不去反映社会主义的革命和建设。最近几年，竟然跌到了修正主义的边缘。如不认真改造，势必在将来的某一天，要变成像匈牙利裴多菲俱乐部那样的团体"。[③]这些批示，在文艺界引起了很大震动。此后，即开展了错误的过火的政治批判。

在文艺界，对一些电影、戏曲、小说和文艺理论观点开展了批判。

---

① 毛泽东：《对陈正人关于社教蹲点情况报告的批注》，1965年1月15日；中共中央文献研究室编：《建国以来毛泽东文稿》第十一册，中央文献出版社1996年版，第265页。

② 毛泽东：《关于文艺工作的批语》，1963年12月12日；中共中央文献研究室编：《建国以来毛泽东文稿》第十册，中央文献出版社1996年版，第436—437页。

③ 毛泽东：《对中宣部关于全国文联和各协会整风情况的报告的批语》，1964年6月27日；中共中央文献研究室编：《建国以来毛泽东文稿》第十一册，第91页。

1964年夏季以后，批判又扩展到学术界，包括哲学、经济学、历史学等领域，各个学科都有一些代表人物和有代表性的理论观点受到了粗暴的批判。上述各界被批判的作品，不少是优秀的和比较优秀的，有的虽然有缺点，但也不存在反党反社会主义的政治问题。被批判的理论观点，有的是正确的，有的属于纯学术性质，完全可以自由讨论，没有理由从政治上指责为有反党反社会主义的问题。被批判以至被错误处分的代表人物，大都是文艺界、学术界的领导人和著名学者、专家。这种批判，对我国科学教育文化事业的发展产生了严重的后果。

60年代前期，不断激化的中苏两党间的争论，对国内政治思想上"左"倾错误的发展起了一定的推动作用。在中苏争论的过程中，中国一方反对苏联霸权主义，顶住苏联压力，维护了党和国家的独立自主地位，这是完全正确的。但在论战中，双方都存在既从各自的理解甚至"需要"出发，对马列主义理论观点不作完整的、准确的引述，又在不完全了解对方实际情况下，大加评论对方是非的现象，因而实际也讲了不少"空话"。从中国党方面说，在没有完全弄清并准确地界定"修正主义"的内涵的情况下，把苏联社会生活中许多不同于中国、但本来属于社会主义或为社会主义所允许的政治经济现象当作修正主义来批判，把苏联等社会主义国家采取的一些改革措施，如物质利益原则、实行经济核算等，视为资本主义复辟。更为严重的是，反过来用这种批判眼光看待国内情况，把实行调整时采取的一些恢复和发展生产，改进企业管理，调整各种政治关系的措施，指责为"修正主义"，并在国内开展"反修防修"的斗争。结果，把邓子恢等关于农村工作的一些正确主张指责为"三自一包"，视为"修正主义的国内纲领"；把王稼祥关于国际斗争的正确建议指责为"三和一少"，视为"修正主义的国际纲领"；把李维汉关于统战工作的许多正确建议，指责为"向资产阶级投降"。

这样，在60年代前期，毛泽东从追求那种在中国的现实条件下不可能有的纯粹的社会主义理想出发，把国内外、党内外许多不合乎这种纯粹理想的理论认识和政策实践，看成是修正主义的东西，是资本主义复辟的表现。因此，在他看来，为了捍卫“理想的”社会主义的原则，维护党和国家的“纯洁性”，就必须进行反修防修、防止资本主义复辟的斗争。他认为，农村的“四清”、城市的“五反”和意识形态领域里的批判，都不能解决问题，党和国家已面临着资本主义复辟的现实危险。在此情况下，只能公开地、全面地、由下而上地发动广大群众，开展一场全国性的“政治大革命”。党的指导思想上的错误发展趋向逐渐压倒了正确的发展趋向，新中国的历史发生大的曲折就成为不可避免的了。

（二）反八大路线的“文化大革命”的开展及其严重后果

从研究党的八大史的视角来看，“文化大革命”不仅是新中国历史上的一次大内乱，也是对八大路线的否定。党的八大是建国后 7 年召开的唯一一次全国代表大会。它坚持实事求是的思想路线和以发展经济文化事业为主要任务的政治路线，使中国的社会主义事业取得了巨大发展。三年“大跃进”已经使中国这个“天下”大乱过一次，经过 5 年调整，好不容易在 60 年代中期才恢复“元气”，正在走向“天下大治”。但是，“文化大革命”的发生和开展，不仅使对走向“天下大治”有一定指导作用的八大路线被抛弃了，而且从组织上将一大批八届中央委员和候补中央委员打倒了。中国这个“天下”陷入了又一次更加广泛、更加全面、更加彻底的大乱。

1965 年 11 月 10 日，上海《文汇报》发表由江青秘密组织、毛泽东亲自批准、姚文元执笔并署名的《评新编历史剧〈海瑞罢官〉》一文，点燃了发动“文化大革命”的导火线。

姚文元的文章无端地把著名史学家吴晗所写的《海瑞罢官》，同 1959 年庐山会议罢彭德怀的官和 1962 年因调整政治经济关系而受到指责的“单干风”“翻案风”联系起来，认为它是资产阶级反对无产阶级专政这种阶级斗争的反映。时任中央文化革命小组组长、中央书记处书记、北京市市长的彭真，主持起草了《文化革命五人小组关于当前学术讨论的汇报提纲》（即《二月提纲》），试图将姚文元文章引发的争论限制在学术范围内，不赞成把它上升为严重的政治批判。这加深了毛泽东对北京市委和一些中央领导人的不满。他批评中宣部和北京市委包庇坏人，压制左派，不准革命。1966 年 4 月，停止了彭真的工作。在此前后，中央书记处书记罗瑞卿、陆定一和候补书记杨尚昆也因受诬陷而被停止或调离了工作。

1966 年 5 月，中共中央政治局举行扩大会议，以“反党集团”的罪名对彭真、罗瑞卿、陆定一、杨尚昆错误地进行了批判，并决定停止和撤销他们所担任的职务。会议通过的由毛泽东作了大量修改的中共中央通知（即“五一六通知”），对党和国家的政治形势作了完全错误的严重估计，认为党里、政府里、军队里和文化界混进了一批修正主义分子，一旦时机成熟，他们就会要夺取政权，由无产阶级专政变为资产阶级专政。这些人物，有些已被我们识破了，有些则还没有被识破，有些正在受到我们信任，被培养为我们的接班人。为此，通知要求全党彻底批判混进党里、政府里、军队里和文化界的资产阶级代表人物，夺取他们所掌握的领导权。会议决定撤销以彭真为首的中央文化革命小组，重新设立以陈伯达为组长，康生为顾问，江青、张春桥等为副组长的中央文革小组，隶属于中央政治局常委之下，领导“文化大革命”的各项工作。这次会议，表明“左”倾错误的指导方针已经在党中央占据了统治地位。

会后，“文化大革命”运动迅速席卷全国。从 6 月 1 日起，《人民日报》连续发表社论，号召群众起来“横扫一切牛鬼蛇神”。中央人民广播电台向全国广播北京大学聂元梓等人攻击北京大学党委和北京市委的大字报。许多大中学校的青年学生闻风而动，乱揪乱斗学校领导和教师。为了控制学校的局势，6 月上旬，在刘少奇、邓小平主持下，中央政治局常委决定派工作组到大中学校，力图将运动纳入党的领导下有秩序地进行。但不久，派工作组的做法即遭到毛泽东的批评，工作组不得不撤回。

为了扫除发动“文化大革命”的阻碍，8 月上旬，毛泽东主持召开了党的八届十一中全会。会议印发了毛泽东写的《炮打司令部——我的一张大字报》，指责从中央到地方的一些领导人“站在反动的资产阶级立场，实行资产阶级专政，将无产阶级轰轰烈烈的文化大革命运动打下去”。虽未点名，但显然是指刘少奇等一些中央领导人，这就表明了“文化大革命”

的矛头所向。全会通过的《关于无产阶级文化大革命的决定》（简称“十六条”），规定“这次运动的重点，是整党内那些走资本主义道路的当权派”，要求充分运用大字报、大辩论这些形式，进行大鸣大放。根据毛泽东的提议，全会改组了中央领导机构。政治局常委由原来的 7 人增加为 11 人，增加了陶铸、陈伯达、康生、李富春。刘少奇在政治局常委中的排名由第二位降为第八位。林彪则成了中央唯一的副主席，其他人的副主席职务以后都不再提及。毛泽东的个人领导实际上取代了中央的集体领导，这就为推行“文化大革命”的错误路线和方针创造了组织上的条件。

在八届十一中全会召开的当天，毛泽东给清华大学附中红卫兵写信，对他们的造反精神表示支持，这使红卫兵运动在全国迅猛兴起。1966 年下半年，毛泽东在北京先后八次接见 1100 多万红卫兵和大中学校师生。大批红卫兵冲向文化教育界、党政机关和社会的其他地方，揪斗“反革命修正主义分子”“黑帮分子”和“反动学术权威”等，对他们认定的“封、资、修”的东西进行破坏，造成了全国的大动乱局面。1966 年 10 月，针对绝大多数党委对“文化大革命”“很不理解、很不认真、很不得力”的状况，中共中央在北京召开工作会议，重点批判所谓“压制群众、打击革命积极分子”的“资产阶级反动路线”。会后，在“踢开党委闹革命”这个错误口号的蛊惑下，各级党政机关普遍受到冲击，加剧了全国的动乱局面。

从 1967 年 1 月开始，“文化大革命”进入了“全面夺权”阶段。1 月初，经张春桥、姚文元等人策划，王洪文等人为首的造反派组织夺取了上海市委、市人委的领导权。对此，毛泽东表示支持。此后，各地造反派组织争相夺权，引发了夺权者同支持原来的党政领导的群众之间以及不同派别的夺权者之间的激烈斗争，全国许多地区陷入了严重的无政府状态。毛泽东虽然支持“天下大乱”，指望由此达到“天下大治”，但对严重失控的局面也不得不设法加以约束。为此，他提出“大联合”“三结合”和正确对待干部等政策。中共中央、国务院等也发出许多指示、通知，要求稳定局势，整顿秩序。还决定派人民解放军执行“三支两军”（即支左、支工、支农和军管、军训）的任务。这些措施收到了一定的效果，但很难起大的作用，混乱局面仍在继续，有些地区还发生了严重的武斗事件。

面对严重的局势，一些老一辈革命家挺身而出，进行抗争。在1967年2月前后的几次会议上，谭震林、陈毅、叶剑英、李富春、李先念、徐向前、聂荣臻等人对“文化大革命”的一些错误做法提出了强烈的批评，其中以2月16日由周恩来主持的中南海怀仁堂碰头会上的斗争最为激烈。斗争的焦点是要不要党的领导、要不要保护老干部、要不要稳定军队等原则问题。由于江青、张春桥等人向毛泽东作了歪曲的汇报，毛泽东严厉批评了这些老同志。江青、康生等人多次围攻、批判这些老同志，并把他们的正义行动诬指为“二月逆流”。此后，代表党的第八届中央委员会行使权力的中央政治局实际上停止了活动，为中央文革小组所取代。

二月抗争被压下去后，无政府主义更加泛滥。江青等人加紧进行乱党乱军活动，甚至公开提出了“文攻武卫”的口号进行煽动。各地发生大规模武斗、冲击军事机关和抢劫银行等一系列严重事件，北京甚至发生了火烧英国代办处的恶性涉外事件。面对几乎失控的严重局势，周恩来在毛泽东的坚决支持下，采取了一些包括军管在内的紧急措施，以维护社会治安，确保国家财产和人民生命财产的安全，保护外国使馆和侨民。毛泽东在7月至9月视察华北、中南、华东地区时，强调要“实现革命的大联合”。这对制止局势继续恶化，起到了很大的作用。

经过20个月的动乱反复，到1968年9月，全国29个省、市、自治区先后建立起了“军、干、群”三结合的革命委员会，完成了“夺权”的任务。革委会集党政大权于一身，形成了党政合一、政企合一的一元化领导体制。它虽然对当时的政治动乱和社会动乱局面起了重要的约束作用，但这种高度集权的组织形式，有不少弊端。

在所谓“全国山河一片红”的形势下，毛泽东决定召开党的第九次全国代表大会。为了给九大的召开做准备，1968年10月在北京召开了扩大的八届十二中全会。出席全会的八届中央委员仅有40人，加上临时从候补委员中增补的10人，才刚刚超过八届中央委员的半数，扩大出席会议的人数则占到了与会者总数的一半以上。全会在党内生活极不正常的情况下，没有经过核实和认真讨论，批准了由江青、康生等人主持的专案审查小组用伪证写出的《关于叛徒、内奸、工贼刘少奇罪行的审查报告》，作出了“把刘少奇永远开除出党，撤销其党内外的一切职务”的错误决定。

1969 年 4 月，党的第九次全国代表大会在北京举行。林彪代表党中央作政治报告，肯定了“文化大革命”的所谓“丰功伟绩”，总结概括了所谓“无产阶级专政下继续革命的理论”。大会还将林彪作为毛泽东的“亲密战友和接班人”的地位写进了党章，完全违反了党的民主集中制的组织原则。选举的结果，林彪、江青集团的骨干和亲信在中央政治局内占了多数，而原八届中央委员会和中央政治局的一些老一辈革命家则被排斥在中央领导层之外。

九大的召开，无论是在党的历史上起了什么样的作用，但从党的发展史而言，它标志着历时 13 年的八大历史画上了句号。

四、八大路线未能坚持下去的原因

党的八大在探索中国自己的社会主义建设道路方面，取得了许多积极的成果，但这些成果并没有能够被坚持下去，在八大之后仅仅一年左右即逐渐遭到了背弃。八大路线为什么没能坚持下去？原因是多种多样的，主要有以下几个方面：

第一，社会主义制度在中国建立的历史不长，建设社会主义的实践太少，八大路线的经验基础尚不十分坚实。一条正确路线只有在经过一个较长时期的丰富实践和反复检验后，才能牢固地确立起来。中国共产党自身的历史就证明了这一点。党在第一次大革命失败、独立领导土地革命战争的初期，召开第六次全国代表大会初步总结土地革命战争的经验，比较客观地分析了国内形势特别是革命形势，提出了许多关于进行土地革命战争的正确方针和政策。但是很快“左”倾机会主义错误就统治了全党，六大的方针和政策则被抛到了一边。因为党进行土地革命战争的时间还不长，实践也不多，对六大方针的正确性认识还不深刻，执行起来就容易发生摇摆。直到遵义会议，过了六七年，特别是到 40 年代，过了十多年，党经过了失败和成功的比较，积累起比较丰富的经验，才回到正确路线上来，并且坚持正确的路线直到民主革命取得完全胜利。八大是在新中国成立仅七年时召开的，党虽然有了一些领导建设的经验，但还远不够丰富，八大路线也未经过实践的反复检验，人们对它的认识和理解难免不深刻，贯彻执行这条路线难免发生反复。当然，说难免发生反复，并不是说必定要发生大的挫折甚至灾难性后果。如果不是各种因素的综合作用，在探索中虽然也会出现一些曲折，却并不是一定不可避免全局性错误的。

第二，对要建立的社会主义目标模式的理解，仍然受到许多传统观念的局限。建立单一公有制经济基础，一直被认为是社会主义的目标。这是多年来人们对马克思主义关于社会主义社会的理解。中国共产党也是如此。但是在落后国度里实行社会主义革命的国家，在按照这种理解建立社会主义制度后，其社会发展的实践往往同传统观念产生矛盾，即单一的公有制经济基础并不能促进社会生产力的极大发展，反而束缚了它的发展。事实上，在这些国家里，一个相当长的时期内，实行以公有制为主体、多种经济成分并存的所有制结构，更有利于社会生产力的发展。八大以及八大以后在这个问题上虽然对传统观念有可贵的突破，但总体上还是把建立单一公有制经济基础作为不久的将来就要实现的目标。因此，保留一定数量的非公有制成分，只是被当作权宜之计。一旦实践稍稍走得远一些，总是自觉不自觉地要往回拉；如果再遇到一些事变，则“权宜之计”也被否定。与此相联系，在经济体制方面也是同样的情况。八大提出了对经济体制进行某种程度的改革的任务，但这种改革仍然是在以产品经济为基础的计划经济框架内进行。因此，改革经济体制的努力便只能基本停留在中央与地方的分权等问题上，而不可能将企业当作商品生产和经营的独立单位给予其应有的自主权。

第三，对社会主义建设时期阶级斗争的规律和特点还缺乏科学的认识和分析。党的八大虽然正确地分析了社会主义改造基本完成后我国社会的主要矛盾，并据此提出了党和人民今后的主要任务。但是，八大对资产阶级只作出了“已经处在消灭的过程中”的判断，把知识分子仍然列入资产阶级和小资产阶级的范畴，也没有因社会主义改造的完成而宣布过渡时期结束；对于社会主义社会条件下，阶级关系变化和阶级斗争的范围、性质、特点以及处理阶级斗争的方法和手段等等，也都缺乏准确清醒的认识。刚刚从长时期激烈复杂的阶级斗争环境中走出来的中国共产党，对阶级斗争十分熟悉。许多人即使在社会主义改造基本完成以后，仍然对阶级斗争异常敏感。尤其是在出现了一些异常情况和事变的情况下，自觉不自觉地以阶级斗争眼光去判断，以阶级斗争手段去处理，并且得心应手，驾轻就熟。1957 年反右派的扩大化，1959 年庐山会议后的“反右倾”运动和 1962 年八届十中全会以后强调以阶级斗争为纲，并在城乡开展社会主义教育运动和在意识形态领域开展政治批判，就是上述思维方式的结果。这种思维方式具有强大的惯性和深厚的社会基础，不仅在 1957 年八届三中全会上改变了八大关于国内社会主要矛盾的正确结论，而且这以后又不断地强化了这种思维定式，把开展阶级斗争看成了党直到建成共产主义社会以前这样一个“大过渡”时期的基本理论和基本实践。这就完全否定了八大对我国社会发展前景的认识。

第四，党的主要领导人在经济建设的发展速度和方法等问题上存在分歧。虽然党的八大的主要决策是集体作出的，但党的主要领导人对于搞经济建设的认识事实上存在着分歧。最大的分歧是在制定经济建设方针问题上。既反保守，又反冒进，在综合平衡中稳步前进的经济建设方针，是周恩来等领导人通过总结 1956 年急躁冒进错误的经验教训提出来的。毛泽东在八大上虽然没有反对，但他对反冒进却始终有着自己的不同看法。在 1956 年 11 月党的八届二中全会上，毛泽东就委婉地批评了反冒进。1957 年 1 月，在省、市、自治区党委书记会议上的讲话中，他又对反冒进作了比较明确的指责。不久，由于在整风过程中不少党外人士对 1956 年的经济工作提出批评，毛泽东进一步认定反冒进是错误的。因而，在反右派斗争开始后的党的八届三中全会上，他对反冒进进行了严厉的批评。此后，批评的调子又一再升级，使八大确定的正确的经济建设方针遭到了否定。毛泽东认为不仅建设要加快，大干快上，超英赶美，而且可以大搞群众运动。

他批评反冒进说，打仗可以发动群众，社会主义建设群众可以发动得更充分。“搞工业、农业，比打仗还厉害些，我就不相信”。抽象地讲，毛泽东的看法不能说没有一点道理，问题在于经济建设的规模和速度都要从客观实际出发来确定，而不能凭主观的良好愿望来规划。无论搞工业还是农业都要依靠群众，这也是无疑的，但是首先要尊重客观经济规律，正确处理政治与技术、群众与专家的关系，不能只强调这一面，而否定那一面。毛泽东大批反冒进，恰恰产生了这种历史效应。特别是它造成的那种政治氛围，形成的那种政治压力，实际上把他本人长期倡导的实事求是的思想路线和作风批掉了，八大确定的关于经济建设的一系列正确方针政策，因而也就被否定了。

第五，党的领导层的民主生活不正常，党的正确路线缺乏与之相适应的组织制度的保证。八大前后党中央在探索中国自己的社会主义建设道路方面之所以取得丰硕的成果，是与这一时期党的领导层的民主生活比较正常，认真实行集体领导原则分不开的。党的八大借鉴斯大林犯错误的经验教训，正确地提出了健全党的民主集中制，加强党的集体领导和反对个人崇拜的任务。但由于对苏联的经验教训认识不够深刻和全面，对于这个问题的严重性没有能够给予足够的重视并制定有效的措施。随着毛泽东的个人威望的不断增长，党在思想认识上也没有把个人崇拜问题同应有的健康的个人威望问题严格区分开来。毛泽东在批判反冒进的过程中提出的要有“正确的”个人崇拜的观点得到了党的领导层中不少人的赞同和拥护，从而强化了对毛泽东的个人崇拜。毛泽东的个人专断行为缺乏有效的约束机制，致使党中央的集体领导原则遭到严重破坏。八大路线没能坚持而被中断，与制度建设的不完善、不健全，有密切关系。

第四部分　八大路线与十一届三中全会路线

一、十一届三中全会路线是对八大路线的恢复和继承

从1956年的八大到1978年的十一届三中全会的22年间，我国社会主义事业经历了巨大的曲折。1978年12月，在历史转折关头召开的党的十一届三中全会，从思想路线、政治路线和组织路线进行全面的拨乱反正，重新确立了解放思想，实事求是的思想路线，坚决摒弃“以阶级斗争为纲”的“左”的指导思想，确定党的工作重心转移到社会主义现代化建设上来。会议初步形成了以邓小平为核心的第二代中央领导集体，担负起党在社会主义建设新时期的历史使命。十一届三中全会使党的思想路线，政治路线和组织路线重新回到马克思主义的正确轨道，开始形成党在社会主义初级阶段“一个中心，两个基本点”的基本路线。这是对八大路线的恢复、继承和发展。

大会代表一致举手通过《中国共产党章程》。

八大路线和十一届三中全会路线是中国共产党在领导我国社会主义建设过程中，在不同的发展阶段提出的正确路线。虽然它们提出的时间、条件、空间有很多不同，但是，其所需要解决的根本问题的实质却是完全一致的。十一届三中全会路线恢复、继承和发展了八大路线，真正解决了怎样走出一条适合中国情况的社会主义建设的道路，在实际上解决了八大路线在实践中没有坚持下去的问题。从这个意义上说，八大路线和十一届三中全会路线之间，有着深刻的内在联系。

（一）十一届三中全会在邓小平的指导下，恢复了八大实事求是的传统和八大所遵循的马克思列宁主义基本原理同中国具体实践相结合的思想路线，在新的历史条件下继续探索中国式的建设社会主义的道路

从八大到十一届三中全会前的20多年里，党先后犯“大跃进”和“文化大革命”两次大的错误，正是背离了实事求是和群众路线的结果，教训是极其深刻的。在这个方面，全会着重解决了以下三个重大问题：

第一，正确地分析长期以来背离实事求是思想路线的历史原因。粉碎“四人帮”以后，在经过关于真理标准问题大讨论后召开的十一届三中全会，为正确总结党长期以来在指导思想上背离实事求是思想路线的教训，提供了良好的契机和认识基础。邓小平在《解放思想，实事求是，团结一致向前看》的讲话中，正确地分析了党内长期处于僵化或半僵化状态的历史原因。指出不改变这种状态，实事求是的思想路线是无法贯彻的。

第二，深刻地阐明恢复实事求是思想路线的极端重要性。

邓小平指出：“实事求是，是无产阶级世界观的基础，是马克思主义的思想基础。过去我们搞革命所取得的一切胜利，是靠实事求是；现在我们要实现四个现代化，同样要靠实事求是。不但中央、省委、地委、县委、公社党委，就是一个工厂、一个机关、一个学校、一个商店、一个生产队，

也都要实事求是，都要解放思想，开动脑筋想问题、办事情。”[①] 恢复和继承实事求是思想路线，是关系到党和国家的前途命运的大问题，也是关系到社会主义事业兴衰成败的大问题。

第三，正确地提出以实事求是思想路线为指导，解决实现我国社会主义现代化的道路问题。邓小平指出：“解放思想，开动脑筋，实事求是，团结一致向前看，首先是解放思想。只有思想解放了，我们才能正确地以马列主义、毛泽东思想为指导，解决过去遗留的问题，解决新出现的一系列问题，正确地改革同生产力迅速发展不相适应的生产关系和上层建筑，根据我国的实际情况，确定实现四个现代化的具体道路、方针、方法和措施。”[②]

（二）重新肯定八大对我国现阶段的社会性质、阶级关系、主要矛盾和根本任务的科学论断，切实解决了长期以来未能实现的党的工作重点转移的重大战略问题

十一届三中全会在这个问题上的突出功绩有两个方面：

一是停止执行不适合社会主义社会实际的“以阶级斗争为纲”的指导方针，明确提出把全党的工作着重点和全国人民的注意力转移到社会主义现代化建设上来，切实解决了自八大以后没有实现的党的工作重点转移的重大战略问题，实际上形成了以经济建设为中心建设社会主义现代化的正确政治路线。这是党和国家历史上具有深远意义的伟大转折。正如1979年3月，邓小平所指出的那样：“全党有可能把工作着重点从今年起转移到社会主义现代化建设上来。这是我国历史上的一个伟大的转折。虽然过去我们已经进行了多年的社会主义建设，但是我们仍然有足够的理由说，这是一个新的历史发展阶段的开端。”[③]

二是重申八大关于国内阶级斗争状况的正确估计。十一届三中全会公报

---

① 邓小平：《解放思想，实事求是，团结一致向前看》，1978年12月13日；《邓小平文选》第二卷，人民出版社1994年版，第143页。

②③ 《邓小平文选》第二卷，第141、159页。

指出："我们国内现在还存在着极少数敌视和破坏我国社会主义现代化建设的反革命分子和刑事犯罪分子，我们决不能放松同他们的阶级斗争，决不能削弱无产阶级专政。但是正如毛泽东同志所说，大规模的急风暴雨式的群众阶级斗争已经基本结束。"[①] 这个估计，实际上回到了自八届三中全会以来被错误否定的八大关于我国社会主要矛盾的正确论断，否定了进入社会主义社会后我国主要矛盾仍然是无产阶级与资产阶级之间的矛盾的错误论断。邓小平在 1979 年 3 月中央召开的理论工作务虚会上所作的《坚持四项基本原则》的重要讲话中，对主要矛盾问题作出了进一步的阐述。邓小平指出："社会主义社会的基本矛盾和目前时期的主要矛盾。关于基本矛盾，我想现在还是按照毛泽东同志在《关于正确处理人民内部矛盾的问题》一文中的提法比较好。毛泽东同志说：'在社会主义社会中，基本的矛盾仍然是生产关系和生产力之间的矛盾，上层建筑和经济基础之间的矛盾。'他在这里说了很长的一段话，现在不重复。当然，指出这些基本矛盾，并不就完全解决了问题，还需要就此作深入的具体的研究。但是从二十多年的实践看来，这个提法比其他的一些提法妥当。至于什么是目前时期的主要矛盾，也就是目前时期全党和全国人民所必须解决的主要问题或中心任务，由于三中全会决定把工作重点转移到社会主义现代化建设方面来，实际上已经解决了。我们的生产力发展水平很低，远远不能满足人民和国家的需要，这就是我们目前时期的主要矛盾，解决这个主要矛盾就是我们的中心任务。"[②] 邓小平还指出："社会主义社会中的阶级斗争是一个客观存在，不应该缩小，也不应该夸大。实践证明，无论缩小或者夸大，两者都要犯严重的错误。""总之，社会主义社会目前和今后的阶级斗争，显然不同于过去历史上阶级社会的阶级斗争，这也是客观的事实，我们不能否认，否认了也要犯严重的错误。"[③] 这是对八大关于基本国情正确论断的重申，为党的工作重点实现战略转移提供了基本根据。

---

① 中共中央文献研究室编：《三中全会以来》上册，人民出版社 1982 年版，第 5 页。
②③ 《邓小平文选》第二卷，第 181—182、182 页。

（三）在总结八大以来我国经济建设正反两个方面经验的基础上，恢复和坚持八大和八大以来形成的各项正确经济方针政策

十一届三中全会回顾了建国以来特别是八大以来经济建设的经验教训，特别肯定了毛泽东1956年总结我国经济建设经验的《论十大关系》报告中提出的基本方针："我们一定要努力把党内党外、国内国外的一切积极的因素，直接的、间接的积极因素，全部调动起来，把我国建设成为一个强大的社会主义国家。"[①] 三中全会公报指出，这个方针，"既是经济规律的客观反映，也是社会政治安定的重要保证，仍然保持着重要的指导意义。实践证明，保持必要的社会政治安定，按照客观经济规律办事，我们的国民经济就高速度地、稳定地向前发展，反之，国民经济就发展缓慢甚至停滞倒退。"[②]

三中全会认真地总结了我国经济建设的主要教训，针对长期存在的比例失调、对人民生活欠债太多、基建浪费严重、权力过分集中等问题，三中全会明确提出："现在，我们实现了安定团结的政治局面，恢复和坚持了长时期行之有效的各项经济政策，又根据新的历史条件和实践经验，采取一系列新的重大经济措施。"[③] 三中全会恢复和坚持八大以来行之有效的经济政策主要有：

一是必须集中主要精力把农业尽快搞上去，大力恢复和加快发展农业生产，坚决地、完整地执行农林牧副渔并举的方针。

二是基本建设必须积极而又量力地循序渐进，不要一拥而上。

三是必须认真地逐步地解决国民经济比例失调的问题，切实做到综合平衡，以便为迅速发展奠定稳固的基础。

四是必须在发展生产的基础上逐步改善城乡人民的生活，必须坚决反对对人民生活的迫切问题漠不关心的官僚主义的态度。

五是要坚决实行按经济规律办事，重视价值规律的作用，注意把思想政治工作和经济手段结合起来，充分调动干部和劳动者的积极性。

---

① 《毛泽东选集》第五卷，第288页。

②③ 《中国共产党第十一届中央委员会第三次全体会议公报》，1978年12月22日；《三中全会以来》上册，第5、5—6页。

十一届三中全会后，党把工作重点转移到社会主义现代化建设上来。为推进国民经济持续、健康、快速的发展，1979年4月，党中央决定对国民经济实行“调整、改革、整顿、提高”方针，这是对八大肯定的综合平衡、稳步前进的经济建设方针的恢复和发展。实行这一方针的结果，既初步解决了新时期初一度头脑过热制订的计划所造成的国民经济比例失调的严重问题，又使国民经济获得较快的发展，为改革、开放的现代化建设创造了更好的条件。

（四）继续强调推进社会主义民主法制建设

自1957年下半年开展的反右派运动，造成了严重扩大化的后果，也对社会主义民主法制建设造成了损害，从此以后，随着“以阶级斗争为纲”指导方针的逐步推行，到了“文化大革命”，社会主义民主法制受到践踏和破坏，制造了无数的冤假错案，为此党付出了惨痛的代价。

十一届三中全会对民主和法制建设问题进行了认真讨论。邓小平对这个问题发表了重要的意见，其要点是：

第一，郑重指出，由于过去一个相当长的时间内，民主集中制没有真正实行，离开民主讲集中，民主太少，敢出来说话的人很少。鉴于这种情况，当前这个时期，特别需要强调民主。邓小平尖锐地指出：“一个革命政党，就怕听不到人民的声音，最可怕的是鸦雀无声。”①“我们的各级领导，无论如何不要造成同群众对立的局面。这是一个必须坚持的原则。”②

第二，明确规定，在人民内部的思想政治生活中，只能实行民主方法，不能采取压制、打击手段。要重申不抓辫子，不扣帽子，不打棍子的“三不主义”。各级领导要善于集中人民群众的正确意见，对不正确的意见进行适当的解释说服。宪法规定的公民权利，必须坚决保障，任何人不得侵犯。

第三，为了保障人民民主专政，必须加强社会主义法制，使民主制度化、法律化，使这种制度和法律具有稳定性、连续性和极大的权威，做到有法可依，有法必依，执法必严，违法必究。从现在起，应当把立法工作摆到全国人

①② 《邓小平文选》第二卷，第144—145、145页。

民代表大会及其常务委员会的重要议程上来。检察机关和司法机关要保持应有的独立性；要忠实于法律和制度，忠实于人民利益，忠实于事实真相；要保证人民在自己的法律面前人人平等，不允许任何人有超于法律之上的特权。

（五）坚持、加强和改善党的领导，在改革开放的新条件下，提出执政党的领导和建设的重大问题

在党的十一届三中全会上，与会者在讨论“文化大革命”的后果时，无不为党的领导和党的建设在这场浩劫中受到全面破坏而深感痛心。大家普遍认为，党的优良传统被林彪、“四人帮”两个反革命集团所践踏，被许多人所遗忘、党在人民群众中的威信严重下降，这比国民经济的有形损失更为危险，应当引起全党足够的重视。拨乱反正，首先应从恢复和继承党的领导和党的建设的优良传统做起。为此，11 月至 12 月中共中央工作会议和十一届三中全会作出了加强党的领导和党的建设的一系列重要决策。

首先决定恢复和健全民主集中制。为此，要健全党规党法，严肃党纪；强调党中央和各级党委要实行集体领导的原则；要求全国报刊宣传和文艺作品多歌颂工农兵群众，多歌颂党和老一辈无产阶级革命家，少宣传个人；一定要保障党员在党内对上级领导直至中央常委提出批评性意见的权利，一切不符合党的民主集中制和集体领导原则的做法应该坚决纠正。会上不少同志提出，今后应立个规矩，给任何人提意见，都不能说是“反党”。各级领导要以身作则，带头实行民主集中制。现在特别需要广开言路，让人们把心里话讲出来。只有广泛地发扬民主，才能有正确的集中。

其次要尽快地恢复党的优良传统。十一届三中全会充分体现了党的优良传统的恢复和发扬。正如公报指出：“在马列主义、毛泽东思想的基础上，解放思想，畅所欲言，充分恢复和发扬了党内民主和党的实事求是、群众路线、批评和自我批评的优良作风，增强了团结。”[①] 特别强调要恢复和发扬党密切联系群众的优良作风。只有认真坚持党的群众路线，才能使党

---

① 《中国共产党第十一届中央委员会第三次全体会议公报》，1978 年 12 月 22 日；《三中全会以来》上册，第 2 页。

的领导善于集中人民群众的正确意见，对不正确的意见给以适当解释，保证党的领导的正确性。只有认真坚持党的群众路线，迅速改善党和群众的关系，恢复党在人民群众中的威信，才能避免脱离群众以至造成像“文化大革命”这样严重的全局性错误的重演。

再次要恢复和加强党的作风和纪律建设，改进工作制度和工作方法，以适应新时期形势和任务的需要。全会强调全党各级领导干部必须带头严守党纪；对于违反党纪的，不管是什么人，都要执行纪律，做到功过分明，赏罚分明，伸张正义，打击邪气。为此，全会选举产生了以陈云为第一书记的中央纪律检查委员会，以利于加强党的作风整顿和纪律监督。

以上决策，在加强党的领导和党的建设方面，恢复和继承了八大路线。

二、十一届三中全会路线对八大路线的新发展

十一届三中全会路线不仅恢复和继承了八大路线，而且，从思想路线、政治路线和组织路线等各方面发展了八大路线。正因为如此，十一届三中全会成为中国第二次革命伟大的开端。正如邓小平所说：“‘文化大革命’结束以后，我们冷静地估计了形势，考虑今后的路怎么走。界限的划分是我们党的十一届三中全会，这次会议确定了一系列新的方针和政策。”①

十一届三中全会路线对八大路线的发展，主要表现在以下四个方面。

（一）坚持和确定解放思想与实事求是相统一的科学思想

1978 年 11 月至 12 月的中央工作会议和十一届三中全会在恢复和继承党的实事求是原则问题上，作出了卓有成效的努力。与此同时，以邓小平为代表的老一辈无产阶级革命家，根据建国后近三十年的深刻教训，深感思想僵化是党的事业的大敌。邓小平尖锐地指出：“不打破思想僵化，不大大解放干部和群众的思想，四个现代化就没有希望。”② 他还高度评价了真理

① 邓小平：《坚持社会主义，坚持和平政策》，1986 年 4 月 4 日；《邓小平文选》第三卷，人民出版社 1993 年版，第 157 页。

② 邓小平：《解放思想，实事求是，团结一致向前看》，1978 年 12 月 13 日；《邓小平文选》第二卷，第 143 页。

标准问题的讨论，指出这场讨论“的确是个思想路线问题，是个政治问题，是个关系到党和国家的前途和命运的问题”。[①]

自1957年反右派斗争之后，由于“左”的错误不断发展造成许多人思想的僵化或半僵化，林彪、“四人帮”更是造成了思想禁锢。邓小平深刻地分析了思想僵化的危害，在十一届三中全会前后，反复强调：“我们搞四个现代化，不开动脑筋，不解放思想不行。什么叫解放思想？我们讲解放思想，是指在马克思主义指导下打破习惯势力和主观偏见的束缚，研究新情况，解决新问题。”[②]这段话说明了实事求是与解放思想的辩证统一关系。由于长期形成了思想僵化，因此要实事求是必须具有解放思想的勇气；而解放思想的目的正是为了回到实事求是的轨道上来。

（二）把经济建设摆在首位，并作为党的政治路线的核心问题，真正实现了从“以阶级斗争为纲”到以四化建设为中心的转变

十一届三中全会突出的功绩，就是解决了八大以来一直未能正确解决的党的建设社会主义的政治路线问题。尽管八大路线是正确的，但它并不完备，加上1957年以后党内“左”的思想不断滋长，八大路线在实际工作中并没有被坚持下去，造成三中全会以前的二十年时间没有真正把党的工作重点转移到社会主义现代化建设上来。

作为伟大的无产阶级战略家的邓小平，在综观国内外形势的基础上，正确地抓住了总揽全局的根本问题。十一届三中全会召开前的1978年9月，他就提出把全党工作重点转移到社会主义现代化建设上来的重要主张。他说：“什么叫高举毛泽东思想的旗帜呢？就是从现在的实际出发，充分利用各种有利条件，实现毛泽东同志提出、周恩来同志宣布的四个现代化的目标。”[③]他进一步指出：“按照历史唯物主义的观点来讲，正确的政治领导的成果，归根结底要表现在社会生产力的发展上，人民物质文化生活的改善

①② 邓小平：《解放思想，实事求是，团结一致向前看》，1978年12月13日；《邓小平文选》第二卷，第143、279页。

③ 《邓小平文选》第二卷，第128页。

上。”① 这表明，邓小平对推进中央切实解决党的工作重点的战略转移做出了不懈的努力。

1978 年 12 月中央工作会议闭幕会上，邓小平在讲话中开宗明义地指出：“中央提出了把全党工作的重心转到实现四个现代化上来的根本指导方针，解决过去遗留下来的一系列重大问题，必将使全党、全军和全国各族人民提高斗志；增强信心，加强团结。现在，我们可以有把握地说，全党、全军和全国各族人民在党中央的正确领导下，在新的长征中，一定会不断取得新的胜利。”② 这段话寓意深刻，明确地把社会主义现代化建设作为党的政治路线的核心问题。正如后来邓小平指出：“我们的政治路线就是搞社会主义现代化建设。”③ 这是党在社会主义初级阶段基本路线的首要问题——“一个中心”。正如他反复地强调过：“现在要横下心来，除了爆发大规模战争外，就要始终如一地、贯彻始终地搞这件事，一切围绕着这件事，不受任何干扰。就是爆发大规模战争，打仗以后也要继续干，或者重新干。我们全党全民要把这个雄心壮志牢固地树立起来，扭着不放，‘顽固’一点，毫不动摇。”④

基于上述情况，十一届三中全会公报宣告：全党工作的着重点应该从一九七九年转移到社会主义现代化建设上来。这个具有划时代意义的决定，揭开了中国历史的新的一页。在这最简洁的文字里，包容了全党全国人民对新中国曲折经历的深刻反思，寄托着对充满希望的未来的美好憧憬，鼓舞着人民为开创建设有中国特色社会主义的伟大事业而努力奋斗。

（三）在总结近 30 年曲折探索的经验的基础上，提出了改革开放的新国策，并对坚持四项基本原则赋予新内容，初步形成党的基本路线的构架

十一届三中全会的全新贡献是提出改革和开放的总方针，并作为党的政治路线的重要组成部分。改革开放的总方针的确立绝不是偶然的，是坚

①②③④ 《邓小平文选》第二卷，第 128、140、191、249 页。

持解放思想，实事求是思想路线的产物，也是历史和现实发展的客观要求。邓小平在1978年十一届三中全会前夕，多次阐述了实行改革开放总方针的必要性与可能性。他着重说明了以下几点：

一是实行改革开放政策是改变我国现状，实现四个现代化的迫切要求。邓小平清醒地估计了我国的现状，他认为："由于受林彪、'四人帮'的干扰，我们的国家的发展耽误了十年。六十年代前期我们同国际上科学技术水平有差距，但不很大，而这十几年来，世界有了突飞猛进的发展，差距就拉得很大了。同发达国家相比较，经济上的差距不止是十年了，可能是二十年、三十年，有的方面甚至可能是五十年。"① 因此，他明确提出："为了发展生产力，必须对我国的经济体制进行改革，实行对外开放的政策。"②这从根本上回答了实行改革开放的客观必要性和必然性问题。

二是科学地判断国际环境，充分说明了我国实行改革开放政策的现实可能性。1978年9月16日邓小平在听取中共吉林省委常委汇报工作时讲了一番非常重要的话，他说："我们现在要实现四个现代化，有好多条件，毛泽东同志在世的时候没有，现在有了。""比如毛泽东同志在世的时候，我们也想扩大中外经济技术交流，包括同一些资本主义国家发展经济贸易关系，甚至引进外资、合资经营等等。但是那时候没有条件，人家封锁我们。后来'四人帮'搞得什么都是'崇洋媚外'、'卖国主义'，把我们同世界隔绝了。毛泽东同志关于三个世界划分的战略思想，给我们开辟了道路。我们坚持反对帝国主义、霸权主义、殖民主义和种族主义，维护世界和平，在和平共处五项原则的基础上，积极发展同世界各国的关系和经济文化往来。经过几年的努力，有了今天这样的、比过去好得多的国际条件，使我们能够吸收国际先进技术和经营管理经验，吸收他们的资金。这是毛泽东同志在世的时候所没有的条件。"③ 这样的分析是完全符合实际的。以此为据，在同年10月间，邓小平会见一个外国新闻代表团时，郑重地指出：

---

① 《邓小平文选》第二卷，第132页。
② 《邓小平文选》第三卷，第138页。
③ 《邓小平文选》第二卷，第127页。

“中国在历史上对世界有过贡献，但是长期停滞，发展很慢。现在是我们向世界先进国家学习的时候了。”“要实现四个现代化，就要善于学习，大量取得国际上的帮助。要引进国际上的先进技术、先进装备，作为我们发展的起点。”① 历史和实践不断地证明着他的正确性。

三是说明实行改革开放政策同我国社会的根本制度及以往的好的传统是不相矛盾的。邓小平针对国内外存在着对我国实行改革开放政策的疑虑特别指出：“我们的作法是，好的传统必须保留，但要根据新的情况来确定新的政策。过去行之有效的东西，我们必须坚持，特别是根本制度，社会主义制度，社会主义公有制，那是不能动摇的。我们不能允许产生一个新的资产阶级。我们引进先进技术，是为了发展生产力，提高人民生活水平，是有利于我们的社会主义国家和社会主义制度。”②

十一届三中全会提出了经济战线必须实行三个转变的要求：一是从上到下都要把主要注意力转到生产斗争和技术革命上来；二是从那种不计经济效果，不讲工作效率的官僚主义的管理制度和管理方法，转到按照经济规律办事、把民主和集中很好地结合起来的科学管理的轨道上来；三是从那种闭关自守或半闭关自守状态，转到积极地引进外国先进技术，利用国外资金上来。

经过中央工作会议36天的充分讨论，在会议闭幕会上，邓小平作重要讲话，明确提出要以解放思想，实事求是的思想路线为指导，“正确地改革同生产力迅速发展不相适应的生产关系和上层建筑，根据我国的实际情况，确定实现四个现代化的具体道路、方针、方法和措施”。③ 全会明确提出了改革开放的新国策，指出：“实现四个现代化，要求大幅度地提高生产力，也就必然要求多方面地改变同生产力发展不适应的生产关系和上层建筑，改变一切不适应的管理方式、活动方式和思想方式，因而是一场广泛、

① 《邓小平文选》第二卷，第132—133页。
②③ 《邓小平文选》第二卷，第133、141页。

深刻的革命。”[①] 这是全会明确提出的大力发展生产力和必须实行改革的思想。全会公报还指出：“在自力更生的基础上积极发展同世界各国平等互利的经济合作，努力采用世界先进技术和先进设备，并大力加强现代化所必需的科学和教育工作。”[②] 这是全会明确提出的开放思想。正如后来邓小平所概括的：“十一届三中全会制定了这样的一系列方针政策，走上了新的道路。这些政策概括起来，就是改革和开放。”[③]

十一届三中全会以及邓小平在1979年3月中央召开的理论务虚会上作的题为《坚持四项基本原则》的重要讲话，对党自建国以来逐步形成的建设社会主义的政治保证——四项基本原则，在新的历史条件下，赋予了新的时代内容。

十一届三中全会在确定党的工作重点实行战略转移和实行改革开放总方针的重大决策的同时，以邓小平为核心的中央领导集体敏锐地注意到国内出现的新情况、新问题。在十一届三中全会前后，特别是三中全会后，在我国出现了来自“左”的方面和右的方面的错误倾向，这对于工作重点的战略转移，推进我国社会主义改革、开放和现代化建设妨碍极大。

针对这种情况，邓小平提出了坚持四项基本原则的问题，他特别指出：四项基本原则不是什么新问题，“但是这些原则在目前的新形势下却都有新的意义，都需要根据新的丰富的事实作出新的有充分说服力的论证。”“这决不是改头换面地抄袭旧书本所能完成的工作，而是要费尽革命思想家心血的崇高的创造性的科学工作。”[④] 这从正面说明了对坚持四项基本原则赋予新的时代内容的重要性和必要性。

邓小平赋予坚持四项基本原则新的内容，其主要点如下：

一是指出坚持四项基本原则是“实现四个现代化的根本前提。”[⑤] 这是一个新的立论。四项基本原则并不是新的东西，而是我们党长期以来一贯坚持的。然而，把坚持四项基本原则同实现四个现代化联系起来，这却在

---

①② 《三中全会以来》上册，第4、6页。

③ 《邓小平文选》第三卷，第266页。

④⑤ 《邓小平文选》第二卷，第179—180、164页。

党的历史上是个首创。邓小平指出社会主义的中国在经济、技术、文化等方面现在还不如发达的资本主义国家，然而这不是社会主义制度本身造成的，相反，“从根本上说，是解放以前的历史造成的，是帝国主义和封建主义造成的。”[①]邓小平指出，我们在建设社会主义过程中犯过一些错误，但是不能否定在短短的30年间中国取得了旧中国历史上从来没有取得过的进步。邓小平指出了社会主义制度的特点“是以公有制为基础的，生产是为了最大限度地满足人民的物质、文化需要，而不是为了剥削。由于社会主义制度的这些特点，我国人民能有共同的政治经济社会理想，共同的道德标准。以上这些，资本主义社会永远不可能有。”[②]同时还指出，要继承和学习各国人民在资本主义制度下所发展的科学和技术、所积累的各种有益的知识和经验。要把引进资本主义国家先进的技术和其他对我们有益的东西同引进资本主义制度严格地区分开来。对资本主义国家中反动的、腐朽的东西加以批判和抵制。邓小平对必须坚持社会主义道路的理论与实际相统一的论证是有充分说服力的，有鲜明的针对性。

二是继承和发展了毛泽东关于无产阶级专政的那些正确的思想，在新的历史条件下，对为什么必须坚持无产阶级专政着重从三个方面作出科学的说明：第一、坚持无产阶级专政，是为了保障和发展人民民主。邓小平指出：“无产阶级专政对于人民来说就是社会主义民主，是工人、农民、知识分子和其他劳动者所共同享受的民主，是历史上最广泛的民主。”[③]然而，建国以来在民主的实践方面，我们做得很不够，而且犯过错误。林彪、“四人帮”宣传什么“全面专政”，对人民实行封建法西斯专政，我们已彻底粉碎了这个专政。历史教训告诉我们，离开了无产阶级专政，就没有人民民主可言。第二、坚持无产阶级专政，是因为社会主义制度下仍然长期存在一定范围内的阶级斗争。邓小平概括了现阶段阶级斗争的特点：一是它不同于过去历史上的阶级对阶级的斗争（他们不可能形成一个公开的完整的阶级），但仍然是一种特殊形式

①②③ 《邓小平文选》第二卷，第166—167、167、168页。

的阶级斗争，或者说是历史上的阶级斗争在社会主义条件下的特殊形式的遗留。二是对一切反社会主义分子必须实行专政，这种专政是国内斗争，有些同时也是国际斗争。两者实际上是不可分的。第三、坚持人民民主与对敌专政是辩证统一的，其根本目的就是在于保卫和建设社会主义。邓小平综观我国人民民主和对敌专政的正反两方面经验，明确提出了“没有民主就没有社会主义，就没有社会主义的现代化。”①“民主化和现代化一样，也要一步一步地前进。社会主义愈发展，民主也愈发展，这是确定无疑的。”②国家专政职能“正确有效的工作不是妨碍而是保证社会主义国家的民主化”③。由此可见，邓小平把社会主义民主化过程同社会主义现代化进程看作是一个长过程，相辅相成；而社会主义民主化与社会主义现代化都必须以加强无产阶级专政为前提，不然也是一句空话。

三是根据国际国内的历史和现实的经验，深刻地论证了必须坚持中国共产党的领导。针对林彪、“四人帮”散布的“踢开党委闹革命”的流毒造成一些人盲目崇拜和热衷于纯粹的群众自发性，否定共产党领导的必要性的错误观点，邓小平旗帜鲜明地指出：“离开了中国共产党的领导，谁来组织社会主义的经济、政治、军事和文化？谁来组织中国的四个现代化？在今天的中国，决不应该离开党的领导而歌颂群众的自发性。”④鼓吹群众的自发性，否定党的领导，“只能导致无政府主义，导致社会主义事业的瓦解和覆灭。林彪、‘四人帮’踢开党委闹革命，闹出一场什么‘革命’，大家都很清楚。”⑤邓小平还批驳了那种以共产党犯了错误为借口，要求削弱甚至取消党的领导的谬论。他郑重地指出：“我们党经历过多次错误，但是我们每一次都依靠党而不是离开党纠正了自己的错误。今天的党中央坚持发扬党的民主和人民民主，并且坚决纠正过去所犯的错误。在这样的情况下，竟然要求削弱甚至取消党的领导，更是广大群众所不能容许的。”⑥邓小平从历史和现实两个大视角论证了坚持中国共产党领导的必要性和重要性，

①②③④⑤⑥《邓小平文选》第二卷，第168、168、169、170、171、170页。

具有长远的指导意义。

四是必须坚持马列主义、毛泽东思想。邓小平针对极少数人公然反对马列主义的基本原理，或者口头上拥护马列主义，但是反对马列主义普遍真理与中国革命实践相结合而产生的毛泽东思想的错误思潮，正确地提出："我们坚持的和要当作行动指南的是马列主义、毛泽东思想的基本原理，或者说是由这些基本原理构成的科学体系。至于个别的论断，那末，无论马克思、列宁和毛泽东同志，都不免有这样那样的失误。但是这些都不属于马列主义、毛泽东思想的基本原理所构成的科学体系。"① 这是科学的界定，无疑是正确的，有力地驳斥了全盘否定马列主义、毛泽东思想的谬论。

邓小平还进一步对毛泽东思想和毛泽东的历史功过的评价作了精辟的论述，鲜明地提出："毛泽东思想过去是中国革命的旗帜，今后将永远是中国社会主义事业和反霸权主义事业的旗帜，我们将永远高举毛泽东思想的旗帜前进。"② 这就是中国共产党的根本原则立场。

邓小平还正确而审慎地提出正确对待毛泽东的功绩和缺点错误，强调一定要把握好几点：第一、在分析毛泽东一生的功绩和缺点错误时，应当看到："在他的伟大的一生中的这些错误，怎么能够同他对人民的不朽贡献相比拟呢？"③ 第二、要认识到毛泽东的事业和思想，都不只是他个人的事业和思想，同时是他的战友、是党、是人民的事业和思想，是半个多世纪中国人民革命斗争经验的结晶。要坚持人民创造历史的观点，也要认识杰出人物对历史的推动作用，人民对杰出人物的尊敬是理所当然的。然而，要区分尊敬与迷信的界限，不能把毛泽东当作神。这个思想是极其深刻的。

以邓小平为核心的第二代中央领导集体，在总结建国近 30 年来探索社会主义建设道路的经验教训的基础上，确定了党的工作以经济建设为中心，同时制定了改革开放总方针，并把它作为强国之路纳入党的政治路线的一个基本点。接着又把坚持四项基本原则作为立国之本，作为进行社会主义现代化建设的基本前提，也成为党的政治路线的又一个基本点。这样，就

①②③ 《邓小平文选》第二卷，第 171、171、172 页。

在实际上构成了十一届三中全会以来确立的“一个中心，两个基本点”，建设有中国特色社会主义的政治路线。它既是党的新创造，又是八大正确路线的新发展，为我国建设、巩固和发展社会主义现代化事业指明了正确道路。

（四）在正确解决党的思想路线和政治路线的基础上，形成了以邓小平为核心的新的中央领导集体

党的十一届三中全会另一个重要的历史性贡献，就是形成了以邓小平为核心的中共中央第二代领导集体。在十一届三中全会的十周年之后，1989 年 6 月，邓小平就对几位中央负责同志说：“党的十一届三中全会建立了一个新的领导集体，这就是第二代的领导集体。在这个集体中，实际上可以说我处在一个关键地位。”[①] 这完全符合实际。

早在 1977 年，经过中共十一届一中全会选举产生的中央政治局，在党和国家的重要领导人中，就包括邓小平、叶剑英、李先念等中共中央副主席，刘伯承、聂荣臻、徐向前、乌兰夫等中央政治局委员，赵紫阳等中央政治局候补委员。他们在粉碎“四人帮”后的两年徘徊中，为揭批“四人帮”，进行拨乱反正，纠正“两个凡是”的错误方针，引导全党解放思想，实事求是，并在恢复和发展国民经济，促进社会安定团结等方面发挥了重要的作用。

经过党的十一届三中全会，又增选了陈云为中共中央副主席；增选邓颖超、胡耀邦、王震为中共中央政治局委员；增补黄克诚、宋任穷、胡乔木、习仲勋、王任重等九人为中共中央委员。这次全会还正式成立了中共中央纪律检查委员会，并选举陈云、邓颖超、胡耀邦分别为第一、第二和第三书记，黄克诚为常务书记，王鹤寿等为副书记。1982 年 9 月党的十二届一中全会选举产生新的中央政治局和邓小平任主任，薄一波、许世友、谭震林、李维汉为副主任的中央顾问委员会。这些重要的人事变动和安排，标志着以邓小平为核心的中共中央第二代领导集体基本形成。正如后来陈云所说：现在，我们党的第一位领袖是邓小平。

---

① 《邓小平文选》第三卷，第 309 页。

以邓小平为核心的中共中央第二代领导集体，是在中国社会主义发展的伟大历史转折关头形成的，是在实现党的指导思想和政治路线、组织路线的拨乱反正中形成的，是在推进社会主义改革开放和现代化建设的实践中巩固和发展的。邓小平、陈云原来就是以毛泽东为核心的中共中央第一代领导集体的重要成员。毛泽东逝世后，华国锋是党中央、国务院、中央军委的第一把手。但是，由于推行“两个凡是”的错误方针，难以担当历史赋予党开创社会主义现代化建设新时期的重任。所以，在拨乱反正和全面改革的进程中，由以邓小平为核心的新的领导集体来担负这个重任，有其历史的必然性。因为，毛泽东生前就认为邓小平照辩证法办事，公道正派，人才难得，政治思想强。邓小平曲折的政治生涯、丰富的政治经验和卓越的领导才能作为党中央核心的领导者也是众望所归的。

十一届三中全会开始形成以邓小平为核心的中共中央第二代领导集体，同遵义会议开始形成以毛泽东为核心的中共中央第一代领导集体相似，作为核心的领导人都不是一开始担任党中央的第一把手，而是党的正确思想理论和正确路线的代表，处于中央领导集体的核心地位，为党的事业发展实现伟大的历史性转变提供了重要的组织保证。

从十一届三中全会起，在第二代新的中央领导集体中，无论是对确立党所应遵循的科学指导思想还是国家所应确定的发展战略，以及一系列大政方针的决策，解决社会主义现代化建设的基本问题，邓小平实际上都发挥和体现了核心的作用，居于领导集体中的核心地位，成为我国改革开放和现代化建设事业的总设计师。中央领导集体的核心对于党的事业和党自身的发展都是极其重要的。

三、发展了八大路线的十一届三中全会路线开辟了中国历史发展的新时期

1962 年 3 月，周恩来在第二届全国人民代表大会第三次会议上作的《政府工作报告》指出：过去我国人民用“愚公移山”的精神，经过长期的、艰苦的斗争，终于推翻了帝国主义、封建主义和官僚资本主义这三座

大山。现在，在我国人民面前，还横着经济贫穷和文化落后这两座大山。我们要继续发扬“愚公移山”的精神，再用几十年的时间，把这两座大山搬掉。在我国建成一个独立的、完整的、现代化的国民经济体系，英国和法国花费三百年时间所做的事情，美国花费二百年时间所做的事情，我们只要花费一百年左右的时间，就一定能够做到，而且要做得比他们好得多。这段话言简意深，精辟地说明了中国共产党必须完成两大历史使命。一是推翻三座大山，铲除几千年的剥削制度，解决近百年来中国的独立和统一，民主和自由，建立人民共和国和社会主义经济基础，为完成第二个历史任务创造前提。这是中国第一次革命的内容。二是推翻两座大山，解决中国经济贫穷和文化落后，把我国建设成为富强、民主、文明、和谐、美丽的社会主义现代化的国家。这是中国第二次革命的内容。

从 1956 年八大到 1978 年十一届三中全会之间的 22 年，以毛泽东为核心的第一代中央领导集体，为搬掉“经济贫穷和文化落后这两座大山”，进行了艰辛的探索和开拓，但是，“多年来没有制定出为发展生产力创造良好条件的政策”[①]，就是没有真正找到一条适合中国国情的社会主义建设道路，没有完全搞清楚什么是社会主义，怎样正确认识我国现阶段的社会性质、主要矛盾和根本任务，怎样正确认识当今时代的主题。如何建设社会主义，如何制定和实行一条促进生产力发展的政治路线和一整套方针政策，如何经过长时间的艰苦奋斗，推进我国社会主义现代化建设的历史进程。

发展了八大路线的十一届三中全会路线，开辟了中国历史发展的新时期，它是中国第二次革命开端的坐标。因为，发展了八大路线的十一届三中全会路线的主要内容：一是旗帜鲜明地把经济建设摆在一切工作的中心地位，把实现社会主义四个现代化作为我国现阶段的奋斗目标。二是为了大力发展社会生产力，确定了在坚持四项基本原则基础上实行改革开放的总政策。这是中国共产党“把马克思主义同中国的实践相结合，走中国自己的道路，我们叫建设有中国特色的社会主义。”[②] 邓小平这个结论是最好

①② 《邓小平文选》第三卷，第 134、135 页。

的概括。

无论是实现四个现代化和实行改革开放的总政策都是带有革命性的伟大变革。正如十一届三中全会公报所述："实现四个现代化，要求大幅度地提高生产力，也就必然要求多方面地改变同生产力发展不适应的生产关系和上层建筑，改变一切不适应的管理方式、活动方式和思想方式，因而是一场广泛的、深刻的革命。"[①] 这个科学的论断，包括了两个重要的思想：一是实现四个现代化，要求大力发展生产力。人们认识自然、驾驭自然、改造自然的能力不断提高的本身，就是带有革命性的变革。人类社会发展的历史反复地显示了这一点，自从人类发明和创造了高科技，并引发了第三次科技革命，新的科技成果应用于工业、农业、交通运输乃至一切产业，从而引发了新的产业革命，这种新的产业革命就是生产力飞跃发展的形态和结果。中国实现社会主义现代化，就是彻底搬掉经济贫穷和文化落后这两座大山，就是完成中国共产党领导的中国第二次革命的历史使命。二是为了大幅度地提高生产力，就必然要求多方面地改变同生产力发展不相适应的生产关系和上层建筑乃至管理方式、活动方式、思想方式；而要改变这一切，只有实行改革，革旧的体制、旧的运行机制、旧的思想观念的命。这是唯一正确的途径。总之，十一届三中全会确定以实现四个现代化作为现阶段的奋斗目标，确定了在坚持四项基本原则基础上的改革开放的总政策作为实现四个现代化的必由之路，这表明党在认识和运用社会主义现代化建设的客观规律上的重大突破。正如邓小平所指出的，我们党实现了三大转变："中心点是从以阶级斗争为纲转到以发展生产力为中心，从封闭转到开放，从固守成规转到各方面的改革。"[②]"坚冰已经打破，航道已经开通。"从这个意义上说，发展了八大路线的十一届三中全会路线开辟了中国历史发展的新时期，是毫无疑义的。

以实现四个现代化为目标，以坚持四项基本原则、坚持改革开放为主要特征的中国第二次革命，之所以说开辟了中国历史的新时期，最根本的

---

① 《三中全会以来》上册，第 4 页。
② 《邓小平文选》第三卷，第 269 页。

一点，就像邓小平所指出的："我们现在干的事业是全新的事业。"[①] 是"马克思没有讲过，我们的前人没有做过，其他社会主义国家也没有干过，所以，没有现成的经验可学。我们只能在干中学，在实践中摸索。我们现在所干的事业，就是努力把中国变成一个现代化的社会主义国家。"[②]

最独特的一点，就是以马克思列宁主义、毛泽东思想关于社会主义社会基本矛盾的理论为依据，找到了社会主义社会矛盾"经过社会主义制度本身，不断地得到解决"[③] 的正确方法和途径，这就是改革开放。这是由毛泽东提出的正确命题，由邓小平加以正确解决的建设、发展和巩固社会主义的重大理论和实践的问题。邓小平在《解放思想，实事求是，团结一致向前看》这篇重要讲话里，非常深刻地指出："要搞四个现代化，把社会主义经济全面地转到大生产的技术基础上来，非克服官僚主义这个祸害不可。"然而"责任在于我们过去没有及时提出改革。但是如果现在再不实行改革，我们的现代化事业和社会主义事业就会被葬送。"[④] 邓小平把改革提到如此高度来认识，在党的历史上尚属首次。邓小平特别强调在坚持四项基本原则基础上实行改革开放的总政策，这是重大的创新。这表明了我国改革开放总政策的出发点、性质、内容和方式都具有特定的含义。

改革开放的出发点，一是中国的基本国情：底子薄，人口多，耕地少；二是过去革命取得的成功和社会主义建设取得的巨大成就。这两个方面是改革开放的基础和依据，这是我国改革开放必须紧紧把握好的客观实际。

改革开放的性质，不是改变社会主义制度的性质，而是社会主义制度的自我完善和发展。它也不是对原有体制的细枝末节的修补，而是对原有体制的根本性的变革。这要求我们，既要坚持社会主义基本的经济政治制度，又必须有领导、有步骤、有秩序地改革具体的体制，这样使社会主义基本制度更为巩固，使建立在这个基本制度基础之上的各种体制得以完善

①② 《邓小平文选》第三卷，第 254、258—259 页。
③ 《毛泽东选集》第五卷，第 373 页。
④ 《邓小平文选》第二卷，第 150 页。

和发展，富有生机与活力。

改革和开放的内容是全面的、多层次的。全面的改革开放包括经济、政治、科技、教育、文化、军事、外交等各种体制及其相联系的各种活动方式和思想方式的革命性的变革。这包括了生产力与生产关系、经济基础与上层建筑；覆盖了农村、城市的全国范围；不仅对内要搞活，对外也要搞活。总之，在坚持社会主义社会基本制度的前提下，改革各方面的具体体制、活动方式和思想方式；在坚持独立自主原则的同时必须对外开放，“必须大胆吸收和借鉴人类社会创造的一切文明成果，吸收和借鉴当今世界各国包括资本主义发达国家的一切反映现代社会化生产规律的先进经营方式、管理方法。”①

改革开放的方式是有领导、有步骤、渐进式的发展。既要以人民群众的实践和创造为主体，尊重群众的首创精神；同时，又必须在党的领导下，真正实行民主集中制，善于集中人民群众的正确意见，对不正确的意见作出必要的解释和引导，更好地领导和依靠亿万人民群众，推进改革开放和现代化建设。

发展了八大路线的十一届三中全会路线，开辟了以完成第二次伟大革命为中心的中国历史发展的新时期。

四、坚持发展了八大路线的党在社会主义初级阶段的基本路线一百年不动摇

自十一届三中全会确定、十三大系统阐述的党在社会主义初级阶段的基本路线，是对八大正确路线的继承和新的发展。这条基本路线，是邓小平建设有中国特色社会主义理论同我国社会主义初级阶段的具体实际相结合的产物，是指引中国人民走自己的路的伟大旗帜，是建设、发展和巩固中国社会主义现代化事业的根本保证。坚持发展了八大路线的党的基本路线，才能实现中华民族的伟大振兴。

① 《邓小平文选》第三卷，第373页。

（一）发展了八大路线的党的基本路线是党在社会主义初级阶段的正确的政治路线

由十一届三中全会确定，十三大系统阐述的党的基本路线就是：领导和团结全国各族人民，以经济建设为中心，坚持四项基本原则，坚持改革开放，自力更生，艰苦创业，为把我国建设成为富强、民主、文明的社会主义现代化国家而奋斗。这条基本路线，被简称为“一个中心、两个基本点”，即以经济建设中心，坚持四项基本原则，坚持改革开放。这是十一届三中全会以来党一贯坚持的路线。实践已经证明，贯彻执行这条基本路线，是各项工作取得胜利的根本保证，离开了它，就会犯这样或那样的错误。

“一个中心、两个基本点”的基本路线之所以是中国共产党在社会主义初级阶段正确的政治路线，其主要根据是：

第一，党的基本路线以解放思想，实事求是的思想路线为基础。

解放思想，实事求是的思想路线之所以是制定党的基本路线的基础，正如邓小平所指出的：“解放思想，开动脑筋，实事求是，团结一致向前看，首先是解放思想。只有思想解放了，我们才能正确地以马列主义、毛泽东思想为指导，解决过去遗留的问题，解决新出现的一系列问题，正确地改革同生产力迅速发展不相适应的生产关系和上层建筑，根据我国的实际情况，确定实现四个现代化的具体道路、方针、方法和措施。”①这段话，准确地说明了解放思想，实事求是的思想路线同制定党的基本路线的辩证关系。

实践告诉我们，只有解放思想，实事求是，才能正确地以马列主义、毛泽东思想为指导，解决过去的遗留问题，为制定党的基本路线扫清障碍。“文化大革命”结束后，摆在我们面前的是问题成山、困难成山、百废待兴的严峻局势。邓小平发出“解放思想，实事求是，团结一致向前看”的召

---

① 《邓小平文选》第二卷，第 141 页。

唤，使我们从迷雾中找到了前进的方向。在拨乱反正的过程中，深入揭露和批判林彪、江青这两个反革命集团的同时，对“文化大革命”和它以前的“左”倾错误进行了全面清理。以邓小平为核心的第二代党中央领导集体成功地解决了既要彻底清除“文化大革命”的错误，又要维护毛泽东的历史地位和毛泽东思想作为指导思想的地位这样一个复杂的问题，正确地总结了建国以来党的历史及其经验教训，以马克思主义政党的郑重态度对党所犯错误进行了严肃的自我批评，解决了一大批遗留问题，统一了全党的认识，赢得了人民的信任，为制定党的基本路线创造了重要的政治思想前提。

第二，党的基本路线以我国正处于社会主义初级阶段和当今时代的主题为客观依据。

中国共产党制定和执行“一个中心、两个基本点”的基本路线的客观依据有二：一是我国社会正处于社会主义初级阶段；二是和平与发展是当代世界的两大主题。中国共产党运用马克思主义立场观点方法对本国和世界现状作出了科学分析，为产生指导建设有中国特色社会主义的正确的政治路线找到了可靠的依据。

党的十一届三中全会以来，以邓小平为核心的第二代党中央领导集体，对我国国情进行了深入的思考和再认识。中国共产党揭示了我国社会现在所处的历史阶段是社会主义的初级阶段，也就是不发达的社会主义社会。这个论断，包括两层含义：一、我国社会已经是社会主义社会，我们必须坚持而不能离开。二、我国的社会主义社会还处在初级阶段，我们必须从这个实际出发，而不能超越这个阶段。弄清楚这个基本国情，就能够避免重犯革命发展问题的机械论和空想论错误；就能够正确地把握住社会主义初级阶段的主要矛盾——人民日益增长的物质文化需要同落后的社会生产力之间的矛盾；就能够更好地引导全国各族人民认识到，必须经历一个很长的初级阶段，为实现许多国家在资本主义条件下实现的工业化和经济的社会化、市场化、现代化而努力奋斗；就能够为我们制定和执行正确的政治路线和政策找到根本的依据。

党的正确政治路线，不仅以正确揭示中国国情作为根本的依据，同时，也离不开对国际形势的科学估量，因为中国的社会主义建设离不开世界。

80年代初，邓小平对当代世界的变化及其发展趋势作出了“和平与发展是当代世界的两大问题”的论断，认为自第二次世界大战结束以来，世界的和平与发展是带全球性的战略问题。和平问题是东西问题，要争取和平，就必须反对霸权主义，反对强权政治。发展问题是南北问题，发达国家越来越富，相对的是发展中国家越来越穷。南北问题不解决，就阻碍着世界经济的恢复和发展。南北问题是核心问题。邓小平在1992年初强调：“世界和平与发展这两大问题，至今一个也没有解决。”[①] 这是对当代世界政治经济总形势的本质概括，也对我国改革开放现代化建设所处的国际环境作出了科学的分析。从这个估量出发，改变了过去长时间内形成的世界大战不可避免、世界大战迫在眉睫的观点。从战后国际形势的发展趋势来看，制约战争的力量有了可喜的发展，争取比较长期的和平是可能的。这个论断正确指出了当今国际竞争实际上是以科技和经济实力为基础的综合国力的较量。由此可见，党的“一个中心、两个基本点”的基本路线，同当今时代的主题有着历史的逻辑的内在联系。

第三，党的基本路线以邓小平建设有中国特色社会主义理论作为科学的支柱。

“一个中心、两个基本点”的基本路线，是在邓小平建设有中国特色社会主义理论指导下逐步形成的，这一理论是党的基本路线的科学支柱。

邓小平建设有中国特色社会主义理论，是在和平与发展成为时代主题的历史条件下，在我国改革开放和社会主义现代化建设的实践过程中，在总结我国社会主义胜利和挫折的历史经验并借鉴其他社会主义国家兴衰成败经验教训的基础上，逐步形成和发展起来的。它是马克思列宁主义基本原理与当代中国实际和时代特征相结合的产物。它首次比较系统

① 《邓小平文选》第三卷，第383页。

地回答了在中国这样一个经济文化比较落后的大国里，如何建设社会主义、如何巩固和发展社会主义的一系列基本问题，成为党的基本路线的理论柱石，而党的基本路线又集中地体现了建设有中国特色社会主义的总体要求。

第四，党的基本路线是为人民谋利益的路线。

“一个中心、两个基本点”的基本路线，是党在领导全国各族人民进行改革开放和现代化建设的伟大实践中逐步创立起来的。无论是以十一届三中全会为起点的党和国家工作重点的战略转移，还是广大农民率先揭开中国第二次伟大革命的帷幕——推行家庭联产承包责任制以及乡镇企业的异军突起；以建立深圳、珠海、厦门、汕头特区为起点到全国沿海、沿江、沿边全方位的对外开放；以建立社会主义市场经济体制为目标的经济体制改革大潮的兴起；以培养“有理想、有文化、有道德、有纪律”新人为目标的社会主义精神文明建设的开展……无一不是人民的实践创造了一切。只有人民的实践所创造和积累起来的改革开放和现代化建设的新鲜经验，才能使党中央逐步形成和确定“一个中心、两个基本点”的基本路线，离开了人民的实践所创造的精神成果和物质成果，党的基本路线就是无源之水、无本之木。

党的基本路线是人民利益高于一切、全心全意为人民服务这一党的根本宗旨的集中体现。这是我们党一切活动的出发点和归宿，是我们党永远立于不败之地的根基，是党的基本路线具有强大生命力之奥秘。正如江泽民同志在《学习、学习、再学习》一文中指出：“一定要像小平同志要求那样，把‘人民拥护不拥护’，‘人民赞成不赞成’，‘人民高兴不高兴’，‘人民答应不答应’，作为各项工作的出发点和归宿。”只有坚持党的根本宗旨不动摇，才能坚持党的基本路线不动摇。只有牢记党的根本宗旨，才能完整、准确地贯彻党的基本路线，真正为人民造福。

历史和实践告诉我们，党的基本路线是顺乎民心，合乎民意的正确路线，是实现“四化”，振兴中华，强国富民的正确路线。坚持党的基本路线一百年不动摇，关系到党和国家的兴衰成败。

（二）政治上和理论上的坚定性才能保证坚持党的基本路线的坚定性

能否坚持党的基本路线一百年不动摇，关键是全党从中央到各级党委、从高级干部到普通党员是否真正坚信党的基本路线的正确性。在政治上和理论上真正解决了党的基本路线“对不对”的问题，也就解决了“变不变”的问题。这里，吸取当年八大路线未能坚持而招致社会主义建设事业的重大挫折的深刻教训，对于全党增强坚持党的基本路线一百年不动摇的自觉性，有极大的现实意义。

要使全党坚持党的基本路线一百年不动摇，必须真正用邓小平建设有中国特色社会主义理论武装全党，这是坚持党的基本路线不动摇的理论基础。

党的基本路线是在建设有中国特色社会主义理论指导下形成的，同时，又是建设有中国特色社会主义理论的集中表现。每个共产党员只有认真学好建设有中国特色社会主义理论，才能真正弄懂弄通党的基本路线的正确性，提高执行党的基本路线的自觉性和坚定性。只有在理论上保持清醒和坚定，才能自觉和持久地执行党的基本路线。回顾八大正确路线没有坚持下去的重要教训之一，就是八大正确路线的制定与执行都缺乏成熟的全面建设社会主义的科学理论的指导和武装，正如邓小平所说，“当时党对于全面建设社会主义的思想准备不足”。这个缺陷同八大后 20 年间历史遭遇到巨大的曲折有重要关系，这一沉痛的教训永远值得记取。在解决坚持党的基本路线一百年不动摇这个重大问题上，首要的任务就是真正用邓小平理论武装全党。

在学习建设有中国特色社会主义理论时，必须特别认真学习邓小平运用马克思主义立场、观点和方法研究新情况，解决新问题的革命胆略、科学态度和创新精神。这样，才能提高执行党的基本路线的坚定性和自觉性。

总结自十一届三中全会以来改革开放和现代化建设的实践经验，最重要的一点，就是坚持党的基本路线不动摇，正确处理改革、发展、稳定的关系，坚持维护全党全国的大局。经济建设是一切工作的中心，一切工作要服从和服务于经济建设这个中心。发展是改革的目的，改革是发展的动力，离开改革，发展无从谈起。发展和改革是稳定的基础，稳定是发展和改革的前提。由此可见，改革、发展、稳定三者是辩证统一的，不能缺一。贯彻党的基本路线并注意保持改革、发展、稳定之间的相互协调和相互促进，就能够保证国家长治久安，人民富裕幸福。

要坚持党的基本路线一百年不动摇，共产党员特别是党的高中级干部要真正树立正确的世界观、人生观和价值观，这是坚持党的基本路线不动摇的政治思想保证。

几十年前毛泽东曾指出："政治路线确定之后，干部就是决定的因素"[①]这个论断的正确性早已被党的长期斗争实践所证明。邓小平在我国社会主义现代化建设新的历史条件下，继承和发展了毛泽东上述论断，1992年初，他指出："正确的政治路线要靠正确的组织路线来保证。中国的事情能不能办好，社会主义和改革开放能不能坚持，经济能不能快一点发展起来，国家能不能长治久安，从一定意义上说，关键在人。"[②]这个"人"主要指中国共产党全体党员特别是党的高中级领导干部。

提高全党尤其是高中级领导干部的政治素质，是加强党的思想政治建设的主要内容，也是坚定不移执行党的基本路线的政治保证。在复杂多变的国际斗争中，在艰巨纷繁的国内社会变革中，保持清醒的头脑，明辨是非，不迷失方向；保持同人民群众的血肉相连的密切关系，坚持党的事业第一，坚持人民的利益第一，为国家、为民族奋不顾身地工作；保持贯彻执行党的基本路线的坚定性和自觉性，善于分析和解决矛盾，善于处理改革、发展、稳定的关系，才能保证我国改革开放和现代化建设的健康发展。

要坚持党的基本路线一百年不动摇，必须警惕右，但主要是防止"左"。

---

① 毛泽东：《中国共产党在民族战争中的地位》，1938年10月14日；《毛泽东选集》第二卷，人民出版社1991年版，第526页。

② 《邓小平文选》第三卷，第380页。

历史经验告诉我们：右和“左”都是偏离党的政治路线的错误倾向，都会对中国革命和建设事业造成危害。右和“左”的错误都是只强调事物的一个方面并把它推向极端。在把握“一个中心、两个基本点”的基本路线这个重大问题上，在党内特别是领导干部要全面理解，警惕右，但主要防止“左”。

自十一届三中全会以来，由于以邓小平为核心的第二代中央领导集体正确进行了反对“左”和右的错误的斗争，排除了“左”和右的干扰，党、国家和人民经受住了各种考验，保证了党的基本路线的全面贯彻执行，使我国社会主义现代化事业在国际共产主义运动面临低潮的情况下仍然取得了举世瞩目的成就，保持着无限的生机与活力及良好的发展势头，这是来之不易的。全面理解邓小平关于反倾向的正确思想，坚持反倾向的全面性和科学性，旗帜鲜明，方法得当，这是非常重要的必须牢记的历史经验。

在党的历史上，“左”的思想根深蒂固。所以，邓小平针对反倾向问题，明确提出：“中国要警惕右，但主要是防止‘左’。”[①] 既全面，又有重点，这是具有重大的指导意义的。从十一届三中全会以来的实践看，妨碍改革开放和现代化建设的，仍然主要是“左”的东西，包括僵化的观念和体制。从“左”的特点来看，“左”带有革命色彩，拿大帽子吓唬人，好像越“左”越革命，“左”比右带有更大的迷惑性，它不仅易于泛滥，而且特别难以纠正。从“左”的社会根源来看，封建主义和小生产习惯势力在我国渊源流长、盘根错节，这是“左”的错误赖以存在的深刻的社会历史基础。加上我国经济文化的落后，“左”的错误更具顽固性，屡反屡犯，至今还不可能绝迹，反对“左”的错误具有长期性和艰巨性。着重认识这一点，目的在于使全党特别是党的领导干部深刻地吸取历史教训，密切结合当今实际，联系自己的思想和工作，提高贯彻执行党的基本路线的自觉性和坚定性，解放思想，实事求是，同心同德，把我国改革开放和现代化建设不断向前推进。

---

① 邓小平：《在武昌、深圳、珠海、上海等地的谈话要点（一九九二年一月十八日——二月二十一日）》；《邓小平文选》第三卷，第 375 页。

附录　八大的筹备和大会日志

1955 年

3 月 31 日　毛泽东在中国共产党全国代表会议作结论讲话时宣布：中央决定，1956 年下半年召开第八次大会，有三个议程：（一）中央委员会的工作报告；（二）修改党章；（三）选举中央委员会。他提出：明年 7 月以前完成代表的选举及文件的准备工作。要求在这一年多的时间内，经济、文教、军事、党务、政治思想、民众团体、统一战线、少数民族等各方面工作都要大进一步。号召：全党为在 1956 年胜利地召开党的第八次全国代表大会而斗争；为胜利地完成第一个五年计划而斗争。

4 月 21 日　邓小平将草拟的八大政治报告起草委员会、修改党章和修改党章报告起草委员会名单呈报毛泽东、周恩来、朱德、彭德怀、彭真、康生审阅。毛泽东即批示，提交政治局会议讨论。

5 月 9 日　中央政治局会议通过上述两个名单。政治报告起草委员会由刘少奇、陈云、邓小平、王稼祥、胡乔木、陈伯达、陆定一 7 人组成；修改党章和修改党章报告起草委员会由邓小平、杨尚昆、安子文、刘澜涛、宋任穷、李雪峰、胡乔木、马明方、谭震林 9 人组成（这 9 位同志实际上是党中央的正副秘书长。这个修改党章和修改党章报告起草委员会，有时也称秘书长会议；有时又称修改党章小组会议）。

8 月 23 日　20 时至 23 时 30 分，刘少奇召集陈云、邓小平、李富春、罗瑞卿、陈伯达、杨尚昆、胡乔木开会，谈召开党的八大问题。

8 月 28 日　15 时至 19 时，刘少奇召集陈伯达、邓力群、田家英 3 人，商谈起草党的八大会议文件的事宜。

9月5日　上午9时至12时，在中南海西楼会议室召开会议，讨论修改党章问题。15时继续开会，18时结束。

9月10日　下午，邓小平在中南海西楼会议室召集会议，讨论修改党章问题。14日上午，邓小平再次召集会议，讨论修改党章问题。

9月18日　在党的七届六中全会召开之前，邓小平将《关于召开党的第八次全国代表大会决议草案的说明》报请毛泽东审改。当日，毛泽东阅后写了如下批语："恩来同志阅，退小平办。我认为可以照这样去讲，只改了几个字。"

10月4日　邓小平在党的七届六中全会上作《关于召开党的八大决议草案的说明》。他着重对党的八大未能早日召开的原因、八大的主要议程、代表的选举及召开的时间等问题作了解释。11日，七届六中全会通过《关于在1956年下半年召开党的第八次全国代表大会的决议》和《关于党的第八次全国代表大会代表名额和选举办法的规定》。

10月20日　胡乔木完成《中国共产党章程（初稿）》，即党章第一次修改稿。此稿共分10章78条，只有条文部分，党纲部分注明"暂缺"。当日，邓小平批示给杨尚昆：此件请印十余份发下列同志：政治局委员、起草小组：谭震林、李雪峰、刘澜涛、马明方、安子文、胡乔木。并批：印后送我三份，原稿退我。

11月29日　16时至16时45分，刘少奇召集陈云、邓小平、陆定一、王稼祥、李富春、陈伯达、胡乔木、胡绳、邓力群、田家英开会，讨论关于党的第八次代表大会上的报告起草问题。

12月5日　15时至19时55分，在中南海西楼中央召开各省、市、自治区党委负责人座谈会，106人出席了会议。刘少奇、周恩来、李富春、邓小平在座谈会上讲话。刘少奇传达毛泽东关于准备召开党的八大的指示：八大的中心思想是反对右倾思想，反对保守主义，提早完成我国的社会主义工业化和社会主义改造，要保证15年完成，同时争取15年以前超额完成。刘少奇宣布中央政治局决定准备明年9月召开八大，并提出全党要准备八大，迎接八大，使八大开好，八大中央的报告要和各地方各部门工作结合起来，中央准备找各部门的同志谈话，请各部门准备。

12月7日—31日 刘少奇分别听取薄一波和城市建设总局（7日），一机部、二机部、三机部（8日和10日），中央农村工作部（9日），煤炭工业部（12日、13日），电力工业部（13日），地质部、石油工业部（14日），建筑工程部（15日），重工业部（16日），计委（22日），地方工业部（27日），纺织工业部（28日），轻工业部（29日），手工业管理局、国务院第四办公室（30日），财政部（31日）负责人的汇报。

12月中旬 陈伯达写出政治报告“引言”和“第一章”的草稿。15日，由刘少奇签发，送毛泽东、周恩来、朱德等26位中央领导人审阅修改。

12月11日 14时，刘少奇找陈伯达了解关于党的第八次代表大会文件的起草情况。

12月21日 19时至21时，谭震林在中南海西楼会议室召集会议，讨论党的第八次代表大会的代表问题。

12月24日 9时至12时，谭震林在中南海西楼会议室召集中央秘书长会议，讨论党的第八次大会的代表问题。

1956年

1月2日—7月7日 刘少奇听取粮食部（1月2日），商业部（3日、4日），外贸部（5日），农产品采购部、人民银行（6日），劳动部（7日）、全国总工会（8日），计委（26日、27日），铁道部（2月16日），交通部（17日），邮电部（18日），民航局（21日），高教部（3月5日），教育部（6日），卫生部（7日），文化部（8日），国家体委（9日），新华社、广播事业局（5月28日），最高人民检察院（7月7日）负责人的汇报。

1月4日 10时至12时15分，杨尚昆在中南海西楼会议室召集中央秘书长会议，讨论党的八大代表问题。

2 月 6 日　9 时至 11 时 50 分邓小平在中南海西楼会议室召集中央秘书长会议，讨论关于起草修改党章报告问题。

2 月 14 日—4 月 22 日　毛泽东等中央领导人听取国务院 34 个部委的汇报。具体日程是：2 月 14 日，约薄一波及国务院第三办公室（主管重工业）；15 日，石油工业部、电力工业部；16 日，一机部、二机部、三机部；17 日，约薄一波及一机部、二机部、三机部；19 日，建委；20 日，建工部；21 日，二机部、城建总局；22 日，二机部；25 日，重工业部；26 日，石油工业部；27 日，地质部；28 日，电力工业部；29 日，煤炭工业部；3 月 1 日，国务院第四办公室（主管轻工业）、轻工业部、纺织工业部；2 日，地方工业部、轻工业部；3 日，轻工业部；4 日，手工业管理局；5 日，国务院第六办公室（主管交通邮电）；6 日，铁道部；8 日，交通部；9 日，邮电部、民航局；13 日，国务院第七办公室（主管农林水利）；15 日，农业部；16 日，水利部；17 日，林业部、气象局；19 日，国务院第五办公室（主管财政贸易）；20 日和 21 日，中央财贸工作部；26 日，商业部；27 日，外贸部；4 月 8 日，农产品采购部；9 日，财政部；10 日，人民银行；18 日—22 日，计委。

2 月 22 日、3 月 12 日　上午杨尚昆在中南海西楼会议室召集中央秘书长会议，讨论党的八大代表问题。

3 月 23 日　9 时至 12 时 40 分，邓小平在中南海西楼主持召集中央秘书长会议，讨论八大代表选举等问题。

4 月 2 日　9 时至 12 时 15 分，邓小平在中南海西楼会议室主持召集中央秘书长会议，讨论修改《中国共产党章程（初稿）》。

4 月 10 日　在吸收了中央政治局委员等修改意见之后，党章第二次稿于本日由中央办公厅印发各地，讨论修改。此次修改稿补写了总纲部分。

4 月 13 日、20 日　上午邓小平在中南海西楼会议室主持召开中央秘书长会议，讨论修改党章等问题。

4 月 22 日　15 时至 19 时 55 分，毛泽东在中南海颐年堂主持召开中央政治局扩大会议，讨论修改党章问题。刘少奇、周恩来、朱德、彭真、彭德怀、康生、张闻天、董必武、邓小平、谭震林、李雪峰、宋任穷、胡乔木、马明方、安子文、杨尚昆出席了会议。

4月23日 9时至9时40分，谭震林在中南海西楼会议室召集会议，讨论修改党章问题。会议决定自25日至28日每天上午9时至12时在西楼会议室开会，讨论修改党章问题。

4月24日 9时至12时25分，邓小平在中南海西楼会议室主持召集中央秘书长会议，讨论八大代表名单等问题。

4月25日 中央召开政治局扩大会议，毛泽东主持了会议，刘少奇、周恩来、朱德、董必武等145人出席了会议。会上，毛泽东代表中央政治局，根据前段时间的调查研究，提出了十大问题，这就是著名的《论十大关系》的讲话。十大关系是：一、重工业和轻工业、工业和农业的关系；二、沿海工业和内地工业的关系；三、经济建设和国防建设的关系；四、国家、合作社和个人的关系；五、中央和地方的关系；六、汉族和少数民族的关系；七、党和非党的关系；八、革命和反革命的关系；九、是非关系；十、国际关系。5月2日，毛泽东在最高国务会上对十大关系又进一步地阐述，毛泽东强调：十条为着一个目的：为着动员一切积极因素，调动一切积极因素，来建设社会主义。这个基本方针是我们历来的方针。

4月25日—28日 修改党章委员会每天上午9时至12时，连续开会，讨论修改党章问题。

4月28日 毛泽东在中央政治局扩大会议闭幕会上的讲话中，特别讲了修改党章问题。他说：党章草案已经发给省、市、自治区党委进行讨论，征求修改意见。他提出，新党章应充分体现纪律性和创造性，体现群众路线。党没有纪律是不行的，但是纪律太死了，就妨碍创造性。而妨碍创造性的纪律是不好的，是应该不要的。他还具体地提出：究竟是设一个副主席还是设几个副主席，也请大家讨论，另外，是否可仿照人民代表大会的办法，设常任代表，一年开一次代表会，五年一任，也请大家讨论。

4月29日 9时至12时30分，邓小平在中南海勤政殿主持召开各省、市委书记会议，向到会者介绍有关修改党章和苏共二十大的问题。

△　22时至翌日1时，毛泽东在中南海颐年堂召开中央政治局会议，讨论党的八大代表等问题。刘少奇、周恩来、彭真、彭德怀、董必武、康生、张闻天、邓小平、谭震林、安子文出席了会议。

5月3日—5日　邓小平在中南海西楼会议室连续主持会议，讨论修改党章问题。

5月9日　中央政治局会议讨论通过中央组织部关于中央一级机关八大代表候选人名单。

5月10日　为准备召开八大，刘少奇召集在京中央委员和候补中央委员、中央副秘书长、中央监委常委共42人，开会讨论34名高级干部的历史问题。

5月11日、12日　邓小平主持召开中央秘书长会议，讨论中央一级机关的八大代表候选人问题。

5月12日　下午，邓小平在中南海怀仁堂召集有关中央单位负责人会议，谈关于八大代表候选人问题。

5月14日　9时至13时30分，邓小平在中南海西楼会议室召开会议，讨论修改党章（四次稿）。

5月17日　15时至19时5分，刘少奇主持召开中央政治局会议，讨论修改党章问题。

5月18日　9时至11时45分，邓小平在中南海西楼会议室召开中央秘书长会议，讨论中央一级机关八大代表候选人问题。

5月19日　9时至11时15分，邓小平在中南海西楼会议室召开会议，讨论党章的总纲部分。

5月19日、21日、22日　刘少奇主持中央政治局会议，讨论党章草案和中央一级机关八大代表候选人问题。

5月26日　中央向各省、市、自治区党委发出中央关于党的第八次全国代表大会代表候选人名单问题的通知。通知要求各地党委将建议名单提到省、市、自治区党代会讨论，征求意见，对其中认为不合适的，可以调换，并附候选人简历。1956年7月下旬以前，各地将讨论意见报告中央。

5月28日 邓小平代中央拟的《中央关于印发党章修改稿交各地方、各单位讨论的通知》下发给各省、市委、自治区党委，党中央和国家机关党委，人民解放军总政治部。《通知》指出："在党章修改稿中，有两个问题请你们特别注意：（一）修改稿中规定全国代表大会和地方各级代表大会采用常任制度，并且规定各级代表大会每年开会一次。这是一个重大的改变，请你们考虑这种制度是否适当。（二）第三章第三十九条中关于中央机构问题，曾考虑到两种形式，一种是保持原来性质的书记处，增设一个副主席或者不设副主席；一种是不设原来性质的书记处，增设几个副主席，并且设立另外性质的书记处或者其他名义的组织。请你们考虑哪一种形式较好。以上两点，也请你们将讨论的意见报告中央。"

△ 9时至9时30分，邓小平在中南海西楼会议室召集会议，讨论党章草案的印发问题。

6月14日 9时至12时10分，邓小平在中南海西楼会议室召开中央秘书长会议，讨论召开党的七届七中全会、八大和起草修改党章报告等问题。

6月23日、24日 上午，邓小平在中南海西楼会议室召开中央秘书长会议，讨论八大的准备工作。

6月24日 16时30分至19时5分，毛泽东在中南海颐年堂主持召开中央政治局（扩大）会议，讨论八大召开的日期及会议的准备等问题。刘少奇、周恩来、朱德、陈云、彭真、康生、彭德怀、林伯渠、董必武、张闻天、邓小平、陆定一、贺龙、陈毅、王稼祥、薄一波、聂荣臻、张玺、罗荣桓、邓子恢、李先念、黄克诚、谭政、罗瑞卿、陈伯达、李维汉、胡乔木、杨尚昆出席了会议。

6月26日 9时至12时40分，邓小平在中南海西楼会议室召开中央秘书长会议，讨论八大准备工作。

△ 中央办公厅根据6月24日中央政治局会议关于党的八次大会会期与准备工作的意见向各省、市、自治区党委发出通知。《通知》说：党的八次大会定于9月15日开幕；大会的文件，即政治报告，党章草案和关于修

改党章的报告，关于第二个五年计划的建议和报告，必须在8月中旬定稿；8月下旬召开第七次中央全会；9月1日起举行八大的预备会议；除各地代表在大会上的发言必须预先安排外，在中央级工作的同志中拟安排20人左右作专题发言。《通知》还就邀请外国兄弟党、外宾招待等事宜作了具体说明。当日，还印发了邓小平拟定的由陈云等28人负责的19篇发言题目。

6月29日　10时至12时40分，朱德、康生、杨尚昆在中南海西楼会议室开会，讨论朱德和康生在八大的发言稿问题。

6月30日　21时至23时30分，刘少奇召开八大政治报告起草委员会会议。

7月1日　邓小平阅批中央对外联络部拟写的《关于成立接待参加我党八大的兄弟党代表团机构问题的通知》。《通知》说：中央决定以中联部为基础，成立一个兄弟党代表团的招待委员会，委员是：王稼祥、廖承志、杨尚昆、刘宁一、李楚离、赵毅敏、李初梨、章汉夫、徐子荣、陈克寒、傅连暲、齐燕铭、薛子正、赖祖烈、熊复、李启新、张香山，王稼祥为主任、刘宁一为副主任兼秘书长。

7月初　八大政治报告第一稿（初草）写成，题目为《为实现过渡时期的总任务而斗争》。

7月2日　15时至17时50分，邓小平在中南海西楼会议室召开中央秘书长会议，商谈中央领导人去北戴河开会的工作安排问题。

7月4日　新华社发出中央关于在北京召开中共八大的新闻稿。新闻稿说：中国共产党中央委员会已经决定第八次全国代表大会1956年9月15日在北京召开。会议议程是：1. 党的中央委员会的工作报告；2. 关于修改党章的报告；3. 关于发展国民经济的第二个五年计划的建议；4. 选举党的中央委员会。

△　21时至23时45分，毛泽东在中南海颐年堂召开中央政治局（扩大）会议，讨论第二个五年计划问题。刘少奇、周恩来、朱德、陈云、彭真、彭德怀、康生、林伯渠、董必武、张闻天、邓小平、李先念、薄一波、贾拓夫、邓子恢、陈伯达、王首道、杨尚昆、李雪峰、张玺、杨英杰、柴

树藩出席了会议。

7月5日 21时至23时15分，毛泽东在中南海颐年堂召开中央政治局（扩大）会议，听取计委张玺汇报第二个五年计划的问题。刘少奇、周恩来、陈云、彭真、彭德怀、康生、董必武、邓小平、李先念、薄一波、贾拓夫、陈伯达、王首道、黄克诚、黄敬、王鹤寿、杨尚昆、杨英杰出席会议。

△ 10时，周恩来召开国务院常务会议，讨论第二个五年计划问题。

7月6日 22时至翌日零时45分，毛泽东在中南海颐年堂召集党的八大政治报告起草委员会开会。刘少奇、彭真、邓小平、陆定一、王稼祥、陈伯达、胡乔木出席会议。

7月7日 20时45分、8日、9日和10日、12日、14日晚继续开会，商谈八大政治报告起草问题。

7月15日 22时至翌日零时40分，毛泽东在中南海颐年堂召开中央政治局（扩大）会议，讨论八大政治报告第一次稿。刘少奇、周恩来、陈云、彭真、彭德怀、邓小平、陈毅、陆定一、王稼祥、陈伯达、薄一波、贾拓夫、李维汉、许涤新、胡绳出席会议。

7月19日 21时至翌日零时40分，毛泽东在中南海颐年堂召开中央政治局（扩大）会议，讨论八大政治报告草稿。刘少奇、周恩来、陈云、彭真、邓小平、陈毅、陆定一、陈伯达、王稼祥、薄一波、贾拓夫、李先念、李维汉、胡乔木、胡绳、许涤新出席会议。

7月23日 毛泽东、刘少奇、邓小平等离京赴北戴河办公。

△ 胡乔木起草完《关于修改党章的报告（初草）》。此稿内容只限于党纲部分的说明。

7月25日、26日 上午和下午，邓小平在北戴河西浴场召开八大修改党章和修改党章报告起草委员会会议，谈两个文件的起草问题。

7月27日 15时40分，毛泽东在北戴河东浴场召开八大政治报告起草委员会会议。刘少奇、彭真、邓小平、王稼祥、陈伯达、陆定一、胡绳到会。

7月28日上午，邓小平在北戴河西浴场召开修改党章及修改党章报告起草委员会会议，谈两个文件的起草问题。29日、31日，会议续开。

△　17时，刘少奇召集彭真、陈伯达、胡绳开会，谈八大政治报告修改问题。

△　深夜，周恩来离京赴北戴河办公。

7月30日　15时20分至16时57分，毛泽东在北戴河东浴场召开中央政治局会议，刘少奇、周恩来、朱德、彭德怀、彭真、林伯渠、董必武、康生、张闻天、邓小平到会。会议决定成立一个专门委员会，负责研究八大的选举问题和中央机构的组织形式问题；陈云为第一召集人，邓小平为第二召集人，其余成员有：彭真、彭德怀、董必武、邓子恢、刘伯承、贺龙、陈毅、罗荣桓、徐向前、聂荣臻、叶剑英、李先念、谭震林、黄克诚、谭政、刘澜涛、林枫、乌兰夫。

7月31日　邓小平为中央起草给驻苏大使馆转王明的信。信中说：党的第八次全国代表大会，已经定于本年9月15日召开，你将由北京市党代表大会选举为出席八大的代表，如果健康条件许可，中央盼你能出席这次大会，希望得到你的答复。

8月1日　8时30分至10时10分，邓小平在北戴河西浴场主持开会，研究筹备八大的事宜。

△　18时30分至19时10分，毛泽东在北戴河东浴场约邓小平谈党章修改问题。

8月3日　17时，周恩来在北戴河煤炭疗养院开会，研究第二个五年计划的报告。

8月4日　8时30分至12时10分，邓小平在北戴河东浴场召开会议，研究八大选举和中央机构组织形式问题。

8月5日　邓小平将专门委员会讨论设想的中央领导机构设置方案，即党章的第三十七条草案，报请毛泽东、刘少奇、周恩来、朱德核阅。毛泽东在阅改邓小平报送的党章第三十七条草案时，在“副主席若干人”后面，加写了“和总书记一人”六个字。

△ 17时，周恩来到北戴河煤炭疗养院谈1957年控制数字问题。

△ 21时至23时55分，毛泽东在东浴场召开中央政治局（扩大）会议，讨论专门委员会的报告，刘少奇、周恩来、朱德、彭真、彭德怀、董必武、康生、张闻天、邓小平、陆定一、陈伯达、王稼祥、胡绳到会。会后，毛泽东又与周恩来、邓小平谈至翌日1时。

8月6日 邓小平为中央拟写给正在苏联访问的李富春的电报，请李去看望王明，告诉王明八大的会期（9月15日开幕，9月1日起开预备会议），问他身体状况及可否参加八大；如因身体关系不能出席八大，请问他是否准备对大会提出书面的意见。

△ 8时至10时5分，邓小平在北戴河东浴场召开会议，研究八大选举和中央机构的组织形式问题。

△ 13时至19时30分，周恩来在北戴河煤炭疗养院召开座谈会，讨论八大第二个五年计划问题。

8月8日 13时，周恩来召开会议，谈第二个五年计划的建议。

8月9日 中央发出关于召开七届七中全会给各中央委员和中央候补委员、各省委、直辖市委、自治区党委第一书记的通知。通知说：中央决定于8月20日召开七届七中全会，讨论八次大会的各项准备工作。除中央委员和中央候补委员外，请各省、直辖市、自治区党委的第一书记列席会议。并请出席全会的同志于8月19日以前到北京向中央办公厅报到。

△ 王明复电中央，称：本月七日由使馆转到中央七月三十一日来电通知，对将由北京市党代表大会选举为出席八大的代表，及中央问其在健康条件许可下能否出席大会事，特向中央和北京市党代表大会同志致衷心的谢意；八大期间是否已做手术，健康条件是否允许回国参加大会，现在还不知道。专复。

8月10日 20时30分至23时9分，毛泽东召开中央政治局扩大会议，讨论八大政治报告（初稿）。刘少奇、周恩来、朱德、陈云、彭真、彭德怀、林伯渠、董必武、康生、张闻天、邓小平、王稼祥、陆定一、陈伯达、胡乔木、胡绳、田家英、邓力群出席了会议。

△　8 时 30 分，邓小平在北戴河东浴场召开会议，研究八大选举和中央机构组织形式问题。

8 月上旬　毛泽东对中办机要室 8 月 8 日印发的八大政治报告初稿进行了一些修改。其中在初稿第 110 页上讲中国共产党特别需要各民主党派的监督一段文字的旁边写道："首先是阶级的监督，群众的监督，人民团体的监督。"

8 月 11 日　19 时 15 分，毛泽东约林彪谈话，21 时 10 分结束。随后于 21 时 30 分，毛泽东约刘少奇、邓小平、陆定一、陈伯达、李维汉、胡乔木、胡绳谈八大政治报告修改问题。

△　15 时至 18 时 30 分，刘少奇召集陈云、彭真、邓小平、陆定一、陈伯达、王稼祥、李维汉、杨尚昆、胡乔木、胡绳、田家英、邓力群谈八大政治报告修改问题。

△　胡乔木完成了修改党章报告的后半部分的草稿。邓小平于翌日批示中央办公厅连同前半部分印成《关于修改党章的报告（初草）》（一九五六年八月十二日）。

8 月 12 日　15 时至 20 时，周恩来参加讨论第二个五年计划的会议。

8 月 13 日　8 时 30 分，邓小平在北戴河东浴场召开会议，讨论八大政治报告草稿。

△　14 时，周恩来召集关于"二五"计划建议的报告起草小组会议，研究关于"二五"计划建议的报告。

8 月 14 日　10 时 30 分至 19 时，周恩来召开会议，讨论第二个五年计划的建议。

8 月 15 日　邓小平代中央拟写的给各省、市、自治区党委、西藏工委和中央机关党委、中央国家机关党委，人民解放军总政治部的关于党的八大问题的通知发出。《通知》说：（一）八次大会定于 9 月 15 日开幕。（二）现决定 9 月 1 日到 9 月 14 日举行八大的预备会议。（三）请你们通知各代表务必于 8 月 31 日以前到达北京，向中央办公厅报到。（四）中央决定各地区和各单位所选出的候补代表，一律列席八次大会，请通知他们同时到达北京。

△ 朱德15时30分由北戴河乘火车返抵北京。

8月16日 21时30分至24时，毛泽东在北戴河召开中央政治局（扩大）会议，讨论《关于第二个五年计划的建议（第三次稿）》。周恩来、陈云、林伯渠、康生、董必武、彭德怀、邓子恢、李先念、贺龙、薄一波、王首道、薛暮桥出席了会议。会前，周恩来约有关人员谈第二个五年计划的建议草稿。

8月17日 20时，周恩来约赖若愚谈八大的发言稿事宜。

△ 刘少奇、周恩来、陈云由北戴河返抵北京。

8月18日 9时至11时，谭震林在中南海西楼会议室主持召开中央秘书长会议，讨论八大的准备工作问题。

△ 14时30分，刘少奇约彭真、胡绳、田家英、邓力群谈八大政治报告中关于国家制度部分的稿子修改问题。

△ 15时至20时10分，陆定一在中南海西楼会议室召开会议，讨论八大政治报告有关党的部分的稿子，刘少奇18时15分参加了会议。

△ 李富春发出关于去看望王明情况后给中央的电报。电告：王明身体较来时已有好转，但身体精神还不好，不能参加八大；因脱离工作很久情况不清，对八大不能提意见。

8月20日 毛泽东由北戴河返抵北京。

△ 16时30分，周恩来约有关人员讨论第二个五年计划建议的草稿。22时续谈。

8月中旬 毛泽东对刘少奇于8月14日送给他的政治报告修改稿中“党的领导”部分所作的修改中加写：“资产阶级和小资产阶级残余思想消灭以后，社会中的生产力与生产关系的矛盾，人们的主观和客观世界的矛盾，是永远存在的，这又是人们永远都有犯错误的可能性的原因。”

8月21日 9时至12时30分，邓小平在中南海西楼会议室召开中央秘书长会议，商谈提交七届七中全会讨论的中共八届中委选举工作建议草案；八大代表资格审查委员会名单；八大会议议程草案；八大会议规则草案等文件，及八大预备会议工作安排等。谭震林、宋任穷、林枫、李雪峰、杨尚昆、王稼祥、张际春、安子文、刘宁一出席了会议。

△　晚，毛泽东召集刘少奇、周恩来、陈云、邓小平、彭真开会，讨论中共八大主席团名单草案、七届七中全会决议草案、八届中委选举工作建议草案、八大代表资格审查委员会名单草案、八大议程草案及八大预备会议工作安排等。

△　中央提出关于增加第八次全国代表大会代表2名请求全会追认的报告。报告说：根据1955年6月底的全国党员总数统计，七届六中全会规定的党的八大代表总数为1024人。后发现1955年6月底统计的全国党员数目中没有将新疆生产建设兵团的18674名党员统计在内。中央按每一万名党员选代表一名的规定，同意新疆增加代表2名，连同原分配的共13人，这样八大代表总数就由1024名增至1026名，并请求七中全会予以追认。

△　毛泽东对有刘少奇21日写的“今日12时前印好”的政治报告修改稿进行审阅，着重对其中的“国内和国际形势”和“党在过渡时期总路线”两部分作了多处修改。

8月22日　17时，中共七届七中全会第一次会议在中南海勤政殿开幕，毛泽东主持了会议，37名中央委员和24名候补中央委员出席会议。中央各部委负责人和各省、市、自治区党委书记42人列席了会议，邓小平对提交大会的六个文件即八大议程（草案）、八大会议规则（草案）、关于预备会议的安排（草案）、七届七中全会关于第八届中央委员会选举工作的建议（草案）、八大各代表团正副团长名单（草案）、八大代表资格审查委员会名单（草案）作了说明。毛泽东在邓小平讲话中多次插话。关于选举中央委员会问题，毛泽东说：这次选举中委，“三八”式的一般不选。“三八”式的的确有大批优秀干部，但牵连很多，我们现在的方针是说服他们，让他们等几年，这样他们更成熟，更负重望。现在还是让“三八”式以前的什么式在中央委员会掌一下权。中委人数是150名至170名。关于八大政治报告，毛泽东认为，现在的报告稿子9万字，能够缩减三分之一就好。大家首先对大势提一些意见，看大局部分是完全要不得，还是勉勉强强，还是大体可以，还是有些要修改？政治局准备公推少奇同志作政治报告。当邓小平讲到大会发言时，毛泽东插话：发言要小稿子，很经济，比较生动。对工作要有批评，要有自我批评，要有分析。如果我们开一次会议没有批评，净讲一套歌功颂德，那就没有生气，那无非只有一个“好”字就行了，还要多讲干什么？要有分析，但是也不要呆板了，每一篇稿子一定要批评什么东西，如果没有批评，根本就不许讲，那也不好。在讲到八大会议的重点时，毛泽东说：重点是两个，一个是社会主义改造，一个是经济建设。这两个重点中，主要的还是建设。刘少奇在讲话中说：向全会提出的这个政治报告草稿是个毛稿，没有搞好，九万字很长。长了，要加以缩减，刚才毛主席讲，至少要缩减三万字，我看很有必要。

△ 9 时至 10 时 50 分，邓小平在中南海西楼会议室召开会议，讨论关于八大的发言问题。10 时 50 分至 11 时 15 分继续开会，讨论出席八大的西北代表团的团长和副团长人选问题。

△ 16 时至 16 时 30 分，在中南海勤政殿召开中央政治局会议，讨论要提交七中全会讨论的六个文件。林伯渠、彭德怀、张闻天、康生、邓小平到会。

△ 中央发出关于接待参加中共八大的各国兄弟党代表团工作给上海局，北京、上海、天津三市委，各省委、中央各部委、国家机关各部委党组，各群众团体党组指示电。指示电说，应邀来华参加会议的各国兄弟党代表团，会后有些要到各地参观访问，为此，中央特对各地接待工作作七项指示：一、必须把这次接待工作看作是严重的政治任务；二、应尽速做好各种招待工作的准备；三、准备好参观单位；四、如果兄弟党代表团要求各地介绍中国革命和建设的经验，应设法予以满足；五、要特别注意对代表团的安全与保卫工作；六、中央已成立八大接待外宾委员会，如有有关接待工作事宜，由他们向你们直接联系；七、各省市委指定书记一人专门负责主持接待工作，并速将名单报告中央接待委。

△ 中央就印度、锡兰、尼泊尔、印尼、日本、澳大利亚、新西兰等兄弟党代表团，经香港或缅甸入境等接待工作事宜给广东、云南省委发出

指示电。

8 月 23 日　中央发出关于八大代表和候补代表提前报到问题给各省市委、自治区党委、西藏工委、中直党委、国家机关党委、总政治部的通知。通知说，8 月 15 日关于党的八次大会问题的通知中，决定各代表于 8 月 31 日以前到达北京向中央办公厅报到。现决定提前两天，请即通知各代表和候补代表，务于 8 月 29 日以前到北京报到。

△　9 时至 12 时 20 分，陆定一在中南海西楼会议室召开会议，讨论八大政治报告中“党”的部分。

△　1 时 30 分，周恩来约张玺、王光伟、薛暮桥谈第二个五年计划草稿问题。

8 月 24 日　20 时，毛泽东召集刘少奇、陆定一、陈伯达、胡乔木、胡绳、邓力群开会，谈修改八大政治报告草稿问题。

△　毛泽东对八大政治报告稿中的“关于人民民主专政和人民民主统一战线问题”部分作比较集中的修改。修改后致信刘少奇：此件已经看了一遍，改得很好。我又作了一些小的修改，请酌定。觉得文中还有一些重复拖累的地方，还可以删节一些，可待下月上旬去做。

8 月 26 日　18 时至 19 时 30 分，毛泽东约刘少奇、陆定一、陈伯达、胡乔木谈修改八大政治报告草稿问题。

8 月 27 日　15 时至 18 时 30 分，邓小平在中南海西楼会议室召开修改党章和修改党章报告起草委员会会议，讨论这两个文件。同日，邓小平嘱杨尚昆于当晚将修改党章报告初稿送毛泽东审阅，毛泽东连夜将送审稿进行了审改，在稿子的首页上写下如下意见：“此件看了一遍，觉得大体可用。作了些小的修改，请你们酌定。第 23 页批了一点建议修改的意见，请考虑，许多句子太长，不好读。我在第 23 页的一段中试增了一些标点。请考虑全文都增加一些标点。”

△　24 时，周恩来约王光伟等谈关于第二个五年计划建议的报告稿问题。

8 月 29 日　毛泽东阅改了八大政治报告送审稿“关于民族问题”“共

产党”和“国际支援”三部分后，致信刘少奇：“这一部分改得很好，字数不多，清爽好看。前一部分盼能迅速加以修改。今天晚上十时左右准［备］开书记处会议谈一些事。”

△ 22时至翌日零时20分，毛泽东在中南海颐年堂召集中央书记处、八大报告起草委员会和八大各代表团团长会议，讨论有关八大报告及在30日召开预备会议等问题。刘少奇、周恩来、陈云、彭真、邓小平、陆定一、陈伯达、薄一波、陈毅、李先念、宋任穷、习仲勋、刘伯承、王稼祥、林枫、胡乔木出席了会议。

8月30日 20时25分至22时35分，党的八大预备会第一次全体会议在中南海怀仁堂举行。946名正式和候补代表出席会议，毛泽东主持会议并作了讲话（即后来收入《毛泽东选集》第五卷的《增强党的团结，继承党的传统》），对八大会议的宗旨和目的作了阐述。他说：大会的宗旨，总的说来，就是总结七大以来的经验，团结党内外、国内外一切积极因素，为建设伟大的社会主义国家而奋斗。并强调：从实际出发，马克思主义的普遍真理一定要同中国革命的具体实践相结合，如果不相结合，那就不行；就是所谓理论与实践的统一，就是思想必须反映客观实际，并且在客观实际中得到考验。他号召：大会要继续发扬党在思想上和作风上的优良传统，彻底清除主观主义、宗派主义；此外还要反对官僚主义。对于任何有缺点的人，犯过错误的人，不仅要看他改不改，而且要帮助他改，一为看，二为帮。邓小平就七届七中全会决定的六个文件草稿作了说明，提交预备会讨论。预备会于9月13日结束。其间，各代表团对中央委员会准备向八大提交的各项报告和文件，进行了详细的讨论，并提出修改意见；同时，对第八届中央委员会的选举工作，也作了充分酝酿和准备。

△ 9时至12时15分，陆定一在中南海西楼会议室召开会议，讨论修改八大政治报告中“党”的部分。

△ 19时50分至20时25分，毛泽东召集中央政治局委员和参加八大的各代表团团长会议。

△ 22时35分，毛泽东召集刘少奇、陆定一、王稼祥、陈伯达、胡

绳、田家英谈八大政治报告的修改问题。

△　毛泽东审阅刘少奇本日提交的八大政治报告第三次修改稿的各部分编排顺序后，致信刘少奇：可以这样编排，将来再考虑是否变动。另外提出："在国防问题上还可以讲几句人民解放军的英勇奋斗的鼓励话。"

△　毛泽东对彭德怀在八大的发言稿作了修改之后，致函彭德怀："看了一遍，觉得可用。作了一点小的增减修改，请斟酌。"

△　军队代表团和西南代表团分别举行会议，选举团长、副团长，组长、副组长和代表团秘书长，通过编组方案。选举结果是：军队代表团团长刘伯承，副团长贺龙、聂荣臻、黄克诚，秘书长黄克诚（兼）；西南代表团团长宋任穷，副团长李井泉、谢富治。

8月31日　晚，毛泽东在分别约见了林彪、徐海东之后，召开中央书记处、八大报告起草委员会和各代表团团长会议，刘少奇、周恩来、陈云、彭真、邓小平、陈毅、薄一波、王稼祥、李先念、陆定一、陈伯达、刘伯承、习仲勋、宋任穷、李维汉、林枫、胡乔木到会。会后，毛泽东又与刘少奇、周恩来、陈云、彭真、邓小平、王稼祥商谈八大筹备工作的有关事宜。

△　周恩来约陈云、李先念、薄一波、林枫、钱俊瑞、张玺、薛暮桥谈第二个五年计划建议的报告问题。

△　中南、西北、华东、中直、东北、华北代表团分别举行会议，选举团长、副团长和秘书长，安排预备会议期间的工作。选举结果是：中南代表团团长李先念，副团长廖承志、李雪峰、陶铸，秘书长王任重；西北代表团团长习仲勋，副团长马明方、贾拓夫，秘书长时逸之；华东代表团团长陈毅，副团长邓子恢、谭震林、柯庆施，秘书长谭启龙；中直代表团团长李富春，副团长陆定一，秘书长龚子荣；东北代表团团长林枫，副团长陈郁、欧阳钦，秘书长韩光；华北代表团团长薄一波，副团长刘澜涛、乌兰夫、林铁。

各代表团分组讨论八届中央委员候选人的提名原则和提名步骤，开始对八届中央委员候选人进行不限名额的自由提名。

△　毛泽东对八大政治报告稿的“社会主义改造”和“社会主义建设”部分审阅后，于3时写下了如下批语：“伯达同志阅后，即送少奇同志：此部分修改得很好，可以作为定稿了。我只作了一些小的修改，请酌定。请伯达即行着手对‘国家的政治生活中的若干问题’进行修改，在九月五日以前改好，打清样于九月五日晚上送阅为盼！”5时又批示：“即退胡乔木同志阅后，即送少奇同志阅：此件修改得很好。我只作了一些文字上的修改。第七页上有一个问题，请乔木注意。”6时，毛泽东再批示：“乔木同志：请你利用今天上午的时间，将报告的头几部分——导言，国际形势和国内形势，总路线，过细修改一下，缩小到8000字左右就好。改好后，即送少奇同志汇总看过，送我一看，以便下午或晚上会谈时和其他部分编辑付印。”

9月1日　各代表团分组进行第八届中央委员会候选人的提名工作。

△　北京小组开始讨论党章（草案）和关于“二五”计划的建议草稿。

9月2日　毛泽东分别约陈伯达、李维汉、胡乔木和刘少奇、胡乔木谈修改八大政治报告问题。

△　华北、中南、西北、中直等代表团继续分组进行第八届中央委员会候选人的提名工作。中南代表团举行团务会议，对提名工作进行检查。华东代表团举行团务会议，汇集各小组提出的第八届中央委员会候选人名单。

9月3日　各代表团分别举行团务会议，汇集各小组提出的第八届中央委员会候选人名单。

△　各代表团分组讨论党章（草案）、修改党章的报告和政治报告的草稿。

9月4日　毛泽东分别约陈伯达、李维汉、胡乔木和刘少奇、胡乔木谈修改八大政治报告问题。

△　各代表团继续分组讨论党章（草案）、修改党章的报告和政治报告的草稿。

△　中直代表团开始讨论“二五”计划的建议草稿。

9月5日　16时30分至50分，毛泽东约胡乔木谈修改八大政治报告问题。

△　20时30分至翌日零时20分，毛泽东在颐年堂召开中央书记处会议，刘少奇、周恩来、陈云、彭真、邓小平到会，讨论了各代表团提出的八届中央委员会候选人名单等问题。

△　各代表团结束对党章（草案）和修改党章报告草稿的讨论。东北、西北、华东代表团结束对政治报告草稿的讨论。华北、中南、西南、中直代表团继续讨论政治报告的草稿。东北代表团开始讨论“二五”计划建议草稿。

9月6日　9时至12时40分，陈云在中南海西楼主持中央政治局扩大会议，讨论各代表团提出的八届中央委员候选人名单。15时30分至18时30分续会。7日19时至22时15分续会。

△　17时10分至20时10分，毛泽东约陈伯达谈八大政治报告的修改问题。随后听取邓小平汇报在西楼会议室召开政治局会议的情况。

△　18时30分，周恩来约张闻天、陈伯达、章汉夫、乔冠华谈八大政治报告中目前形势部分的修改问题。22时30分又约张玺、王光伟、薛暮桥、杨英杰谈关于第二个五年计划建议的修改问题。

△　军队代表团继续讨论政治报告的草稿。其他各代表团结束对政治报告草稿的讨论，开始讨论“二五”计划的建议草稿和关于“二五”计划的建议报告草稿。

△　2时，毛泽东审阅政治报告稿“社会主义建设”部分后写下批语：“即送乔木同志：建设部分，除商业外，又看了一遍，用铅［笔］作了一些修改。请你将商业部分改好，于今天下午送我一阅，再送少奇同志。”7时，又写了批语：“伯达同志：周总理及洛甫同志今日开始修改政治报告，请你与总理联系，或即与总理处合并举行。”

9月7日　6时，毛泽东致信周恩来：“政治报告头几部分修改了以后，请你继续修改社会主义改造和社会主义建设两部分。这几部分今天一定要修改完毕，今晚一定要交付翻译，否则就来不及了。修改时请与伯达联系。”同时，毛泽东又致信胡乔木：“国家问题这一部分，也许你可以在一天内修改好，困难问题不很多。但对肃反问题写得太简单，没有提党对反革命分子的严肃与宽大相结合的处理政策，请加注意。不知15页上还有这个问题的话没有？”

△ 7时，毛泽东致信陈伯达：“‘改造’、‘建设’两部分乔木改稿，我看可用，不须大改，但小改是必要的。务请你们在今日加班加点，请于今日晚上十二时以前全部改好，交我看过，再送少奇看过打样，于明日上午交付翻译。我们请总理同时修改，请你与他联系，于晚上九时以前，索取他的改样，由你酌量采取。头三部分[①]今日也要争取改好，我已[告]总理注意，改好后交你。”

△ 10时，毛泽东致信周恩来：“政治报告的头三部分，请你主持，于今日改好。形势部分，可以大修或重写。但请于今晚十时前，交伯达看一下，然后交我。‘改造’、‘建设’两部分请你与富春一道修改，请需于今日修好，于晚上9时交伯达汇总。以上各部分我和少奇看一下以后，必需于八日上午交付翻译。你担任的建议和报告两件[②]，亦需于九日交付翻译，请将最后修改于八日交我看一下。”

△ 10时，毛泽东致信胡乔木：“‘国家’部分内容贫弱，和‘改造’、‘建设’、‘党’各部分分量不相称，似需大改。请你将一、二次稿看一下，好好想一下，再行动手。如今日不能完稿，可于明日完毕。如你需要，可找彭真、瑞卿谈一下。”

△ 周恩来根据毛泽东的要求，修改八大政治报告社会主义改造和社会主义建设两部分，除对一些数字进行核准外，在第二个五年计划的基本任务中增写：“应当努力培养建设人才，加强科学研究工作。”

△ 15时至16时，董必武在中南海西楼会议室召开八大代表资格审查委员会会议，讨论“关于代表资格审查报告（草稿）”等文件。

---

① 指“序言”“国际形势和国内形势”“党在过渡时期的总路线”三部分——作者注。

② 指《中国共产党第八次全国代表大会关于发展国民经济的第二个五年计划（1958—1962）的建议》和《关于发展国民经济的第二个五年计划的建议的报告》——作者注。

△　19时至22时15分，陈云在中南海西楼会议室召开中央政治局（扩大）会议，继续讨论各代表团提出的第八届中央委员会候选人名单。

△　20时，毛泽东约陈伯达和胡乔木谈八大政治报告的修改问题。

△　23时至翌日1时30分，毛泽东在中南海颐年堂召开中央书记处会议，讨论八届中央委员候选人名单及八大政治报告的修改问题。刘少奇、周恩来、陈云、彭真、邓小平到会。

△　军队代表团结束对政治报告草稿的讨论。各代表团继续讨论"二五"计划的建议草稿和关于"二五"计划建议的报告草稿。

9月8日　8时，毛泽东致信陈伯达："今日你和其他同志可以休息一天。请你将我准备的那一段话（指毛泽东在八大的开幕词——编者注），加以修改，并请饬你的秘书给我抄正一张，于下午交我为盼！"

△　9时，毛泽东致信刘少奇："恩来同志的改本送上，我看改处均可用。如你同意，请饬人将改处准确地抄在一个本子上，和你我改的合在一起，立即付印，付翻译。"

△　14时10分至45分，19时40分至20时20分，毛泽东约陈伯达谈八大政治报告修改问题。21时40分至22时10分，又和周恩来、陈云、彭真、邓小平、王稼祥谈话。

△　中央政治局举行会议，继续讨论各代表团提出的第八届中央委员会候选人名单。

△　15时至18时30分，陈云在中南海西楼会议室召开第七届中央委员、候补中央委员和各代表团正副团长会议，讨论八届中央委员候选人问题。

△　20时30分至21时35分，毛泽东在中南海西楼会议室主持召开中共七届七中全会第二次会议，刘少奇、周恩来、朱德等62人出席了会议。会议讨论并通过了八届中央委员会候选人名单，这个名单没有分别中央委员和候补中央委员。

△　中南、军队代表团结束对"二五"计划的建议草稿和关于"二五"计划建议的报告草稿的讨论。其余各代表团继续讨论上述两个文件。

△　王明给刘少奇并转党中央和毛泽东电，内称：“至今身体病况仍不许可我回国参加八大学习的可能，乃不得不以深沉的愧歉心情向中央和八大主席团专电请假。”9月10日，毛泽东在电报上批示：“小平同志，此件可以印发各代表。”

9月9日　8时，毛泽东致信杨尚昆：“少奇同志修改处请交翻译注意照改。改印，暂可等一下，待各同［志］修改意见交来，汇总修改，并经少奇和我看过后，再行付印。”

△　16时至18时55分，毛泽东在中南海颐年堂邀请民主党派负责人和民主人士座谈八大问题。宋庆龄、李济深、沈钧儒、黄炎培、郭沫若、章伯钧、陈叔通、傅作义、李德全、马叙伦、章乃器、张奚若、何香凝、许德珩、张治中、蔡廷锴、罗隆基、施复亮、胡子昂、王绍鏊、黄琪翔、梁希、陈其尤、谢雪红、马寅初、沈雁冰、龙云、高崇民、程潜出席座谈会。周恩来、朱德、陈云、彭真、邓小平、李维汉参加了会议。

△　西北代表团继续讨论“二五”计划的建议草稿和关于“二五”计划建议的报告草稿。其余各代表团结束对上述两个文件的讨论。军队、中南、西南、华东代表团分别举行全团会议，传达七届七中全会通过的170名第八届中央委员会候选人名单。

9月10日　5时，毛泽东致信陈伯达：“国家政治生活部分，读改时，请邀彭真、罗瑞卿、董老（即董必武——编者注）三同志参加，今日改毕，照前抄三份，分别送刘、周及我。”

△　10时至13时30分，邓小平主持召开修改党章和关于修改党章报告起草委员会会议，讨论两个文件。

△　16时40分至17时50分，毛泽东在中南海怀仁堂主持召开中央政治局扩大会议，讨论八届中央委员候选人问题。刘少奇、周恩来、朱德、陈云、彭真、彭德怀、康生、林伯渠、董必武、张闻天、邓小平、林彪、薄一波、林枫、陈毅、李先念、刘伯承、李富春、习仲勋、宋任穷等到会。

△　17时50分至19时50分，中共八大预备会议第二次全体会议在怀仁堂举行，毛泽东主持了会议。在陈云代表中央对八届中央委员候选人

名单的酝酿及提出的经过作了说明，各代表团发表意见之后，毛泽东讲了话。他在回顾了党的历史经验后说：我们现在是搞建设，建设对于我们是比较新的事情。我们要靠第二个五年计划和第三个五年计划来学会更多的东西。我们要造就知识分子。我们计划要在三个五年计划之内造就100万到150万高级知识分子，以适应社会主义建设的需要。我们现在的中央委员会我看还是一个政治中央委员会，还不是个科学中央委员会。他希望在不久的将来，中央委员会里有许多工程师和科学家。最后他对候选人名单中的一些问题作了解释。会议原则通过了预选的候选名单。

△　各代表团讨论七届七中全会通过的第八届中央委员会候选人名单，并分别汇集各小组对这个名单的意见。

△　22时，毛泽东对党章和修改党章的报告又作了推敲之后，写了批语："即退小平同志：两件改处都看过，同意这些修改。我只在党章第三条觉得应当添三个字，请酌定。"

△　23时40分至翌日1时30分，毛泽东约刘少奇、周恩来、彭真、陈伯达、胡乔木谈八大政治报告中"共产党"部分稿子的修改问题。

9月11日　4时半，毛泽东致信刘少奇："你和周总理的修改，都看了，都同意。我也改了一些，请看是否可以。如你同意这些修改，请令人将这三个本子的修改处抄在一个本子上，并立即打清样，付翻译。总理改本，用后请送伯达。因为里面有批语处，需请伯达再修改的。"

△　20时至21时，陈毅在中南海西楼会议室召开八大各代表团正副团长会议，讨论八届中央委员的预选问题。

△　各代表团分别布置12日的预选工作。西北、中南代表团继续讨论七届七中全会通过的第八届中央委员会候选人名单。

△　21时10分至40分，毛泽东约陈伯达和胡乔木谈八大文件的修改问题。

9月12日　2时半，毛泽东对政治报告稿作了一些修改后致函刘少奇："同意你的修改。我又修改了一些，另有两处是同乔木、伯达商量修改的，请酌定。周总理今晚没有时间看此件，他在改他自己的报告。因此，请即将这一部分的两个改本合在一处，立即付印，付翻译。同时印发全部代表，请他们提意见，于九月十三日下午交中央。”

△　22时30分至翌日1时10分，在中南海颐年堂召开中央政治局扩大会议，讨论八大的有关事项，并决定次日召开七届七中全会第三次全体会议。毛泽东、刘少奇、周恩来、陈云、彭真、康生、董必武、张闻天、邓小平、薄一波、陈毅、林枫、李先念、宋任穷、刘伯承、李富春、王稼祥、习仲勋到会。

△　邓小平审批八大会议规则。《规则》规定：（一）大会会议每日下午2时开会，7时休会。（二）大会发言先向主席团报名，发言时间一般不超过20分钟，但是个别的发言时间，在得到执行主席的同意之后，可以超过20分钟。（三）通过大会决议的时候，用举手方式，分赞成和反对两次表决。（四）选举中央委员会的时候，采用无记名投票方式。

△　八大各代表团对八届中央委员进行第一次预选。预选结果，170人被提名为八届中央委员的候选人，这次预选，没有分别中央委员和候补中央委员。

9月13日　7时30分，毛泽东阅改了刘少奇修改的八大政治报告稿之后致信刘少奇：“这些修改都很好，可以即刻付印，付翻译。只是‘国际关系’第六页，‘以不同的方式（有的是在经济上，有的是在政治上）’这一些新增的字，可以不要，以求与周总理报告一致。这原[是]我提议的，现觉应该取消。请酌定。”

△　21时30分至翌日零时40分，党的七届七中全会在中南海怀仁堂举行第三次全体会议。到会99人。毛泽东主持会议并就设立中央机构问题发表讲话。他说：党章准备修改，叫作“设副主席若干人”。中央准备设四位副主席，就是少奇同志、恩来同志、朱德同志、陈云同志。首先倡议设四位副主席的是少奇同志。另外，还准备设一个书记处，书记处的名单没有定，但总书记准备推举邓小平同志。当然，四位副主席和总书记的人选是否恰当，这是中央委员会的责任。一个主席，又有四个副主席，又有一个书记处，我们这个“防风林”就有几道。“天有不测风云，人有旦夕祸

福”，这样就比较好办。这对于我们这样的大党，这样的大国，为了国家的安全，党的安全，恐怕还是多几个人好。又说：我是准备了的，就是到适当的时候就不当主席了，请求同志们委我一个名誉主席。名誉主席是不是不干事呢？照样干事，只要能干的都干。邓小平对大会主席团名单、大会发言作了说明。他说：大会的文件基本上搞好了，这是大家参加，集体创作。大会发言要精练、生动、多样性，还要短。会议讨论通过了向八大提出的五个文件和两个名单。

△　中直代表团讨论七届七中全会通过的大会主席团、秘书长、秘书处名单。

9 月 14 日　2 时，毛泽东对八大政治报告稿的国际部分和党的部分又作了修改后致信刘少奇：“（一）国际部分的一段增加和一些其他字句修改，请即令人抄正付翻译，并另打清样。（二）党的部分，本日十二时前伯达等修改，已要他们直接付翻译。”“你在其余地方有修改，请直付翻译，并打清样，不要送我看了。”

△　6 时，毛泽东致信陈伯达、胡乔木、田家英：“（一）‘党的领导’部分，看了一遍，可用，估计不会有太多的修改了。但是一定还会有一些修改。我们都要睡觉。你们在上午十二时前改好后，直接交尚昆付翻译和付印。我们起床后再看改稿好了。（二）开幕词又作了一些修改，已去打清样送你们，请再加斟酌，于下午交我为盼。”同时又致函杨尚昆，指示他把政治报告中“党的领导”部分，即交帮助翻译的外国同志去作翻译，不要等候修改。并嘱：“总理报告的翻译工作，亦请抓紧。”

△　9 时 30 分，朱德会见捷共代表团团长柯别茨基。

△　14 时 30 分，刘少奇、朱德在机场迎接苏共代表团。

△　18 时 20 分至 20 时，毛泽东、刘少奇、周恩来、朱德、陈云等中共中央领导人在全国政协礼堂举行酒会，欢迎应邀出席中共八大的外国共产党、工人党代表团。酒会后，毛泽东约刘少奇、周恩来、陈云、彭真、彭德怀、董必武、张闻天等谈话，20 时 30 分结束。

△　各代表团讨论七届七中全会通过的大会主席团、秘书长、秘书处

名单。

9月15日 14时，中国共产党第八次全国代表大会在北京全国政协礼堂开幕。出席大会的代表有1021人（应到代表1026人）。列席会议的候补代表107人。56个国家的共产党、工人党代表团，我国各民主党派领导人和无党派民主人士代表，中央和国家机关、人民解放军和人民群众团体的负责人参加了大会。大会由第七届中央政治局委员毛泽东、刘少奇、周恩来、朱德、陈云、彭德怀、彭真、林伯渠、董必武、张闻天、康生、林彪、邓小平主持。毛泽东首先致开幕词，接着大会通过了中央委员会提出的大会主席团、大会秘书处、大会代表资格审查委员会三个名单，并且通过了大会的会议日程和会议规则。随后，刘少奇代表中央委员会向大会作政治报告。会议于17时40分休会。

△ 中共八大主席团常委会在会议休息时会见了苏联、波兰、法国、意大利、德意志民主共和国、印尼、印度等国共产党、工人党代表团。

△ 19时50分，大会主席团举行会议，选出毛泽东、刘少奇、周恩来、朱德、陈云、康生、彭真、董必武、林伯渠、张闻天、彭德怀、林彪、邓小平等13人组成大会主席团常务委员会。

△ 20时至20时40分，邓小平召集大会秘书处会议，讨论大会发言和致词次序的安排问题。

9月16日 13时至13时30分，董必武主持大会代表资格审查委员会会议，讨论代表资格审查委员会向大会的报告。

△ 14时，大会举行第二次会议。执行主席是陈毅、李先念、吴玉章、陈郁、柯庆施、欧阳钦、马明方、张鼎丞、蔡畅。到会代表共1011人。首先邓小平作《关于修改党的章程的报告》；其后，周恩来作《关于发展国民经济的第二个五年计划的建议的报告》。19时40分休会。

△ 下午大会休息时，大会主席团常委会会见了西班牙、罗马尼亚、捷克斯洛伐克、阿尔巴尼亚、越南等国党代表团。

△ 19时40分至20时24分，毛泽东主持召开大会主席团常委会会议，讨论大会发言和致词次序的安排问题。

△　20时25分至35分，邓小平主持大会秘书处会议，商谈17日大会发言和致词次序的安排问题。

9月17日　13时30分至55分，邓小平主持召开大会秘书处会议，讨论大会发言的安排。

△　14时，大会举行第三次会议。执行主席是邓颖超、李富春、林枫、林铁、徐特立、徐向前、贾拓夫、黄克诚、杨秀峰。到会代表共1006人。大会听取并一致通过了董必武代表资格审查委员会向大会作的关于代表资格的审查报告，随后，朱德、李井泉、王任重、白志明、陈丕显、赵成满、孙汉章、曾希圣、李铣、伍精华等先后发言。各民主党派和无党派人士代表李济深致祝词之后，李济深、沈钧儒、黄炎培、郭沫若、马叙伦、章伯钧、陈其尤、许德珩、谢雪红等代表各民主党派和无党派民主人士向大会献礼。米高扬代表苏联共产党、奥哈布代表波兰统一工人党、乌布利希代表德国统一社会党、乔治乌－德治代表罗马尼亚工人党先后致词。19时休会。

△　19时15分至20分，刘少奇主持召开大会主席团常委会会议。

△　22时在中南海颐年堂召开大会主席团常委会议，会议由毛泽东主持，出席会议的有：刘少奇、周恩来、陈云、彭真、彭德怀、康生、林伯渠、董必武、邓小平、王稼祥24时散会。

9月18日　13时30分召开大会秘书处会议，由邓小平主持，讨论新华社和各报社报道大会新闻的问题。

△　14时，大会举行第四次会议。执行主席是刘格平、李井泉、陆定一、郑位三、周扬、胡耀邦、钱瑛、聂荣臻、谭政。到会代表989人。林铁、彭德怀、薄一波、肖慧纳在会上先后发言。杜克洛代表法国共产党、斯科奇马罗代表意大利共产党、柯别茨基代表捷克斯洛伐克共产党、霍查代表阿尔巴尼亚劳动党、达姆巴代表蒙古人民革命党、于哥夫代表保加利亚共产党、卡达尔代表匈牙利劳动人民党先后致词。19时休会。

△　大会休息时，八大主席团常委会会见了巴西、叙利亚—黎巴嫩、智利、玻利维亚等国的党代表团。

△　15 时 30 分至 18 时，毛泽东会见英国共产党代表团团长波立特等人，刘少奇、王稼祥、刘宁一等参加会见。

△　18 时至 21 时 10 分，毛泽东、刘少奇、周恩来、彭德怀、邓小平、王稼祥在中南海颐年堂会见参加中共八大的苏联共产党代表团。

△　22 时 10 分至 24 时 5 分，毛泽东在中南海颐年堂接见参加中共八大的朝鲜劳动党代表团。在座的还有：刘少奇、彭德怀、邓小平、王稼祥、聂荣臻、李克农、乔晓光。

9 月 19 日　13 时 30 分至 55 分，邓小平主持大会秘书处会议，商谈宴请等事宜。

△　14 时，大会举行第五次会议。执行主席是薄一波、叶剑英、李雪峰、罗荣桓、陶铸、宋任穷、黄敬、帅孟奇、张德生。到会代表 988 人。乌兰夫、董必武、欧阳钦、罗瑞卿、许明、张德生、扎喜旺徐在会上先后发言。鲁克曼代表印度尼西亚共产党、南布迪里巴德代表印度共产党、林海代表朝鲜劳动党、黄国越代表越南劳动党、维塞林诺夫代表南斯拉夫共产主义者联盟先后致词。此外，黄敬宣读了日本共产党中央委员会及美国共产党全国委员会的贺电。19 时 10 分休会。

△　毛泽东、周恩来在大会休息时会见了希腊、巴西等国的党代表团。

△　19 时 15 分，主席团常务委员和各代表团团长、副团长在政协礼堂开会，讨论八届中央委员会候选人名单。陈云主持会议。会议决定：9 月 23 日进行八届中央委员会候选人的第二次预选。

9 月 20 日　13 时 30 分至 55 分召开大会秘书处会议，邓小平主持，讨论关于八届中央委员会候选人第二次预选的安排问题。

△　14 时，大会举行第六次会议。执行主席是刘伯承、王稼祥、刘澜涛、陈少敏、陈伯达、乌兰夫、罗瑞卿、赖若愚、谭政。到会代表 982 人。刘仁、张国华、柯庆施、宋任穷、陈云、陶铸、彭青、周冠五、唐麟、宋致和在会上先后发言。波立特代表英国共产党、伊巴露丽代表西班牙共产党、雷曼代表德国共产党、阿尔瓦雷斯代表阿根廷共产党、范穆克尔克代表比利时共产党先后致词。此外，巴西共产党代表宣读了巴共中央的

贺词，赖若愚宣读了马来亚及缅甸共产党中央委员会的贺信。18时50分休会。

9月21日　大会休会一天。

△　9时至12时45分，大会主席团常委和各代表团团长、副团长在中南海西楼开会，讨论第八届中央委员候选人名单。会议由陈云主持。

△　11时20分至12时10分，毛泽东约集陈伯达、胡乔木，谈关于政治报告的修改问题。

△　19时至22时30分，大会主席团设宴招待55国共产党、工人党的代表团、代表和观察员。毛泽东、刘少奇、周恩来、朱德、陈云、康生、彭真、董必武、张闻天、邓小平等出席，毛泽东在宴会上致词。大会主席团全体成员、七届中央委员和候补中央委员、中央各部门负责人及各省、市、自治区党委负责人也参加了宴会。

△　22时40分，在中南海颐年堂召开大会主席团常委扩大会议，讨论八届中央委员候选人名单。

△　中央接待参加八大的外宾委员会向各地发出接待外宾的15条具体注意事项。

9月22日　9时至10时35分，在中南海西楼召开大会主席团，各代表团团长、副团长、各小组长、秘书长会议，到会共85人。讨论并通过八届中央委员、候补中央委员候选人名单。

△　14时，大会举行第七次会议。执行主席是习仲勋、贺龙、蔡畅、廖承志、徐特立、张云逸、刘格平、欧阳钦、谭震林。到会代表986人。邓子恢、高峰、蒋南翔、林伯渠、邓颖超、李先念、李香山在会上先后发言。拉德马内什代表伊朗人民党、摩里斯代表加拿大劳工进步党、培西代表芬兰共产党、夏基代表澳大利亚共产党、巴格达什代表叙利亚—黎巴嫩共产党、洛夫林代表挪威共产党、厄曼代表瑞典共产党先后致词。危地马拉劳动党代表、智利共产党代表分别代表其党中央宣读贺词，刘格平宣读了泰国及荷兰共产党中央委员会的贺信。19时休会。

△　14时10分至16时35分，毛泽东在政协礼堂会见意大利共产党

代表团。

△　大会休息时，刘少奇、周恩来在政协礼堂主席团会议室分别会见印度共产党代表团。

△　17时20分至19时，毛泽东、周恩来、朱德会见德国共产党代表团雷曼和赫茨纳。

9月23日　14时，大会举行第八次会议。执行主席是陈毅、陈郁、邓颖超、邓子恢、柯庆施、马明方、张鼎丞、周扬、徐向前。到会代表974人。赖若愚、李立三、刘传友、谭政在会上先后发言。亚塔代表摩洛哥共产党、魏克玛沁格代表锡兰共产党、希雷斯特代表尼泊尔共产党、斯特林果斯代表希腊共产党、费恩伯代表奥地利共产党、沃克代表瑞士劳动党、斯吉尔顿代表新西兰共产党、维尔纳代表以色列共产党先后致词。古巴人民社会党代表、哥斯达黎加人民先锋党代表宣读了其党中央的贺词，周扬宣读了土耳其、葡萄牙、突尼斯共产党中央委员会的贺信。17时55分休会。

△　各代表团对八届中央委员和候补中央委员进行第二次预选。预选结果，97人被提名为中央委员候选人，73人被提名为候补中央委员候选人。

△　14时40分，毛泽东在政协大楼会见德国统一社会党代表团。15时，刘少奇参加了会见。刘少奇还会见了伊朗人民党代表团。

△　16时，周恩来在政协大楼会见希腊共产党代表团。

△　17时至18时5分，毛泽东、刘少奇会见英国共产党代表团，王稼祥、刘宁一参加了会见。

△　17时55分至18时15分，陈云主持主席团常委和各代表团团长会议，讨论八届中央委员、候补中央委员人选。

△　18时15分至21时30分，毛泽东、刘少奇、周恩来、朱德、邓小平第二次会见苏联共产党代表团。彭德怀、聂荣臻、王稼祥、李克农、乔晓光、师哲参加了会见。

9月24日　9时，朱德到南苑机场欢送苏联共产党代表团。

△　14时，大会举行第九次会议。执行主席是李先念、吴玉章、陈少敏、黄克诚、陆定一、胡耀邦、赖若愚、李井泉。到会代表962人。蔡畅、贾拓夫、江华、李富春、李雪峰、胡耀邦、贾俊在会上先后发言。布哈利代表阿尔及利亚共产党、特腊萨斯代表墨西哥共产党、马丁·尼尔森代表丹麦共产党、萨阿德-尼亚伊姆代表厄瓜多尔共产党、苏阿雷斯代表乌拉圭共产党、格德门森代表冰岛统一社会党先后致词。巴拉圭共产党代表、玻利维亚共产党代表宣读了其党中央的贺词，赖若愚宣读了委内瑞拉、卢森堡及的里雅斯特共产党中央委员会的贺电。18时50分休会。

△　15时至17时37分，毛泽东在政协大楼会见南斯拉夫共产主义者联盟代表团。

△　下午，刘少奇在政协大楼会见锡兰、比利时共产党代表团。

△　下午，周恩来在政协大楼分别会见以色列、挪威共产党代表团。

△　下午大会休息时，朱德会见冰岛统一社会党代表团。

△　陈云分别会见瑞典、芬兰共产党代表团。

△　18时20分至19时45分，毛泽东会见蒙古人民革命党代表团，王稼祥参加会见。

△　18时55分至19时20分，大会主席团、各代表团团长、副团长、大会秘书处成员在政协大楼举行联席会议。会议公布并通过预选中央委员、候补中央委员结果，通过中央委员97名、候补中央委员73名的候选人名单；通过选举中央委员三项补充规定，并提交大会通过；通过选举总监票人和监票人员名单。会议由陈云主持。

△　21时，大会主席团常委、各代表团团长在中南海颐年堂开会，讨论政治报告的决议草案。毛泽东主持会议，刘少奇、周恩来、陈云、康生、彭真、彭德怀、董必武、张闻天、邓小平、李先念、李富春、薄一波、习仲勋、刘伯承、林枫、宋任穷等参加会议。会议于翌日1时20分结束。

△　各代表团分别讨论关于政治报告的决议草案。

9月25日　7时，朱德到机场欢送挪威共产党代表团团长洛大林。

△　14时，大会举行第十次会议。执行主席是薄一波、林铁、贾拓

夫、罗瑞卿、帅孟奇、林枫、王稼祥、宋任穷、杨秀峰。到会代表980人。陈毅、唐棣华、李维汉、许立群、周扬、赛福鼎、赵树理、王首道、黄敬、饶斌、刘顺元等先后在大会上发言。18时55分休会。

△ 14时40分至16时30分，毛泽东、朱德、邓小平、王稼祥在政协大楼会见阿根廷、墨西哥、厄瓜多尔、乌拉圭、巴西、危地马拉、智利、哥斯达黎加、玻利维亚、古巴、巴拉圭等11国的党代表团。

△ 14时至16时，刘少奇在政协大楼会见加拿大劳工进步党代表团。

△ 17时至19时30分，刘少奇会见印尼共产党代表团。

△ 17时10分至20时，毛泽东、朱德、王稼祥会见阿尔及利亚、摩洛哥、叙利亚—黎巴嫩等国的党代表团。

△ 18时，邓小平主持各代表团团长、副团长会议，商谈选举中央委员时正式代表缺席由候补代表递补问题。

△ 下午，周恩来在政协大楼会见匈牙利劳动人民党、澳大利亚共产党、新西兰共产党代表团。

△ 20时45分至21时20分，毛泽东在中南海游泳池约见陈伯达、胡乔木、田家英谈八大政治报告的决议草案问题。

△ 21时至23时，刘少奇在家中会见意大利共产党代表团。

△ 23时20分至2时30分，毛泽东、刘少奇、周恩来、陈云、彭真、邓小平等在中南海颐年堂开会，商谈会见各国党代表团等问题。

9月26日 13时30分至45分，召开代表资格审查委员会会议，商谈候补代表递补正式代表问题。会议由董必武主持。

△ 14时，大会举行第十一次会议。执行主席是李富春、李雪峰、廖承志、刘伯承、钱瑛、陈郁、黄敬、刘格平、欧阳钦。到会代表1026人。宋庆龄首先向大会致词。随后，包尔汉、杨之华、吴玉章、王鹤寿、于光远、滕代远、白如冰、徐运北等先后在大会上发言。在致词和发言结束后，执行主席说明，大会报名发言共171人。截至本日，已经在大会上发言者共68人，另有45人提交了书面发言。他们是：吴芝圃、江渭清、任仲夷、钱瑛、陈郁、周巍峙、林枫、宋乃德、李运昌、刘澜涛、张恺帆、江一真、

吴德、周小舟、罗天、杨尚奎、强晓初、曾山、秦雨屏、曾三、刘子久、谢觉哉、姚依林、叶季壮、万里、李聚奎、宋侃夫、张云、王恩茂、张仲良、叶飞、谭启龙、孔祥祯、何长工、钱之光、陈漫远、刘述周、谢富治、奎璧、周林、陶鲁笳、刘秀峰、胡明、黄火青、苏谦益。

△　大会全体代表一致通过《中国共产党章程》。

△　大会执行主席李富春对中央委员的选举作了说明。他说：在代表大会预备会议期间，各代表团对中央委员会的选举曾经进行充分的讨论，并且提出了候选人。在各代表团提名的基础上，根据七届中央委员会的决议，由上届政治局和各代表团正副团长对各代表团提出的名单作了研究和讨论，提出了第一次预选的候选人名单，交给各代表团进行了无记名投票的预选。大会开幕之后，大会主席团和各代表团正副团长，根据预选的结果，确定了中央正式委员和候补中央委员的名额为 170 人，并且分为正式中委 97 人，候补中委 73 人，再交各代表团讨论。在各代表团都表示同意这个名额和名单后，又在各代表团进行了第二次无记名投票的预选。现在提出的候选人名单，就是根据第二次预选结果提出来的。随后，大会一致通过了大会主席团提议的总监票人（董必武）和监票人（龚子荣等 27 人）名单。17 时 15 分，出席大会的代表以无记名投票方式选举了中央正式委员。17 时 50 分休会。

△　14 时，刘少奇会见土耳其共产党代表团。

△　14 时 40 分，陈云会见瑞士劳动党代表团。

△　14 时 55 分至 15 时 45 分，毛泽东在政协大楼会见阿尔巴尼亚劳动党代表团。

△　16 时 15 分至 17 时，毛泽东会见保加利亚共产党代表团。

△　下午周恩来会见捷克斯洛伐克共产党代表团；朱德会见芬兰共产党代表团。

△　17 时 56 分至 18 时 7 分，陈云主持召开大会主席团会议，原则通过政治报告决议（修正草案）；通过由主席团常委提出的政治局委员、政治局常委、书记处的人选；通过由主席团常委排列的新的中央委员的次序。

△ 22时30分，在中南海颐年堂召开主席团常委会，讨论八大政治报告的决议（修正草案）及新的中央政治局委员名单等问题。毛泽东主持会议，刘少奇、周恩来、朱德、陈云、康生、彭真、董必武、张闻天、彭德怀、林彪、邓小平、陈伯达、胡乔木出席会议。翌日1时55分散会。

9月27日 14时，大会举行第十二次会议。执行主席是乌兰夫、贺龙、谭震林、习仲勋、邓子恢、张云逸、蔡畅、张德生、陶铸。到会代表1026人。大会首先以无记名投票方式选举中央候补委员。17时30分，大会在休息后继续进行。大会执行主席是毛泽东、刘少奇、周恩来、朱德、陈云、康生、彭真、董必武、林伯渠、张闻天、彭德怀、林彪、邓小平。陈云代表主席团常务委员会向大会宣布中央委员和候补中央委员的选举结果，即中央委员候选名单97人和候补中央委员候选名单73人，票数均超过半数，全部当选。接着，大会全体代表一致通过了《中国共产党第八次全国代表大会关于政治报告的决议》和《中国共产党第八次全国代表大会关于发展国民经济的第二个五年计划（1958年到1962年）的建议》。陈云宣布："我们的大会已经胜利地完成了自己的任务。我们全党今后的任务，就是为具体地执行大会的各项决议而努力工作。"18时43分，陈云宣布中国共产党第八次全国代表大会闭幕。

大会闭幕后，主席团常务委员会委员毛泽东等接见了大会秘书处的工作人员。

△ 14时50分至16时20分，毛泽东在政协大楼会见罗马尼亚工人党代表团。

△ 15时至16时30分，刘少奇在政协大楼会见尼泊尔共产党代表团。

△ 16时30分至17时30分，毛泽东分别会见波兰统一工人党代表团，保加利亚共产党代表团。

△ 17时，周恩来会见澳大利亚共产党代表团和新西兰共产党代表团。

△ 18时，周恩来会见捷克斯洛伐克共产党代表团。

△　下午，刘少奇会见尼泊尔共产党代表团，乌兰夫等参加会见。

△　下午，陈云会见奥地利共产党代表团。

△　18时55分至19时5分，邓小平在全国政协礼堂主持召开第八届中央委员、候补中央委员座谈会，讨论并通过分组讨论中央组织机构的组长、副组长名单。

△　19时20分至45分，刘少奇在全国政协礼堂主持召开大会主席团常委、中央组织机构的组长、副组长会议，讨论中央组织机构人选问题。

9月28日　14时至16时，在中南海怀仁堂召开大会主席团常委和组长、副组长联席会议，毛泽东主持会议。

△　16时至17时，在中南海怀仁堂召开第八届中央委员会第一次全体会议，预选中央领导机构。出席会议的中央委员96人，候补中央委员70人。毛泽东主持了会议。

△　19时至19时50分，毛泽东主持召开大会主席团常委会，讨论中央机构的成员问题。

△　19时50分至20时20分，在中南海怀仁堂召开大会主席团常委和组长、副组长联席会议。毛泽东主持会议，并谈预选中央机构的结果和通过候选人名单问题。

△　20时，中央负责人和八大代表及外国党的代表在北京中山公园参加中共北京市委举办的游园大会。

△　23时至翌日零时5分，在中南海怀仁堂继续召开第八届中央委员会第一次全体会议，正式选举中央领导机构。会议选出了中央委员会主席、副主席、总书记；中央政治局；中央政治局常务委员会；中央书记处和中央监察委员会。

后记

中国共产党第八次全国代表大会，是中华人民共和国成立以后我们党召开的第一次全国代表大会，开得相当成功，在党的历史上具有重要地位。学术界、理论界对党的八大的研究起步较早，党的十一届三中全会以来对八大的研究更是有长足的进步，取得了比较丰富的成果。我们编写《中共八大史》，力图在以往的研究基础上，广泛吸收已有的成果，同时开掘新的史料，更全面、更系统、多角度、多层次地展示这次大会的历史过程，使之成为一部具有丰富史料的专题著作。

这个工作从 1995 年 11 月提出编写方案，1996 年初开始启动，历时一年半。本书主要由中共中央党史研究室第二研究部与中央档案馆保管部的同志合作编写，除了这两个单位的同志外，中共中央文献研究室、中共中央党校、国防大学的一些同志也参加了编写。全书由石仲泉、沈正乐、杨先材、韩钢主编。具体分工如下：

导论：石仲泉；

第一部分：庞松、林蕴晖；

第二部分第一、二节：许卿卿、史略；

第二部分第三节：张威；

第二部分第四节：韩钢；

第二部分第五节：杨瑞广；

第二部分第六节：熊华源；

第二部分第七节：熊亮华；

第二部分第八节：刘美玲、韩钢；

第二部分第九节：刘友于、张秋云；

第二部分第十、十一节：王素莉；

第二部分第十二节：毛淑媛；

第三部分：谢春涛；

第四部分：陈雪薇；

第五部分：杨先材；

附录：许卿卿、张威。

全部书稿由石仲泉、沈正乐、杨先材、韩钢统改。韩钢做了大量工作，最后由石仲泉定稿。

在编写本书过程中，中央档案馆保管部姚志瑞、李小宁、许虹、王桂玲、沈秀君、王伟红和中央党史研究室办公厅刘延茹等同志也参与了编辑工作。对他们付出的辛勤劳动，谨表示衷心感谢。

尽管我们想编写出一部有较高质量的党的八大史，但是否达到了最初的设想和意图，我们仍期待读者来评价。对于书中编写体例、内容安排、史实叙述直至文字表达等各方面的不当之处，我们诚恳地欢迎读者批评指正，以便在将来适当的时候进行修订补充。

本书编写组

1997 年 5 月